权威·前沿·原创

皮书系列为

“十二五”“十三五”“十四五”时期国家重点出版物出版专项规划项目

营商环境蓝皮书
BLUE BOOK OF BUSINESS ENVIRONMENT

中国数字经济营商环境评估报告（2023）

ANNUAL ASSESMENT REPORT ON CHINA'S
DIGITAL ECONOMY BUSINESS ENVIRONMENT (2023)

组织编写／对外经济贸易大学国家对外开放研究院
主　　编／王敬波　郑雅方
副 主 编／满艺姗

社会科学文献出版社
SOCIAL SCIENCES ACADEMIC PRESS (CHINA)

图书在版编目(CIP)数据

中国数字经济营商环境评估报告. 2023 / 王敬波，郑雅方主编. --北京：社会科学文献出版社，2024. 5
（营商环境蓝皮书）
ISBN 978-7-5228-3506-8

Ⅰ. ①中… Ⅱ. ①王… ②郑… Ⅲ. ①信息经济-研究报告-中国-2023 Ⅳ. ①F492

中国国家版本馆 CIP 数据核字（2024）第 072787 号

营商环境蓝皮书
中国数字经济营商环境评估报告（2023）

组织编写 / 对外经济贸易大学国家对外开放研究院
主　　编 / 王敬波　郑雅方
副 主 编 / 满艺姗

出 版 人 / 冀祥德
组稿编辑 / 刘骁军
责任编辑 / 易　卉
责任印制 / 王京美

出　　版 / 社会科学文献出版社 · 法治分社（010）59367161
地址：北京市北三环中路甲 29 号院华龙大厦　邮编：100029
网址：www. ssap. com. cn
发　　行 / 社会科学文献出版社（010）59367028
印　　装 / 天津千鹤文化传播有限公司

规　　格 / 开 本：787mm × 1092mm　1/16
印 张：27. 75　字 数：418 千字
版　　次 / 2024 年 5 月第 1 版　2024 年 5 月第 1 次印刷
书　　号 / ISBN 978-7-5228-3506-8
定　　价 / 158. 00 元

读者服务电话：4008918866

编　委　会

主编简介

王敬波 法学博士，二级教授，博士生导师。现任黑龙江大学校长、党委副书记。入选中宣部文化名家暨“四个一批”人才、教育部新世纪优秀人才、北京市文化名家暨“四个一批”人才。获得北京市师德标兵称号，2018年当选北京市党代表。兼任中国机构编制管理研究会副会长，中国法学会行政法学研究会秘书长、理事。担任最高人民检察院、教育部、国家市场监管总局、民政部等党政机关的法律顾问或者咨询专家。完成独著3部、合著20多部。在《中国社会科学》《法学研究》《中国法学》《中国行政管理》等学术期刊上发表80多篇论文，多篇论文被《新华文摘》、人大复印报刊资料全文转载。专著《高等教育领域里的行政法问题研究》、论文《政府信息公开中的利益衡量》等获得教育部、司法部、中国法学会颁发的部级奖项。主编的《道德与法治》教材法治专册获得首届全国教材建设优秀教材（基础教育）特等奖。主持完成国家社科基金重大项目、一般项目，国家自然科学基金项目，北京市哲学社会科学重点项目，以及国务院办公厅、司法部、交通部等行政机关委托开展的科研项目100多项，多篇咨政建议被国家领导人批示；多项研究成果被国家机关采纳，直接应用于国家法治建设。参与行政审批制度改革、放管服改革、减证便民改革、行政执法体制改革等重大举措的讨论，参加《行政诉讼法》《行政处罚法》《行政复议法》《教育法》《高等教育法》《标准化法》《政府信息公开条例》《重大行政决策程序暂行条例》等上百部重要法律、法规的起草、论证等工作。

郑雅方 对外经济贸易大学教授、博士生导师、法学博士，经济学博士后。现任最高人民检察院第七厅（行政检察厅）副厅长，对外经济贸易大学涉外法治研究院副院长、最高人民检察院行政检察研究基地·对外经济贸易大学行政检察研究中心执行主任；北京市行政法学研究会常务理事兼副秘书长、最高人民法院“行政审判案例研究基地”首批特聘研究员，北京大学、中国人民大学兼职研究员等，并入选北京市首批国家治理青年人才培养计划、北京市百名法学英才；“法治化营商环境理论与制度体系创新团队”首席专家、最高人民法院第二批研修学者等。在《中国法学》等核心期刊及重要报刊上发表学术论文数十篇，出版学术专著《行政裁量基准研究》《行政法成本收益分析原则研究》；担任《中国数字经济营商环境评估报告》主编、《涉外法治要报》执行主编；科研成果转化的高水平研究报告受到了中央领导的肯定性批示。主持国家社科基金项目和北京市哲学社会科学重大项目等国家级与省部级项目三十余项。在涉外法治、营商环境评估、行政裁量基准、重大行政决策、行政立法后评估等前沿领域具有较多的论著与深入的研究。

编者的话

放眼全球，数字经济作为新一轮科技革命和产业变革的新型经济形态，正成为全球产业发展与变革的重要引擎。党的十八大以来，党中央高度重视发展数字经济，将其上升为国家战略，加快推进数字产业化和产业数字化，推动数字经济蓬勃发展。习近平总书记指出，“发展数字经济意义重大，是把握新一轮科技革命和产业变革新机遇的战略选择”。当前，我国数字经济发展取得了积极成效，数字经济规模位居世界第二，但大而不优、大而不强。数字经济孕育了无限发展潜能，也面临一些问题与挑战。

发展数字经济，需要有效市场与有为政府更好地结合，营造符合数字经济特点的营商环境尤为重要。营商环境，是政府与市场主体互动演化形成的制度体系，是影响市场主体活动的各种制度性安排。数字经济与实体经济的深度融合必然重塑社会经济结构，催生新的生产要素与产业组织形态，改变市场主体行为与预期，引发交易成本与产权理论的变革，既优化资源组合方式与配置效率，也诱发技术滥用、无序扩张、数字鸿沟等新的市场失灵问题。政府应当有所为、有所不为，为数字经济公平、健康、有序发展提供完善的法治保障与科学的治理体系。

数字经济营商环境评估是观察我国数字经济发展实践的重要窗口，旨在检验过去，探明现状，规划未来。以评估促发展，持续深化营商环境改革，构建与国际通行规则相衔接的营商环境制度，是本次评估的使命所在。本次评估以对标国际、以评促建、中国特色为原则，立足中国实际、坚持问题导向、秉持科学标准，以36个资源禀赋不同、发展路径各异的城市为评估对象，探寻不同类型城市数字经济营商环境优化的应然路径，从个性中提炼共性，全面呈现我国数字经济营商环境的发展特点、建设成果与存在问题，并针对性地提出完善建议。

科学合理的评估体系，攸关数字经济营商环境的持续优化。本次评估延续并优化了《数字经济营商环境评估报告（2022）》的评估思路，基于对地方具体实践与国内外理论发展的深入研究，更加强调评估的数字化、国际化、环境可持续化与科学化。本次评估以横向可比性、数据可得性、指标针对性为基准，以《优化营商环境条例》中“市场主体保护”“市场环境”“政务服务”“市场监管”四个维度为总纲，以监管框架完备性、数字化公共服务可及性、制度便利高效性为评价标准，聚焦法治在营商环境建设中的引领、推动、规范和保障作用。

《中国数字经济营商环境评估报告（2023）》汇聚了集体的智慧与心血，本报告的编写离不开多学科专家学者的指导与多部门研究人员的协作。主编王敬波教授与郑雅方教授主导了本次评估工作，确定评估的总体目标、方向和方法，制定评估框架和指标体系，指导团队进行数据收集与分析，撰写总报告。副主编满艺姗老师负责评估工作的具体开展与专题报告撰写、修改。报告由中国政法大学王春蕾副教授、黑龙江大学林萌副教授、安徽大学陈悦老师和对外经济贸易大学涉外法治研究院研究人员韦科顺、曹梦娇、吴迪、许珺等主笔完成。编委会成员就指标体系与评估方法优化提出了诸多建设性意见，中国司法大数据研究院为本次评估提供了宝贵的原始数据与技术支持，切实提升了评估的科学性与可信度。

两年以来，数字经济营商环境评估汲取了众多专家学者与实务人员的真知灼见，在评估方法选取、指标体系设计、数据收集分析等方面作出了不懈的努力与创造性的设计，但难免存在不足与遗憾。数字经济营商环境优化是一项久久为功的系统性工程，深化改革仍在进行时，我们期待本次评估能为数字经济营商环境的理论完善与实践改进提供有益参考。未来，我们也会继续跟踪研究这一具有重要理论意义与现实意义的课题，努力为我国数字经济发展提供更加全面客观、科学翔实的研究报告。

摘要

本年度“营商环境蓝皮书”由总报告与专题报告组成，力求在全面展现2023年我国数字经济营商环境现状的基础上，对我国数字经济营商环境发展过程中呈现的具体问题予以分析、回应，总结、提炼地方先进经验，为我国数字经济营商环境的进一步优化提供支持。

总报告通过对2023年度我国36个城市的数字经济营商环境进行评估，发现被评估城市的数字经济营商环境相较2022年在数字政府建设、优化市场监管方式等方面均取得长足进步。但不可忽视的是，全国各地数字经济营商环境在一定程度上存在区域发展不平衡的现象。在市场主体保护维度中，企业普遍反映政企互动获得感强。企业线上申请知识产权保护更为便利化、智能化。各地政府纷纷开展数字政府建设，并根据数字经济营商环境特性进行改革实验，保护数字经济市场主体的先进性与发展可持续性。被评估城市均开启数字化政务服务建设，部分城市数字化政务服务水平突起，表现出精细化、智能化的特点。在市场监管领域，联动机制基本建成，数字监管建设成效明显。

专题报告重点关注被评估城市在市场主体保护、市场环境、政务服务、市场监管四个维度下的具体表现，采用实证分析、经验研究等方法分析问题，并提出优化数字经济营商环境的相应建议。专题报告针对劳动力市场、数字竞争与保护、政府诚信等问题，结合问卷和司法大数据进行实证研究，在发现我国数字经济持续健康发展的制约因素的基础上，进一步剖析其中存在的法治建设空缺及相应配套机制不足的原因和完善路径。在提升地方数字经济营商环境立法质量、完善地方数字经济营商环境政务服务机制、推动地方数字经济营商环境进一步优化方面作出了有益探索。

关键词： 数字经济 营商环境评估 优化营商环境

目 录

皮书数据库阅读使用指南

总报告

B.1
2023年度中国数字经济营商环境发展状况

王敬波　郑雅方*

摘　要： 对2023年度全国主要城市数字经济营商环境建设情况进行全面评估和分析，结果显示：现阶段，我国数字经济法治保障措施整体建设水平良好，新型数字化治理对标国际化营商环境要求，开拓了数字化政企联动新格局；数字经济政务服务水平精准化、智能化发展，推动了数字经济法治保障建设；市场监管联动执法机制基本建成，数字监管能力建设成效显著。但也要看到，数据要素市场化配置水平有待提升，数字消费保护水平有待提高，数字金融监管方式亟须转型，政务服务主体责任亟须落实，平台建设精准化程度仍需加强，企业数据安全保障供给不足，信用惩戒救济机制有待完善。为此，须进一步推进数字经济顶层设计，革新

* 王敬波，法学博士，二级教授，博士生导师，黑龙江大学校长、党委副书记，研究方向为行政法学、行政诉讼法学；郑雅方，法学博士，经济学博士后，对外经济贸易大学法学院教授、涉外法治研究院副院长、宪法与行政法学系主任，研究方向为行政法学、行政诉讼法学。

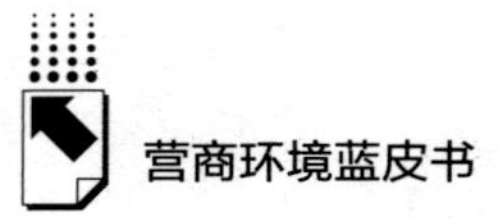

数字化市场配置；推动政府采购全过程信息公开，优化知识产权审查机制；加强信息化数字治税改革，推进新型消费领域规制安全；强化数字化转型赋能，创新多元化监管方式；促进政策咨询与反馈机制落实，提高法治体检智能化水平；增强政务服务责任意识，加快数字法治政府建设；建立数据安全保障体系，健全信用惩戒救济机制。

关键词： 数字经济 营商环境 法治政府

一 导论

优化营商环境是一场深刻的体制改革和制度创新，是减轻市场主体负担、激发市场活力的重要举措。习近平总书记指出，中国将立足新发展阶段，贯彻新发展理念，构建新发展格局，努力实现高质量发展。中国将继续提高对外开放水平，建设更高水平开放型经济新体制，持续打造市场化、法治化、国际化营商环境。① 党的十八大以来，党中央和国务院高度重视优化营商环境工作。习近平总书记提出“法治是最好的营商环境”的重大命题。2019 年，《优化营商环境条例》（国令第 722 号）正式出台，为持续优化营商环境改革提供法律依据。2022 年，国务院办公厅印发《关于进一步优化营商环境降低市场主体制度性交易成本的意见》（国办发〔2022〕30 号），为打造市场化、法治化、国际化营商环境提供了行动指南。营商环境就是生产力，优化营商环境就是解放生产力、提升竞争力。营造市场化、法治化、国际化的营商环境，是中国进一步对外开放的重要举措，也是实现高质量发展、推进全面依法治国、实现治理体系和治理能力现代化的内在要求。中国

① 习近平：《把握时代潮流 缔造光明未来——在金砖国家工商论坛开幕式上的主旨演讲》，求是网，http://www.qstheory.cn/yaowen/2022-06/22/c_1128766883.htm，最后访问日期：2024 年 3 月 12 日。

经济已由高速增长阶段进入高质量发展阶段，正经历质量变革、效率变革、动力变革，传统的劳动力、土地等生产要素的比较优势正在逐渐减弱，制度供给成为重要的核心竞争力。构建以国内大循环为主体、国内国际双循环相互促进的新发展格局，同样需要继续改善营商环境，不断增强中国经济的吸引力、创造力、竞争力，才能实现更高质量、更有效率、更加公平、更可持续、更为安全的发展。

营商环境评估落实到具体的产业形态，数字经济营商环境是评价营商环境的重要观测对象。随着互联网、大数据、云计算、人工智能、区块链等技术加速创新，数字经济发展速度之快、辐射范围之广、影响程度之深前所未有。推动数字经济健康发展，是党中央推动实现高质量发展和建设社会主义现代化强国作出的战略决策，意义重大而深远。习近平总书记指出，数字经济正成为重组全球要素资源、重塑全球经济结构、改变全球竞争格局的关键力量。[①]“发展数字经济意义重大，是把握新一轮科技革命和产业变革新机遇的战略选择。”[②] 党的十八大以来，我国深入实施网络强国战略、国家大数据战略，先后印发《数字中国建设整体布局规划》、《国务院关于印发〈“十四五”数字经济发展规划〉的通知》（国发〔2021〕29号），有关部门认真落实各项部署，加快推进数字产业化和产业数字化，推动数字经济蓬勃发展。十年来，我国数字经济取得了举世瞩目的发展成就，总体规模连续多年位居世界第二，对经济社会发展的引领支撑作用日益凸显。第一，数字基础设施实现跨越式发展。统筹谋划新型基础设施建设布局，加快推动高速泛在、天地一体、云网融合、智能敏捷、绿色低碳、安全可控的智能化综合性数字基础设施建设。第二，数字产业创新能力加快提升。深入实施创新驱动发展战略，推进关键核心技术攻关，加快锻造长板、补齐短板，构建自主可控产业生态。产业创新能力取得突破性进展，关键数字技术中人工智能、

① 《习近平主持中央政治局第三十四次集体学习：把握数字经济发展趋势和规律　推动我国数字经济健康发展》，中国政府网，http://www.gov.cn/xinwen/2021-10/19/content_5643653.htm，最后访问日期：2024年3月12日。

② 习近平：《不断做强做优做大我国数字经济》，《先锋》2022年第3期。

物联网、量子信息领域发明专利授权量居世界首位。第三，产业数字化转型提档加速。深入推进企业“上云用数赋智”，加快推动工业互联网、数字商务、智慧农业发展，促进传统产业全方位、全链条转型升级。服务业数字化水平显著提高。第四，公共服务数字化深入推进。加快推进数字政府建设，不断提升数字化公共服务水平。“互联网+政务服务”取得显著成效。全国一体化政务服务平台基本建成，“一网通办”“异地可办”“跨省通办”广泛实践。全国96.68%的办税缴费事项实现“非接触式”办理，全面数字化电子发票试点稳步推进，电子发票服务平台用户数量突破千万级。第五，网络安全保障和数字经济治理水平持续提升。在全国人大的指导推动下，加快健全法律法规体系，强化网络安全机制、手段、能力建设，完善数字经济治理体系，提升网络风险防范能力，推动数字经济健康发展。①

数字经济健康发展，有利于推动构建新发展格局，增强经济发展动能，畅通经济循环；有利于推动建设现代化经济体系，发挥出数据作为新型生产要素对传统生产方式变革的重大作用；有利于推动构筑国家竞争新优势，牢牢抓住新一轮科技革命和产业变革的先机，抢占未来发展制高点。以数字经济为代表的新经济形态，需要良好的营商环境来鼓励技术创新和业态模式创新，并有效引导和规范企业行为，自觉形成合理的市场竞争秩序。数字经济在发展过程中仍在不断涌现新业态新模式，经营主体之间互动关系的不确定性较强，不断呈现新特点新趋势、出现新情况新问题，使得优化数字营商环境的重要性持续凸显。数字经济营商环境的建设关涉法治政府的建设。营商环境涉及市场主体准入、生产经营和退出等企业生命周期全过程和各个领域，覆盖市场环境、政务服务、监管执法、法治保障等方面。营商环境是典型的政府与市场主体互动演化形成的制度体系。“法治是最好的营商环境”，这是全面依法治国的必然要求，同时也是法治政府创建与评估的重要指标。

① 《国务院关于数字经济发展情况的报告——2022年10月28日在第十三届全国人民代表大会常务委员会第三十七次会议上》，中国政府网，https://www.gov.cn/xinwen/2022-11/28/content_5729249.htm?eqid=b34cc16b000456ec00000006645f7ff7，最后访问日期：2024年3月12日。

优化营商环境对法治政府建设的要求逐步提升，要进一步发挥政府的服务职能，针对市场主体所反映的痛点难点堵点进行改革和完善。

二 评估指标体系

数字经济营商环境评估指标的设置源于国家营商环境评估战略方针的指导。2018 年以来，国家发展和改革委员会贯彻落实党中央、国务院决策部署，牵头研究建立中国营商环境评价体系，并于 2020 年正式发布《中国营商环境报告 2020》，总结推广全国各地区、各部门优化营商环境的典型经验做法，以评促建、以评促改，不断优化我国营商环境。为鼓励有条件的地方对标国际先进水平，加快构建与国际通行规则相衔接的营商环境制度体系，国务院于 2021 年 11 月发布《国务院关于开展营商环境创新试点工作的意见》，明确了十个方面的重点任务，列举首批营商环境创新试点共 10 个方面的 101 项改革举措事项清单，推动试点地区先行先试，形成一系列可复制可推广的制度创新成果，为全国营商环境建设提供有益镜鉴。2022 年，国务院又发布《国务院办公厅关于复制推广营商环境创新试点改革举措的通知》，决定在全国范围内复制推广一批营商环境创新试点改革举措。

2021 年 9 月，世界银行宣布停止发布《营商环境报告》（Doing Business，以下简称“DB”）。2022 年 2 月，世行宣布启动新营商环境评估项目，并发布了第一版概念说明。经过多方征求意见，2022 年 12 月世行发布宜商环境概念说明（以下简称“BEE”，也有学者将其译为“宜商环境报告”）。2023 年 3 月，世行正式将新评估体系命名为“Business Ready”（以下简称“B-READY”）。世行营商环境评价从 DB 到 B-READY 的变化，标志着国际营商环境评价方法学正呈现新变化。在上述评估经验的基础上，延续《数字经济营商环境评估报告（2022）》[①] 的评估逻辑，本课题组以《优化

① 王敬波主编《数字经济营商环境评估报告（2022）》，中国社会科学出版社，2023。

营商环境条例》为依据，借鉴世界银行数年来推行的 DB 的实践逻辑和世界银行《营商环境成熟度方法论手册》（*B-READY Methodology Handbook*），参考多份营商环境评估报告及行业发展报告，开展了线上线下指标试评估，多次召开专家论证会、主要平台经济负责人座谈会，广泛吸取专家及市场主体的建议意见，历经多次修改完善，最终确定了指标体系。本次评估的指标体系共有 20 个一级指标（相较 2022 年减少了 4 个）48 个二级指标（相较 2022 年减少了 6 个）83 个三级指标。

数字经济营商环境评估是专门针对数字经济新业态的评估，指标设计延续《数字经济营商环境评估报告（2022）》的评估思路，根据《优化营商环境条例》中的“市场主体保护”“市场环境”“政务服务”“市场监管”四个维度，结合数字赋能营商环境的着力点，聚焦法治贯穿营商环境建设中的引领、推动、规范和保障作用，构建高水平法治化数字营商环境评估体系。本次评估指标的调整凸显以下四个方面特征。

第一，更加凸显评估指标体系的数字化。营商环境建设与政府数字化转型相互促进。营商环境建设的数字化是指注重运用数字化技术手段，赋能营商环境建设。营商环境的数字化成为营商环境国际评价体系的重点评价环节。经济体数字化转型越好，数字政府建设越有成效。在数字经济评价体系的导向下，营商环境建设将实现迭代升级，向数字化进一步拓展，“营商环境+”的特征日益突出。“营商环境+”是指在新评价体系下，营商环境建设对经济社会发展其他领域的作用和影响更加明显，出现更多的由营商环境建设演进、催生的新发展模式和治理模式。在营商环境建设中，加强数字技术应用，推进数字政府建设和政府数字化转型。一是把“数字+”贯穿于营商环境建设的全过程，彻底实现营商环境建设的数字赋能。据统计，三级指标有 26 个指标涉及数字技术应用主题，体现了互联网数字化新时代中营商环境建设数字化的新特点。二是推进数字化营商环境相关改革，以数字化重塑营商环境相关制度，助力营商环境改革再上新台阶。增加了“数字竞争与保护”为一级指标，突出数字经济营商环境评估的创新引领作用。数字经济作为一种新经济形态，推动生产方式、生活方式和治理方式发生深刻变革，是改变全球竞争格局的关键力量。为推动我国数字经济健康发展，《“十四五”数字经济发展规划》提出要强化反垄断和防止资本无序扩张，推动平台经济规范健康持续发展，建立健全适应数字经济发展的市场监管、宏观调控、政策法规体系，同时强化政府数字化治理和服务能力建设，有效发挥对规范市场、鼓励创新、保护消费者权益的支撑作用。本次评估依据《优化营商环境条例》，同时结合了中国信息协会发布的《数字经济营商环境评价指标》，设置数字消费保护和数字竞争规制两个方面作为二级指标，通过消费者权益保护、平台企业责任、商户权利与责任、反垄断政策指引、反垄断合规培训以及反垄断执法实践 6 项三级指标考察了各个城市的具体落实情况。三是加强数字信息在政府内部的互联互动。以“数据共享与业务协同工作机制”为例，数字经济营商环境评价体系重视信息在线可及性和互通性，依托一体化在线平台，在更大范围推动政务信息系统整合，优化政务服务流程，促进政务服务跨地区数据共享和业务协同。

第二，更加凸显评估指标设计的国际化。原来的世界银行营商环境评价体系（Doing Business，DB）主要聚焦规制这一主题，提高规制效率，优化市场主体营商环境。新 B-READY 评价体系设置了监管框架、服务供给两大支柱。这两大支柱及其效率评价，共同构成 B-READY 评价体系的三条主线。评价支柱的变化直接体现在 B-READY 评价体系的二级指标设置上，B-READY 评价体系分别从监管框架、公共服务框架、整体效率三方面来设置指标。B-READY 营商环境评价引入监管与服务两大支柱，表明世行营商环境评价背后的理论逻辑已发生变化。DB 评价体系的理论基础主要是新制度经济学、规制经济学理论，强调放松规制和监管。新评价体系改变了 DB 评价体系放松监管的主导理念，同步注重监管与服务的效率，这表明公共服务理论成为新评价体系的底层理论逻辑之一。监管与服务并重的理论逻辑与近年来我国推进“简政放权、放管结合、优化服务”放管服改革的逻辑具有契合性。本次评估按照深化放管服改革的要求，对标世行新 B-READY 评价体系监管、服务与效率三者并重的理念，一方面将一级指标“人力资源市场”修改为“劳动力市场”，并通过“劳动力法规质量”“劳动力保护公

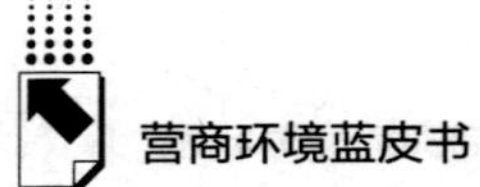

共服务”“效率”三个层面，更全面地考察新就业形态劳动者权益保障和公共就业服务的数字化程度，以及数字经济化转型中数字赋能劳动力资源配置的发展情况。另一方面，在市场主体保护维度增加“市场准入”作为一级指标，并通过设置“准入法规质量”“市场准入在线服务”“市场准入效率”三项二级指标，“风险管理”“准入法规限制”“在线公共服务与信息透明度”“准入时间及成本”四项三级指标，考察被评估城市的法规政策、法规限制、在线平台建设与市场准入效率等方面。

第三，更加凸显评估内容的环境可持续化。在数字经济营商环境首次评估中，有关指标侧重于被评估城市是否建立相关制度、是否开展相关活动等单一面上的评估，随着数字经济营商环境建设向纵深发展，营商环境建设走向环境可持续化。本次评估引入了交叉主题的指标设计方式，以增强对环境可持续发展等的评价。强化“绿色+营商环境”改革，提高营商环境建设的绿色化低碳化水平，把绿色发展理念与营商环境建设紧密结合，推动生态文明建设与经济建设相互促进、相互提升。以绿色金融为例，在“金融服务”一级指标项下，设置“绿色金融发展水平”三级指标，在数字经济营商环境评估中，强化绿色环保低碳导向，禁止破坏绿色环保低碳发展的市场行为、市场活动，鼓励促进绿色环保低碳发展的市场行为。

第四，更加凸显测评方法的科学化。针对部分指标过去受制于评估数据的多源异构、量化缺乏而出现的评估手段单一、智能化程度不高等问题，本次评估充分运用人工智能、大数据等新兴技术，结合中国司法大数据研究院开发的中国司法大数据库，对相关指标的评估数据进行筛选和清洗，实质提升评估的可信度。例如，一级指标“劳动力市场”项下“劳动争议案件的解决效率”这项三级指标，采用司法大数据检索法，统计于 2022 年 10 月至 2023 年 8 月结案的民事、行政案件中涉及“平台企业”、“信息科技”与各类型政府合同等关键信息的劳动争议纠纷案件，以及政府对企业作出行政处罚后，企业上诉案件的数量情况。又如，一级指标“政府诚信”项下的“政府合同违约涉诉案件”，即采用司法大数据检索法，统计于 2022 年 10

月至2023年8月结案的民事、行政案件中涉及“行政协议”、“行政合同”与“政府合同”的政府违约纠纷的案件情况。

三　评估对象和过程

本次数字经济营商环境的评估对象是国内36个城市，包括北京、上海、天津、重庆4个直辖市，长春、长沙、成都、福州、贵阳、广州、哈尔滨、海口、呼和浩特、杭州、合肥、昆明、济南、拉萨、兰州、南昌、南京、石家庄、沈阳、太原、武汉、乌鲁木齐、西安、西宁、南宁、银川、郑州27个省会（首府）所在地，大连、宁波、青岛、深圳、厦门5个国家社会与经济发展计划单列市。所选的36个城市是中国经济最活跃的城市，也是人口最为集中的城市，能够最大程度代表中国数字经济的发展。36个城市既是各地区的政治中心，也是各地区经济中心。36个城市2021年GDP[①]总计39.76万亿元人民币，占2021年全国GDP总量的34.59%。36个城市各自GDP占所属地区GDP的比例平均为35.6%，即使剔除4个直辖市，剩余32个城市各自GDP占所属省份GDP比例的均值为26.1%。在人口上，2021年36个城市的户籍人口总数为2.08亿，占全国总人口的14.71%。如果从常住人口的口径统计，36个城市常住人口数量占全国总人口数量的比例还会更高。样本所选的36个城市也是数字经济发展最迅速的城市。2020年，美团公布的外卖排名前十的城市分别是深圳、北京、上海、广州、长春、杭州、东莞、成都、武汉及海口，其中除了东莞不在样本中，其余城市均在评估样本中。

将上述36市列为采样对象有以下三点考量。

第一，坚持问题导向，大兴调研之风。习近平总书记深刻指出“调查

① 直辖市的数据来源为《中国统计年鉴》，省会（首府）市和计划单列市的数据来自各市统计年鉴。

研究是谋事之基、成事之道"[①]，本次数字经济营商环境评估延续对《数字经济营商环境评估报告（2022）》中36市的观察与评估，关注城市数字经济营商环境逐年优化动态，增强评估效果的连续性和科学性，总结过往发展经验并对未来数字经济营商环境评估作出改善和指引；给出针对具体问题的评估结论和建议，使得数字经济营商环境评估行稳致远，真正发挥"以评促建"的作用，真正实现"以评促研"的目标。

第二，共性个性并重，提升评估准确性。上述36市的数字经济营商环境既有共性之处又有个性之处，36市具备企业登记数量多、商事活动活跃、数字经济发展领先等共同特点，从其共性之处可以总结提炼出普遍规律，以作为在数字经济营商环境优化中可供学习借鉴的经验；从其个性之处反映出不同地域改革试点力度的差异性，关注各市自身发展优势，因地制宜地提高优化数字经济营商环境的能力。因此，对上述具有典型性和代表性的36市进行综合评估能够较好地体现我国数字经济营商环境建设的整体成果。

第三，立足中国实际，对接国际新标准。世界银行在2023年5月发布的《B-READY指南手册》（BUSINESS READY Manual and Guide）和《B-READY方法论手册》（BUSINESS READY Methodology Handbook）中，公布新一轮的评估范围将从"营商环境评估"（Doing Business，DB）的"主要商业城市"标准（在中国指北京、上海两城市）转变为"尽可能广泛覆盖国家内部"标准，即将涉及的评估城市数量明显扩大，具体涉及的城市因指标主题而异。因此，本次数字经济营商环境评估，以坚持中国基本国情为基准，吸纳营商环境新标准，广泛评估全国重要商业城市的各项指标表现情况，为中国适应营商环境建设提供更能对接国际标准的评估体系、评估数据与对策建议。

本评估项目于2022年12月启动指标设计，针对性地结合2023年5月世界银行发布的《B-READY指南手册》和《B-READY方法论手册》中涉

① 转引自李浩燃《调查研究是谋事之基、成事之道（人民论坛）——在全党大兴调查研究之风》，《人民日报》2023年3月28日，第4版。

及的评估方法和数字化指标，对数字经济营商环境评估体系作进一步修改和完善。课题组于 2023 年 7 月启动预评估工作，于 2023 年 11 月结束主观问卷收集和客观评估工作并撰写报告，本次评估工作历时共计 12 个月。评估中客观数据采集时间截至 2023 年 11 月 1 日。为了完整地评估我国数字经济营商环境的发展变化，与课题组完成的《数字经济营商环境评估报告（2022）》相衔接，更为全面地展现我国数字经济营商环境的建设成果，本次主观问卷评估周期为 2022 年 8 月至 2023 年 8 月。

四　评估结论与完善建议

本次数字经济营商环境评估延续采用《数字经济营商环境评估报告（2022）》中“市场主体保护”“市场环境”“政务服务”“市场监管”四大维度，依据《优化营商环境条例》的相关规定，密切结合了数字经济新业态活动规律、数字技术应用、数字政府活动及公共行政数字化新范式下的数字行政法规则。[①] 研究发现：现阶段我国数字经济法治保障措施整体建设水平良好，但仍处于起步期，存在较大的区域水平差异。

（一）成就与进展

1. 市场准入信息化平台全面铺开，在线公共服务水平显著提升

“市场主体保护”是政府为市场主体的日常经营提供保护的情况，其中促进生产要素流通、提供科技创新与知识产权支撑、所有制保护等政府正向激励措施涵盖了数字经济企业全生命周期。“市场准入”一级指标下的“市场准入在线服务”“准入法规质量”二级指标表现良好。一方面，服务的电子化智能化水平不断提升，部分城市将各类经营主体涉及的市场监管领域政务服务渠道全面延伸至移动“掌上办”，推动实现“一机在手、办事无忧”，在线公共服务水平进一步提升，持续助力营商环境优化。同时，各城市均出

① 于安：《论数字行政法——比较法视角的探讨》，《华东政法大学学报》2022 年第 1 期。

台相关政策，大力推进电子证照应用。另一方面，被评估城市的所有市场主体在线登记平台均对市场主体登记的流程进行统一的介绍，暂未在网络检索方面发现被评估城市对市场主体登记随意设限的情况。

2. 减税降费政策全面落实，数字化政务联动新格局初显成效

“市场环境”是数字经济领域政府对企业的生产经营活动进行监管的各种机制的总和。在建立新型数字化治理监管模式与对标国际化营商环境的要求下，各地在减税降费、金融服务、数字竞争与保护、政府诚信、企业退出及政府相关服务方面均有较好的表现。减税降费作为优化营商环境的关键一环，通过减轻企业负担，刺激市场经济活力。评估中“减税全面惠及市场主体”三级指标的表现反映了政府及其有关部门严格落实国家各项减税降费政策，确保减税降费政策全面、及时惠及市场主体。本轮评估整体得分情况较 2022 年有一定提升，尤其在便民办税和智慧办税方面，得分较高的城市创新推出精准推送税收优惠政策、利用大数据等信息化手段提高办税效率，实现减税全面、及时地惠及市场主体，但部分城市存在政策更新不及时、专栏建设不完善、基层税务动态更新频率低等情况，在定时向社会公开减税降费成果方面有待提升。云计算、大数据、物联网和人工智能等各类新技术及其融合在减税降费、智慧办税、“云核查”税收执法等方面发挥了重要作用，开拓了数字化政务联动新格局。如宁波市税务局根据不同费种缴费人需求，定制了 1 个“主码”和 18 个“子码”，集成当前宁波税务在征的 18 项非税项目的政策依据、征收标准、缴费流程和操作指引，提供在线咨询和缴费辅导。

3. 绿色金融健康平稳发展，金融服务标准体系逐步建立

党的二十大报告提出，“完善支持绿色发展的财税、金融、投资、价格政策和标准体系”。绿色金融主要为促进环境改善、应对气候变化和资源节约高效利用的经济活动提供金融服务。推动绿色金融健康平稳发展，对于拓展生态产品价值实现路径、把绿水青山转化为金山银山具有积极意义。推动经济社会发展绿色化、低碳化是实现高质量发展的关键环节。2023 年初，深圳市人大常委会完成了《深圳经济特区绿色金融条例》的立法后评估。

从立法后评估报告来看，深圳绿色金融发展之活跃度处于全国领先水平。在立法的引领和保障之下，深圳成立了绿色金融发展工作领导小组。同时，深圳市成立了绿色金融协会，负责绿色金融宣传、绿色金融标准制定、绿色金融信息披露、绿色金融制度建设等专业服务工作。深圳市还积极认定绿色金融机构，并逐步建立金融服务标准体系。在立法的保障下，深圳绿色债券不仅发行规模大幅增长，且品种不断创新。深圳对绿色金融产品的监管指标体系也在不断完善，对发现和管控企业“洗绿”行为提供了进一步指导。

4. 数字经济法治保障不断完善，法治化营商环境持续优化

“政务服务”的定义为政务服务机构在办理依申请办理的行政权力事项和公共服务事项过程中提供的服务，[①] 一网通办及一网统管能力建设、政策咨询与反馈机制、中介服务、贸易通关便利化和公共法律服务资源体系建设等均是政务服务的重要内容。优化政务服务是加快转变政府职能、深化“放管服”改革、持续优化营商环境的重要内容，[②] 持续优化政务服务是便利企业和群众生产经营与办事创业、畅通国民经济循环、加快构建新发展格局的重要支撑，是建设人民满意的服务型政府、推进国家治理体系和治理能力现代化的内在要求。[③] 本轮评估事项整体上较 2022 年有完善精进，在数据共享与业务协同工作机制、中介服务流程规范和是否提供法治体检服务、当场办结、沟通渠道建设、形式多样可视化、有关政府是否给企业推荐或者指定中介服务机构、中介机构与政府机关脱钩、中介服务流程公开和不能转嫁给市场主体等相应指标评估中得分较为理想。具体实例如北京市通州区正式启动“两区”企业法治体检中心，发布了法治服务保障“两区”建设高质量发展“1+3+N”措施、“北京城市副中心 100+法律服务产品”以及

---

① 《政务服务电子文件归档和电子档案管理办法》第 2 条第 2 款规定，本办法所称政务服务机构，是指行政机关和其他负有政务服务职责的机构。政务服务，是指政务服务机构在办理依申请办理的行政权力事项和公共服务事项过程中提供的服务。政务服务办理系统，是指政务服务机构提供政务服务使用的统筹建设或者自行建设的信息系统。

② 《国务院办公厅关于加快推进“一件事一次办”打造政务服务升级版的指导意见》（国办发〔2022〕32 号）。

③ 《国务院关于加快推进政务服务标准化规范化便利化的指导意见》（国发〔2022〕5 号）。

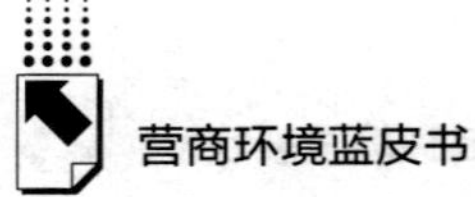

“两区”企业综合法律服务团和专项法律服务团等内容，为企业提供高标准、全方位的法律服务，持续优化法治化营商环境，更好服务保障城市副中心“两区”建设。

5. 数字政府赋能城市治理提质，创新服务模式保障公平竞争

当前政府数字化建设方兴未艾，通过数字化建设为城市赋能提质，让社会治理迈向“善治”阶段。政府通过官方网站的数字化建设，集中众多办事服务于一处，为民众提供清晰便捷的指引，如厦门市政府官方网站的“清单公开”专栏明确划分了权责清单、前置审批和中介服务等 9 类审批与服务清单，公开内容不仅包括事项名称和办理部门，还包括办理流程、办理方式（材料提交方式、结果领取方式等），公开内容全面详细，点击具体事项名称即可直接跳转链接至办理界面进行申请办理。在此基础上，政府部门不断对政务服务进行优化，深度考虑民众对政务服务的不平衡不充分的需求，关切民众在接受政务服务中的获得感和幸福感，为民众提供更加多样化的政务服务。如广州市政府官网设立案例公开专栏，接受监督并提供指引。广州市人民政府官方网站在其互动交流板块同时设立民意征集和网上调查两个专栏，各类民意征集均汇聚其中，在这一基础上，针对每一项征集文件具体说明征集时间以及提交方式，在特定征集文件中更会补充具体的项目说明。广州市人民政府官方网站的数字创新之处在于，针对典型案例新设案例公开专栏，公开处理信息，给予类似案件以参考，实现了更高程度的办事公开。此外，政府通过创新政务服务模式，积极回应政务服务提供过程中可能出现的交易壁垒和信息匮乏等问题，实现市场资源公正、公开和公平的配置。如自 2020 年重庆市网上中介服务超市建成以来，已入驻采购人 1.1 万家，中介机构 1.4 万家，网站日均操作量达 120 万余次，日均交易量约 400 宗，累计交易项目 21 万宗，成交金额逾 70 亿元，资金节约率达 20%以上，交易体量居全国前三。重庆全面清理取缔行业部门各类“自建库”，面向全国招募中介机构入驻，打破交易壁垒，促使各类中介服务项目集中发布、公开交易。中介机构承接项目的业务模式由“中介机构找”转变成“中介超市选”，实现了资源市场化配置方式的转变，更多的中介服务机构因此得到

公平竞争的机会。

6. 数字经济地方立法稳步推进，地方差异化规制有序实施

在数字经济发展中，数字经济地方立法已成为政府主导下全社会共建、共享数字经济的重要模式，从总体上看，各地的数字经济立法工作在稳步推进。为推动数字经济与实体经济深度融合，推进数据要素依法有序流动，以更好地适应全面深化改革和经济社会发展要求，各地政府在数字技术创新、数字基础设施建设、数字产业化、产业数字化、数据利用和保护、保障和监督等方面纷纷进行了相关立法安排，出台数字经济促进法案。截至 2023 年 8 月 24 日，省级数字经济促进条例公布了 7 部，公布省份分别是浙江省、广东省、河南省、河北省、江苏省、山西省和北京市，《浙江省数字经济促进条例》是全国首部以促进数字经济发展为主题的地方性法规。《广东省数字经济促进条例》《河南省数字经济促进条例》相继施行。在城市数字经济立法方面，《广州市数字经济促进条例》《南昌市数字经济促进条例》根据各地数字经济发展特点，形成地方差异化规制，也有地方制定了数据条例、公共数据条例、政府数据共享开放条例、政务数据管理与应用办法等，同样包含了上述大数据发展促进型立法的有关内容。

7. 线上监管能力建设成效显著，市场监管协同联动日趋加强

“市场监管”是政府对市场失灵的干预和纠正，政府主要承担规范市场准入、维护市场竞争、惩处违法行为、保护经营者和消费者合法权益等职责。其中，监管央地协同与区域合作、数字化监管、包容审慎监管与信用监管体系建设等，集中体现了数字经济市场监管的理念变革、权力配置与制度创新，是促进数字经济治理从专项整治走向常态化监管，完善数字经济治理体系，对标国际化营商环境的重要内容，亦是本次评估的重点内容。整体而言，我国 36 个城市在数字经济市场监管维度表现均良好，12 项三级指标中“线上监管能力建设”“是否制定信用修复流程指引”“是否设置合理的信用奖惩机制”等 3 项三级指标得分率为 100%。“数字经济地方立法”、“非接触式监管机制建设”、“是否具有容错举措”、“是否具有多元化监管机制”、“是否有可替代性柔性执法机制”和“是否设置信用惩戒救济机制”等 6 项

三级指标得分率在90%以上。线上监管能力建设成效显著，例如，安徽省市场监督管理局开发安徽网监在线，建成应用功能健全、监管领域齐全、四级贯通的数字化监管平台，赋能各业务部门开展线上监测，精准识别各类违法行为；郑州市市场监督管理局依托第三方技术公司阿里巴巴集团，推动市场监管向数字化转型，在共享主体信息数据、共建消费维权通道、共推创新发展举措、共促市场监管数字化转型、共创行业标杆典范、共营良好发展环境等6个领域开展深度合作；武汉市通过统筹自建平台监测与第三方服务监测监管资源，处理线上监管与线下监管的关系，推动了市场监管系统内各层级之间、各业务监管条线之间协同联动。

（二）存在的问题

1. 数据要素市场化配置水平有待提升

被评估的36个主要城市相较于上一评估期间，在政务数据开放、数据开发利用和数据交易等方面均有不同程度的提高，但部分城市的数据统筹能力、公共数据开放平台的建设水平仍有待提升，部分城市的数据开放无法实现实时更新和全类别、全部门统筹，多停留在“形式公开”阶段，导致数据要素市场的产品基础短缺、流动效率较低。此外，在本轮评估期间仍有部分城市尚未建立城市政务数据开放平台或原有的开放平台访问受限；部分城市仍未建立数据交易中心，尚未制定完善的数据交易规则，未提供有效的场内数据交易场域和数据交易规范，未能提供数据基本要素流通的市场环境和规则保障。同时，在数字确权或数字产权登记问题上，半数以上城市尚未制定数据产权登记规则，也未建立本市的数据产权登记中心，缺乏数据基本要素权属登记和公示方面的法律服务，上述不足均对数据基本要素安全流通产生一定的阻碍。

2. 数字消费保护水平有待提高

在智能化、数字化、共享化的消费新形势下，侵害消费者权益的新问题迭出。当前，直播电商行业发展快、模式多、产业链复杂，但由于相关法律法规和标准规范仍相对滞后，一些手段隐秘的侵权、违法违规行为难以得到及时有效的遏制。如直播和电商平台内经营者信息公示不清晰、不充分，夸大或虚假宣传、延期发货、拖延甚至拒绝消费者合理退换货、赠品不兑现、伪造交易和流量记录、诱导“私下交易”并暗设消费陷阱，逃避平台监管、侵犯知识产权，商品以次充好等问题，更有部分直播电商在经营方面存在税收缴纳不规范的现象。对此地方政府有关部门不断创新监管机制，利用互联网、大数据的优势，着力提升消费者权益保护水平和行政监管效能。

3. 数字金融监管方式亟须转型

金融业数字化的发展趋势虽然带来了新的发展动力，但同时也可能产生新的风险。这对我国金融业进一步转型升级提出了更高的规划、发展和管理要求。尤其是数字技术的大规模应用会加大风险管理的难度，这敦促传统风控管理的转型，以适应数字技术的发展。金融数字化模式下，风险管理从原有的信贷记录、收入证明、资产证明等线下评审转变为基于商业场景、行为特征的线上标准化大数据风控系统审核，风控模式由人工审核过渡到人工与模型共同审核，甚至完全由系统进行判断，对风险模型管理提出了更高要求。

4. 政务服务主体责任亟须落实

在对36个城市进行评估的过程中发现，政务服务的实质可操作性有待加强，“重点项目帮办代办”和“降低中介服务收费”等三级指标获评分数较低。问题主要集中于政务服务与市民服务、市场主体服务的前端和末端。政务服务在“最先一公里”和“最后一公里”阶段的实质可操作性有待加强。如对于“重点项目帮办代办”一项，在所评估政府的政务服务平台中有近三分之一的政府无重点项目帮办代办清单或者线上办理平台；对于“降低中介服务收费”一项，41.7%的城市未公示口岸收费目录清单，36.1%的城市未能实现创新精简中介代理收费项目。上述情况表明，政务服务实质可操作性仍有欠缺，需要进一步落实政务服务主体责任，且存在政务服务形式上具备但实际操作不能的情况。

5. 平台建设精准化程度仍需加强

政府平台数字化的高效建设是政务服务高效便民、公开透明、自觉接受监督的表现。在这一背景下，政务服务建设已有较充分的积淀，各城市政务服务水平整体较高，涉数字经济政务服务水平逐年稳步提高，涉数字经济政务服务提供机制朝着精准化、智能化、均衡化方向发展，以系统思维推动数字经济法治保障建设，重点聚焦高质量发展、数字经济创新、市场公平竞争。数字经济营商环境的优化离不开政府平台数字化的有效建设，评估发现政府平台数字化建设水平与实际操作关联度亟须提升，即政府平台数字化建设虽然形式上大都完备，但在细节完善方面仍需进一步下功夫。55%的政务服务网或者政府门户网站未能做到在数据共享平台或者数据开放页面设置"数据解读"专栏抑或有数据详细介绍；各政府官方网站板块设计虽然大体相同，但板块内容规划的丰富性和合理性存在较大差距，部分城市的官方网站不仅内容稀少，更是存在更新频率以年为单位的情况；在网站运行稳定性方面，存在间歇性无法打开或登录的问题。因此，推进数字政府建设迫切需要数字技术的支撑。

6. 企业数据安全保障供给不足

目前大多数城市的企业数据安全尚缺乏强有力的保障。一方面，缺乏具体的行政管理实践方式，包括监管机关与企业数据合规方面的沟通机制、主管部门对企业数据信息的标准处理和保存方式。另一方面，缺乏相应的制度保障。纵然我国大数据应用技术已实现全球领先，也经受住了市场的考验，但数据应用在我国属于技术先于制度的状态，立法相对滞后。此外，有关数据的法律定位在我国学界仍尚存争议，这也在一定程度上影响了监管机关对数据安全执法的把握和企业对数据保护的行为预期。考虑到《数据安全法》于 2021 年 9 月 1 日才落地实施，为我国数据安全初步提供了法律框架，未来还需各地监管部门和市场经营者共同探索具体的数据安全保护措施。

7. 信用惩戒救济机制有待完善

信用惩戒在行政诉讼中的救济渠道不通畅。一方面，相对人难以起诉，惩戒措施难以认定为行政行为、实施惩戒的非行政机关主体难以被认为是适格被告；另一方面，因惩戒措施的多环节、多行为特征，相对人难以确定起诉何种问题。[①] 信用惩戒救济立法规范不明确，信用惩戒的立法文件散见于各省市地方性法规，在规范上缺乏救济制度的明确规定，如《上海市社会信用条例》第 25 条规定，行政机关公布失信名单应同时公开救济途径，信息主体有权申请救济。[②]《浙江省公共信用信息管理条例》第 28 条亦有类似表述。[③] 涉及信用管理的地方性法规虽提及行政机关的救济告知义务与行为人的救济权利，但在立法文本中既没有规定具体的救济类型或方式，也没有程序规定，有学者认为这种模糊的救济规范“只是执法者依据实际情况的一种随机表达”。[④]

（三）完善建议

1. 推进数字经济顶层设计，革新数字化市场配置

历经十年，国家层面陆续出台相关政策文件，明确要求以信息技术手段，深入落实市场准入负面清单制度、探索市场准入服务渠道创新、优化市场准入效能评估模式，促进体制改革多业务综合运行。市场准入负面清单制度经历了从“部分地区试点”到“全国一张清单”的蜕变。在信息化建设方面，云南省发改委正式启动云南市场准入效能评估信息化平台项目建设，

---

① 参见彭錞《失信联合惩戒行政诉讼救济困境及出路》，《东方法学》2021 年第 3 期，第 172~176 页。

② 《上海市社会信用条例》第 25 条：行政机关根据信息主体严重失信行为的情况，可以建立严重失信主体名单。信息主体有以下行为之一的，应当将其列入严重失信主体名单：（一）严重损害自然人身体健康和生命安全的行为；（二）严重破坏市场公平竞争秩序和社会正常秩序的行为；（三）有履行能力但拒不履行、逃避执行法定义务，情节严重的行为；（四）拒不履行国防义务，危害国防利益，破坏国防设施的行为。行政机关公布严重失信主体名单的，应当同时公开名单的列入、移出条件和救济途径。信息主体对行政机关将其列入严重失信主体名单有权申请救济。

③ 《浙江省公共信用信息管理条例》第 28 条：国家机关依照本条例规定将信息主体列入严重失信名单前，应当告知信息主体列入严重失信名单的理由和依据；决定对列入严重失信名单的信息主体采取惩戒措施的，应当告知理由、依据和救济途径以及解除惩戒措施的条件。信息主体有权进行陈述和申辩。国家机关对信息主体采取的惩戒措施，应当与信息主体违法行为的性质、情节和社会危害程度相适应。国家机关应当将列入严重失信名单后的相应惩戒措施向社会公布。未经公布的惩戒措施不得采取。

④ 卢护锋：《失信惩戒措施设定与实施的理论图景》，《学术研究》2019 年第 12 期，第 76 页。

平台以“评估应用”为导向，以“清单运用”为基础，以“案例核查”为抓手，以“主体服务”为目标，以“主体感受”为基准，深入践行国家“实时动态评估”试点工作要求，建设“两端”、“六系统”和“X个应用衔接”全方位服务体系，构建“观市场”“用清单”“防违规”三位一体的全业务管理体系，并面向全省市场主体提供高效、智能的“24小时不打烊”市场准入业务服务，为省、州（市）、县（市、区）三级行政主体提供“横向协同、纵向联动”的市场准入业务闭环信息化支撑，更好地发挥市场准入主管部门的系统合力，进一步规范、统筹市场准入负面清单动态管理，强化与政务服务事项动态关联、市场准入效能持续提升和审批业务双向协同，构建标准化、动态化、规范化市场准入效能管理新模式。国务院《“十四五”数字经济发展规划》明确提出，到2025年，我国应初步建立数据要素市场体系，充分发挥数据要素作用。数据要素作为数字经济时代重要的生产要素和战略资源，需各城市加大改革力度，实现数据基本要素配置效率最大化。

综合被评估城市在政府数据开放、数据开发利用、数据交易和数据确权方面的短板和困境，建议从以下方面进行努力。第一，充分调度政务数据、公共数据等数据资源，丰富数据要素市场基本内容。当前，“数据二十条”已经出台，为公共数据、政务数据的开放和开发利用奠定了全国性的制度基础。在此之前，部分城市已经针对公共数据开放进行了先行的规则尝试和开放实践。尚未建立开放平台和相关制度的被评估城市首先应当参照相关经验，充分整合本市的公共数据和政务数据资源，推动公共数据的汇集、处理和开放利用，避免本地的数据资源闲置。另外，考虑到数据基本要素的东西差异，建议东西部城市加强数据处理和数据公开的合作，借助“东数西算”等政策举措，盘活西部数据要素市场。第二，构建适宜数据基本要素流通的机构支持和规则保障。通过本轮评估可以看到，部分城市尚未构建本市的数据交易规则，数据交易平台有待完善。基于中国信息通信研究院《数据要素白皮书（2023年）》，数据基本要素的场外交易是数据流通的主要方式，这一方面说明市场对数据基本要素的流通需求较为强烈，另一方面也说明目前的场内交易并不能满足市场和社会的需求。地方政府应当积极主动培育数据交易平台，鼓励场内数据交易的发展，这离不开机构支持和规则保障。综合数据基本要素流通的规范性和安全性，在机构设置上需要建立健全数据产权登记平台和数据交易中心，为数据基本要素提供确权保障和交易场所支持；在规则制定上则要充分考虑数据产权登记、交易规则和数据公开的安全规则，制定相应的数据产权登记程序规定、数据基本要素交易规则以及数据分级分类公开规范。

2. 推动政府采购全过程信息公开，优化知识产权审查机制

各地政府要加强政府采购信息公开机制建设，积极探索改进方式，出台相关制度文件，推出改革举措，加强对其他先进城市政府采购信息公开制度构建经验的学习，积极落实相关制度安排，结合本地区的实际情况，制定部门采购信息管理制度，强化发布责任，推动采购信息公开迈上新台阶。同时，也应该注重采购绩效，推动放管结合，改进监管方式，进而转向采购结果管理。《政府采购法》作为政府采购工作顶层设计，仅仅对该领域信息公开做了基本的解释，未有明确具体的相关规定。因此，在构建地方信息公开制度时，需要从更高层面对公开范围、渠道和监管等内容进行约束，建立健全责任明确的工作机制、简便顺畅的操作流程和集中统一的发布渠道，确保政府采购信息发布的及时、完整、准确。

知识产权保护是塑造良好营商环境的重要方面，知识产权审查制度作为知识产权市场行为的“守门人”，一方面需要快速回应市场主体的创新性需求，另一方面需要遏制低质量知识产权产生与非创新恶性竞争环境形成。[②] 通过问卷发现市场主体对所在城市在知识产权技术审查流程精简性方面满意度不够，需要进一步优化，以提高市场主体的满意度。一是国家相关部门要优化专利和商标的审查流程与方式，实现知识产权在线登记、电子申请和无纸化审批。在知识产权强国建设过程中，上述工作流程仍需进一步优化，如专利申请、商标注册、著作权登记等流程的各个环节均在网络上进行，这就需要我国相关部门共同打造一个知识产权网络，并制定相应的法律法规，以保证知识产权审查、注册和登记全部实现无纸化办公。二是完善知识产权审查协作机制，建立重点优势产业专利申请的集中审查制度。优先审查更多体现的是对审查速度的要求，在控制正常审查周期的前提下进一步压缩审批时间，而集中审查则更加注重审查标准执行的一致性和对审查质量的保障。将某一重点优势产业的一组专利申请进行集中审查，对于从源头上更好更快保护产业创新、创造具有产业竞争力的高价值专利组合具有明显优势。[①] 三是加大针对知识产权创造和转化的监管支持与资金扶持，探索开展专利权质押融资保险促进工作，推进创新主体与市场需求高效对接，全面提升各项专利拥有规模和质量，以此提升知识产权创造与转化质量。

3. 加强信息化数字治税改革，推进新型消费领域规制安全

利用税收优惠释放数字经济在数字化转型、创新创造活力、人才培育等方面的效能，支持培育数字经济企业梯队、打造数字经济领域“专精特新”企业。同时为谨防新形态下企业偷逃税款造成税收流失，税务部门应健全组织架构、强化数字治税信息化支撑、建设数字经济税收案例库。强化信息化数字治税，利用大数据、人工智能等信息技术为税收治理提供技术支撑，建立智能税收风险防控系统，从而有效监管数字经济交易信息。

伴随着数字经济的高速发展，新型数字消费领域也成为消费者的日常选择。但因政府部门和社会对新业态、新模式的认识和理解不够深入，规则缺失、信息不对称、经营者技术优势明显、监管手段滞后等，新型消费领域侵害消费者权益的现象呈多发态势。要妥善处理新领域出现的新问题，地方政府应推进相关领域的制度建设和监管机制创新，兼顾促进新业态发展与消费者权益保护，加强对数字消费、智能消费等新型消费领域不公平格式条款的规制，落实经营者主体责任，打造安全放心的新型消费领域。

4. 强化数字化转型赋能，创新多元化监管方式

以人工智能、大数据等新技术为驱动力，利用数字技术的力量优化数字经济服务的流程，并整合所涉资源。资源整合应有跨地区、跨部门、跨层级的数据共享和业务协同，流程的优化应有“一网通办”“一网统管”“一网慧治”的举措。同时，应积极利用数字技术提升政府服务能力和办事效率，以场景化应用为牵引，重点围绕“一业一证”、“一件事”、一体化综合监

管，促进政府治理流程优化、模式创新和履职能力提升。

对细分行业头部企业之间的合并、大型平台的跨界并购、补贴大战、互联网平台经营者要求商家“二选一”、“大数据杀熟”等平台垄断的问题，多地监管部门仍缺少足够的关注，对互联网平台企业反垄断的专门监管有待提升。大连、哈尔滨、武汉、成都、石家庄、太原、呼和浩特、昆明等众多城市已建立公平竞争审查工作联席会议，充分发挥联席会议的统筹协调和监督指导作用，有效防止和纠正妨碍统一市场建设和公平竞争的各种规定和做法。近几年的知网垄断案、美团及阿里巴巴“二选一”案、抖音诉腾讯案等，均涉及滥用市场支配地位，社会反映强烈，具有广泛社会影响。市场监管部门须及时回应社会关切的热点问题，充分释放常态化反垄断监管、促进互联网平台发展的政策信号，创新现代化市场监管机制，激发优化营商环境新动能。

5. 促进政策咨询与反馈机制落实，提高法治体检智能化水平

根据评估结果，被评估的36个城市均建立了政府在线咨询与反馈渠道，在市场主体遇到困难和问题时做出回应，部分城市还通过划分不同的行政区对提问的企业予以精准引导，有效地节省了企业的咨询时间，减缓了人工窗口的咨询压力，提高了政府效率与市场效率，保障企业与普通民众提出意见建议的渠道畅通。但有部分城市并不能对用户所咨询的问题给予建设性的建议，其回答或不具备相关性，或仅仅是对问题的简单重复，或干脆不予回应，这些情况均影响政企沟通渠道的畅通及其有效性发挥。此外，部分市场监督管理局的联系方式获取困难，存在未公开的情况，难以在第一时间联系到相关执法人员，现场咨询的方式对企业来说时间成本过高，而通过12345热线电话进行咨询，则需要排队等待分配工作人员进行解决，通常在几个工作日之后，效率同样不高，该情况反映出目前政企沟通渠道建设的普遍性问题，如市民热线无法接通、接通但没有实质处理结果、在线咨询回复慢、回复结果无实质性帮助、具体处理问题的部门主体不明确、层层推诿处理、答复随意等。政企沟通渠道仅在形式上建立，并未发挥实质作用，如何畅通政企沟通渠道，及时有效解决企业问题应成为各政府部门关注的重点。一是从技术层面提高人工智能的智能化程度，提高智能客服信息回复的准确性，在具体实践中首先可以通过设置关键词帮助智能客服快速准确识别，加强系统自动检索能力，使其能够寻找出正确答案，针对社会公众常见问题相对应设置解答专栏；二是补充设置人工客服，在智能客服无法准确回答问题时提供人工客服选项，人工客服的设置涉及工作人员数量安排以及专业知识培训的问题，各地方政府应根据实际情况加大人员投入力度和人员培训力度，保障人工客服的回答速度和回答专业性。

地方政府应持续深入开展民营企业“法治体检”活动，建立政府、律所和企业的长期沟通机制，确保法治体检常态化、长效化，推动企业实现平稳健康发展。各地司法行政机关、工商联和律师协会、商会应积极组织引导有需要的民营企业通过“法治体检”方式获取法律帮助和支持，并在公共法律服务实体、网络、热线等平台开通“法治体检”申请通道或受理窗口，多渠道接受民营企业的“法治体检”申请，了解企业法律难题和诉求，帮助中小微企业降本增效。现阶段，组织各地律师成立律师服务团队线下进入企业提供法治体检服务成为各地政府开展法治体检的主要形式，线下形式能够更全面地了解企业所面临的法律问题，但也面临效率较低、资源浪费以及企业被动的问题。为解决这一问题，各地政府应依托公共法律服务网上平台开展法治体检服务，使企业能够在线上及时准确地获取法治体检服务，满足企业多样化和便捷性获取法律服务的需求，推进法治体检服务智能化、信息化和精准化建设。此外，政府、企业和律所应加强数字化培训与学习，提升网上咨询与服务的意识与技能，利用大数据技术，实现法治体检的数据支撑。

6. 增强政务服务责任意识，加快数字法治政府建设

提高政务服务实质可操作性对落实优化数字经济营商环境中政务服务的主体责任提出了新的要求，政务服务既要具备合法性又要具备合理性，政务服务既要具备形式可操作性又要具备实质可操作性。具体来说，落实主体责任需要提高政务服务主体的服务意识，增强服务积极性和主动性，不断创新政府治理方式、提高政府治理能力；落实主体责任需要关注市民和企业的切

身感受，并对此积极作出反馈与调整，关注政务服务细节，如提供信息填报、打印复印和证照免费邮寄等服务；落实主体责任需要做好“先前一公里”和“最后一公里”的政务工作，在“先前一公里”阶段，去关注如何让政策服务等为人熟知并广为接受，在“最后一公里”阶段，去了解政务服务落地是否可行长远、是否便捷高效；落实主体责任需要细化责任分工，以整体性思维进行治理，实现各部门之间资源有效整合和数据共享，避免多头执法资源浪费。压实政务服务的主体责任落实，护航优化数字经济营商环境，是坚持以人民为中心的体现，权责清晰、高效便民，使数字经济营商环境行稳致远。

优化数字经济营商环境是数字时代数字政府建设的重要内容、数字经济发展的必然趋势和数字社会治理的内在要求。[①] 数字政府官方网站的建设是加快建设数字政府的关键一环，如今互联网信息交流高度便捷化，例如一网通办及一网统管能力的建设，对于政府一方来说，可以简化整合政务服务办事流程，提高政府工作能力和工作效率；对于营商环境的另一方，即企业和市民来说，其对相关政策信息了解更加清楚全面，对政务服务流程内容更加理解熟悉，在亲清政商关系的政企民互动中，实现政务服务的高效满意，优化数字经济营商环境。数字政府的建设是对政务服务机制、平台、渠道的全面升级，数字政府以系统化思维整合政府内部组织架构、运行机制和治理手段等，形成围绕优化数字经济营商环境的现代化治理模式。

7. 建立数据安全保障体系，健全信用惩戒救济机制

当前，绝大部分城市在企业数据安全保障措施方面发展缓慢，随着企业数字化建设的不断深化，企业数据面临愈演愈烈的攻击威胁。无论从保护企业商业机密、开展数据安全合规建设的角度，还是从为企业数字化转型提供安全保障的角度，各城市应抓住数字经济发展的时机，结合数字政府发展，加强数据安全顶层筹划，深入推进对数据安全的认识，研究规划政务数据全

① 周伟：《数据赋能：数字营商环境建设的理论逻辑与优化路径》，《求实》2022 年第 4 期，第 33 页。

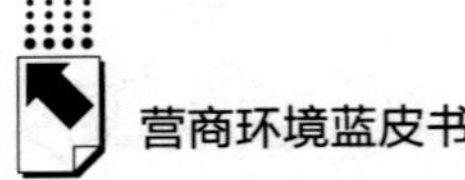

生命周期安全治理的远景、目标、领域、指导原则等，与领先互联网企业合作探索合理的数据安全措施，制定数据安全标准，为各单位数据安全建设提供统一指引。各地立法机关和政府部门应细化数据安全法律规范，结合本地产业实践和国家数据安全导向，探索符合本地发展特色的数据安全制度，制定有利于促进和规范政府数据安全共享开放的法规规章，对数据要素全生命周期安全管理、保障机制等作出明确的规定，让执法部门有法可依，企业依规经营。

通过立法设置失信惩戒的救济规则。相关法规须针对错误惩戒的救济方式、时限和内容等作出明确一致的规定，以此确保法律规范的合理衔接。构建信用恢复处置机制，需要设置统一的信用恢复管理机构和修复标准，以实现多领域、多部门、多地域的失信记录在恢复层面的高效处理，但在失信惩戒措施的行为定位尚不明朗的情况下，行政诉讼和行政复议等传统行政救济手段难以有效发挥保障相对人权益、控制行政权力的作用，因此，在司法救济方面，应明确并区分信用惩戒的行为性质，将属于行政行为的惩戒措施纳入行政救济程序合法性与合理性审查的范畴。而在传统救济手段还未构建清晰的情况下，监管主体应发挥主观能动性，建立信用监管执法者与相对人之间的内部解决机制，这包括监管主体在决定惩戒前的告知解释程序、错误惩戒的异议申诉、信用修复与信用更正以及监管主体自行纠错的全链条救济机制。

专题报告

·一 数字经济市场主体保护情况评估·

B.2
市场准入

王春蕾 肖卓飏*

摘 要： 市场准入机制的合理与否对经济发展具有重要影响，制度的松紧程度直接关系着市场主体进入市场的成本和难易程度。本报告借鉴世界银行《营商环境成熟度方法论手册》中的新增评估点，围绕准入法规质量、市场准入在线服务、市场准入效率三个方面评估政府在市场准入服务方面体现的服务水平。经过评估，市场准入负面清单制度、信用承诺制、环境许可规制等制度落实进一步优化，各地也均出台具体政策针对上年监管评估中发现的市场中的隐性壁垒问题进行了回应。总的来说，我国市场准入机制进一步完善，营商环境进一步优化。

* 王春蕾，法学博士、博士后，中国政法大学法治政府研究院副教授、硕士生导师，研究方向为行政法、教育法等；肖卓飏，对外经济贸易大学法学院2023级硕士研究生，研究方向为行政法学、行政诉讼法学、国际法。

关键词： 准入法规质量　市场准入在线服务　市场准入效率

市场准入机制是指一个经济体对市场主体资格的确立、审核和确认的法律制度，包括市场主体资格的实体条件和取得主体资格的程序条件。① 市场准入机制的合理与否对经济发展具有重要影响，制度的松紧程度直接关系着市场主体进入市场的成本和难易程度。创业成本越高，企业准入率、就业水平和生产率就越低，同时，烦琐的创业程序也对促进创业具有负面作用。所以优化市场准入机制、降低市场准入门槛，对于鼓励创业、优化营商环境和促进经济发展具有重要意义。世界银行《营商环境成熟度方法论手册》以“市场准入”这一指标实现对市场准入机制的评价。作为企业创办与运营的第一关，开办企业依旧是 B-READY 的关键。B-READY 相较于“营商环境评估”（DB）指标新增了“市场准入的监管质量”“数字化公共服务和企业信息透明度”两项内容。本报告借鉴世界银行《营商环境成熟度方法论手册》中的新增评估点，围绕准入法规质量、市场准入在线服务、市场准入效率三个方面评估政府在市场准入服务方面的服务水平。

一　评估指标构成

本次评估中“市场准入”一级指标之下设置三项二级指标，分别是“准入法规质量”“市场准入在线服务”“市场准入效率”。

四项三级指标包括“风险管理”“准入法规限制”“在线公共服务与信息透明度”“准入时间及成本”。

分别从政策、法规限制、在线平台建设、市场准入效率角度反映被评估城市在本次评估期间的市场准入服务水平。（见表 1）

① 《晓政营商丨优化营商环境之降低市场准入门槛与控制成本》，https：//mp. weixin. qq. com/s/94aFdA_ kdqYkbaUvwC8lXw，最后访问日期，2024 年 5 月 5 日。

表 1 “市场准入”指标构成

一级指标	二级指标	三级指标
市场准入(4 分)	准入法规质量(2 分)	风险管理(1 分)
		准入法规限制(1 分)
	市场准入在线服务(1 分)	在线公共服务与信息透明度(1 分)
	市场准入效率(1 分)	准入时间及成本(1 分)

二　设置依据、评估标准及评估分析

（一）风险管理（1分）

【设置依据】

2022 年 3 月 12 日，国家发展改革委、商务部印发《市场准入负面清单（2022 年版）》，该清单列有禁止准入事项 6 项，许可准入事项 111 项，共计 117 项，相比 2020 年减少 6 项。[①] 负面清单的变化对相关市场准入许可的风险管理提出了更高的要求，各地需要完善与市场准入负面清单相适应的审批机制。

【评估方法】

检索所有被评估城市关于市场准入负面清单的改革措施，依据现有信息对城市市场准入负面清单的政策安排、施行情况进行梳理。

【评分标准】

满分为 1 分。基础分为 0.2 分，各城市若转发《市场准入负面清单（2022 年版）》，得 0.4 分；若在落实《市场准入负面清单（2022 年版）》时提出了相应的风险管理措施，如在工程建设、市场监管、生态环境等领域建立企业信用风险分级分类管理指标体系和系统，按照政策措施的具体情况以及相应措施的落地情况得 0.4~0.6 分；亮点分为 0.1 分，对在准入风险管理中有突出创新表现的城市，酌情进行加分。

① 截至 2024 年 3 月 8 日，该文件为准入负面清单最新版本。

【评估分析】

在本次评估中，评估小组通过对36个被评估城市的现有准入法规进行检索，最终得出该指标的平均得分为0.697分。高于平均得分的共25个城市，占比为69.44%。36个城市在“风险管理”指标上整体分差不大（见表2）。

表2 “风险管理”得分分布

得分(分)	0.8	0.7	0.6
城市(个)	10	15	11

低于平均分的城市的失分原因主要在于无法检索到信用风险分级分类管理指标的具体落实措施，仅宏观性地提到建立信用体系；或在环境许可规制项下，未针对推进环境影响评价与排污许可审批“两证合一”“两证联办”改革落实具体措施。

【良好实践】

在本次评估中，我们发现市场准入负面清单制度均得到较好的落实。例如，为了让群众和企业在石家庄依规办事、享受“阳光”审批，石家庄市不断提升行政审批标准化、规范化、便利化水平。以创建国家级社会管理和公共服务综合标准化试点为抓手，构建了4大类24项审批业务基础标准体系，制定内部标准677项，实现“事项有流程、审批有控制、岗位有标准、办事有规范”；对全局事项实行清单管理，对没有法律法规依据的审批事项一律取消，全面落实市场准入负面清单制度，做到“清单之外无事项，清单之外无审批”；大力推行“网上办、即时办、联合办、一日办”，除涉密事项和不宜网办事项外，审批事项100%实现全流程网办，用行政审批“减法”赢得企业发展“乘法”。①

信用承诺制是各城市在准入风险管理中采用的较为常见的规制手段，各

① 《河北省石家庄市：以改革举措优化行政审批服务营造一流营商环境》，信用中国，https://www.creditchina.gov.cn/home/yshj/202311/t20231117_326139.html，最后访问日期：2024年2月4日。

城市以企业需求为导向，以信用机制为抓手，深入贯彻落实市场准入“放管服”改革要求，如推行基于企业信用的行业准入，用一份“信用报告”代替多张“合规证明”。通过信用分层，对信用度较好的企业推行极简程序，加快市场准入速度，同时保证经营许可和环境许可规制与风险管理控制结合起来。如北京市出台《北京市安全生产信用分类分级监管工作管理办法（试行）（征求意见稿）》，明确提出市、区应急管理部门在行政审批等工作中，将生产经营单位安全生产信用状况作为重要参考，也即通过信用分层对市场准入进行风险规制。南宁市则在全国首创“信用+区块链电子存证+电子签章”事前信用承诺监管平台，助力优化营商环境。厦门市市场监管局建立“通用型”与食品药品、电梯维保、工业产品等重点领域“专业型”相结合的信用风险分类指标体系，并将信用风险分类结果嵌入双随机、专业监管、网格化监管等各类系统中加以常态化应用，实践中问题发现率达67%以上。①

此外，在环境许可规制项下，杭州市范围内的各类开发区，结合区域特点，通过实施“一免、四减、四保障”改革措施，优化环评审批服务，提升环评审批效能。合肥自贸区高新片区结合其产业布局和环境管理特点，出台审批改革正面清单试点，对清单范围内的建设项目环评，开展“承诺备案制”“承诺审批制”审批，进一步提高审批速度。依托生态环境大数据平台，对符合条件的项目环评手续，实行“网上受理即备案”。②

（二）准入法规限制（1分）

【设置依据】

党的二十大报告明确提出，要构建全国统一大市场，深化要素市场化改

---

① 《福建厦门市全面推进“双随机、一公开”监管 助推营商环境优化》，中华人民共和国国家发展和改革委员会，https：//www. ndrc. gov. cn/xwdt/ztzl/xhyshj/dfdt/202303/t20230328_1352373. html，最后访问日期：2024 年 2 月 4 日。

② 《合肥市生态环境局环评与排污许可“两证合一”改革跑出审批“加速度”》，安徽省生态环境厅，https：//sthjt. ah. gov. cn/hbzx/gzdt/sxdt/121067031. html，最后访问日期：2024 年 2 月 4 日。

革，建设高标准市场体系。完善产权保护、市场准入、公平竞争、社会信用等市场经济基础制度，优化营商环境。全面清理市场准入显性和隐性壁垒，如及时清理废除各地区含有地方保护、市场分割、指定交易等妨碍统一市场的政策，全面清理歧视外资企业和外地企业、实行地方保护的各类优惠政策等，破除各类市场主体准入门槛，有利于全面服务国内大循环，因此，“准入法规限制”是反映营商环境的重要指标。

【评估方法】

评估小组对被评估城市的市场准入法规限制进行体验式评估。检索所有被评估城市出台的政策、法规等，考察是否有设置不合理的限制、要求，在此过程中重点评估实收最低资本要求，商业计划、可行性计划或财务计划的批准、一般经营许可证等相关的规则。优化营商环境，以国际化为重要标准。“营商环境成熟度评价”（B-READY）相较于“营商环境评估”（DB）指标新增了外资企业的准入限制，因此对外资企业的准入限制也成为本年度的考察点。

【评分标准】

赋分值为 1（满分），不存在上述设限情况的得 1 分；公开的企业准入流程信息中存在一定程度不合理设限规定的，按照严重程度得 0.5~0.7 分。公开的企业准入流程信息中存在相当不合理设限规定的，按照严重程度得 0.2~0.5 分。被评估城市若未主动按《中共中央、国务院关于加快建设全国统一大市场的意见》有关要求开启专项治理或出台相应具体措施，则该项不得分。

【评估分析】

在本次评估中，评估小组通过对 36 个被评估城市现有准入法规限制的检索，最终得出该指标的平均分为 0.733 分。高于平均得分的共 17 个城市，占比为 47.22%（见表 3）。

表 3 “准入法规限制”得分分布

得分(分)	0.9	0.8	0.7	0.6
城市(个)	4	13	10	9

【良好实践】

在本次评估中，从网站检索的结果来看，被评估城市的所有市场主体在线登记平台均对市场主体登记的流程有统一介绍，暂未在网络检索方面发现有被评估城市对市场主体登记随意设限的情况。

针对2022年监管评估中发现的市场中的隐性壁垒问题，兰州市出台《兰州市破除隐性壁垒激发消费活力进一步优化消费营商环境实施方案》。北京市发展改革委、市商务局联合印发了《清理隐性壁垒优化消费营商环境实施方案》，该方案结合北京市的消费特点和发展趋势，涵盖餐饮、连锁超市和便利店、大型商场、电商零售、新能源车、民宿、文化演出、新消费品牌孵化8个业态，覆盖了70%以上的居民消费；聚焦进一步放宽消费企业市场准入，深入推进综合监管、柔性监管改革以及增强普惠性政务服务供给等方面，推动51项改革任务；从企业全生命周期入手，排查制约企业发展的管理制度机制障碍，打通痛点堵点，打造更优的消费营商环境。

厦门市、重庆市永川区等地在政府网站上公开市场准入隐形壁垒线上、线下投诉举报渠道，准入企业可以根据准入不合理限制的性质分别向不同部门举报，营造稳定、公平、透明、可预期的营商环境。①

（三）在线公共服务与信息透明度（1分）

【设置依据】

“营商环境成熟度评价”（B-READY）通过“市场准入的数字化公共服务”指标反映数字经济营商环境优化下政府的数字政务服务水平。市场准入在线服务的改革是否推进，相关市场准入信息透明度是否提高，是数字营商环境建设的重要反映指标。

---

① 《落实市场准入负面清单制度，营造良好营商环境——发现隐性壁垒，可以这样做》，厦门市市场监督管理局，https：//scjg. xm. gov. cn/xxgk/jcdt/202306/t20230626_ 2770169. htm，最后访问日期：2024年3月8日。《重庆市永川区市场准入隐性壁垒和不合理限制投诉举报渠道》，重庆市永川区人民政府，http：//www. cqyc. gov. cn/bm/qfzggw_ 87634/zwgk_ 87667/zfxxgkml0/zcwj0/qtwj0/202302/t20230207_ 11575208. html，最后访问日期：2024年3月8日。

【评估方法】

检索所有被评估城市关于在线公共服务与信息透明度的改革措施，依据现有信息对城市信息透明度的政策安排、施行情况进行梳理。同时登录相关在线公共服务提供平台，检索相关政策是否落实、平台建设是否完善等。

【评分标准】

满分为 1 分。基础分为 0.5 分，被评估城市具有在线公共服务平台，持续优化在线公共服务平台的，得 0.5 分。亮点分为 0.5 分，亮点行为包括：动态更新企业名称数据库，实时释放名称资源；不断完善企业名称登记规则，实现名称自动精准比对，让企业即时获取名称。开展企业经营范围自主公示，建立特色经营活动规范条目库；提高外资企业开办便利度，加快推进外籍人员身份认证数据信息的对接共享，实现持有外国人永久居留身份证的外籍人员在线身份认证等。

【评估分析】

在本次评估中，评估小组通过对 36 个被评估城市现有数字化公共服务的检索，最终得出该指标的平均分为 0.725 分。高于平均得分的共有 15 个城市，占比为 41.66%。36 个城市在“在线公共服务与信息透明度”指标上整体分差不大（见表 4）。

表 4　“在线公共服务与信息透明度”得分分布

得分(分)	0.9	0.8	0.7	0.6
城市(个)	1	14	14	7

与 2022 年相比，各城市政务服务电子化智能化水平不断提升，政务服务规范化标准化水平不断提升。部分城市将各类经营主体涉及的市场监管领域政务服务渠道全面延伸至移动“掌上办”，推动实现“一机在手、办事无忧”，在线公共服务水平进一步提升，助力营商环境优化。

同时，各城市均出台政策，大力推进电子证照应用。积极推行“一照通办”，以统一社会信用代码为标识，通过归集企业法定代表人身份证、经营许可证等各类电子证照和员工情况等信息，实现企业在办理缓缴社会保险费和住房公积金、增值税预缴申报、食品经营备案（仅销售预包装食品）等一批政务服务事项时，仅需使用电子营业执照即可办理，企业市场准入难度进一步降低。此外，依照《国务院关于深化北京市新一轮服务业扩大开放综合试点建设国家服务业扩大开放综合示范区工作方案的批复》等，推动数字证书、电子签名等的国际互认，建设国际信息产业和数字贸易港等，也均获得适当亮点分的加分。

【良好实践】

北京、深圳等在企业开办登记方面有许多创新、便利的做法。如表5所示，北京以“北京市企业服务e窗通平台”为支撑，在加强名称登记服务管理中以清单化管理体现规范化和标准化，以不断提升名称自主申报系统智能化水平为抓手，推进名称登记“难繁慢”等问题的有效解决，实现名称登记高效快速，“无感通过”。

此外，深圳的企业设立登记“秒批”系统，依托“一网四库”，实现企业登记无人干预自动审批。“一网”是指全流程网上商事登记系统，“四库”分别指企业名称库、统一地址编码库、实名核身数据库和失信人员名单库四个基础数据库。通过与多个政府部门的权威数据进行实时校验、多维度比对，将企业设立审批时限压缩至几十秒内。

重庆市还升级了“渝快办”平台整体架构，推进部门业务系统与“渝快办”平台全事项全用户深度对接融合。同时深化公共数据共享和推进办事材料电子化，扩大电子签名、印章及存证服务应用，优化“身份认证+电子签名”功能。此外还推进了电子证照的互通互认和共享应用等。

表5　典型城市企业登记平台展示

城市	企业登记平台	网址	备注
北京	北京市企业服务e窗通平台	https://ect. scjgj. beijing. gov. cn/index	个人服务：企业设立、个体设立； 法人服务：变更、备案、注销、增减补换照

续表

城市	企业登记平台	网址	备注
深圳	广东省政务服务平台法人服务深圳站	http://www.gdzwfw.gov.cn/portal/legal/hot? region=440300	全省统一的政务服务平台，根据城市设置不同的登记端口；对企业登记事项的排列非常明确，但是对企业的登记流程介绍不够明晰
厦门	厦门市场监督管理局商事主体网上审批系统	https://wssp.scjg.xm.gov.cn:4433/wssp/	市场主体办理设立登记、变更登记、注销登记、备案时，申请人应当配合登记机关通过实名认证系统，采用人脸识别等方式进行实名验证
杭州	浙江省企业登记全程电子化平台	http://gswsdj.zjzwfw.gov.cn/	全省统一的企业登记全程电子化平台，涵盖企业开办、企业备案、企业注销等所有企业登记项目，实现分段办理

（四）准入时间及成本（1分）

【设置依据】

对准入时间的评估可以帮助了解政府有关部门在处理市场准入手续时的效率和速度。如果准入时间较长，可能会给企业带来不必要的延误和成本，影响其进入市场和开展业务的时间表。2021 年 12 月 14 日发布的《“十四五”市场监管现代化规划》明确了深化市场主体准入准营退出制度改革的重点任务，其中之一是深入推进“证照分离”改革，大力推动照后减证和简化审批，健全简约高效、公正透明、宽进严管的行业准营规则，大幅提高市场主体办事便利度和可预期性。探索容缺受理等方式，不断优化前置审批和企业登记办理流程。

【测评方法】

评估小组对被评估城市的市场准入时间及成本进行体验式评估。检索相关政府部门的网站，获取有关市场准入手续、程序和时限的具体信息。检索所有被评估城市市场主体线上登记平台的登记指引或登记流程介绍，查看公示的相关信息包含的登记过程是否规范，是否有设置不合理的限制、要求，在此过程中重点评估企业名称登记规则、企业住所登记规则和企业经营范围登记规则。同时发放企业问卷，调查企业进入市场实际需要花费的时间与成本，进行企业感受度调查。

【评分标准】

赋分值为 1（满分）。基础分为 0.5 分，基础分的条件是能检索到城市政府网站上提供了企业登记办理流程的详细介绍和指南，如明确的流程图、申请材料清单、办理时限等信息。亮点分为 0.5 分。本年度进行了主观问卷调查，但仅作为观测指标，不另外赋分。

【评估分析】

在本次评估中，评估小组通过对 36 个被评估城市准入时间及成本的检索，最终得出该指标的平均分为 0.803 分。高于平均得分的共 7 个城市，占比为 19.44%。36 个城市在“准入时间及成本”指标上整体分差不大。由于无法检索到落实降低市场主体制度性交易成本工作方案的具体信息，部分城市仅得 0.7 分（见表 6）。

已检索的现有文件、新闻、政府网站显示，被评估城市能够基本按照国家要求进行“证照分离”改革（照后减证和简化审批）、精简经营许可事项（包括审批权集中、下放）。企业主观问卷显示对本地降低制度性交易成本改革基本满意，对市场准入程序精简改革满意度较高（如推行容缺受理等措施推动企业登记高效办理）；在“证照分离”改革、降低制度性交易成本方面还存在待改进问题，企业主观问卷满意度较低。

表 6　“准入时间及成本”得分分布

得分(分)	0.9	0.8	0.7
城市(个)	7	23	6

国务院办公厅发布《关于进一步优化营商环境降低市场主体制度性交易成本的意见》，各地积极落实，将需要地方改革的要求转化为具体举措。

上海、北京等地出台具体举措，企业注册登记的制度性成本不断降低，线上平台和实地办事大厅提供了标准的企业登记文书、规范企业章程、股东会决议等示范文本，供企业自行选择和使用，但如宁波、厦门等城市仅转发省会城市关于进一步优化营商环境、降低市场主体制度性交易成本的实施意见。

本次评估对该部分的给分已经相对放宽，比如就具体措施而言，可以检索到当地政府转发省政府出台的措施、法规等的，都会给该城市进行加分。

【良好实践】

目前被评估城市的市场准入程序精简、“证照分离”、“多证合一”改革已经基本落实，就市场登记时间而言，所有被评估城市实现市场主体登记时限压缩至1~3天，得分较高的城市基本实现1天内即时办理。

在市场登记程序精简化改革方面，有不少城市推出具有地方特色的创新做法。如上海自2015年开始全面实施“三证合一”登记制度改革，实行“一照一码”登记模式。新冠疫情以来，上海市场监管部门主动把服务送到企业“家门口”，加强登记政策辅导，明确办理渠道和办理流程，通过邮箱、微信、QQ、云讲堂等方式，在线上进行登记辅导，及时解决申请人在登记过程中遇到的问题。同时，引导办事对象全程网上办理登记注册业务，推行网上申报、网上签署、网上核准、网上发照等全流程无纸化在线办理模式。上海徐汇区依托数字化转型打造“住所云”平台，以部门协同为抓手深入推进“一业一证”改革，推动“证照分离”改革在徐汇区走上“快车道”。

北京、天津、上海等地相继出台了一系列关于控制制度性交易成本的政策文件，详细列举了“落实市场准入负面清单管理”“简化市场主体准营手续”等举措，降低市场准入门槛，控制成本。① 北京发布《进一步优化营商

① 参见《进一步优化营商环境降低市场主体制度性交易成本工作方案的通知》（京市监发〔2023〕15号）、《天津市进一步优化营商环境降低市场主体制度性交易成本若干措施》、(《关于进一步降低制度性交易成本更大激发市场主体活力的若干措施》（沪府办发〔2022〕22号）。

环境降低市场主体制度性交易成本工作方案》，推动市场主体歇业“一次办”，实现市场监管、税务、人力社保、医保、公积金等 5 个部门办理事项“一窗受理、一网申报、并联审批”等。

三　评估结论与建议

“市场准入”指标的平均得分为 2. 857 分（总分为 4 分），得分率为 71. 4%。得分最高的城市为杭州，得分为满分 4 分，其次分别是深圳、上海、厦门、武汉。我国各省市在市场准入领域（包括准入法规质量、市场准入在线服务、市场准入效率）成效显著。

本项指标共包括四项三级指标，每项指标满分为 1 分。各三级指标得分情况为：“风险管理”平均得分为 0. 697 分，“准入法规限制”平均得分为 0. 733 分，“在线公共服务与信息透明度”平均得分为 0. 725 分，“准入时间及成本”平均得分为 0. 803 分。

（一）取得的成就

1. 市场主体登记流程基本实行统一规范

被评估城市均建立了统一的信息化市场主体登记平台，登记主体能够较为简便直接地通过平台获取相关的登记流程信息，按照平台的指示完成基本的登记操作。企业的注册登记、登记变更和登记注销均能够通过线上平台进行办理。在企业注册登记上，大多数被评估城市均提供免费实体营业执照的邮寄服务以及电子营业执照的申领服务。电子营业执照与实体营业执照具有同等法律效力，极大地便利了企业的日常事务办理。同时线上平台和实地办事大厅提供了标准的企业登记文书、规范企业章程、股东会决议等示范文本，供企业自行选择和使用，降低了企业注册登记的制度性成本。

2. 市场准入程序精简化、数字化、透明化改革成效明显

所有城市基本按照国家要求进行市场准入程序精简化、“证照分离”改

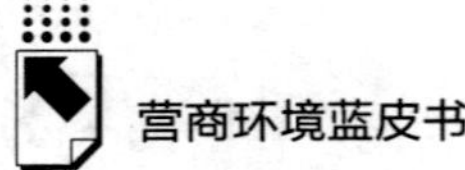

革，包括精简经营许可事项（如审批权集中、下放），所有被评估城市实现市场主体登记时间压缩至3天内，表现较为优秀的被评估城市的市场主体登记时间压缩至1天之内或几小时之内。在企业开办方面，基本实现了企业注册、信息登记过程中的电子化服务。结合"京津冀""长三角""珠三角"等发展战略实现市场准入登记等政务服务省级内跨域通办，如京津冀地区已经实现全地域互设企业登记窗口，开通了北京、河北、天津企业的互相迁移和注册登记的双向绿色通道。

3. 制度性交易成本进一步下降

2023年，我国各省市领会国务院精神，出台了一系列关于控制制度性交易成本的政策文件，实施市场准入负面清单管理，进一步降低市场准入门槛和市场主体制度性交易成本。

（二）存在的问题

评估小组对被评估城市的市场主体登记平台进行登记体验，发现有城市的市场主体登记具体流程虽然基本符合相关规范，但是对其设计的流程存在介绍不明确或说明繁杂的情况，比如没有提供简要的流程介绍图示，只是单纯按照国家规范要求设计系统登记流程。并且有非常多的被评估城市的登记流程是在进入市场登记系统之前必须进行注册登录，即在注册登录之前无法查看市场主体登记流程介绍。同时，对于不同市场主体，如有限公司、合伙企业、个体工商户的法律概念介绍不够明确，需要申请人自行进行提问检索。

根据市场监管总局发布的《企业登记前置审批事项目录》，目前我国共有35项需要在登记之前获得行政审批的市场主体项目。在评估小组的评估当中，许多城市对需要进行行政登记审批的项目介绍不够充分。一些城市通过排列各种行业的市场主体登记入口引导申请人进行选择，对需要审批的项目领域进行特别提醒，但是也有城市仅有一条登记入口，没有对需要行政审批的项目内容进行特别提示和说明。

（三）改进的建议

1. 进一步规范市场主体登记流程

各省市应当严格按照2021年国务院发布的《中华人民共和国市场主体登记管理条例》，进一步优化市场主体登记办理流程，提高市场主体登记效率，推行当场办结、一次办结、限时办结等制度，实现集中办理、就近办理、网上办理、异地可办；市场主体登记管理应当遵循依法合规、规范统一、公开透明、便捷高效的原则，优化办理流程、提高登记效率，将不同登记事项划分为“当场办”“限时办”“一次办”并进行明确的标识和解释。各地政府应当确保这些标识和解释在线上平台和线下业务窗口同步更新，在线上平台逐步优化市场准入注册事项检索功能和咨询客服窗口建设。

2. 增加登记流程定向化介绍工具

为提升线上登记平台的便民度，建议各地政府在市场主体登记平台的主页上进行市场主体登记流程的简要介绍，如线路图展示或流程要点展示等多种可视化形式的介绍；在办理程序上，平台的操作设计应当尽可能按照“市场登记简要流程介绍”“登记平台注册登录”“具体登记事项办理”的顺序。在市场主体登记平台对诸如有限公司、合伙、个体工商户等具有不同法律意义的市场主体进行简要的概念辨析介绍，帮助登记申请人更快地分辨出不同市场主体的差异，结合自己的实际情况选择正确的市场主体登记项目。

3. 建立并完善市场准入隐形壁垒线上、线下投诉举报渠道

为进一步消除市场准入中存在的隐形壁垒问题，建议各地政府在政府网站上明确线上、线下投诉举报渠道，帮助准入企业根据准入不合理限制的性质向相应部门举报。

B.3

经营场所

郑雅方　朱俊璇*

摘　要： 经营场所的获取与企业发展息息相关。本报告评估的指标主要衡量数字经济时代经营场所获取的数字化房地产公共服务水平及经营场所获取效率，包括房地产交易服务平台搭建情况、全流程网办推进情况及用地审批办结时限等。根据评估结果，被评估城市均持续提升房地产服务的数字公共服务水平，积极提高用地预审效率。但仍存在房地产公共服务事项覆盖范围、服务方式完备度不一，政务服务事项便利化、集成化水平存在显著差异，内容不精准、平台功能不全面、与用户互动交流不频繁、宣传推广不到位等问题。建议从提高用户满意度、平台知晓度，健全监管机制，保障平台安全稳定运行等方面对平台进行建设和优化。

关键词： 经营场所　数字化房地产　用地审批

在数字化时代，获得企业经营的实体场所依然是企业开办的关键因素。选择合适的经营场所不仅影响企业客户群体的拓展，还对劳动力、运输、原材料等成本有所影响。除此之外，当地的优惠政策、行政监管等无一不影响企业的开办。考察产权管理的运作情况，可以很好地反映经济增长的前景，

---

* 郑雅方，法学博士，经济学博士后，对外经济贸易大学教授、涉外法治研究院副院长、宪法与行政法学系主任，研究方向为行政法学、行政诉讼法学；朱俊璇，对外经济贸易大学法学院2023级硕士研究生，研究方向为行政法学、行政诉讼法学。

并为私营部门在该地区投资经营树立信心。2023 年世界银行营商环境评估项目（B-READY）明确将经营场所作为主题之一，从获得许可的时间和在线服务的可用性和可靠性等多个方面进行衡量。[①] 本次数字经济营商环境评估借鉴世界银行营商环境评估项目中的评估维度，评估经营场所获取的效率及数字化水平。

一 评估指标构成

本次评估的“经营场所”一级指标下设置两项二级指标，分别为“经营场所获取的数字化服务”和“经营场所获取效率”（见表 1）。

两项三级指标通过分析考察房地产服务的数字公共服务水平和获取建筑、占有、环境许可证所需时间等，从不同角度反映被评估城市在经营场所领域的具体情况。

表 1 “经营场所”指标构成

一级指标	二级指标	三级指标
经营场所（2 分）	经营场所获取的数字化服务（1 分）	房地产服务的数字公共服务水平（1 分）
	经营场所获取效率（1 分）	获取建筑、占有、环境许可证所需时间（1 分）

二 设置依据、评估标准及评估分析

评估中，评估团队的材料与数据来源主要为被评估城市的政府及相关部门网站、政务服务网站、网络搜索引擎、北大法宝等。通过相关方式未能检索到相关内容的，则视为未落实该项工作或该项服务，各三级指标（观测点）的评估方法及赋分标准如下。

① The World Bank, *B-READY Methodology Handbook*（*B-READY*）（2023）, pp. 63-150.

（一）房地产服务的数字公共服务水平（1分）

【设置依据】

数字经济时代背景下，数字化公共服务可以有效减少与经营场所获取相关的时间和成本，同时帮助改善各个利益相关者之间的沟通，提高房地产服务的透明度，落实问责制，进一步有效降低企业开办的制度性成本。国务院发布的《“十四五”数字经济发展规划》（国发〔2021〕29号）提出要持续提升公共服务数字化水平，促进公共服务更加普惠均等。世界银行营商环境评估项目（B-READY）明确将数字公共服务纳入公共服务的质量和信息透明度一级指标项下在线服务的可用性和可靠性这一二级指标的评估内容。[①]本次评估亦将房地产服务的数字公共服务水平纳入评估范围，对各市房地产服务的数字化水平展开评估。

【评估方法】

赋分值为1。具体的观测方法为搜索被评估城市住房和城乡建设局官网、房地产交易服务平台等网页，检索各城市相关规范性文件，以评估各城市房地产服务的数字公共服务水平。

【评分标准】

若被评估城市已经推行不动产登记线上办理、线上查询，得基础分0.5分。若搭建了房地产交易服务平台，得0.2分。若已经实现各类不动产登记业务全流程网办，得0.2分。若推行“网上房交会”“一体化平台”等创新措施，每项得亮点分0.1分。

【评估分析】

关于本项三级指标，36个被评估城市的平均得分为0.7分，该项指标得分情况良好，多达26个被评估城市得分高于或等于平均分，未有低于基础分0.5分的城市，说明被评估城市均已推行不动产登记线上办理、线上查询（见表2）。

① The World Bank, *B-READY Methodology Handbook*（*B-READY*）（2023）, p. 64.

（1）南京、哈尔滨两个城市获得满分 1 分。得分为 0.8 分的有北京、成都、青岛、广州、深圳、杭州、合肥、南昌、西安 9 个城市；获得 0.7 分的有天津、上海、重庆、长沙、福州、厦门、济南、贵阳、宁波、海口、昆明、太原、武汉、南宁、郑州 15 个城市；高于或等于平均得分的，共有 26 个城市，所占比例为 72.22%。

（2）低于平均得分的，共有 10 个城市，所占比例为 27.78%。其中得分为 0.6 分的有长春、沈阳、大连、兰州、西宁 5 个城市；得分为 0.5 分的有呼和浩特、拉萨、石家庄、乌鲁木齐、银川 5 个城市。

表 2　“房地产服务的数字公共服务水平”得分分布

得分(分)	1.0	0.7~0.8	0.6	0.5
城市(个)	2	24	5	5

【良好实践】

通过对此项三级指标的观测，评估小组发现，当前被评估城市在房地产服务的数字公共服务水平领域总体表现良好。由上述评估数据可知，被评估的 36 个城市均已推行不动产登记线上办理、线上查询，借助数字化手段提高经营场所获取效率。例如南京以承接国家“互联网+政务服务”试点为契机，在全国首创房产交易与不动产登记全业务一体化办理平台。该平台已于 2017 年正式上线试运行，承办 40 余项涉房交易登记业务，基本业务办理环节仅为过去的 1/8，申报材料压缩 52.6%，商品房交易与不动产登记一体化办理时限为 2 个工作日，存量房办理时限为 2.5 个工作日，实现主城六区范围内存量房等房产交易与不动产登记全业务一体化办理，全过程“一次取号、一窗受理、一键缴费、一网办结、一并快递”。①

宁波建立了房屋交易“码上办”新模式，实现房产交易全生命周期的

① 《【优化服务】南京首创房产交易与不动产登记全业务一体化办理》，中国政府网，https：//www.gov.cn/zhengce/2017-10/27/content_5234861.htm，最后访问日期：2023 年 8 月 24 日。

“一码通办”服务升级；塑造“互联网+可信交易”新形态，确保交易对象的身份合法性、房源信息透明性、合同签订的有效性；谋划“区块链+真人真房”数字治理模式，实现房产交易中相关信息的多方验证，杜绝房源虚假信息。宁波市的一系列举措实现了服务成本与时间成本双下降、政府管理效益与民生社会效益双提升，“让数据多跑路，让群众零跑路”。[①]

（二）获取建筑、占有、环境许可证所需时间（1分）

【设置依据】

适当压缩获取建筑、占有、环境许可证所需时间，有利于提高企业获取经营场所的便利度，提升公共服务效能，助力营商环境进一步优化。《优化营商环境条例》第35规定，政府及其有关部门应当推进政务服务标准化，按照减环节、减材料、减时限的要求，编制并向社会公开政务服务事项（包括行政权力事项和公共服务事项）标准化工作流程和办事指南，细化量化政务服务标准，压缩自由裁量权，推进同一事项实行无差别受理、同标准办理。没有法律、法规、规章依据，不得增设政务服务事项的办理条件和环节。世界银行营商环境评估项目（B-READY）明确将获得经营场所所需时间纳入公共服务的质量和信息透明度一级指标项下。[②] 本次评估亦将就获取建筑、占有、环境许可证所需时间展开评估。

【评估方法】

赋分值为1。由于客观数据较难收集，且考虑到数据可得性与评估公平性，此项指标覆盖范围广、种类多，评估小组主要从用地审批办结时限角度进行评估。通过对被评估城市的政务网站进行检索，收集被评估城市用地审批预审的办理时限，将所有城市用地审批预审的办理时限的总数除以城市数得出平均数，然后将各个城市相应数目与平均数作比较，按以下标准赋分。

---

① 《“为民为情”探索数字房产新模式，“三真三实”下好市场监管先手棋》，宁波市住房和城乡建设局官网，http：//zjw. ningbo. gov. cn/art/2021/11/29/art_ 1229126187_ 58919335. html，最后访问日期：2024年5月5日。

② The World Bank，*B-READY Methodology Handbook*（*B-READY*）（2023），p. 64.

【评分标准】

各城市办理时限高于法定办结时限的，得 0 分；低于法定办结时限但等于或高于平均值的，得 0.5 分；低于平均值的，得 1 分。

【评估分析】

本项指标满分为 1 分，被评估的 36 个城市平均得分为 0.778 分，其中有 20 个城市得分为 1 分，约占被评估城市的 55.56%。未有得 0 分的城市（参见表 3）。

被评估城市用地审批预审办结时限平均为 6.8 天，办结时限最短的有乌鲁木齐、郑州、广州、北京、沈阳、大连等 6 个城市，只需 1 天即可办结，宁波、深圳将办结时限压缩至 2 天；耗时最长的城市为成都、呼和浩特，办结时限为 20 天，其次为西安市，办结时限为 15 天。

（1）得分为 1 分的有北京、上海、长春、福州、厦门、青岛、广州、深圳、杭州、宁波、沈阳、大连、合肥、拉萨、南昌、南京、武汉、乌鲁木齐、南宁、郑州 20 个城市，所占比例为 55.56%。

（2）得分为 0.5 分的有天津、重庆、长沙、成都、济南、哈尔滨、贵阳、海口、呼和浩特、昆明、兰州、石家庄、太原、西安、西宁、银川 16 个城市，所占比例为 44.44%。

表 3　“获取建筑、占有、环境许可证所需时间”得分分布

得分（分）	1.0	0.5	0
城市（个）	20	16	0

【良好实践】

从评估结果来看，被评估城市用地审批预审办结时限均低于法定办结时限，并积极采取创新措施缩短办结时限，提高审批效率。如厦门市率先探索“清单制+告知承诺制”审批改革：一是优化流程，将全国统一执行的工程建设项目审批流程四个并联审批阶段，优化简化为两个阶段或三个阶段；二是精简环节，将“清单制+告知承诺制”五类项目精简了 20 个事项审批环

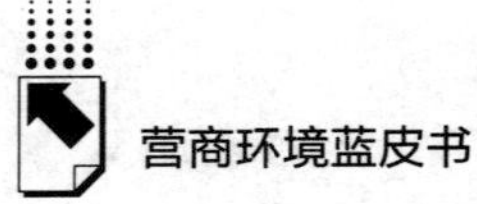

节，其中社会投资简易低风险项目全流程审批环节从 25 个压减至 5 个；三是压缩时限，对简易低风险项目重点提升审批效率，进一步将全流程审批时间控制在 15 个工作日内，促进了营商环境不断优化、项目尽早落地。①

北京市采取分级分类差别化审批，提升审批效率，制定许可“豁免”清单，在保证安全和质量的前提下实现“免办”；继续深化告知承诺制改革，提高以承诺制方式落地开工项目比例；推行“分段施工”制，对施工现场具备条件的，企业可先期开工，对满足安全条件和使用功能的项目可单独开展竣工验收，促进项目尽早投入使用。

三　评估结论与建议

“经营场所”一级指标评估总分为 2 分，被评估的 36 个城市的平均得分为 1. 478 分，共有 21 个城市的得分在平均分之上，占被评估城市总数的 58. 33%；15 个城市的得分在平均分之下，占被评估城市总数的 41. 67%。本项评估中南京获得满分 2 分，得分为 1. 8 分的城市包括南昌、杭州、北京、合肥、深圳、广州、青岛；得分较低的城市是呼和浩特、石家庄、银川，获得 1 分。本项指标各城市得分有较为明显的梯度，整体得分情况较为乐观。

（1）房地产服务的数字公共服务水平，平均分为 0. 7 分，得分率为 70%。

（2）获取建筑、占有、环境许可证所需时间，平均分为 0. 778 分，得分率为 77. 8%。

其中，两项三级指标中得分率更高的是“房地产服务的数字公共服务水平”，说明各地已针对房地产服务数字化转型进行了积极探索，并积极提升数字公共服务水平，着力推动房地产公共服务便利化、数字化、规范化。

---

① 《优化营商环境，厦门工程建设项目审批提速增效》，国家发展和改革委员会官网，https：//www. ndrc. gov. cn/fggz/fgfg/dfxx/202109/t20210918_1297097. html？ code = &state = 123，最后访问日期：2023 年 8 月 17 日。

（一）取得的成就

1. 房地产服务的数字公共服务水平持续提升

当前，数字经济正在成为拉动经济高质量发展的重要引擎。在房地产领域，数字化手段为不动产信息联网、行政手续简化、交易管理效率提高奠定基础，也为房地产交易环节网络化、标准化提供了技术条件。

总体上看，依托数字经济时代背景，各地房地产公共服务领域已初步实现模式转换和优化升级，已基本实现不动产登记线上办理和不动产信息线上查询。北京等部分城市已经实现不动产登记高频业务网上办理和商业办公房屋租赁登记备案全程网办。部分城市还搭建一体化平台，推进不动产登记等业务“一网通办”，实现不动产统一登记全业务、全流程、跨部门“最多跑一次”，进一步缩短业务办理时间，简化办理流程，降低办理成本，通过加快信息化创新和平台建设提高房地产服务的数字公共服务水平。

2. 各地积极提高用地预审效率

土地作为企业经营的重要资源供给，是企业生产经营的空间基础和重要成本要素，优化土地资源供给、提高用地预审效率贯穿企业从设立到清算的全过程，影响着营商环境建设的整体水平。自然资源部日前印发通知要求深化规划用地“多审合一、多证合一”改革，明确以“多规合一”为基础，以精简审批环节、加强规范管理、提升服务水平为重点深化改革，提高审批效能和监管服务水平。

从评估结果来看，各被评估城市均积极探索、持续改革，推出了一系列便民助企政策举措，简化审批流程，缩短办结时限，有效提高企业获取经营场所的便利度，降低时间成本。例如，部分城市为深化“放管服”改革，有效提升用地审批效率，实施用地审核“模块化”管理制度，将用地审批相关事项划分为 16 个业务单元模块，每个模块单独制定审核标准，替换了以往的用地报批“线性审批”模式，在统一时限内，按照统一标准，通过统一的审批网络完成审批事项，显著缩短了审核时限，提升了审批效率。

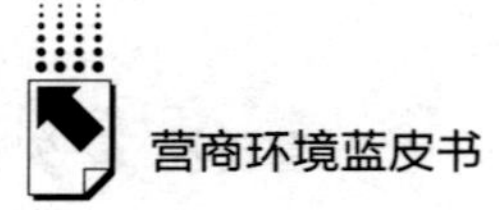

（二）存在的问题

房地产领域平台建设尚待推进。部分城市“互联网+房地产公共服务”平台服务能力需进一步提高，各地房地产公共服务事项覆盖范围、服务方式完备度不一，政务服务事项便利化、集成化水平存在显著差异。

在被评估的36个城市中，仍有部分城市尚未搭建房地产交易服务平台；部分城市的网上不动产登记操作指南精细化程度不高；部分城市的不动产线上登记往往需要多次检索，各类不动产登记业务全流程网办也亟待普及。究其原因，是部分城市未能完善政府部门数据共享和业务协同机制，缺乏创新服务能力，并未围绕优化营商环境与提升房地产公共服务效能等方面，实现房地产领域公共服务的便利化、集成化办理。

（三）改进的建议

经营场所的获取等公共服务的效率和数字化水平是营商环境的重要指标，其是否便捷高效，直接影响市场主体的认同感。《优化营商环境条例》明确要求，政府及其工作部门应当按照高效、便利、透明的原则，简化办事程序，提高办事效率。当前，党中央与国务院不断强调，各地应提高数字公共服务水平。“互联网+房地产公共服务”平台的建设和优化是一项综合性的工作，要始终遵循以民为本、集成办理、精简便捷、版块明晰、互动交流等原则，一要把握公众需求，提高用户满意度；二要加大宣传力度，提高平台知晓度；三要健全监管机制，保障平台安全稳定运行。

把握公众需求，提高用户满意度可以从以下四方面着手：第一，规范网上办事服务，确保办事指南的准确度，提供更加简明易懂实用的办事指南和网上办事操作说明；第二，进一步扩大在线服务事项覆盖范围，实现房地产领域交易、登记、缴费等事项全流程网办、一网通办；第三，推进跨地域、跨部门房地产公共服务事项集成化办理，提高服务效率；第四，注重平台设计人性化，充分考虑使用者的不同身份，为用户提供更为方便、人性化的服务。

加大宣传力度，提高平台知晓度可以从以下两方面着手：第一，创新宣传方式，推动房地产领域公共服务与新媒体融合，利用“本地宝”类微信小程序、微信公众号、手机应用和政府官网等渠道扩大宣传；第二，丰富宣传内容，注重对平台热门功能、操作手册、登录方式等实质性内容进行宣传，使用户对平台的认识更为深入、完整。

健全监管机制，保障平台安全稳定运行可以从以下两方面着手：第一，运用信息技术开展实时线上监管，实现房地产领域业务办理的实时监管、督查督办；第二，引入第三方进行评价，开展外部监管，提高用户对平台的接受度和信任度。

B.4
公共服务资源获取

吴可娟　李秉毅*

摘　要： 2023年，被评估城市持续提高市政公共服务资源供给能力，提升城市公共基础设施服务水平，对水、电、气以及通信设施的接入和监管持续发力，健全了数据基本要素获取服务，取得了良好成效。对比2022年的评估结果，水、电、气、网线上办理、线上公开服务进一步优化，接入时限、审批流程进一步精简，收费透明度进一步提高，“先办后补材料”“一次办结”“全程网办”等政策惠及企业。2023年，被评估城市通过数据赋能，推动数字化互联互通建设，打造“水电气网”线上报装专区，实现一站通办，提高了公共服务资源获取质量、可靠性、可持续性及数字化水平。部分城市持续推进数据交易、数据确权和数据开放服务的完善，同时注重数据信息保护，实现数据安全和数字经济发展的统筹兼顾。

关键词： 公共事业　数字化　联合报装　数据开发利用　数据要素保护

公共服务资源——如水、电、气为每个家庭、每个企业生存运行的重要条件。如果政府或公共事业单位无法高效地提供此类服务，企业将无法正常运转，家庭也会缺少高质量生活的保障。世界银行的调查显示，全球约

---

* 吴可娟，对外经济贸易大学法学院2021级硕士研究生，研究方向为行政法学、行政诉讼法学；李秉毅，对外经济贸易大学法学院2023级硕士研究生，研究方向为行政法学、行政诉讼法学。

30%的企业认为电力供应是其运营过程的主要制约因素，影响着公司的生产力、收入以及经济增长。供水的不足会导致企业生产受限、机器损害等。[①]此外，在数字化时代的今天，数字技术深刻影响着生产力发展。拥有经济、可靠、有效的网络接入服务有助于企业采用和升级数字技术。相较于世界银行《营商环境报告》（Doing Business）而言，《营商环境成熟度方法论手册》（B-READY）将原来的“获得电力”指标评估扩展至对用电、用水和互联网接入的评估，并将一级指标命名为“公用事业服务”（Utility Service），对监管框架的有效性、治理质量和服务提供机制的透明度，以及服务提供效率进行重点评估。而作为本次评估的重点对象，数字经济领域的公共服务资源自然包括数据基本要素。在数据的重要性与日俱增的当下，数字经济领域的营商环境有赖于数据资源的保障与提供。相应地，数据基本要素的治理机制、服务质量和服务效率也自然是公共服务资源获取情况评估的重要组成部分。本项指标参考 B-Ready 中的评价维度，结合中国数字经济营商环境法规及实践，评估水、电、气和互联网接入的透明度、效率、监管和质量，以及数据基本要素在获取、流通、交易、开发利用中的规制有效性和服务质量，据此进一步提升公共服务资源获取的数字化便利程度和数据基本要素获取的丰富度、便利性。

一　评估指标构成

本次评估的“公共服务资源获取”一级指标下设置 3 项二级指标，分别为“公共资源获取（资源能源）”、“数字基础设施获取”及“数据基本要素获取”。

第一组三级指标为“用水获取成本及保障”、“用电获取成本及保障”和“用气获取成本及保障”，第二组三级指标为“通信保障及成本”，第三

① World Bank，*Enterprise Surveys Database*，http：//www.enterprisesurveys.org，最后访问日期：2023 年 7 月 30 日。

组三级指标为“数据交易”、“数据确权”、“政府数据开放”和“数据开发利用”（见表1）。

表1 “公共服务资源获取”指标构成

一级指标	二级指标	三级指标
公共服务资源获取（14分）	公共资源获取（资源能源）（4.5分）	用水获取成本及保障（1.5分）
		用电获取成本及保障（1.5分）
		用气获取成本及保障（1.5分）
	数字基础设施获取（1.5分）	通信保障及成本（1.5分）
	数据基本要素获取（8分）	数据交易（2分）
		数据确权（2分）
		政府数据开放（2分）
		数据开发利用（2分）

二 设置依据、评估标准及评估分析

本报告从三级指标角度，逐项说明该指标设置的具体依据、实施中的评估方法和评分标准，并基于评估情况分析评估结果。

（一）用水获取成本及保障（1.5分）

【设置依据】

公共资源获取是影响企业正常运营的重要因素，贯穿企业的整个存续周期。当公共资源服务不可靠、效率低下或费用高昂时，企业在经营中可能面临巨大的负担。数据显示，发展中国家的企业每年因停电和停水造成的损失约为820亿美元。[①] 世界银行《营商环境报告》中对电力资源的关注，《营商环境成熟度方法论手册》中对水、电以及数字资源的关注，我国《优化

① Rentschler, Jun, Martin Kornejew, Stéphane Hallegatte, and Johannes Braese, “Underutilized Potential: The Business Costs of Unreliable Infrastructure in Developing Countries”, *Policy Research Working Paper 8899*, (2019) Washington, DC: World Bank.

营商环境条例》中对供水、供电、供气、供热等公用企事业单位提出的要求，体现了公共服务资源获取对于优化营商环境的重要性。

综合来看，《优化营商环境条例》第 28 条直指提供公用服务的主体，该规定向公用企事业单位提出了数字化服务、资费信息公开、合理价格服务、优化报装流程以及监督管理等要求。第 35 条、第 36 条则是对政府及其有关部门提供政务服务的总体要求。结合以上规定及世界银行 B-READY 中的评价维度，本评估重点考察办理时限、办理流程、审批材料、办理方式、收费标准、是否实行联合审批、是否提供专门咨询服务、有无监督投诉方式八个方面，以期涵盖《优化营商环境条例》规定中对公共资源提供主体提出的要求。

【评估方法】

检索被评估城市的政务网站，收集被评估城市用水接入的办理时限、办理流程、审批材料、办理方式、收费标准、是否实行联合审批、是否提供专门咨询服务、有无监督投诉方式八个方面的信息并进行评估，将所有城市用水报装的办理时限（小时）、办理流程次数、审批材料数量的总数除以城市数得出平均数，然后根据各个城市相应数目与平均数的比较进行赋分。

【评分标准】

本项指标的满分为 1.5 分。各城市办理时限（小时）、办理流程次数、审批材料数量，高于平均值的，得 0 分；等于或低于平均值的，各项分别得 0.3 分。在办理方式上，若必须到现场办理，得 0 分，若全流程线上办理，得 0.1 分；若未提供专门咨询服务，得 0 分，若提供专门咨询服务，得 0.1 分；若无监督投诉方式，得 0 分，若提供监督投诉方式，得 0.1 分；若在政务服务网站提供报装专区，得 0.2 分，若提供水电气联合报装，得 0.3 分。在收费标准上，若违反标准进行收费，扣 0.3 分。

【评估分析】

被评估的 36 个城市的平均得分为 1.106 分，其中有 22 个城市得分在平均分以上，约占被评估城市的 61.11%。得分最高的有福州、贵阳、海口、合肥、南昌、南京、武汉、郑州、宁波、青岛、厦门 11 个城市，得分为

1.5 分，占比为 30.56%；得分为 1.4 分的有哈尔滨、济南 2 个城市，占比为 5.56%；得分为 1.2 分的有北京、天津、长春、成都、杭州、西安、南宁、大连、深圳 9 个城市，占比为 25%；得分为 1.1 分的有上海、沈阳 2 个城市，占比为 5.56%；得分为 0.9 分的有石家庄、银川、呼和浩特 3 个城市，占比为 8.33%；得分为 0.8 分的有拉萨、乌鲁木齐 2 个城市，占比为 5.56%；得分为 0.7 分的有太原 1 个城市，占比为 2.78%；得分为 0.6 分的有重庆、广州、昆明 3 个城市，占比为 8.33%；得分为 0.5 分的有长沙 1 个城市，占比为 2.78%；得分为 0.2 分的有兰州 1 个城市，占比为 2.78%；得分为 0 的有西宁 1 个城市，占比为 2.78%（见表 2）。

表 2 “用水获取成本及保障”得分分布

得分(分)	1.5	1.4	1.2	1.1	0.9	0.8	0.7	0.6	0.5	0.2	0
城市(个)	11	2	9	2	3	2	1	3	1	1	1

“获得用水”指标是国家发展改革委构建的中国营商环境评价指标之一，一直以来被各地行业主管部门高度关注。2023 年，世界银行启用新的营商环境评估体系（Business Ready），其中变化之一就是新增了“获得用水”评价内容，我国的优化供水接入营商环境成效将首次参与世行评价，各地的工作在持续推进。被评估城市用水报装平均办结时限为 2.15 天，较 2022 年缩短 1.2 天，办结时限最短的城市有南昌、沈阳、宁波，已实现审批件随报随办，较 2022 年增加了 1 个即办城市；天津、长春、福州、贵阳、哈尔滨等 14 个城市已将接入时间压缩至 1 天，较 2022 年增加 4 个城市。时间最长的城市为拉萨，办结时限为 10 天，但较 2022 年的最长办结时限城市缩短了 13 天；其次为上海，办结时限为 6 天。在办理流程上，贵阳已将办理流程精简至申请与受理为 1 个环节；厦门、深圳、银川等 20 个城市已将流程精简为两步：受理申请—施工接通。上海、长沙、哈尔滨、太原等 4 个城市需要至少到现场 1 次，天津、拉萨、北京、杭州等 30 个城市已实现全程网上办理，较 2022 年增加了 5 个城市。在审批材料上，被评估城市平均

需提交 2.36 份材料，其中，福州、广州、海口、武汉等城市为已关联证照的企业提供少提交、免提交材料服务；贵阳、合肥、南京、南宁已实现免材料办理；成都为本指标评估中需要材料最多的城市，为 22 份，其次是广州，需要 6 份，厦门等城市提供了材料容缺后补的便民利企服务。除未在政务服务网上公开用水接入（报装）办事指南的城市外，其余 35 个城市已全部在政务服务网站上提供咨询服务。在投诉服务上面，济南还未在供水报装网上指南中标明投诉方式。

西宁尚未在政务服务网站上公开用水接入（报装）办事指南，亦未提供线上办理窗口，建议此类城市在政务服务网站及时公布相关政务服务指南，提供方便公众获知各类公共事务办理信息的方法，提高公共政务数字化服务水平。部分城市虽发布了政务服务指南，但信息披露不完善，如兰州的线上供水报装服务指南未披露办理时限、办理流程次数、审批材料数量等数据，太原未披露办理流程次数，建议此类城市完善政务服务指南信息。

【良好实践】

被评估的 36 个城市在缩短办理时限、精简流程上取得了良好成效。北京、杭州等 30 个城市实现全程线上办理，厦门、福州、成都等 18 个城市开办线上联合报装专区，提高了政务服务的数字化水平。35 个城市在办事指南专区公开了咨询和投诉监督方式，提高了政务服务的透明度以及监督有效性。

在提高用水接入效率上，北京市持续扩大其推出的“三零”服务（报装零上门、项目零审批、接入零投资）、全程网办、告知承诺制适用范围，尽最大努力满足企业用水需求，并逐步建立起受理报装、制定方案、搭建用水报装服务体系的专门部门，明确各方权责，探索全流程服务管理机制，①实现了服务效率与管理效率的双升级；福州优化报装流程，实现获得用水办理事项 0 材料申报、1 环节办理、1（工作）日内办结，网厅业务受理量同

① 《北京市自来水集团努力打造一流供水营商环境　助力首都供水事业高质量发展》，北京市自来水集团有限责任公司网站，https：//www.bjwatergroup.com.cn/#/waterSupply/14/46/6940，最后访问日期：2023 年 11 月 15 日。

比增加189%，以数据证明了用水办理的效率提升。昆明市在云南省内率先推出合同网签，实现了供水的“全程网办”和“零跑腿”。厦门、杭州、合肥、长沙等城市在供水接入方面采取了“窗口前移”“服务前置”策略，积极协助企业提前进行规划，把“在窗口等待用户”升级为“到现场服务用户”，体现政府理念转变。大连将“放管服”改革理念渗透在优化水务营商环境建设中，“放”出活力，优化办事流程，提高水务审批效率；“管”出公平，落实政府采购、招标投标领域的公平竞争监管；“服”出便利，收集好差评情况、通过电话回访等方式吸收群众建议，建立微信咨询群、出台政务服务事项办事指南，减轻企业办事负担。① 济南市制定了“三个一、十个办”的工作方针，包含用水服务的规划建设、体系建设、品牌建设和数字化互联互通建设。合肥推出“一站式一条龙”服务，“五零两减双延伸”、“无感接水”、“办不成事”反映窗口等特色举措，切实增强市场主体用水三感，同时运用“互联网+”思维，采用智能化、信息化的手段，使质量管控各环节衔接更加顺畅、更加高效。② 长沙市推动企业信用等级评价和守信激励制度的建设，并建立企业和自然人的信用等级评价体系，这些举措旨在让信用评级良好的企业、企业法人及自然人等市场主体能够获得诚信审批、缺项审批、免交保证金和质押金等奖励政策。③

济南市出台《营商环境供水服务规范》，有效弥补国内营商环境具体标准文件的不足，同时也标志着济南市成为国内首个发布供水营商环境地方标准的城市。规范内容涵盖规划建设、接水报装、稳定供水与水质保障、管网维护、经营服务、诉求处理以及惠企服务、信息公开、应急处置、服务质量

① 《大连市推动落实“放管服”，优化水务营商环境》，辽宁省水利厅网站，https：//slt. ln. gov. cn/slt/zxpd/dfss/dl/EB08CCB0979746F6AA65C6E4630AECC8/index. shtml，最后访问日期：2023年8月20日。

② 《合肥供水集团：合肥市优化用水营商环境白皮书（2023版）正式发布》，合肥市人民政府网站，https：//www. hefei. gov. cn/ssxw/ztzl/zt/yhyshj/gzdt/109224964. html，最后访问日期：2023年10月5日。

③ 王馨：《供水企业优化“获得用水”的难点与破局》，中国环境，https：//www. cenews. com. cn/news. html？aid=1083168，最后访问日期：2023年9月27日。

评价等服务标准，有助于将用水报装服务信息精准推送给市场主体，也有助于为各级单位提供统领性指导，破除济南市各区、县标准不统一的难题。[①]上海市出台《上海市加强集成创新持续优化营商环境行动方案》，要求完善水电气网（宽带）联合报装机制、公布水电气网（宽带）报装全程服务时限，连接服务满意率达98%以上；推行供电、供水、供气及互联网服务可靠性管制计划，建立健全服务中断或供给不足等补偿或财务惩罚机制；公布市政公用基础设施供应质量、可靠性和可持续性等关键指标数据；完善水电气网（宽带）报装独立投诉机制；严格落实费率调整提前预通知机制；探索建立公用设施管线信息共享数据库和地理信息系统。

（二）用电获取成本及保障（1.5分）

【设置依据】

同“用水获取成本及保障”。

【评估方法】

检索被评估城市的政务网站，收集被评估城市电力接入的办理时限、办理流程、审批材料、办理方式、收费标准、是否实行联合审批、是否提供专门咨询服务、有无监督投诉方式八个方面的信息并进行评估，将所有城市用电报装的办理时限（小时）、办理流程次数、审批材料数量的总数除以城市数得出平均数，然后根据各个城市相应数目与平均数的比较进行赋分。

【评分标准】

本项指标的满分为1.5分。各城市办理时限（小时）、办理流程次数、审批材料数量，高于平均值的，得0分；等于或低于平均值的，各项分别得0.3分。在办理方式上，若必须到现场办理，得0分，若全流程线上办理，得0.1分；若未提供专门咨询服务，得0分，若提供专门咨询服务，得0.1分；若无监督投诉方式，得0分，若提供监督投诉方式，得0.1分；若在政

① 《零突破！济南成为国内首个供水营商环境地方标准发布城市》，大众网，https：//baijiahao.baidu.com/s？id=1774901989050973602&wfr=spider&for=pc，最后访问日期：2023年10月5日。

务服务网站提供报装专区，得0.2分，若提供水电气联合报装，得0.3分。在收费标准上，若违反标准进行收费，扣0.3分。

【评估分析】

被评估的36个城市的平均得分为1.05分，其中有23个城市的得分在平均分以上，较2022年增加了4个，占被评估城市的63.89%。得分最高的有成都、西安、南宁、深圳4个城市，得分为1.5分，占比为11.11%；得分为1.4分的为太原1个城市，占比为2.78%；得分为1.2分的有北京、长春、贵阳、广州、杭州等16个城市，占比为44.44%；得分为1.1分的有呼和浩特、沈阳2个城市，占比为5.56%；得分为0.9分的有上海、天津、福州、兰州、哈尔滨、海口6个城市，占比为16.67%；得分为0.8分的有乌鲁木齐、大连、济南3个城市，占比为8.33%；得分为0.6分的有重庆1个城市，占比为2.78%；得分为0.5分的有长沙1个城市，占比为2.78%；得分为0的有拉萨、西宁2个城市，占比为5.56%（见表3）。

表3 "用电获取成本及保障"得分分布

得分(分)	1.5	1.4	1.2	1.1	0.9	0.8	0.6	0.5	0
城市(个)	4	1	16	2	6	3	1	1	2

被评估城市用电报装平均办结时限为4.91天，较2022年缩短1.27天，办结时限最短的城市为北京、杭州、南昌、沈阳、宁波、青岛，已实现即办，较2022年增加了2个即办城市；天津、广州、哈尔滨、呼和浩特、合肥等11个城市已将接入时间压缩至1天。办结时限最长的城市为长沙，至多需60天办结；其次为石家庄和大连，办结时限为15天。在办理流程上，贵阳已将办理流程精简至申请与受理为1个环节；55.56%的城市已将流程精简为两步：受理申请—施工接电。长春、郑州、合肥等34个城市都已提供全程网上办理服务，较2022年增加19个城市，大连等城市还需要至少到现场1次，进行线下办理。被评估城市用电报装平均需要提供约2.45份材料，较2022年少交0.85份材料，广州已实现免材料办理，长春、昆明、银

川、乌鲁木齐等只需要提供 1 份材料，其他城市至多需要提交的材料由去年的 16 份缩减到 5 份。其中天津、郑州、宁波等城市为已关联证照的企业提供少提交、免提交材料服务，南京等城市提供了材料容缺后补的便民利企服务。除未在政务服务网上公开用电接入（报装）办理指南的城市外，其余 34 个城市已全部提供咨询服务。在投诉服务方面，济南还未在供电报装网上指南中提供投诉方式。

西宁、拉萨并未在政务服务网站上公开相关办事指南，亦未提供线上办理窗口，建议此类城市及时公布相关政务服务指南，提供方便公众获知各类公共事务办理信息的方法，提高公共政务服务的办事效率。

【良好实践】

从被评估的 36 个城市来看，除未检索到相关信息的西宁、拉萨 2 个城市外，其余城市都可以通过线上端报装，真正意义上实现办电“一次不用跑”。除长沙市披露的办理时限需要 50 天以外，其余 33 个城市全部达到将时限压减到 15 个工作日以内的要求。34 个城市全部实现办电不收费，切实为市场主体降低办事成本。昆明建成了云南省首个“政务+电力”融合的智慧服务厅，实现了 13 大类 152 项线上事项的自助服务，简化了办电流程，其中低压办电流程简化为两个环节，高压办电流程简化为三个环节，实现了居民“刷脸办电”和企业“一证办电”的全渠道办理。[①]

各城市还积极提高用电可靠性，为持续用电保驾护航。杭州巧用带电作业机器人开展线路带电检修，避免停电检修，确保企业的产能释放，实现杭州全域户均停电时间历史性进入 20 分钟以内，供电可靠率蝉联国家电网公司运营区域第一名。[②] 重庆为解决夏季高温极端天气用电难题，研发运用变电站母线“全停全转”功能，使得电网能够自主发现问题并在 2 分钟内实

① 《云南电网持续提升“获得电力”服务水平 优化用电营商环境》，云南网，https：//finance. sina. com. cn/jjxw/2023-07-02/doc-imyziecm5818703. shtml，最后访问日期：2023 年 10 月 22 日。

② 《在杭州，解读“全国用电营商环境标杆城市”》，浙电 e 家微信公众号，https：//mp. weixin. qq. com/s/3IjaaXxH2Vi2unZre2S00Q，最后访问日期：2023 年 8 月 20 日。

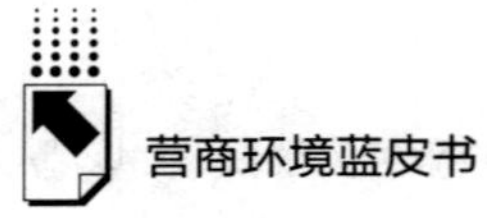

现停电自愈。[①] 三亚市着力建立“一本三基四梁八柱”管理机制，对标自贸港高标准，打造可靠型网架，多措并举实现趋“零”停电，狠抓“四个大幅减少”专项行动，使得区域内客户平均停电时间大幅减少，大幅减少配网故障跳闸次数、故障停电持续时间、低压故障停电抢修数量和社会人员触电事件，反映了三亚配电网管的高水平、高质量发展。[②] 浙江积极探索绿色用电方式，通过加快省外清洁电力入浙项目建设、支撑清洁能源和储能规模化发展等，加速能源系统绿色转型，让用能更“清洁”。[③] 南京市为城市绿色发展提供电力智慧。通过沿江主要港口岸电全覆盖、船舶电能替代、重卡换电等多种方式实现二氧化碳减排；通过对餐饮企业实施“瓶改电”“气改电”等措施，实现餐饮电气化转型，为南京空气质量提高贡献绿色力量。

深圳市发布用电营商环境 20 条改革举措，涉及便利办电、政企联动、精准服务、降本增效、绿色转型、可靠供电等方面。具体来看，深圳供电部门联合政府搭建政企用电用能共享服务，精准识别重大项目用电需求，从而主动联系用户，实现“早规划、早建设、早施工、早送电”，打造用电领域深圳速度。同时，深圳还为企业提供辅助决策、综合诊断、用电监测等服务。深圳市为用户提供每月绿电交易电量账单，直观体现企业为提升绿色生产水平所做贡献，助力企业获取国际客户认可，彰显企业绿色经营责任。昆明市工业和信息化局官网发布《昆明市 2023 年巩固提升用电营商环境实施细则》，对“三零”“三省”服务、水电气网“一件事一次办”服务体系、“电力看+”等数据分析应用进行了细化规定。同时，昆明市还发布了《昆明市 2023 年营商环境获得电力指标考评方案》，规定了昆

① 《重庆建成首个“停电快速自愈”片区　智能调控 2 分钟复电》，华龙网，https：//baijiahao. baidu. com/s？ id=1762779377374932891&wfr=spider&for=pc，最后访问日期：2023 年 8 月 19 日。

② 《建立三亚供电可靠管理体系，大幅减少客户平均停电时间》，三亚营商环境微信公众号，https：//mp. weixin. qq. com/s/RxIVGHfNEsMPH8rhi2NnQw，最后访问日期：2023 年 12 月 24 日。

③ 《浙江发布“获得电力”提升十大举措　助力优化营商环境》，新华网，http：//zj. news. cn/2023-05/24/c_ 1129643026. htm，最后访问日期：2023 年 10 月 3 日。

明市营商环境获得电力指标考评有关工作细则，压实了电力指标考评相关单位责任。

（三）用气获取成本及保障（1.5分）

【设置依据】

同“用水获取成本及保障”。

【评估方法】

检索被评估城市的政务网站，收集被评估城市用气接入的办理时限、办理流程、审批材料、办理方式、收费标准、是否实行联合审批、是否提供专门咨询服务、有无监督投诉方式八个方面的信息并进行评估，将所有城市用气报装的办理时限（小时）、办理流程次数、审批材料数量的总数除以城市数得出平均数，然后根据各个城市的相应数目与平均数的比较进行赋分。

【评分标准】

本项指标的满分为1.5分。各城市办理时限（小时）、办理流程次数、审批材料数量，高于平均值的，得0分；等于或低于平均值的，各项分别得0.3分。在办理方式上，若必须到现场办理，得0分，若全流程线上办理，得0.1分；若未提供专门咨询服务，得0分，若提供专门咨询服务，得0.1分；若无监督投诉方式，得0分，若提供监督投诉方式，得0.1分；若在政务服务网站提供报装专区，得0.2分，若提供水电气联合报装，得0.3分。在收费标准上，若违反标准进行收费，扣0.3分。

【评估分析】

被评估的36个城市的平均得分为1.069分，其中有25个城市得分在平均分以上，较2022年增加了3个城市，约占被评估城市的69.44%。得分最高的有天津、福州、合肥、南昌、武汉、郑州、宁波、青岛、深圳9个城市，得分为满分1.5分，占比为25.0%；得分为1.4分的有济南1个城市，占比为2.78%；得分为1.2分的有北京、重庆、长春、成都、贵阳、广州等11个城市，占比为30.56%；得分为1.1分的有沈阳、乌鲁木齐、南宁、大连 4 个城市，占比为 11.11%；得分为 0.9 分的有海口、昆明和西安 3 个城市，占比为 8.33%；得分为 0.8 分的有长沙 1 个城市，占比为 2.78%；得分为 0.6 分的有石家庄、太原和上海 3 个城市，占比为 8.33%；得分为 0.5 分的有西宁 1 个城市，占比为 2.78%；得分为 0.2 分的有兰州 1 个城市，占比为 2.78%；得分为 0 的有拉萨、银川 2 个城市，占比为 5.56%（见表 4）。

表 4 “用气获取成本及保障”得分分布

得分(分)	1.5	1.4	1.2	1.1	0.9	0.8	0.6	0.5	0.2	0
城市(个)	9	1	11	4	3	1	3	1	1	2

在接入时间上，被评估城市平均时限为 3.33 天，较 2022 年缩短了 1.51 天，耗时最短的为沈阳、青岛 2 个城市，实现审批件即办，北京最快可实现 0.25 小时审批办结。昆明、济南、南京、合肥等 12 个城市已将接入时间压缩至 1 天；时间最长的城市为西安，办结时限为 20 天，其次为上海，办结时限为 15 天。在办理流程上，大多数城市已将流程精简为两步：受理申请—施工接通。银川、南宁等 8 个城市都需要至少到现场一次，济南、武汉、宁波等 28 个城市已实现全程网上办理，较 2022 年增加了 4 个城市。在审批材料上，被评估城市平均需要 1.91 份材料，较 2022 年减少了 0.28 份。杭州、郑州、深圳等城市为已关联证照的企业提供少提交、免提交材料服务，除此之外，深圳等城市还提供了材料容缺受理服务，济南、青岛等城市无须提交材料即可实现办理，其他城市至多需要提供 4 份材料。除未在政务服务网上公开用气接入（报装）办理指南的城市外，其余 34 个城市已全部提供咨询服务。在投诉服务方面，济南还未在供气报装网上指南中提供投诉方式。

拉萨、银川并未在政务服务网站上公开相关办事指南，亦未提供线上办理窗口。建议此类城市及时公布相关政务服务指南，提供方便公众获知各类公共事务办理信息的方法，提高公共政务服务的办事效率。兰州并未在政务服务网站上公开办理流程、办理时限和审批材料数量的信息，建议此类城市完善政务服务指南信息。

【良好实践】

在优化用气办理流程方面，多个城市依靠数字政府服务平台实现了工商用户全流程线上燃气报装，缩短办理流程，优化办理方式与时长，不断提升业务办理便利度。深圳市持续推进用气营商环境改革，发布优化用气营商环境改革措施 5.0 版，持续落实好零跑腿、零资料、零费用、零审批的“四零”服务，[①] 同时帮助用气企业实现线上全流程办理燃气报装与开过销户等营业业务，为用气企业尽可能提供便利和支持。郑州市不仅依托“微网厅”“郑好办”等线上政务服务平台为当地企业实现线上办理用气业务，还在此基础上持续推进“走出大厅，上门服务”活动，实现工商业报装燃气“足不出户，招手即来”。2022 年截至 8 月底，累计上门服务中小商户 2000 余个，成功与 700 余个商户通过一体化联合会商完成用气方案确定。[②] 济南市全面推进“减环节、简流程、减资料、压时限”，借助济南能源集团 ERP 智慧平台实现信息共享，让“数据跑”代替“用户跑”，并通过开发 scrm 用户管家程序，向用户推送线上“微网厅”，便于用户掌握报装进度，享受在线业务咨询、用气信息查询、线上缴费、发票下载、更名过户等便捷用气体验。[③] 为节省企业获得用气时间，南昌市在精简用气报装流程和压缩施工时限方面进行改革。企业报装办理流程由原来的 3 个环节精简为用气申报、验收通气 2 个环节。[④] 在提升用气监管方面，福州市则结合人工智能，成为全国首个采用“气瓶安全‘信任+智能’”监管模式的城市。福州不仅建立了

① 《深圳燃气：打造更具吸引力的用气营商环境》，深圳市人民政府国有资产监督管理委员会网站，http：//gzw. sz. gov. cn/gkmlpt/content/10/10234/post_ 10234212. html#1907，最后访问日期：2023 年 8 月 20 日。

② 《0 资料、0 跑趟郑州工商业报装燃气“招手即来”》，腾讯网，https：//new. qq. com/rain/a/20220831A0258C00，最后访问日期：2023 年 6 月 20 日。

③ 《山东港华燃气集团：聚力打造燃气报装“微团队”优化营商跑出燃气“新速度”》，网易号，https：//www. 163. com/dy/article/IDA299800512ES8F. html，最后访问日期：2023 年 10 月 2 日。

④ 《“燃气管家”精准服务助力企业生产》，新浪财经，https：//finance. sina. com. cn/jjxw/2023-02-06/doc-imyetcpz3089860. shtml，最后访问日期：2023 年 8 月 25 日。

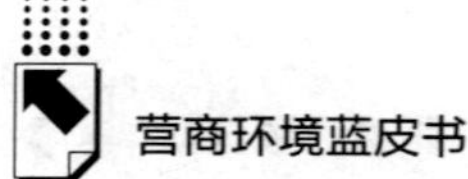

气瓶充装企业的信任评估模型，还建立了气瓶安全追踪管理系统。其中，安全追踪管理系统的智能巡检人工智能摄像头已全面覆盖全市 54 家气瓶充装企业，而自动信任度评估系统可定期对企业展开信任度评估，每年成功避免约 18 万瓶次的“黑气”流入市场。[①]

合肥市出台《合肥市优化营商环境行动方案（2023 版）》，提出要持续优化用水用气报装一网通办，进一步简化报装手续、降低办理成本、提升服务质量，同时优化用水用气报装前置服务与提升业务办理透明度，完善用水用气报装过程中的实时查询、短信推送等功能，让用户随时知晓办理进度，打造用水用气新装业务“全生命周期”线上服务体系。合燃华润燃气有限公司发布《合肥合燃华润燃气有限公司优化营商环境行动实施方案（2023 版）》，在优化营商环境的企业用气方面展开更为细致规划与部署。方案提出，要在 2023 年底实现政企数据共享范围持续扩大，平台功能持续完善，提前介入服务广泛开展。目前，合肥合燃华润燃气实现用气报装、故障报修、过户销户等高频事项“全程网办”“一网通办”，通过信息共享实现“0 材料”报装、“不见面办理”。[②] 广州市印发实施《广州市城市燃气发展规划（2021—2035）》，提出要简化用气报装流程，深化企业智慧燃气服务水平，同时提高政务共享信息应用水平，鼓励用户线上办理业务等措施，逐步实现广州市燃气企业建设服务标准化，加快推动城镇燃气高质量发展。

（四）通信保障及成本（1.5分）

【设置依据】

《优化营商环境条例》第 27 条明确规定，通信、邮政等公用事业企业，

---

① 《民营经济　福建骄傲丨福州持续推进企业信用监管优化营商环境：信用作帆　乘风破浪》，福州新闻网，https：//baijiahao. baidu. com/s？ id = 1775525064864716905&wfr = spider&for = pc，最后访问日期：2023 年 10 月 6 日。

② 《不见面办理！合肥合燃华润燃气实现“0 材料”报装》，腾讯网，https：//new. qq. com/rain/a/20230831A05UGP00，最后访问日期：2023 年 9 月 5 日。

向市场主体提供安全、方便、快捷、稳定和价格合理的服务。在数字化时代，数字基础设施的建设是数字经济社会发展的基石底座，对于推动经济增长、促进社会发展、提升生活质量具有重要意义。

数字基础设施建设的设置依据涉及多方面因素，包括技术、经济、社会和政策等。第一，技术需求。数字基础设施建设首先要满足技术需求。随着信息技术的不断发展和创新，数字基础设施需要具备高速、高效、安全、稳定等特性。因此，建设数字基础设施需要考虑最新的技术趋势和标准，确保其具备良好的技术基础，能够适应未来的发展需求。第二，经济可行性。数字基础设施建设必须具备经济可行性，即在投资和运营方面能够获得合理的回报。在制定建设方案时，需要进行全面的经济评估，考虑投资规模、资金来源、运营模式等因素，确保数字基础设施建设是符合经济效益要求的。第三，社会需求。数字基础设施建设必须满足社会的需求，服务于广大民众和各行各业的发展。在确定建设目标和范围时，需要充分考虑社会各方面的需求，包括教育、医疗、交通、通信、金融等领域，以确保数字基础设施的建设能够为社会带来实际的便利和效益。第四，政策支持。数字基础设施建设需要政府的政策支持和引导。政府在制定相关政策时，应该考虑到数字基础设施建设的重要性，出台支持政策，提供资金支持、税收优惠、市场准入等方面的支持措施，鼓励社会资本参与数字基础设施建设，推动其健康发展。第五，环境保护。数字基础设施建设需要充分考虑环境保护的要求。在选择建设地点和采用建设技术时，需要尽量减少对环境的影响，保护生态环境，确保数字基础设施的建设不会给周边环境带来负面影响。

本指标按照《优化营商环境条例》的规定并结合世界银行 B-READY 评价体系中的对“互联网接入”指标的评价维度，综合分析数字基础设施的可获得性和可测量性，将评估指标聚焦于通信保障及成本评估，重点考察办理时限、办理流程、审批材料、办理方式、收费标准、是否实行联合审批、是否提供专门咨询服务、有无监督投诉方式八个方面，以期涵盖《优化营商环境条例》对公共资源提供主体提出的要求。

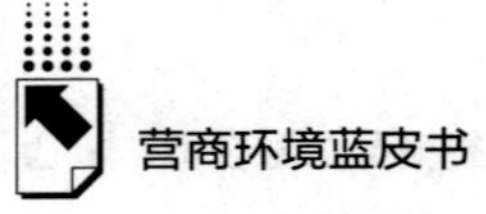

【评估方法】

检索被评估城市的政务网站，收集被评估城市通信接入的办理时限、办理流程、审批材料、办理方式、收费标准、是否实行联合审批、是否提供专门咨询服务、有无监督投诉方式8个方面的信息并进行评估，将所有城市通信报装的办理时限（小时）、办理流程次数、审批材料数量的总数除以城市数得出平均数，然后根据各个城市的相应数目与平均数的比较进行赋分。

【评分标准】

本项指标的满分为1.5分。各城市办理时限（小时）、办理流程次数、审批材料数量，高于平均值的，得0分；等于或低于平均值的，各项分别得0.3分。在办理方式上，若必须到现场办理，得0分，若全流程线上办理，得0.1分；若未提供专门咨询服务，得0分，若提供专门咨询服务得0.1分；若无监督投诉方式得0分，若提供监督投诉方式，得0.1分；若在政务服务网站提供报装专区，得0.2分，若提供水电气联合报装，得0.3分。在收费标准上，若违反标准进行收费，扣0.3分。

【评估分析】

被评估的36个城市平均得分为0.528分，较2022年提高了0.058分。其中有16个城市得分在平均分以上，占被评估城市的44.44%。贵阳得分最高，为满分1.5分，占比为2.78%；得分为1.4分的有北京1个城市，占比为2.78%；得分为1.2分的有青岛1个城市，占比为2.78%；得分为1.1分的有济南、西安2个城市，占比为5.56%；得分为1分的有沈阳1个城市，占比为2.78%；得分为0.9分的有重庆、海口、郑州3个城市，占比为8.33%；得分为0.8分的有长沙、杭州、太原、宁波、深圳5个城市，占比为13.89%；得分为0.7分的有乌鲁木齐1个城市，占比为2.78%；得分为0.6分的有南京1个城市，占比为2.78%；得分为0.5分的有广州、银川2个城市，占比为5.56%；得分为0.3分的有上海、厦门、哈尔滨、武汉、石家庄、合肥、福州、南宁、昆明9个城市，占比为25%；得分为0的有天津、大连、长春、成都、呼和浩特、南昌、拉萨、兰州、西宁9个城市，占比为25%（见表5）。

表5 “通信保障及成本”得分分布

得分(分)	1.5	1.4	1.2	1.1	1	0.9	0.8	0.7	0.6	0.5	0.3	0
城市(个)	1	1	1	2	1	3	5	1	1	2	9	9

被评估城市通信接入办结时限平均为5.78天，办结时限最短的城市为沈阳1个城市，已实现审批件随报随办；长沙、贵阳、郑州3个城市已将接入时间压缩至1天；时限最长的为银川，办结时限为30天，其次为乌鲁木齐，办结时限为20天。在办理流程上，大部分城市都已将流程精简为2步：受理申请—施工接通。长沙、杭州、乌鲁木齐、宁波4个城市需要至少到现场1次，北京、沈阳、西安等13个城市已实现全程网上办理服务。在审批材料上，平均需提交2.94份材料，杭州、宁波2个城市无须提交材料即可实现办理，银川则至少需提交7份材料。

在被评估的36个城市中，有9个城市尚未在城市政务服务网公布当地通信接入办事指南，建议此类城市在政务服务网及时公布相关指南，提供方便公众获知办理各类公共事务信息的途径，提高公共政务服务的办事效率。

【良好实践】

数字基础设施是现代社会的支柱，对经济、社会、文化等各个领域的发展都起到了至关重要的作用。在数字化时代，数字基础设施的良好实践对于保障信息流畅、数据安全、网络稳定等至关重要。数字基础设施的良好实践是实现数字化转型、促进经济社会发展的关键。只有不断加强网络安全、保护数据隐私、推动技术创新、促进互联互通、实现可持续发展、确保普惠性和包容性，才能够建设出更加安全、高效、可靠、智能的数字基础设施，推动数字经济的持续健康发展。数字基础设施的范围包括信息基础设施和对物理基础设施的数字化改造两个方面，[①] 是数字经济高质量发展的底座。截至

① 《数字基础设施——数字化生产生活新图景》，国家互联网信息办公室官网，http://www.cac.gov.cn/2020-04/28/c_1589619537926557.htm，最后访问日期：2023年9月30日。

2022 年底，我国数字经济规模稳居世界第二，[①] 数字基础设施实现跨越式发展，已建成全球最大的光纤网络，光纤总里程接近 6000 万公里。[②] 我国致力于将宽带网络普及到全国各地，包括城市和农村地区。通过建设 5G 网络、光纤网络和卫星网络等，我国已经实现了高速、稳定的互联网接入，使得更多的人能够享受到数字化带来的便利。值得强调的是，我国已经建立了完善的数字支付系统，包括支付宝、微信支付等移动支付平台为人们提供了便捷的支付服务。数字支付已经成为人们生活中不可或缺的一部分，促进了消费活动的便利化。

从评估结果来看，与 2022 年相比，增加了 9 个在政务服务网上公布当地通信接入办事指南的城市，进一步提高了通信接入信息的可获得性。各城市结合自身特色，从通信基站、算力建设、产业数字化转型出发，筑牢数字城市底座。作为改革的前沿阵地，广州紧紧把握时机和阵地，截至 2022 年底，已累计建成超过 7.64 万个 5G 基站（包括室外站、室内分布系统和共享站点），并拥有 61.1 万个 PON 端口（根据省通管局三季度报告），率先成为全国领先的千兆城市。在计算能力方面，广东省率先部署了全国首个省级全场景 IPv6+电子政务外网，以加快 IPv6 的规模化应用，同时设立韶关数据中心集群，构建了辐射华南乃至全国的实时性算力中心，为大湾区的“数字底座”奠定了坚实基础。此外，广东省大力推动大数据技术的应用，建立了大数据中心和平台，为政府、企业和社会提供了丰富的数据资源和服务。大数据技术已经在各个领域得到了广泛应用，包括城市管理、医疗健康、交通运输等。

目前为止，上海已累计建立超过 6.8 万个 5G 室外基站，并正在加快居民小区地下空间的信号覆盖建设，实现了市域范围内的 5G 网络全覆盖。在

---

① 《2022 年数字中国建设取得哪些进展？一组数据告诉你》，国家互联网信息办公室官网，http://www.cac.gov.cn/2023-05/25/c_1686661117814467.htm?eqid=f3a2f46b000170f5000000066491b1d3，最后访问日期：2023 年 9 月 30 日。

② 《我国已建成全球最大的光纤网络　千兆网覆盖超 5 亿户家庭》，多彩贵州网，https://baijiahao.baidu.com/s?id=1758323783975616288&wfr=spider&for=pc，最后访问日期：2023 年 9 月 30 日。

计算能力方面，上海不仅成立了超级算力中心，还搭建了普惠算力平台，通过引入市场力量解决算力不足和算力普及的难题。此外，上海制定发布了《上海市推动人工智能大模型创新发展若干措施（2023—2025 年）》《上海市进一步推进新型基础设施建设行动方案（2023—2026 年）》，并拟推出智能算力加速专项计划，为数字基础设施的升级发展提供了引领导向。在算法技术方面，上海不断打破数据壁垒，利用算法提高了城市治理能力。在产业数字化升级方面，上海帮助企业实现从生产链条自动化到生产链条数字化的转型升级，积极推进智慧城市建设，通过物联网、人工智能等技术手段，实现城市基础设施的智能化和信息化。此外，上海还积极推动数字化教育的发展，通过建设数字化教育平台、推广在线教育课程等方式，提升教育信息化水平，促进教育资源的均衡共享和优质教育的普及。《北京市数字经济促进条例》以专章规定了数字基础设施建设内容，该条例指出各级政府部门需加大力度建设信息网络基础设施、算力基础设施、新技术基础设施等数字基础设施，并做好相关配合保障工作。就信息网络基础设施建设而言，北京市重点支持新一代高速宽带和移动通信、卫星互联网以及量子通信的发展，要求新建、改建、扩建住宅区和商业楼宇与信息网络基础设施建设互相匹配。

（五）数据交易（2分）

【设置依据】

2020 年 3 月 30 日，中共中央、国务院发布《关于构建更加完善的要素市场化配置体制机制的意见》，提出数据是与土地、劳动力、资本、技术并列的第五大生产要素。数据交易是数据产业的关键环节，也是最能体现由市场在资源配置中起决定性作用的领域，是数字战略和数据市场发展的重要组成部分。[①] 完善、丰富的数据交易规制框架和服务体系建设，对一地数字经

① 参见徐玖玖《从“数据”到“可交易数据”：数据交易法律治理范式的转向及其实现》，《电子政务》2022 年第 12 期。

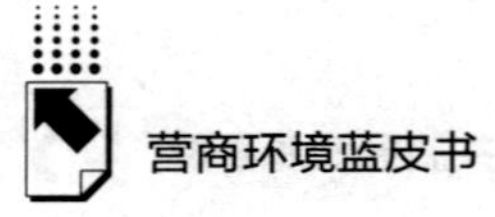

济的生产要素有较大影响。

《中华人民共和国数据安全法》明确要求国家建立健全数据交易管理制度，规范数据交易行为，培育数据交易市场。《中华人民共和国国民经济和社会发展第十四个五年规划和2035年远景目标纲要》强调，要建立健全数据要素市场规则，建立健全数据产权交易和行业自律机制，培育规范的数据交易平台和市场主体，发展数据资产评估、登记结算、交易撮合、争议仲裁等市场运营体系。《中共中央、国务院关于构建数据基础制度更好发挥数据要素作用的意见》要求建立合规高效、场内外结合的数据要素流通和交易制度，完善和规范数据流通规则，构建促进使用和流通、场内场外相结合的交易制度体系，规范引导场外交易，培育壮大场内交易；有序发展数据跨境流通和交易，建立数据来源可确认、使用范围可界定、流通过程可追溯、安全风险可防范的数据可信流通体系。

【评估方法】

检索被评估城市的政务网站、数据交易平台，利用企查查等信息检索工具，以“数据交易”为关键词进行检索，确定各被评估城市建立的数据交易所数量以及收集各被评估城市有关数据交易的立法动态，统计各城市是否制定细化数据交易的相关法律法规。在2022年评估的基础上，着重分析2023年各被评估城市在数据交易工作上的发展与进步情况。

【评分标准】

赋分值为2。先测算36个城市建立的数据交易所/中心数量的平均值1，若被评估城市的数据交易所/中心数量高于平均值1，再测算该组数据的平均值2，高于平均值2，得1分；高于平均值1且低于平均值2，得0.8分。若低于平均值1，再测算该组数据的平均值3，低于平均值1且高于平均值3，得0.6分；低于平均值3，得0分。在数据交易规则设置中，规则细化程度高、各级规范丰富，得1分；规则细化程度较高、各级规范较丰富，得0.8分；规则细化程度与各级规范丰富程度一般，得0.6分；规则细化程度与各级规范丰富程度较低，得0.4分；完全未进行规则细化的，得0分。

【评估分析】

本项指标满分为 2 分，被评估的 36 个城市平均得分为 0. 972 分，其中有 19 个城市得分在平均分以上，占被评估城市的 52. 78%。得分最高的有北京 1 个城市，为满分 2 分，占比为 2. 78%；得分为 1. 8 分的有深圳、杭州、青岛、广州、贵阳 5 个城市，占比为 13. 89%；得分为 1. 6 分的有天津、上海、武汉、福州 4 个城市，占比为 11. 11%；得分为 1. 4 分的有重庆、哈尔滨、郑州 3 个城市，占比为 8. 33%；得分为 1. 2 分的有西安、济南、合肥 3 个城市，占比为 8. 33%；得分为 1 分的有长春、太原、长沙 3 个城市，占比为 8. 33%；得分为 0. 8 分的是兰州，占比为 2. 78%；得分为 0. 6 分的有宁波、厦门、沈阳、大连、南京、成都、南宁、银川 8 个城市，占比为 22. 22%；得分为 0. 4 分的有石家庄、南昌、海口 3 个城市，占比为 8. 33%；得分为 0 的有呼和浩特、昆明、拉萨、西宁、乌鲁木齐 5 个城市，占比为 13. 89%（见表 6）。

表 6　“数据交易”得分分布

得分(分)	2. 0	1. 8	1. 6	1. 4	1. 2	1	0. 8	0. 6	0. 4	0
城市(个)	1	5	4	3	3	3	1	8	3	5

同比上一评估期间，北京、上海、贵阳三个被评估城市已出台的近 50 份地方性法规、地方政府规章、规范性文件以及地方司法文件，较 2022 年被评估时有数量上的提升和内容上的丰富，针对数字权益、主体责任、数据要素流通体系建设、数据安全机制更为丰富和完善。相较于 2022 年，部分城市的数字基础设施建设和数字产业发展仍处于起步阶段，制定数字交易规制框架的条件尚未成熟，但有必要提高对数据要素流通和数据交易的重视程度。

【良好实践】

在被评估的 36 个城市中，有 19 个城市得分超过 1 分，说明约五成的城市在数据交易所/中心的建设实践和数据交易规则的完善上有较为良好的成果。相较于上一评估期间，本项评估结果有所退步，并不是因为评分标准的改变或36个被评估城市的数据交易规制框架的建构有所退步，其原因是：本身数据交易规制框架建构较好的城市（如北京、贵阳等）能够持续有效地推进本市的数据交易发展，相较于其他城市而言发展成绩较为明显，因而导致其他城市的整体赋分有所后退，进而使得本项整体得分情况略有退步。

场内数据交易发展呈现多元化发展形势。2023年1月至8月，国内新成立5家数据交易机构，在36个被评估城市中有效运营的数据交易机构有35家，占据全国53家数据交易机构的一半以上。各数据交易机构积极创新业务模式，提升数据交易场所的吸引力。2023年1月，贵阳大数据交易所招募数据首席地推官，集结数据交付、交通、医疗等多个行业和领域的专家，率先探索“数据专区”运营模式，打造全国首个气象数据专区和电力数据专区。2023年2月，深圳数据交易所提出构建动态合规体系，引入“信用”工具，打造动态信用评级，降低企业合规门槛。2023年7月，北京国际大数据交易所主导完成九项北京市数据要素市场建设成果，包括数据资产抵押授信等。①

2022年12月19日，《中共中央、国务院关于构建数据基础制度更好发挥数据要素作用的意见》（以下简称“数据二十条”）对外发布，各地在“数据二十条”的指导下，不断推进对数据交易规则的探索。2023年7月，北京市印发《关于更好发挥数据要素作用进一步加快发展数字经济的实施意见》，力图在“数据二十条”的指导下推动建立供需高效匹配的多层次数据交易市场，充分挖掘数据资产价值，打造数据要素配置枢纽高地；促进数字经济全产业链开放发展和国际交流合作，形成一批数据赋能的创新应用场景，培育一批数据要素型领军企业。②

---

① 参见中国信息通信研究院《数据要素白皮书（2023年）》，第34~35页。

② 《中共北京市委 北京市人民政府印发〈关于更好发挥数据要素作用进一步加快发展数字经济的实施意见〉的通知》，北京市人民政府门户网站，https：//www.beijing.gov.cn/zhengce/zhengcefagui/202307/t20230719_3165748.html，最后访问日期：2024年3月13日。

（六）数据确权（2分）

【设置依据】

数据具有"使用非损耗"的属性，表面上看似不具有稀缺性，但因蕴藏着经济利益，其被市场主体采集并存储在施加了技术措施的"数据集合"之后便变得稀缺起来，因而在商业领域实现数据确权有必要性和紧迫性。[①]因此，一地政府是否为数据确权提供规制框架和相应服务体系，是一地数字经济营商环境良好与否的指标之一。

《第十四届全国人民代表大会第一次会议关于2022年国民经济和社会发展计划执行情况与2023年国民经济和社会发展计划的决议》明确要求制定实施构建数据基础制度、更好发挥数据要素作用的政策文件，要统筹推进数据确权，完善数据基础制度体系。《中共中央、国务院关于构建数据基础制度更好发挥数据要素作用的意见》强调，要探索建立数据产权制度，推动数据产权结构性分置和有序流通，结合数据要素特性强化高质量数据要素供给；在国家数据分类分级保护制度下，推进数据分类分级确权授权使用和市场化流通交易，健全数据要素权益保护制度，逐步形成具有中国特色的数据产权制度体系。

【评估方法】

以"数据确权""数据产权"等为关键词检索被评估城市的政务网站、数据确权网站，确定各被评估城市在本评估期间开放数据产权登记的情况和渠道，统计各城市是否制定和细化与数据确权、数据产权登记相关的法律法规。

【评分标准】

赋分值为2。对于数据产权登记机制而言，评分标准设定如下：被评估城市自觉自主、已经建立健全数据确权或数据产权登记机制的，得1分；仍

① 参见文禹衡《数据确权的范式嬗变、概念选择与归属主体》，《东北师范大学学报》（哲学社会科学版）2019年第5期。

处于数据确权或数据产权登记机制试点期的，或由省一级单位统筹规划数据确权或数据产权登记机制的，得 0.6 分；尚未建立数据确权或数据产权登记机制的，得 0 分。对于数据产权登记的规制框架而言，评分标准设定如下：已经制定各级规范、明确数据产权或数据确权登记规则的，得 0.8 分；虽未制定不同层级的规范，但存在制定数据产权或数据确权登记规则尝试的，得 0.6 分；规则细化程度与各级规范丰富程度一般，得 0.6 分；尚未制定数据产权或数据确权登记规则的，得 0 分。

【评估分析】

本项指标满分为 2 分，被评估的 36 个城市平均得分为 0.511 分，其中有 17 个城市得分在平均分以上，占被评估城市的 47.22%。得分最高的是北京和深圳 2 个城市，得分为 1.8 分，占比为 5.56%；得分为 1.6 分的是天津，占比为 2.78%；得分为 1.4 分的有上海、杭州、广州 3 个城市，占比为 8.33%；得分为 1.2 分的有厦门、南京、济南、郑州 4 个城市，占比为 11.11%；得分为 0.6 分的有重庆、宁波、青岛、福州、贵阳、兰州、西宁 7 个城市，占比为 19.44%；其余城市的得分均为 0，占比为 52.78%（见表 7）。

表 7　“数据确权”得分分布

得分(分)	1.8	1.6	1.4	1.2	0.8	0.6	0
城市(个)	2	1	3	4	0	7	19

36 个被评估城市的数据确权或数据产权登记机制建设情况差异较大。率先开始探索的北京、深圳两市以及浙江、江苏两省的城市已经针对数据确权或数据产权登记制度构建了兼具理论性和实践性的规范，既有细化具体的登记办法，又对数据产权登记制度进行了一定程度上的推动。就数据产权登记实践而言，包括北京、深圳、山东在内的少数地区已经发放了首批登记证书，开展了数据产权登记的实践。相比之下，超过半数的被评估城市并未针对数据确权或数据产权登记进行规范或实践上的探索，数据确权指标表现在被评估城市中的差异较大。

【良好实践】

在 36 个被评估城市中，北京、深圳等城市获得了较高的评估得分，评估小组以这几个城市为例，对其在数据确权或数据产权登记方面的实践和规则探索进行分析。

2023 年 5 月，浙江省知识产权局、北京市知识产权局分别制定发布了数据知识产权登记相关管理办法。2023 年 6 月，深圳市发展和改革委员会发布了《深圳市数据产权登记管理暂行办法》，从登记主体、机构、行为与监督管理等角度，制定了覆盖数据产权登记全流程的管理办法。① 北京国际大数据交易所于 2022 年全球数字经济大会上就成立了国内首个数据资产登记中心。2023 年 7 月 5 日，随着北京市《关于更好发挥数据要素作用进一步加快发展数字经济的实施意见》正式发布，北京国际大数据交易所数据资产登记中心也于同日向企业代表发放了首批登记证书。②

除此之外，虽然有的城市尚未构建专属于本市的数据产权登记中心/平台，但 36 个被评估城市中，有部分城市以所在省份为依托，依据所在省份的数据产权登记中心开展数据产权登记工作，如杭州、济南等城市，通过省级平台发放了数据产权登记证书。③ 如 2023 年 8 月 8 日，山东省国家知识产权保护中心向山东创典智能科技有限公司颁发两张数据知识产权登记证书，是自开展数据知识产权登记试点工作以来的首批电子证书。

（七）政府数据开放（2分）

【设置依据】

随着政府信息化建设的不断发展，政府部门生成、采集和保存了大量与

① 参见中国信息通信研究院《数据要素白皮书（2023 年）》，第 36 页。

② 《北京发布首批数据资产登记证书》，中华人民共和国中央人民政府网站，http://www.bj.news.cn/20230707/e3265a 6888064e51ad1233bb94437ca0/c.html，最后访问日期：2024 年 3 月 13 日。

③ 《山东省首批 2 张数据知识产权登记证书正式颁发》，山东省市场监督管理局（知识产权局）网站，http://amr.shandong.gov.cn/art/2023/8/10/art_ 76477_ 10304188.html，最后访问日期：2024 年 3 月 13 日。

公众的生产生活息息相关的数据，成为一个国家最主要的数据保有者。这些政府数据开放给社会并供其利用，将带来巨大的社会经济价值，为数字经济发展提供巨大的生产要素支撑。[①]《中华人民共和国数据安全法》明确要求，国家制定政务数据开放目录，构建统一规范、互联互通、安全可控的政务数据开放平台，推动政务数据开放利用。

《中华人民共和国国民经济和社会发展第十四个五年规划和2035年远景目标纲要》强调，要加强公共数据开放共享，扩大基础公共信息数据安全有序开放，探索将公共数据服务纳入公共服务体系，构建统一的国家公共数据开放平台和开发利用端口，优先推动企业登记监管、卫生、交通、气象等高价值数据集向社会开放。开展政府数据授权运营试点，鼓励第三方深化对公共数据的挖掘利用。

《中共中央、国务院关于构建数据基础制度更好发挥数据要素作用的意见》强调，要推进实施公共数据确权授权机制；强化对各级党政机关、企事业单位依法履职或提供公共服务过程中产生的公共数据的汇聚共享和开放开发；鼓励将公共数据在保护个人隐私和确保公共安全的前提下，以模型、核验等产品和服务等形式向社会提供，对不承载个人信息和不影响公共安全的公共数据，推动按用途扩大供给使用范围；推动用于公共治理、公益事业的公共数据有条件无偿使用，探索用于产业发展、行业发展的公共数据有条件有偿使用。

【评估方法】

具体的观测方法为检索被评估城市的政府网站及政府数据开放平台，统计分析各城市政府数据开放平台的开放性（数据集数量、数据接口数量、数据条数）、时效性及平台功能。

【评分标准】

赋分值为2。测算出36个被评估城市的政府数据集数、数据条数、数

① 参见郑磊《开放政府数据的价值创造机理：生态系统的视角》，载《电子政务》2015年第7期。

据接口数的平均值1，若城市的政府数据集数、数据条数、数据接口数高于平均值1，再测算该组数据的平均值2。高于平均值2的，得0.4分；低于平均值2且高于平均值1的，得0.3分。若低于平均值1，再测算该组数据的平均值3，高于平均值3且低于平均值1的，得0.1分；低于平均值3的，得0分。关于各城市政府数据时效性及平台层评估，若更新频率为60日以上，得0分；更新频率在30日以内，但并未实现每日（不含节假日）更新，得0.2分；实现每日（不含节假日）更新，得0.3分。关于平台功能的界面体验，若设置数据分类检索、交互功能（数据集评价、数据集请求功能）、行业动态/政策分析，得0.1分，创新应用得分为0.2分，未设置得0分。

【评估分析】

在本项评估中，36个被评估城市的平均得分为0.692分，相较于上一评估期平均得分有所上升，得0分的城市数量有所减少，但仍然处于较低水平。本项得分情况整体不容乐观，有11个城市（大连、长春、石家庄等）得分为0分，占被评估城市数量的30.56%；得分最高的城市是北京，分数为2分，占比为2.78%；得分为1.7~2.0分的城市是杭州，占比为2.78%；得分为1.4~1.7分的有上海、贵阳、厦门、济南、成都、深圳、青岛7个城市，占比为19.44%；得分为1.1~1.4分的有宁波、重庆2个城市，占比为5.56%；得分为0.8~1.1分的有武汉、天津、南京、哈尔滨、沈阳、广州6个城市，占比为16.67%；得分为0.5~0.8分的城市是南宁，占比为2.78%；得分为0.2~0.5分的有长沙、兰州、银川、呼和浩特、乌鲁木齐、合肥、西安7个城市，占比为19.44%（见表8）。

表8 “政府数据开放”得分分布

得分(分)	2.0	1.7~2.0	1.4~1.7	1.1~1.4	0.8~1.1	0.5~0.8	0.2~0.5	0
城市(个)	1	1	7	2	6	1	7	11

在被评估的36个城市中，14个城市政府数据开放指标得分为1分以上，同比有所减少。这并非说明被评估城市的政府数据共享平台体系有所退步，

而是在本评估期间内，部分城市的政府数据开放水平有了不同程度的提升，相比之下发展停滞或有所退步的城市则会落后。通过对比北京、杭州、合肥、西安等几个城市可以看出，被评估城市在政府数据开放数量、数据更新频率等方面有较大差距。排名靠前的城市在2022年数据开放水平的基础上进一步扩大政府数据开放条数、强化数据的高频更新，但仍有接近三分之一的城市未实现政府数据开放能力的提升和优化。反映在本指标中就是政府数据开放的两极分化程度不断加深，整体政府数据开放的平均水平有所降低。

【良好实践】

在政府数据开放的总体水平上，部分城市实现了数据开放的数量增长和频率提升，进一步优化了本市的政府数据开放水平，有效提升了公共数据的整体活跃度。以北京为例，北京市公共数据开放平台数据提供条数已经增长至71.86亿条，无条件开放数据集达到了17075项，数据的更新频率已经达到每日更新的水准，相较2022年增长十分明显，仍居于全国首位。开放的政府数据主题包含经济建设、财税金融、社会保障、房屋住宅、教育科研、文化旅游等多个方面，实现了向社会持续、有效地开放供应。

在公共数据开放的创新举措上，部分被评估城市在上一评估期间的创新基础上做出了不同程度的革新，部分城市针对数据安全问题采取了多种便利兼顾安全的数据开放举措。

在数据开放共享规制框架的建设上，北京在上一个评估期间制订的年度数据开放计划，在本评估期间也得到了保持。与之相应，上海同样制订了数据开放计划，使本年度政府数据开放情况有计划可循、社会有计划可参考。在数据开放规则的制定上，上海发布了《上海市公共数据开放实施细则》，涵盖了分级分类指南等方面的内容，对公共数据的内涵与外延、开放程序、开放条件、责任主体等方面进行了具体的规定，创新开放机制、细化数据获取流程、完善开放平台，有效地激励了全社会利用政府开放数据。[①] 除此之

① 《上海市经济信息化委　市互联网信息办公室关于印发〈上海市公共数据开放实施细则〉的通知》，https：//service. shanghai. gov. cn/XingZhengWenDangKuJyh/XZGFDetails. aspx？docid = 230111144609TMnfNGuut5zmk0LWvU2，最后访问日期：2024年3月13日。

外，济南市大数据局发布了数字山东工程标准《公共数据开放安全运行监管规范》《公共数据开放分级分类指南》，有效推动了政府数据开放的规范化、便利化。

在数据安全方面，上海市公共数据开放平台设立了安全计算沙箱，以“逻辑封闭，进出审计，内部自由”为功能特点，着力解决数据开放主体和数据利用主体之间的数据互信使用、安全合规流通、数据价值如何赋能等问题。青岛市公共数据服务平台成立了线上数字实验室，面向企业、高校、科研机构提供丰富的数据资源、数据分析工具和应用测试环境，探索以“数据可用不可见、可算不可识”方式开放公共数据，同时设立安全、独立的数据沙箱，结合数据脱敏、权限管理等技术处理敏感数据，实现数据安全处理。重庆市公共数据开放系统还特别设置了数据安全政策与咨询页面。

（八）数据开发利用（2分）

【设置依据】

开放数据正在成为掘金的新市场，不断孵化出新产品/服务以及中小企业，并围绕数据的加工、生产与传播形成巨大的经济增长空间和新兴产业。开放政府数据的开发利用并不是行政管理意义上的政府数据公开与利用行为，而是针对市场需求的数据经营性开发利用活动，是企业、民间机构和个人基于数据开放的创造性生产与经济价值实现过程，对于数字经济市场发展有着至关重要的意义。[①]

与政府数据开放一致，《中华人民共和国数据安全法》、《中华人民共和国国民经济和社会发展第十四个五年规划和 2035 年远景目标纲要》以及《中共中央、国务院关于构建数据基础制度更好发挥数据要素作用的意见》均指出，数据开发利用与政府数据开放共享同等重要。在保证公共数据安全

---

① 参见夏义堃《开放数据开发利用的产业特征与价值链分析》，载《电子政务》2016 年第 10 期。

和个人隐私安全的前提下，数据的开发利用对于实现数据基本要素的价值、打破“数据孤岛”有极为重要的意义。

【评估方法】

具体的观测方法为检索被评估城市的政务开放网站和公共数据开放平台，统计分析各城市政府数据开放平台上的公共数据应用及平台功能（使用便利度等）。统计各城市是否通过各种方式和渠道鼓励社会开发利用数据。

【评分标准】

赋分值为2。测算出36个被评估城市公共数据应用数量的平均值1，若城市公共数据应用数量高于平均值1，再测算该组数据的平均值2，高于平均值2的，得1分；低于平均值2且高于平均值1的，得0.8分。若低于平均值1，再测算该组数据的平均值3，高于平均值3且低于平均值1的，得0.6分；低于平均值3的，得0分。在各城市公共数据应用平台评估中，若设置数据应用分类检索、交互功能（数据应用评价、数据应用请求功能）、行业动态/政策分析，分别得0.2分，通过多种方式和渠道鼓励社会开发利用数据的，得0.4分；未设置，得0分。

【评估分析】

在本项评估中，36个被评估城市的平均得分为0.811分，其中有较多城市获得0分。本项得分情况较不乐观，有11个城市（大连、长春、石家庄等）得分为0，占被评估城市数量的30.56%；得分为2分的有北京、上海、贵阳、宁波4个城市，占比为11.11%；得分为1.6分的有杭州、厦门、济南、重庆、武汉、天津6个城市，占比为16.67%；得分为1.4分的有成都、青岛、沈阳3个城市，占比为8.33%；得分为1.2分的有深圳、哈尔滨2个城市，占比为5.56%；得分为0.6分的有广州、南宁、长沙、兰州、呼和浩特5个城市，占比为13.89%；得分为0.4分的有南京、银川、乌鲁木齐、合肥、西安5个城市，占比为13.89%（见表9）。

表9　“数据开发利用”得分分布

得分(分)	2.0	1.8	1.6	1.4	1.2	0.6	0.4	0
城市(个)	4	0	6	3	2	5	5	11

在被评估的36个城市中，有15个城市的“数据开发利用”指标得分为1分以上，这说明近半数的被评估城市已经基本健全数据开发利用的应用体系和支持机制，但仍有超过一半的城市在数据开发利用方面的投入和支持尚不充足，公共数据应用的开发和接入力度不够，有较大的提升空间。在数据应用的数量和接入量上，排名靠前的城市与排名靠后的城市相差十倍以上。面对这一评估结果，各地需要格外重视对党政机关、企事业单位在依法履职或提供公共服务过程中产生的数据的主动开发利用。同时，积极鼓励社会开展对公共数据的开发利用，调动市场对公共数据资源的利用积极性，提升开发利用能力，形成数据开发利用的“活水”。

【良好实践】

数据开发利用的良好实践首先体现在政府对公共数据的主动开发利用上，这一点直观地反映于各地公共数据应用数量上。北京市公共数据开放平台接入了127个公共数据应用，涵盖信用服务、房屋住宅、社会保障、教育科研、文化旅游、生活服务、医疗卫生等多个方面的内容，位居全国之首。贵阳市政府数据开放平台共上线了111个公共数据应用，同样横跨资源能源、教育文化、交通运输、气象服务、市场监管、法律服务等多个领域，属于开发利用程度较高的城市之一。

在鼓励、支持社会各界积极开发利用政府开放数据的维度上，结合在上一个评估期间，北京、武汉、宁波、杭州、厦门等城市举办的数据开放大赛，各被评估城市正在持续不断地积极推动全社会充分利用公共数据，实现多领域数据的社会利用。在本评估期间，贵阳市开展了数据场景应用创新大赛，推进数据资源开发利用，激发数据要素新动能，培育数字经济新模式新业态，推动数字经济高质量发展。[①] 天津市创新承办了第六届中国华录杯·数据湖算法大赛，围绕智慧交通、智慧医疗、地震预警等领域设计赛题，首次利用天津信息资源平台的数据，交由参赛团队制定解决方案。[②] 除此之外，重庆等城市也相继开展基于本市公开政务数据的数据开放大赛，推动全社会形成利用公共数据、转化公共数据的意识和氛围。

三　评估结论与建议

本项一级指标“公共服务资源获取”评估总分为 14 分，被评估的 36 个城市的平均得分为 6.683 分，共有 18 个城市得分在平均分之上，占被评估城市的 50%；18 个城市在平均分之下，占被评估城市的 50%。在本项评估中没有获得满分的城市，北京得分最高，为 12.8 分，排名前十的城市依次是北京、贵阳、深圳、青岛、杭州、济南、天津、宁波、厦门、广州；排名靠后的 4 个城市均低于 3.5 分，包括石家庄、昆明、西宁、拉萨。本项指标得分有明显的梯度，体现了各城市在公共服务资源获取上提供优质营商环境能力的差异（见图 1）。

其中，“用水获取成本及保障”平均分为 1.106 分，得分率为 73.733%；“用电获取成本及保障”平均分为 1.05 分，得分率为 70%；“用气获取成本及保障”平均分为 1.069 分，得分率为 71.267%；“通信保障及成本”平均分为 0.528 分，得分率为 35.2%；“数据交易”平均分为 0.972 分，得分率为 48.6%；“数据确权”平均分为 0.511 分，得分率为 25.55%；“政府数据开放”平均分为 0.692 分，得分率为 34.6%；“数据开发利用”平均分为 0.811 分，得分率为 40.55%。

---

① 《数据场景应用创新大赛正式启动：以赛为媒、以赛聚才、以赛促用》，贵州国际商会微信公众号，https://mp.weixin.qq.com/s?__biz=MzU3NzQwMTU0Ng==&mid=2247551457&idx=1&sn=14e05037e4aeeabddcdf22cb49dc9841&chksm=fd076e44ca70e752a377bfa3a537c090e605ea1eb0a856be7cb19bd7028520363dfca422b776&scene=27，最后访问日期：2024 年 5 月 8 日。

② 《第六届中国华录杯·数据湖算法大赛 19 日启动》，北方网，http://news.enorth.com.cn/system/2023/05/19/053937665.shtml，最后访问日期：2024 年 5 月 8 日。

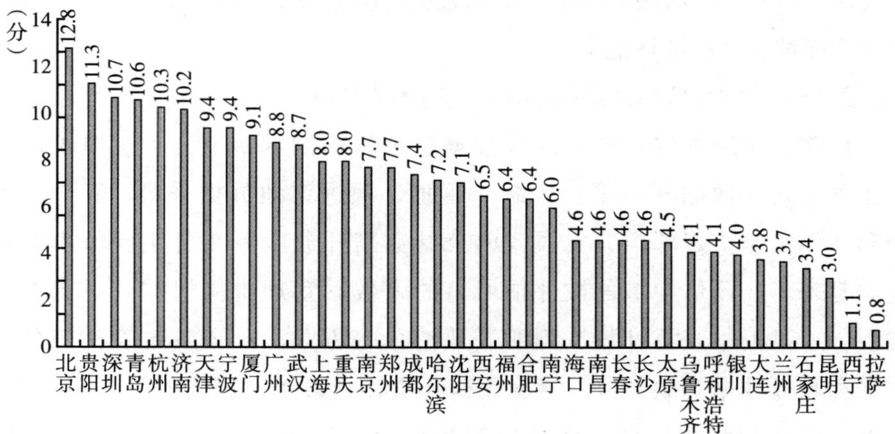

图 1　“公共服务资源获取”各城市得分情况

8 项三级指标中得分率较高的是“用水获取成本及保障”、“用电获取成本及保障”和“用气获取成本及保障”。水、电、气接入的便捷性以及接入后的稳定性是企业顺利经营的基础因素，从目前来看，被评估的 36 个城市通过减少费用、减少流程、公开信息等方式不断提升水、电、气接入的便捷性，持续优化营商环境，取得了较好的成效。

（一）取得的成就

1. 公共资源获取便捷程度进一步提高

第一，各城市政务平台的政务服务事项与政务实施清单标准化提升，在实现网上可查、“掌上可办”的基础上，不断缩短服务时限、减少办理流程次数和审批材料数量，让数据多“跑路”，让企业不“跑腿”。在此基础上，越来越多的政务平台已搭建“水电气联合报装”专区、“水电气网联合报装”专区，解决企业办理水电气网等接入业务时“多头跑”“折返跑”的问题。第二，各城市不断提升服务温度，切实满足市场主体需求。为了更好地服务市场主体，各城市更注重与市场主体贴近，深入了解其需求，解决实际难题。可以看到目前公共资源获取相关政策设计更加倾向于提供高质量服务并关注用户感受，将服务质量、工作人员的服务态度和业务水准、客户满意度等方面纳入考核考评范围。

2. 公共数据开放与公共数据开发利用齐头并进

目前，在地方政府设立的大数据管理机构的基础上，各主要城市逐步建立起政府数据开放平台，统一管理、跟进该地数据采集、存储、处理和开放工作，跨部门、集成式的公共数据开放服务在各主要城市基本建立起来。在评估中，各被评估城市的大数据管理机构根据政务数据的类型，通过编制开放计划、列明开放清单等方式，汇集各政府部门公共数据和政务数据开放平台，年度数据开放计划被越来越多的城市所采用。较上一评估期间，部分城市开放的数据数量继续上升，范围持续扩大，更新频率稳定，数据要素作用被进一步发挥。各地持续探索开发利用新形式，将公共数据应用接入政务数据开放平台，实现公共数据开放与开发利用的有机结合。同时，在上一评估期间数据大赛试点的基础上，有更多的主要城市采取了数据开放大赛、数据应用大赛等形式，鼓励社会各级参与公共数据开发利用。

3. 数据产权登记迈向实践，数据交易拓展纵深

《中共中央、国务院关于构建数据基础制度更好发挥数据要素作用的意见》明确要求探索建立数据产权制度，推动数据产权结构性分置和有序流通，结合数据要素特性强化高质量数据要素供给；在国家数据分类分级保护制度下，推进数据分类分级确权授权使用和市场化流通交易，健全数据要素权益保护制度，逐步形成具有中国特色的数据产权制度体系。在“数据二十条”提出的研究数据产权登记新方式的基础上，各地、各数据交易服务机构针对数据交易积极探索数据登记制度。以北京、深圳两市和浙江、江苏两省为代表，部分地区依托“数据二十条”制定发布了数据产权登记相关管理办法。《北京市数据知识产权登记管理办法》明确规定，数据知识产权的登记对象，是指数据持有者或者数据处理者依据法律法规规定或者合同约定收集，经过一定规则或算法处理的、具有商业价值及智力成果属性的处于未公开状态的数据集合，从登记主体、登记内容、登记

程序和管理监督四部分明确了数据知识产权的登记规范内容，通过数据知识产权登记证书的形式明确数据权属、向社会进行公示。这也是推行数据产权登记制度的城市较为通行的做法。通过上述方式，各地贯彻落实“数据二十条”所要求的“数据产权登记新方式”，减少了交易第三人获取数据产权权属信息的成本。①

在数据交易层面，各被评估城市在已经出台的数据交易相关的法律文件的基础上继续创新数据交易实践，实现数据交易的深入发展。从数据交易所/中心的数量上来看，有效运营的数据交易所/中心的数量进一步增加，被评估的36个城市的数据交易规模不断扩大，占据全国数据交易机构的一半以上。全新业务模式是部分城市数据交易所/中心的创新重点。通过数据的主题化和专门化，部分城市建立了专题数据的交易专区，拓宽了数据交易中心的业务广度。

4. 数据安全理念融入数据基本要素获取的各个维度

《中共中央、国务院关于构建数据基础制度更好发挥数据要素作用的意见》强调，完善治理体系，保障安全发展；统筹发展和安全，贯彻总体国家安全观，强化数据安全保障体系建设，把安全贯穿数据供给、流通、使用全过程，划定监管底线和红线。在实践中，被评估的36个城市在不同程度上加强了对数据安全问题的重视，既涉及数据开放实践，又包含数据安全规范。在公共数据开放和开发利用的过程中，部分城市采用“数据黑箱”“数据沙盒”的方式，确保公共数据、敏感数据的获取和处理能实现脱敏，确保数据的安全流出。同时，线上“数据黑箱”还为公共数据开发利用提供了不可见的使用场域模拟，确保数据在安全情况下接受社会的加工和使用。在规则层面，部分城市将数据安全政策和数据安全咨询内容加入政务数据开放平台的信息公开当中，同时制定公共数据开放领域的细则和安全标准，确保公共数据开放有法可依、有法保障。

---

① 参见熊丙万、何娟《数据确权：理路、方法与经济意义》，《法学研究》2023年第3期，第70页。

（二）存在的问题

1. 公共资源提供服务质量仍需提高

可以看到，目前用水、用电、用气、用网的接入时限、审批流程、审批材料呈现不断压缩减少的发展态势。然而对接入后市场主体能否获取稳定可靠的公共资源、资源是否达标合格、后续查询咨询是否高效便捷、维修投诉反馈是否迅速等一系列中后端流程的披露和关注较少。除此之外，在本次指标评估中也发现，尽管大多数城市已经在政务服务网站上披露了相关办事指南，但存在信息搜不到、搜不全、搜不准的问题。

2. 数字基础设施建设发展与数字经济发展速度不相匹配

数字基础设施建设是数字经济发展的助推器，也是数字经济社会高质量发展的基石底座。《中华人民共和国国民经济和社会发展第十四个五年规划和 2035 年远景目标纲要》提出要加快推进新型基础设施建设，建设高速泛在、天地一体、集成互联、安全高效的信息基础设施并明确提出要加快 5G 网络部署。《“十四五”数字经济发展规划》也提出要持续优化升级数字基础设施。

然而从被评估的 36 个城市的数据来看，还有 1/4 的城市未在网络上披露接入办事指南。大部分城市存在披露不全、时限较长、流程烦琐、审批材料较多等问题，暴露出我国数字基础设施建设不成熟的问题。其中，有财政压力和专业能力不足两个主要原因。第一，各地财政情况差异较大。这导致了各地政府对数字基础设施建设的投入和重视程度不同，显现为各地 5G 基站数量差异，数据中心规模差异，5G 技术、算力技术差异以及数字产业发展差异，进一步阻碍了各城市之间实现互联互通，同频共享数据资源的进程。第二，各地专业能力水平差异较大。各地研究成本投入、人才吸收能力各有差异，导致了各地数字技术运用能力的差异，一些地方无法较好较快地实现网络基础设施建设，无法进行数据的良好收集和处理。①

① 周伟：《数据赋能：数字营商环境建设的理论逻辑与优化逻辑》，《求实》2022 年第 4 期。

3. 数据基本要素市场化配置仍有进步空间

《"十四五"数字经济发展规划》明确提出，到2025年，我国应初步建立数据要素市场体系，充分发挥数据要素作用。数据要素作为数字经济时代重要的生产要素和战略资源，需要各被评估城市加大改革力度，实现数据基本要素配置的效率最大化。

在被评估的36个城市中，相较于上一评估期间，政务数据开放、数据开发利用和数据交易都有不同程度的进步，但部分城市的数据统筹能力、公共数据开放平台的建设进度仍不够乐观。部分城市的数据开放未实现及时更新和全类别、全部门统筹，停留在"形式公开"，导致数据要素市场的产品基础短缺、流动效率较低。此外，本评估期间仍有部分城市尚未建立政务数据开放平台，另有城市原有的开放平台访问受限。有关城市应当及时自检，修复、健全城市公共数据开放平台，为政务数据开发利用提供数据及平台基础，加快推进赋能数字政府与智慧城市建设。

部分城市仍未建立数据交易中心，尚未制定、优化数据交易规则，未提供完善的场内数据交易场域和数据交易规范，未能创造数据基本要素流通的市场环境和规则保障。同样的情况也发生在数据确权或数据产权登记方面，一半以上的城市尚未制定数据产权登记规则，也未建立本市的数据产权登记中心，缺乏数据基本要素权属登记、公示方面的法律服务，对维护数据基本要素流通安全可能产生一定的阻碍。

（三）改进的建议

1. 打造有效精准的公共资源提供服务

第一，提高公共服务资源供给统一性、时效性和通俗性。首先，各城市应当加强其政务服务平台建设的统一规划水平，促进资源整合，打破服务提供碎片化的局面，推动地区间、部门间协同合作。其次，政务部门应当及时更新政务信息，让市场主体能够及时知晓相关信息，完善政务网站的动态管理机制。第二，各城市政务服务平台应当提高其搜索引擎的灵敏程度，检索词语设置应当做到通俗易懂且多样化，减少公众的查询时间，提高政务服务

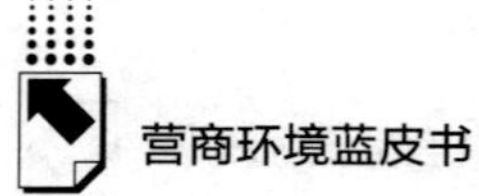

效率。第三，消除公众与政府之间的“数字鸿沟”。为市场主体提供数字营商环境相关知识、技能培训，让其具备一定数字化能力。为不同群体提供差异化政务服务，提升服务的针对性、有效性。①

2. 推进数字基础设施高质量发展

第一，推进通信设施接入在线服务精准化、智能化水平。推进通信设施接入在线服务的精准化和智能化水平，是加快数字化转型、提升服务效率、改善用户体验的重要举措。随着信息技术的不断发展和普及，通信设施已经成为数字经济发展和社会进步的重要基础设施之一。而精准化和智能化的在线服务，可以更好地满足用户个性化需求，提升服务质量和效率。通信接入是公共事业的重要组成部分，也是我国数字基础设施建设的重要底座。各城市应不断完善通信设施接入的政务服务水平，精简和压缩办理流程、办理时限、办理次数等，尽快实现“一网通办”“掌上即办”。

第二，深化数字基础设施向纵深方向发展。深化数字基础设施向纵深方向发展是推动数字经济发展、信息化进程的重要举措，需要在现有基础设施的基础上，进一步加强技术创新、提升服务水平、完善管理机制，以适应数字经济发展的新需求和新挑战。从总量上看，我国数字基础设施数量庞大，但从地区、从领域、从深度来看，仍存在不平衡、不深入等问题。各城市应当结合自身数字化发展程度及特点，不断完善数字基础设施建设的制度和政策指引，加强数字基础设施布局，推进网络基础设施、算力基础设施、应用基础设施等建设，大力推进数字基础设施体系化发展和规模化部署。

第三，加强网络基础设施建设。我国应继续加大对网络基础设施建设的投资力度，提升网络的覆盖范围和质量。特别是要加强对偏远地区、农村地区等的网络建设，缩小城乡和区域间的数字鸿沟，实现数字化普惠。积极推动5G网络建设，加快5G基站的建设和覆盖，提升5G网络的速度和稳定性。5G网络具有更高的速度和更短的延迟，能够支撑更多智能应用的发展，为数字经济发展提供更强有力的支撑。与此同时，还应当加强网络安全技术

① 周伟：《数据赋能：数字营商环境建设的理论逻辑与优化逻辑》，《求实》2022年第4期。

研发和应用，建立健全的网络安全监管体系和应急响应机制，加强对网络安全威胁的监测和预警，保障网络信息的安全和稳定。

3. 健全数据基础制度，完善数据要素市场

《第十四届全国人民代表大会第一次会议关于2022年国民经济和社会发展计划执行情况与2023年国民经济和社会发展计划的决议》明确要求，要制定实施构建数据基础制度更好发挥数据要素作用的政策文件，加快完善数据基础制度体系，统筹推进数据确权、流通交易、收益分配、安全治理。综合被评估城市在政府数据开放、数据开发利用、数据交易和数据确权方面的短板和困境，建议从以下两方面推进数据基础制度建设，健全和完善数据要素市场。

第一，充分调度政务数据、公共数据等数据资源，丰富数据要素市场基本内容。当前，“数据二十条”已经出台，为公共数据、政务数据的开放和开发利用奠定了全国性的制度基础。在此之前，部分城市已经针对公共数据开放进行了先行的规则尝试和开放实践。尚未建立相关规则或平台的被评估城市首先应当参照相关经验，充分整合本市的公共数据和政务数据资源，推动公共数据的汇集、处理和开放利用，避免本地的数据资源闲置。另外，考虑到数据基本要素的东西差异，建议东西部城市加强数据处理和数据公开的合作，借助“东数西算”等政策举措，盘活数据要素市场。

第二，构建适宜数据基本要素流动的机构支持和规则保障。通过本轮评估可以看到，部分城市尚未构建本市的数据交易规则，数据交易平台有待完善。基于中国信息通信研究院《数据要素白皮书（2023年）》，数据基本要素的场外交易是数据流通的主要方式，这一方面说明市场对数据基本要素的流通需求较为强烈，另一方面也说明目前的场内交易并不能满足市场和社会的需求。地方政府应当积极主动培育数据交易平台，鼓励场内数据交易的发展，这离不开机构支持和规则保障。综合数据基本要素流通的规范性和安全性，在机构设置上需要建立健全数据产权登记平台和数据交易中心，为数据基本要素提供确权保障和交易场所支持；在规则制定上则要充分考虑数据产权登记、交易规则和数据公开的安全规则，制定相应的数据产权登记程序规定、数据基本要素交易规则以及数据分级分类公开规范。

B.5
劳动力市场

满艺姗　鲁欣然　王梦晗*

摘　要： 本次劳动力市场评估从劳动力法规质量、劳动力保护公共服务和效率三个方面展开。从法规政策、服务水平、争议解决效率等多个角度综合考察了被评估城市在劳动力市场的数字经济法治发展情况。虽然存在职业伤害保障不足、平台规则设计仍需改进以及平台主体责任认定的立法缺失等问题，但劳动力市场也取得了就业公平不断推进、社会公共服务保障不断改善等成就。未来，可以从新型劳动关系的认定、改革经验法制化、平台责任治理等方面继续推动劳动力市场数字经济的法治发展。

关键词： 劳动力法规质量　劳动力保护公共服务　劳动争议解决效率

营商环境体现一个国家或地区的软实力和竞争力。良好的营商环境可以激发各类市场主体活力，促进经济的高质量发展。而要不断优化营商环境，必须建立体系完备且正常运行的劳动机制，加强新就业形态劳动者权益保障，充分发挥劳动力潜力，为企业创造更多财富。相较于世界银行《营商环境报告》中“劳动力”观察指标的原有设置，《营商环境成熟度方法论手册》（B-READY）将“劳动力”列为一级指标，并设置了劳动法规质量、劳动力市场公共服务的充分性、劳动力雇佣的难易程度三个二级指标，突出

---

* 满艺姗，法学博士，对外经济贸易大学助理教授，研究方向为行政法、宪法、行政协议、电子商务、国家赔偿；鲁欣然，对外经济贸易大学法学院本科生；王梦晗，对外经济贸易大学法学院本科生。

劳动力权利保护的主旨。本报告一级指标评估借鉴世界银行营商环境评估项目中“劳动力”指标内容，[①] 吸收 B-READY 中的评估点，结合中国营商环境特点，突出新就业形态劳动者权益保障和公共就业服务的数字化程度，强调经济数字化转型中数字赋能劳动力资源配置的发展情况。

一　评估指标构成

本次评估的“劳动力市场”一级指标下设置 3 项二级指标，分别是“劳动力法规质量”、“劳动力保护公共服务”和“效率”。8 项三级指标包括“新就业形态劳动者劳动权益保障”“公平就业”“灵活就业人员企业职工基本养老保险/企业职工基本医疗保险”“职业伤害保障”“社会服务与人文关怀”“新就业形态人员职业技能提升和培训”“公共就业服务数字化水平”“劳动争议案件的解决效率”等（见表 1），分别从法规政策、服务水平、争议解决效率等角度反映被评估城市在本次评估期间的劳动力市场的数字经济法治发展情况。

表 1　“劳动力市场”指标构成

一级指标	二级指标	三级指标
劳动力市场(7 分)	劳动力法规质量(2 分)	新就业形态劳动者劳动权益保障(1 分)
		公平就业(1 分)
	劳动力保护公共服务(4 分)	灵活就业人员企业职工基本养老保险/企业职工基本医疗保险(1 分)
		职业伤害保障(不赋分)
		社会服务与人文关怀(1 分)
		新就业形态人员职业技能提升和培训(1 分)
		公共就业服务数字化水平(1 分)
	效率(1 分)	劳动争议案件的解决效率(不赋分)

① The World Bank, *Doing Business* 2020, pp. 59-64 (2020).

二　设置依据、评估标准及评估分析

本报告从三级指标角度，逐项说明该指标设置的具体依据、实施中的评估方法和评分标准，并基于评估情况分析评估结果。

（一）新就业形态劳动者劳动权益保障（1分）

【设置依据】

人力资源和社会保障部等八部门出台《关于维护新就业形态劳动者劳动保障权益的指导意见》，支持和发展新就业形态，切实维护新就业形态劳动者劳动保障权益，促进平台经济规范健康持续发展。

【评估方法】

检索被评估城市的门户网站、政务网站、人社局网站、邮管局网站和部分被评估城市所在省份的省级政府网站，收集被评估城市关于维护新就业形态劳动者劳动保障权益的政策文件、实施意见与相关措施，评估各城市是否有效推动新就业形态劳动者劳动权益保障工作的开展。

【评分标准】

满分为 1 分。被评估城市或其所在省份的政府部门出台维护新就业形态劳动者劳动保障权益法规文件，得基础分 0.5 分；若针对外卖员、快递员等具体新业态从业人员出台权益保障规范性文件，每出台一部加 0.1 分，以 0.3 分为限；按照法规、政策文件的牵头制定主体，效力位阶和具体化、标准化程度在 0~0.2 分的范围内酌情赋分；未出台维护新就业形态劳动者劳动保障权益法规文件，得 0 分。

【评估分析】

被评估的 36 个城市的平均得分为 0.808 分，其中有 13 个城市得分在平均分以上，占被评估城市的 36.11%。得分最高的有宁波、杭州、西安、广州、石家庄、合肥、福州等 7 个城市，得分为 1 分，占比为 19.44%；得分为 0.9 分的有重庆、厦门、长春、南京等 6 个城市，占比为 16.67%；得分为0.8分的有北京、深圳、沈阳等13个城市，占比为36.11%；得分为0.7分的有武汉、济南、成都等9个城市，占比为25%；得分为0分的为拉萨1个城市，占比为2.78%（见表2）。

表2 “新就业形态劳动者劳动权益保障”得分分布

得分(分)	1	0.9	0.8	0.7	0
城市(个)	7	6	13	9	1

从被评估城市的数据分析来看，大多数城市的维护新就业形态劳动者劳动保障权益的法规质量较高，法规保障层面较为完善，如南京、杭州、合肥等城市专门出台针对外卖送餐员的权益保障文件，出台快递员群体权益保障工作的实施意见，规定基层快递网点优先参加工伤保险，将新业态从业人员的概念逐渐明确，不断细化，对点保障。而得分较低的城市则是出台的政策具体性、针对性不强。未找到拉萨的相关政策文件。

【良好实践】

在本项指标评估中发现，大部分被评估城市出台了相关法律法规保护新就业形态劳动者劳动权益。南京人社局等于2021年4月出台《关于规范新就业形态下餐饮网约配送员劳动用工的指导意见（试行）》，直接将“专送骑手”归入劳动关系，将“众包骑手”归入劳务关系，为外卖送餐员的劳动关系认定难题提供了明确的规范指引。[①] 杭州市政府出台《杭州市网络餐饮外卖配送监督管理办法》，在全国副省级及以上城市中，首次对网络餐饮外卖配送作出管理规定，明晰网络餐饮服务平台经营者、入网餐饮服务提供者、网络送餐服务经营者的概念和权利义务结构，全方位、多角度地对本区域内的网络餐饮外卖配送活动进行规制和监督管理，保障网约配送员的合法

① 《关于规范新就业形态下餐饮网约配送员劳动用工的指导意见（试行）》（宁人社规〔2021〕4号），2021年4月14日发布。

权益。[①] 福州市2022年5月印发《福州市交通运输局等八部门关于贯彻落实国家八部门加强交通运输新业态从业人员权益保障工作意见的通知》，改善网约车驾驶员的从业环境和工作条件，加强人文关怀，保障从业人员获得合理休息，畅通投诉举报渠道，强化工会组织保障作用。[②] 上海市出台《关于做好本市基层快递网点优先参加工伤保险工作的通知》，明确参保范围和主体、缴费基数和费率、待遇享受等快递员群体最关心的、最基本的工伤保险内容，推动工作有效开展，强化监督管理、压实企业责任、加强队伍建设、做好预防宣传，强化部门间数据交换和业务协同，推进落实基层快递网点优先参保相关业务“一网通办”。[③]

（二）公平就业（1分）

【设置依据】

《优化营商环境条例》第4条规定：“优化营商环境应当坚持市场化、法治化、国际化原则，以市场主体需求为导向，以深刻转变政府职能为核心，创新体制机制、强化协同联动、完善法治保障，对标国际先进水平，为各类市场主体投资兴业营造稳定、公平、透明、可预期的良好环境。”第22条规定：“国家建立健全统一开放、竞争有序的人力资源市场体系，打破城乡、地区、行业分割和身份、性别等歧视，促进人力资源有序社会性流动和合理配置。”

全国人大发布的《第十四届全国人民代表大会第一次会议关于2022年国民经济和社会发展计划执行情况与2023年国民经济和社会发展计划的决议》要求破除妨碍劳动力、人才流动的体制机制障碍，消除影响平等就业的不合理限制和就业歧视，加强灵活就业和新就业形态劳动者权益保障。公

① 《杭州市网络餐饮外卖配送监督管理办法》（杭州市人民政府令第338号），2023年2月21日发布。

② 《福州市交通运输局等八部门关于贯彻落实国家八部门加强交通运输新业态从业人员权益保障工作意见的通知》（榕交运〔2022〕41号），2022年5月20日成文。

③ 《关于做好本市基层快递网点优先参加工伤保险工作的通知》（沪人社规〔2022〕14号），2022年5月16日发布。

平就业有助于实现数字经济营商环境中资源的有效配置，对于加强社会流动性、提高劳动力质量和数量、推动就业平等化都具有重要意义，促进了经济创新和可持续发展。

【评估方法】

在被评估城市的政府官方网站对该城市地方性法规、政府文件等进行检索，考察有关新就业形态人员公平就业的立法状况，同时以网络公开搜索引擎搜寻有关资料作为辅证。

【评分标准】

（1）我国各省市劳动法规均有公平就业相关规定，因此以 0.4~0.6 分为基本分，按照文件具体化、标准化程度和出台法规的效力位阶赋分。

（2）明确保护新就业形态劳动者权益，提供针对新就业形态的法律保障，加 0.2 分。

（3）相关文件中有关于妇女、少数民族、残疾人、传染病病原携带者等人员的劳动权益保障内容，加 0.2 分。

【评估分析】

在本项评估下，36 个被评估城市的平均得分为 0.875 分。通过重点考察地方立法情况发现，得 1.0 分的有北京、上海、杭州、成都、昆明、乌鲁木齐、南京、宁波、长春、天津 10 个城市，占比为 27.78%；得 0.9 分的有厦门、深圳、重庆、武汉、西安、石家庄、福州、南昌、郑州、长沙、兰州、银川等 12 个城市，占比为 33.33%；得 0.8 分的有哈尔滨、广州、青岛、济南、呼和浩特、合肥、南京、贵阳、大连等 9 个城市，占比为 25%；得 0.7 分的有沈阳、海口、太原、拉萨、西宁等 5 个城市，占比为 13.89%（见表 3）。

表 3 “公平就业”得分分布

得分(分)	1	0.9	0.8	0.7
城市(个)	10	12	9	5

【良好实践】

通过对本项三级指标的观测，评估小组发现，当前被评估城市在数字经济地方立法上，针对公平就业的相关立法总体表现良好。例如，青岛市人力资源和社会保障局多部门发布的《关于进一步加强新就业形态劳动者劳动权益保障十六条措施的通知》，对平台企业招用劳动者的歧视性条件、限制就业、规避用工责任和用工方式等明确了禁止性规定。广东针对从事家政服务的灵活就业人员出台了相关条例，规范家政服务活动。河南省除实施意见外，已经出台了新就业形态劳动者的劳动权益保障实施办法，在实施方案中要求落实公平就业制度，依法保障新就业形态劳动者的公平就业权益，如拓展就业服务渠道，开发招聘平台功能，发挥公共人才服务机构智能招聘平台数据优势；支持人力资源机构建设线上线下服务平台，政府、企业、社会组织等多方合作，为相关人员和企业提供更好的就业服务和权益保障。

（三）灵活就业人员企业职工基本养老保险/企业职工基本医疗保险（1分）

【设置依据】

国务院2021年《政府工作报告》提出要“推动放开在就业地参加社会保险的户籍限制”。人力资源和社会保障部等八部门出台《关于维护新就业形态劳动者劳动保障权益的指导意见》，明确提出各地要放开灵活就业人员在就业地参加基本养老保险、基本医疗保险的户籍限制，个别超大型城市难以一步实现的，要结合本地实际，积极创造条件逐步放开。做到灵活就业人员应保尽保，企业要引导和支持不完全符合确立劳动关系情形的新就业形态劳动者根据自身情况参加相应的社会保险。

【评估方法】

检索被评估城市的门户网站、政务网站、人社部网站和部分被评估城市所在省份的省级政府网站，收集被评估城市关于灵活就业人员企业职工基本养老保险/基本医疗保险的具体内容，诸如是否放开户籍限制、缴费基准、参保形式、是否允许缓缴等。评估各城市关于灵活就业人员，尤其是新就业形态劳动者企业职工基本养老保险/医疗保险工作的开展情况。

【评分标准】

本项指标满分为1分。由于各地灵活就业人员的企业职工基本医疗保险缴纳基数、缴纳形式等规定差异较大，难以横向比较，所以只将其作为观测指标，而将灵活就业人员的企业职工基本养老保险作为赋分指标。放开灵活就业人员企业职工基本养老保险户籍限制，允许以个人身份参保，得0.4分；具有线上参保、缴费渠道，得0.3分；允许以个人身份参加企业职工基本养老保险的各类灵活就业人员，在2022年度缴纳基本养老保险费确有困难的情况下，可自愿暂缓缴费，得0.2分；缴纳基数下限低于60%档，得0.1分。

【评估分析】

被评估的36个城市的平均得分为0.9分，其中有35个城市得分在平均分以上，占被评估城市的97.22%。得分最高的有深圳、沈阳、银川3个城市，得分为满分1分，占比为8.33%；得分为0.9分的有天津、重庆、宁波、厦门等32个城市，占比为88.89%；得分为0.6分的有北京1个城市，占比为2.78%（见表4）。

表4 “灵活就业人员企业职工基本养老保险/企业职工基本医疗保险”得分分布

得分(分)	1	0.9	0.6
城市(个)	3	32	1

【良好实践】

被评估城市基本全部放开灵活就业人员企业职工基本养老保险的户籍限制，全部开放线上参保和缴费渠道，极大地便利了灵活就业人员企业职工基本养老保险和基本医疗保险的缴纳，如杭州市户籍灵活就业人员可以个人登录浙江政务服务网、浙里办App，搜索“个体劳动者（灵活就业人员）参保登记”事项，选择“个体劳动者（灵活就业人员）参保登记”或“个体劳动者（灵活就业人员）停保登记”在线办理养老保险参保、停保业务。非杭州市户籍灵活就业人员须在办理灵活就业登记后，按上述路径，线上办理灵活就业人员参保登记，也可以就近选择市、区各级社保经办机构及“社银合作”银行网点办理。办理之后，打开并登录浙里办App，直接搜索“灵活就业人员社保费”，选择对应服务；在支付宝搜索“浙江税务社保缴费”“我为自己缴”进行缴费。每个被评估城市都规定了灵活就业人员在2022年度缴纳基本养老保险费确有困难的，可自愿暂缓缴费，2022年未缴费月度可于2023年底前进行补缴，缴费基数在补缴时点本市个人缴费基数上下限范围内自主选择，缴费年限累计计算。北京、沈阳、银川、深圳的缴纳基数低于60%档，有利于减轻灵活就业人员缴纳压力。

（四）职业伤害保障（不赋分）

【设置依据】

人力资源和社会保障部等八部门出台的《关于维护新就业形态劳动者劳动保障权益的指导意见》第9条规定，强化职业伤害保障，以出行、外卖、即时配送、同城货运等行业的平台企业为重点，组织开展平台灵活就业人员职业伤害保障试点，平台企业应当按规定参加。采取政府主导、信息化引领和社会力量承办相结合的方式，建立健全职业伤害保障管理服务规范和运行机制。鼓励平台企业通过购买人身意外、雇主责任等商业保险，提升平台灵活就业人员保障水平。

《关于抓好“三农”领域重点工作确保如期实现全面小康的意见》要求开展新业态从业人员职业伤害保障试点。

【评估方法】

本项不赋分。职业伤害保障制度正处于试点阶段，呈现国家层面试点与地方自行试点两种模式，一是被评估城市中开展试点工作的城市的数量较少，二是各地方开展试点工作差异较大，且需结合地方实际来开展试点工作，难以以一个统一的标准来衡量试点工作的开展情况，因此只将其作为观测指标，并不进行赋分。

【良好实践】

在本项指标评估中，北京、上海、江苏、广东、海南、重庆、四川七个省市启动国家层面的职业伤害保障试点，保费由用工方缴纳，就业人员个人不缴纳。[①] 广州、杭州、西安等市实行单项参加工伤保险制度；[②] 重庆探索实行“工伤保险+补充保险‘1+1’”模式，构建政府、商业保险、平台企业三方协作的机制。平台企业可以为从业人员以上年度全市职工月平均工资为基础按单险种参加工伤保险，平台企业承担用人单位依法应承担的工伤保险责任。同时，参保的平台企业可以通过购买商业补充保险的形式，把应承担的工伤保险责任转由商业保险承担，最大限度地降低平台企业用工风险和运营成本，保障从业者基本权益。[③] 厦门市同步推出灵活就业人员职业伤害保险“益鹭保”项目，该项目采用“政府主导、财政补贴、商业保险运作、新就业形态劳动者自愿投保”的运营模式，为新就业形态灵活就业人员提供职业伤害保障，进一步提高灵活就业人员抵御职业伤害风险的能力；[④] 海口规定平台企业应当以实名制形式为在本省接单的新就业形态灵活就业人员提供职业伤害保障，按日将本省平台单量、接单人员等基本信息报送至全国信息平台。平台企业应当于每月 15 日（如遇节假日则顺延）前向省级税务部门确定的主管税务机关申报缴纳职业伤害保障费，并为新就业形态灵活就业人员提供防范职业伤害的职业伤害保障知识、工伤保险政策等宣传培训活动；[⑤] 武汉市对于灵活就业人员购买意外伤害保险或依托企业自行购买意外

① 参见《外卖骑手网约车司机有没有社保？北京等地启动职业伤害保障试点》，凤凰网，https：//finance. ifeng. com/c/8Nf2TLneCjg，最后访问日期：2024 年 4 月 29 日。

② 参见《关于印发部分特定人员参加工伤保险办法（试行）的通知》（杭人社发〔2021〕89 号）；参见《西安市超过法定退休年龄人员、实习生和新业态从业人员参加工伤保险办法（试行）》；参见《广州市人力资源和社会保障局关于印发〈广州市单位从业的特定人员参加工伤保险办事指引〉的通知》（穗人社发〔2021〕8 号），最后访问日期：2024 年 4 月 29 日。

③ 《聚焦灵活就业人员社保！重庆探索开展职业伤害保障试点》，https：//zhuanlan. zhihu. com/p/261022048，最后访问日期：2024 年 4 月 29 日。

④ 《厦门市推出灵活就业人员意外伤害险“益鹭保”》，https：//www. fjdaily. com/app/content/2023-09/14/content_206190，最后访问日期：2024 年 4 月 29 日。

⑤ 参见《海南省新就业形态就业人员职业伤害保障实施办法（试行）》。

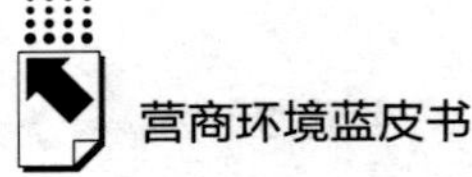

伤害保险的，在办理完灵活就业登记后，按照每人每年不高于120元的标准给予意外伤害保险补贴。投保额高于120元的按120元补贴，低于120元的据实补贴，并委托武汉市城市即时配送协会开展新业态从业人员意外伤害保险补贴的相关工作。[①] 各城市逐步推进职业伤害保障试点，进一步完善新就业形态劳动者权益的制度保障，增强新就业形态劳动者的归属感、安全感、幸福感，促进数字经济健康发展，维护社会平稳运行。

（五）社会服务与人文关怀（1分）

【设置依据】

《关于维护新就业形态劳动者劳动保障权益的指导意见》第14条提出，加快城市综合服务网点建设，推动在新就业形态劳动者集中居住区、商业区设置临时休息场所，解决停车、充电、饮水、如厕等难题，为新就业形态劳动者提供工作生活便利。

《关于落实网络餐饮平台责任切实维护外卖送餐员权益的指导意见》明确提出鼓励支持新业态发展，营造良好从业环境，积极发挥稳定和扩大就业作用；推动在商业楼宇、居民小区等设置外卖送餐员临时驻留点，公共区域设置电动车充换电设施，提供必要的饮水、休息、充电等条件，不断改善工作环境；推动建立适应新就业形态的工会组织，积极吸纳外卖送餐员群体入会，引导帮助外卖送餐员参与工会事务，提高权益保障体系化、机制化水平；为外卖送餐员提供依法维权咨询、政策宣传解读、技能培训、心理疏导、思想关爱、困难帮扶和送温暖等服务，维护外卖送餐员合法权益。

《关于做好快递员群体合法权益保障工作的意见》明确提出引导快递企业和工会组织加大投入，推进基层网点“会、站、家”一体化建设。

【评估方法】

检索被评估城市的门户网站、政务网站、人社局网站和部分被评估城市

① 《武汉市为10万多新业态从业人员提供意外伤害保险补贴》，中国新闻网（湖北），http：//www.hb.chinanews.com.cn/news/2022/0618/377222.html#，最后访问日期：2024年4月29日。

所在省份的省级政府网站，收集被评估城市关于社会服务与人文关怀活动的开展情况，评估各城市是否有效推动社会服务与人文关怀活动的开展。

【评分标准】

赋分值为 1。在检索的过程中发现每个城市都开展了社会服务与人文关怀活动，所以设置基础分为 0.6 分；若社会服务与人文关怀活动的内容和形式多元化，包括为新就业形态劳动者打造户外综合服务驿站，工会开展温暖服务月活动、当好职工贴心“娘家人”，开展夏送凉爽高温慰问、补贴活动，成立新就业形态劳动者维权服务工作站、开展新就业形态劳动者法律服务活动四个层面的活动，得 1 分；若社会服务与人文关怀活动的内容和形式较为单一，在基础分之上，每开展一项加 0.1 分。

【评估分析】

本项指标满分为 1 分，被评估的 36 个城市的平均得分为 0.867 分，其中有 20 个城市得分在平均分以上，占被评估城市的 55.56%。得分最高的有北京、天津、上海、宁波、沈阳、南京、杭州等 11 个城市，得分为满分 1 分，占比为 30.56%；得分为 0.9 分的有大连、武汉、西安、广州等 9 个城市，占比为 25%；得分为 0.8 分的有南昌、郑州、长沙等 9 个城市，占比为 25%；得分为 0.7 分的有重庆、济南、长春等 6 个城市，占比为 16.67%；得分为 0.6 分的为成都，占比为 2.78%（见表 5）。

表 5　“社会服务与人文关怀”得分分布

得分(分)	1	0.9	0.8	0.7	0.6
城市(个)	11	9	9	6	1

从被评估城市的数据分析来看，大部分被评估城市的社会服务与人文关怀活动的内容和形式十分多元，如获得满分的北京、上海、天津、杭州等城市，为新就业形态劳动者提供户外综合服务驿站、免费送上体检套餐、开展夏日送清凉和高温慰问等活动，各地工会更是开展一系列的新就业形态劳动者温暖行动服务月活动，给予新就业形态劳动者最贴心的服务、最有爱的关怀，

全方位提升保障水平。而得分较低的城市则是相关活动的数量较少且不够全面。

【良好实践】

在本项指标评估中，宁波、南京等城市表现较为突出。宁波工会吸收新就业形态劳动者会员 3 万人，全市全年补助灵活就业群体服务会员项目经费 1000 万元，推出 25 项举措维护新就业形态劳动者合法权益。宁波市总工会本级提供 50 万元专项经费补助，新增 100 家“工会户外劳动者服务站点”；开展新就业形态劳动者走访慰问活动，走访慰问新就业形态劳动者困难群体 20000 人次；组织新就业形态工会公益健康宣讲 5 场次；开展专项高温慰问活动，面向 25 家以上新就业形态企业（重点为企业户外工作人员）提供 40 万元慰问金；常态开展新就业形态女职工劳动保护，组织“二癌”筛查 500 人次。① 广州市荔湾区成立全国首个新业态劳动者权益监测服务保障中心，中心设置五大服务平台：综合受理平台、调解服务平台、权益维护平台、就业服务平台和信息收集监测平台，为劳动者和企业提供法律法规咨询、劳动法律援助、劳动纠纷调解、社会保险服务、职业技能培训等十二项服务。创新打造“三个三”工作模式，形成政府方、工会方、企业方“三方”协同工作机制，“监测+服务+保障”三位一体的服务体系，市、区、街道“三层”服务网络，推进更全面更高效更便民的新业态权益保障服务，形成全面构建和谐劳动关系的良好氛围。② 大连市建成户外劳动者服务站点 613 个，服务覆盖全市 12 万户外劳动者，依托“e 大连”App 和“辽宁工会”微信小程序，方便快递小哥、出租车司机等户外劳动者随时查找最近的服务站点，随时进来上网、歇脚、喝水、吃热饭，有效改善他们的工作条件。为进一步推动工会户外劳动者服务站点建设，2022 年大连市总工会选出 50 个市级“最美工会户外劳动者服务站点”，对每个站点补助资金 5000 元，制

① 《宁波工会“娘家人”推出 25 项举措 让新就业形态劳动者“有家有爱”》，宁波晚报，http://www.ningbo.gov.cn/art/2022/4/22/art_1229260801_59426202.html，最后访问日期：2024 年 4 月 29 日。

② 《广州市成立全国首个新业态劳动者权益监测服务保障中心》，广州市人力资源和社会保障局，http://rsj.gz.gov.cn/ywzt/ldgx/ldlscjg/ldgx/content/post_7980790.html，最后访问日期：2024 年 4 月 29 日。

定出台户外劳动者服务站点管理办法，使其更具规范性，服务更有保障。①南京市开展酷暑送清凉活动，由南京市职业病防治院专家为新就业形态群体开展职业性中暑预防、诊断治疗相关内容的讲座，现场为大家演示正确的心肺复苏操作方法，为每位前来的新业态劳动者准备了防暑物资包，为新业态劳动者筑起健康“防护墙”。南京市人社局、市妇联在春节前夕共同组织“关爱女骑手·与温暖同行”2022 年新春走访慰问活动，同时赠送温暖礼包，一副副手套、一条条围巾、一双双棉袜，带来的不仅是冬日里的温暖与呵护，也体现了两部门对新业态劳动者中女职工身心健康的关心关爱。②

（六）新就业形态人员职业技能提升和培训（1分）

【设置依据】

人力资源和社会保障部等发布的《关于维护新就业形态劳动者劳动保障权益的指导意见》提出应创新方式方法，积极为各类新就业形态劳动者提供个性化职业介绍、职业指导、创业培训等服务，及时发布职业薪酬和行业人工成本信息等，为企业和劳动者提供便捷化的劳动保障、税收、市场监管等政策咨询服务，便利劳动者求职就业和企业招工用工；建立适合新就业形态劳动者的职业技能培训模式，保障其平等享有培训的权利。

财政部在《第十四届全国人民代表大会第一次会议关于 2022 年中央和地方预算执行情况与 2023 年中央和地方预算的决议》中指出，2023 年主要收支政策将继续强化对灵活就业人员和新就业形态劳动者的权益保障，支持大规模实施职业技能培训，加快培养大批技能人才，缓解结构性就业矛盾。

职业技能的提升不仅帮助新形态就业人员获得更好的就业机会，拓宽职

---

① 《大连 613 个服务站点惠及 12 万户外劳动者》，大连市人民政府，https：//www. dl. gov. cn/art/2022/7/26/art_3933_2035909. html，最后访问日期：2024 年 4 月 29 日。

② 《酷暑送清凉，为新业态劳动者筑起健康“防护墙”》，南京市卫健委，http：//wjw. nanjing. gov. cn/gzdt/202308/t20230815_3986848. html，最后访问日期：2024 年 4 月 29 日；《“关爱女骑手·与温暖同行”市人社局、市妇联共同组织新春走访慰问活动》，南京市人社局，https：//rsj. nanjing. gov. cn/zxzx/xwdt/202201/t20220129_3280682. html，最后访问日期：2024 年 4 月 29 日。

业发展道路，对于数字经济发展也具有重要意义，保障了良好充足的劳动力，促进了产业升级，为社会创造了更多的经济价值。

【评估方法】

通过对被评估城市的政府网站、地方性法规文件进行检索，考察被评估城市对新就业形态人员进行职业技能培训的政策、措施相关情况，同时以网络公开搜索引擎为信息补充。在检索中，非强制性执法手段包括行政指导、座谈会、行政告诫、协商、调解等。

【评分标准】

（1）有针对新就业形态人员职业技能提升和培训的实际行动，得0.5分。

（2）相关措施具有新就业形态创新亮点的酌情加分。

【评估分析】

在本项评估下，36个被评估城市的平均得分为0.66分，得0.8分的有武汉、重庆、南宁、宁波4个城市，占比为11.11%；得0.7分的有厦门、北京、上海、郑州、长沙、西安、天津、沈阳、深圳、青岛、南京、合肥、杭州、哈尔滨、广州、福州、成都17个城市，占比为47.222%；得0.6分的有海口、银川、兰州、长春、乌鲁木齐、太原、南昌、拉萨、昆明、济南、大连11个城市，占比为30.56%；得0.5分的有石家庄、呼和浩特、贵阳、西宁等4个城市，占比为11.11%（见表6）。

表6 “新就业形态人员职业技能提升和培训”得分分布

得分(分)	0.8	0.7	0.6	0.5
城市(个)	4	17	11	4

【良好实践】

在本次评估中，评估小组发现各城市在新就业形态人员职业技能提升和培训方面总体表现良好，亮点众多，针对不同群体采取了不同的帮助方式。宁波市总工会发出通知，决定在全市同步开展“强组建、优服务、促共富”全面深化新就业形态劳动者工会工作集中行动，推出25项举措关爱新就业形态劳动者，完善新就业形态劳动者的工会组织体系、权益保障体系和普惠服务体系，如结合转岗再就业职工就业技能培训活动，全年组织新就业形态劳动者免费培训2000人次，向10家新就业形态工会赠送各类学习技能类书籍2000本，全年组织新就业形态劳动者“同读一本书”活动10场次，全年组织新就业形态劳动者参加市级职工职业技能竞赛8场次以上，主要涉及货运、快递、导游、美发、厨艺、茶艺、架子工、养老护理等8个新就业形态群体工种，常态开展新就业形态女职工劳动保护，组织“二癌”筛查500人次等。[①]西宁市总工会深入基层开展送法上门服务，为新就业形态劳动者宣传讲解《劳动法》《保障农民工工资支付条例》等相关法律法规，提高其运用法律知识依法维护自身合法权益的能力，邀请专业律师为广大劳动者提供法律宣传、咨询服务，线上线下开展各类普法宣传活动14场次，发放各类宣传资料3000余份；同时，利用“西宁工会”微信订阅号、抖音等新媒体平台，推送法规、健康提示等各类信息413条，发布招工用工信息72条，全方位开展新就业形态劳动者维权服务工作，助力构建和谐劳动关系。[②]

（七）公共就业服务数字化水平（1分）

【设置依据】

《国务院办公厅关于支持多渠道灵活就业的意见》提出要拓宽灵活就业渠道，支持发展新就业形态，实施包容审慎监管，促进数字经济、平台经济健康发展，加快推动网络零售、移动出行、线上教育培训、互联网医疗、在线娱乐等行业发展，为劳动者居家就业、远程办公、兼职就业创造条件。

公共就业服务数字化水平的提高能够减少求职就业中的信息不对称，提高就业服务的透明度和满意度，增强就业服务的针对性和有效性，对于精准匹配供需和促进就业市场公平等具有重要意义，数字化技术的不断发展和应

---

① 《25项举措！宁波工会对新就业形态劳动者的这波操作太有爱了》，浙工之家，https：//mp. weixin. qq. com/s/c0MPaZL1eFH9u-W4tcAtIw，最后访问日期：2023年7月5日。

② 《工会动态丨西宁市总工会精准服务新就业形态劳动者》，西宁工会，https：//mp. weixin. qq. com/s/vweyeU3p2puUyQTAuND0Aw，最后访问日期：2023年7月6日。

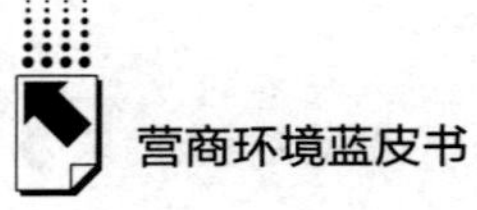

用，也将为社会的可持续发展注入新的动力。

【评估方法】

搜索被评估城市的人力资源和社会保障局门户网站在线就业创业平台、人力资源市场网站等公共就业服务平台，并对网站上关于新就业形态劳动者、灵活用工的应用功能和提供的招聘信息的质量等进行评估。

【评分标准】

（1）若被评估城市搭建了有关在线公共就业服务平台，得 0.4 分。

（2）若该公共就业服务平台功能齐全，但仅提供了就业服务信息，并未开发有关灵活就业的功能，得 0.2 分；若该公共就业服务平台功能齐全，有灵活就业相关功能，且灵活就业相关招聘信息更新及时，再得 0.4 分。

【评估分析】

在本项评估中，36 个被评估城市的平均得分为 0.74 分；得 1 分的有杭州、上海、深圳、成都、大连、广州、贵阳、哈尔滨、海口、南京、青岛、沈阳、太原、长沙、重庆 15 个城市，占比为 41.67%；得 0.6 分的有北京、天津、武汉、长春、西宁、西安、石家庄、厦门、宁波、南宁、南昌、兰州、拉萨、昆明、兰州、呼和浩特 16 个城市，占比为 44.44%；得 0.4 分的有银川、乌鲁木齐、济南、福州、合肥 5 个城市，占比为 13.89%（见表 7）。评估发现测评城市中的绝大多数城市都已建立了公共就业服务相关的数字平台，但各个城市的公共就业服务平台在服务体验、信息发布时效和全面程度、平台中的交流反馈、功能创新性等方面仍存在一定差距，说明公共就业服务平台建设仍存在继续完善的空间。

表 7 “公共就业服务数字化水平”得分分布

得分(分)	1	0.6	0.4
城市(个)	15	16	5

【良好实践】

通过对本项三级指标的观测，评估小组发现各城市均有就业创业相关服务网站，但部分城市仅有就业板块，没有针对灵活就业、新形态劳动者的服务板块；而部分城市网站虽有灵活就业板块，但仅涉及社会保障内容，没有提供就业相关信息。在满分城市里，天津市发布了《关于印发〈天津市共享经济综合服务平台管理暂行办法〉的通知》，规范共享经济综合服务行业市场主体的行为，促进新就业形态健康和可持续发展，带动扩大就业。青岛市创建的青岛市灵活就业服务平台，建立了灵活就业岗位和人员信息库，提供了线上供需对接、技能提升、共享用工等服务，扩大了针对灵活就业人员的就业、社保等政策供给，打造了促进青岛市灵活就业高质量发展的综合服务平台。成都市的“成都市就业局”微信公众号设置“成都就业助你前行”栏目，可通过该栏目的“共享用工”服务模块报名提交员工调剂意愿或临时用工需求，平台将在尊重双方意愿的基础上，提供及时的动态调度匹配服务。上海发布《上海市共享用工指导和服务工作指引》，依托“乐业上海”微信公众号等本市各级公共就业服务平台，免费为有需求的企业提供用工信息发布渠道。海口市开发了“海南新视线灵活用工平台”小程序，公众可在该小程序中申请成为劳务经纪人，邀请身边的灵活就业人员在小程序中进行求职登记，其基本信息会同步到就业驿站的零工信息库中，并在就业驿站实时动态更新。在用工淡季时，可以浏览平台上其他劳务经纪人发布的急需岗位信息；在用工旺季时，可以前往就业驿站将自己的招聘需求上传至平台，与平台内的其他劳务经纪人实现信息共享。

（八）劳动争议案件的解决效率（不赋分）

【设置依据】

《优化营商环境条例》第 9 条指出，市场主体应当遵守法律法规，恪守社会公德和商业道德，诚实守信、公平竞争，履行安全、质量、劳动者权益保护、消费者权益保护等方面的法定义务，在国际经贸活动中遵循国际通行规则。

《优化营商环境条例》第 66 条指出，国家完善调解、仲裁、行政裁决、行政复议、诉讼等有机衔接、相互协调的多元化纠纷解决机制，为市场主体提供高效、便捷的纠纷解决途径。

在数字经济条件下，一些劳动者同用人单位之间建立的新型劳动关系没有受到我国《劳动合同法》的保护，此项指标旨在研究司法机关是否在司法认定层面保护平台经济下的劳动关系。

【评估方法】

运用司法大数据检索法，统计 2022 年 10 月 1 日至 2023 年 8 月 31 日结案的民事、行政案件中涉及“平台企业”、“信息科技”与各类型政府合同等关键词的劳动争议纠纷案件数量。通过网络检索，利用公开的法律案件数据库搜集相关案例并进行分析评估，考察不同城市、不同层级法院对新型劳动关系的认定和保护方式，处理劳动争议案件时对劳动者的权益保障情况。

【评分标准】

本项不赋分。劳动争议纠纷案件的数量不能直接反映一个地方司法实践中的劳动权益保障水平，因此本项指标评估避免采取绝对数量标准，将以数据结合典型事例的方式说明劳动争议纠纷解决效率情况，可能与真实情况存在偏差，但可以从一定维度上观察其解决效率情况。

【良好实践】

由于各个城市劳动争议案件分布不均、数量庞大且涉及多个行业领域，我们仅从 36 个城市中选取数字经济发展水平较高的几个城市，针对其数字经济条件下新就业形态劳动争议案件，分析其中具有代表性的典型案例，对比不同城市司法部门对劳动关系的认定。

由表 8 可见，大部分劳动者同平台企业签订的用工协议不被法院认定为书面的劳动合同，法院是根据《关于确立劳动关系有关事项的通知》（劳社部发〔2005〕第 12 号）第 1 条的规定：“用人单位招用劳动者未订立书面劳动合同，但同时具备下列情形的，劳动关系成立：（一）用人单位和劳动者符合法律、法规规定的主体资格；（二）用人单位依法制定的各项劳动规章制度适用于劳动者，劳动者受用人单位的劳动管理，从事用人单位安排的有报酬的劳动；（三）劳动者提供的劳动是用人单位业务的组成部分”，结合实际情况来认定劳动关系。

表 8　部分城市对新就业形态中劳动关系的认定情况

城市及法院层级	争议焦点	劳动关系认定	劳动关系认定的构成要件
北京某中院	通过网络平台注册成为众包骑手，在用人单位招用劳动者未订立书面劳动合同的情况下，是否存在劳动关系	是	用人单位招用劳动者未订立书面劳动合同，但同时具备下列情形的，劳动关系成立： 一、用人单位和劳动者符合法律、法规规定的主体资格； 二、用人单位依法制定的各项劳动规章制度适用于劳动者，劳动者受用人单位的劳动管理，从事用人单位安排的有报酬的劳动； 三、劳动者提供的劳动是用人单位业务的组成部分
长沙某基层法院	A 网约车公司和 B 科技公司签订《服务外包协议》，约定双方采取服务外包的形式进行合作，由 A 公司合法录用的自有员工向 B 公司提供服务，A 公司员工和 B 公司的纠纷是否属于劳动争议	是	一、服务外包协议中用人单位是否有权制定、修改或决定有关服务报酬等直接涉及外包服务人员切身利益的规章制度或者重大事项； 二、劳动合同实际履行的过程中，用人单位是否实际行使了管理权； 三、劳动者与用人单位的关系应结合整体的劳动关系评价
广州某基层法院	劳动者未签订劳动合同，仅通过发包平台分包业务，其与对接的公司之间是否存在劳动关系	否	法院认为，劳动关系建立的必要条件是“主体适格、管理从属、劳动组成”，劳动关系是劳动者与用人单位在劳动过程中以劳动力的使用和劳动报酬的支付为对价而建立的社会经济关系。 认定劳动关系，除劳动者和用人单位符合劳动法律规定的主体资格，劳动者提供的劳动还应当是用人单位业务的组成部分，且用人单位还须对劳动者具有用工管理权，双方形成人身及经济上的从属关系
广州某基层法院	劳动者在某平台注册成为外卖骑手，其与该即时配送平台的区域代理商之间是否存在劳动关系	是	认定新就业形态劳动者与用人单位之间是否存在劳动关系，应综合考量人格从属性、经济从属性、组织从属性的有无及强弱。 即在人格从属性上，用人单位的规章制度等是否适用于劳动者，是否可通过制定规则、设定算法等管理控制劳动者；在经济从属性上，用人单位是否允许劳动者商定劳动报酬，劳动者获得的报酬是否构成其重要收入来源；在组织从属性上，劳动者是否以用人单位的名义对外提供服务等

续表

城市及法院层级	争议焦点	劳动关系认定	劳动关系认定的构成要件
济南某基层法院	某外卖平台所有者、管理者公司同其外卖骑手之间是否存在劳动关系，对劳动者履职行为中的侵权行为负有赔偿责任	是	一、平台企业与劳动者之间是否存在事实上的监督管理关系。 二、劳动者提供的劳务是否为平台运营的关键。 三、公司对平台业务是否享有一定的支配权并从中赚取管理费用，对平台劳动者进行管理。 四、劳动者在提供劳动过程中创造的经济价值，公司是否参与分配。 五、劳动者未与平台企业签订书面劳务合同等，看其从事的服务是否属于法律意义上的履职行为
南京某基层法院	劳动者系外卖骑手，认为与用人单位存在劳动关系，用人单位称已签订劳务合同，辩称存在劳务关系	是	一、现有法规对“外卖骑手”用工关系的界定，认定“全日制骑手”是“配送合作商”直接招用的外卖骑手。 二、根据《关于确立劳动关系有关事项的通知》(劳社部发〔2005〕12 号)第 1 条规定，用人单位招用劳动者未订立书面劳动合同，但同时具备下列情形的，劳动关系成立：(一)用人单位和劳动者符合法律、法规规定的主体资格；(二)用人单位依法制定的各项劳动规章制度适用于劳动者，劳动者受用人单位的管理，从事用人单位安排的有报酬的劳动；(三)劳动者提供的劳动是用人单位业务的组成部分
南昌某基层法院	劳动者系平台注册的外卖骑手，与平台发包的企业之间是否存在劳动关系	否	法院认为，从考勤来说，劳动者对是否接单、接单数量、接单时长具有高度选择性，并不受被告的监督管理；从工作内容来看，劳动者主要通过平台完成其工作，平台向原告派送订单，劳动者自主决定是否接受订单，并不受平台的监督管理；从工作的成效来看，劳动者接受平台向其派送的订单后，其如何完成该订单、完成该订单的质效如何，一天甚至一个周期内接受完成多少订单，都是由劳动者自主决定，并不受企业的监督管理。因此认定不存在劳动关系
哈尔滨某基层法院	劳动者成为用人单位所要求平台下的注册会员，通过兼职协议向用人单位提供拓客服务，劳动者要求认定同用人单位所要求使用的平台企业之间的劳动关系，支付佣金报酬	否	法院认为，判断劳动关系主要应当从用人单位和劳动者是否符合法律、法规规定的主体资格；用人单位依法制定的各项劳动规章制度是否适用于劳动者，劳动者是否受用人单位的劳动管理、从事用人单位安排的有报酬的劳动；劳动者提供的劳动是否为用人单位业务的组成部分。具体到本案中，劳动者虽然使用平台，但其显示为会员身份，双方对工作制度、考勤标准、底薪发放等均未有约定，二者间不符合劳动关系的特征

目前，劳动争议的案由集中在人事争议、买卖合同纠纷、专利权权属纠纷和不当得利纠纷等方面。人事争议通常涉及劳动者与雇主之间的雇佣关系，包括工资支付、加班补偿、劳动合同解除、工作条件等方面的争议，是最常见的劳动争议类型，因为它直接关系到劳动者的工作待遇和权益。买卖合同纠纷则会出现在雇主与劳动者签订买卖合同，让劳动者以某种方式参与企业经营活动的情况中，这种合同关系可能涉及资金投入、收益分配、责任承担等问题，因此在合同履行过程中可能发生纠纷。专利权权属纠纷主要分布在创新型产业和知识产权密集型行业较多的地区，劳动者可能认为自己在工作中作出了某项发明或创新，但雇主可能声称这些创造的知识产权属于企业。这种纠纷可能涉及专利权的归属、使用权、署名权等方面。在劳动争议案件中，不当得利纠纷往往会出现在雇佣关系中，雇主通过不正当手段获取或享受劳动者的利益，例如未经劳动者同意扣除工资、未按照法定标准支付福利待遇等，劳动者可能因此产生不满，选择通过法律手段维护合法权益。

三　评估结论与建议

本项一级指标评估总分为 7 分，被评估的 36 个城市的平均得分为 4.844 分，共有 19 个城市得分在平均分之上，占被评估城市的 52.78%；17 个城市得分在平均分之下，占被评估城市的 47.22%。杭州在本项评估中获得最高分 5.6 分；南京获得 5.5 分，位列第二；得分较低的城市是拉萨，获得 3.8 分。本项指标各城市得分有明显的梯度，整体得分情况较为乐观。

本项一级指标共包含 8 项三级指标，除不赋分的 2 项指标外，各项指标满分均为 1 分，各三级指标的得分情况为：“新就业形态劳动者劳动权益保障”平均分为 0.808 分，得分率为 80.8%；“公平就业”平均分为 0.875 分，得分率为 87.5%；“灵活就业人员企业职工基本养老保险/企业职工基本医疗保险”平均分为 0.9 分，得分率为 90.0%；“社会服务与人文关怀”平均分为 0.867 分，得分率为 86.7%；“新就业形态人员职业技能提升和培训”平均分为 0.66 分，得分率为 66.0%；“公共就业服务数字化水平”平

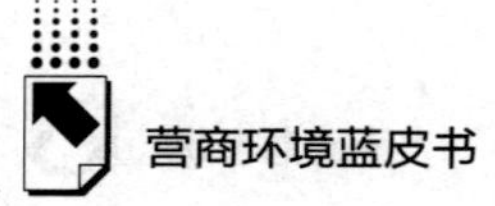

均分为0.74分，得分率为74.0%；“职业伤害保障”“劳动争议案件的解决效率”仅作为观测指标，不予评分。

（一）取得的成就

1. 新就业形态劳动者权益保障的立法保持谦抑性

从总体上看，劳动力市场相关立法具有谦抑性，立法需要经历许多阶段，其中包括调研、起草、审议等环节，这些程序使立法过程相对较长，整体推进缓慢，但根据评估过程中的观测来看，我国数字经济下劳动力市场立法仍旧取得了一定的成效。在一些城市，地方政府通过引入智能技术、建立大数据平台等措施提高了劳动力市场的匹配效率，更好地满足了企业需求，提高了用工效益；地方试点改革还注重新就业形态从业人员的培训和创新发展，以适应数字经济下的就业需求，提高劳动者的劳动素养，使其更好地适应新型职业的要求。针对数字经济的发展，全国试点改革推动了一系列政策的创新，包括灵活用工、社保制度调整等，以促进就业和提高劳动力市场的适应性。基于地方试点和全国性试点的成功经验，将改革成果上升到立法层面是必然的发展趋势，在数字经济的发展浪潮中，科学立法将有助于更好地引导和规范劳动力市场的发展，推动经济持续健康增长。

2. 各地积极立法推进公平就业

各个城市目前均已出台一系列相关法规，以保障数字经济下劳动者的公平就业。在被评估的36个城市中，有超过20个城市在立法上明确保护新就业形态劳动者权益，提供针对新就业形态的法律保障。就所出台的法律法规、立法活动来看，各城市对平台企业招用劳动者的歧视性条件、就业限制和用工方式等问题做出了明确的禁止规定。针对灵活就业人员，一些地方还制定了行业条例，以规范该领域的活动。除此之外，部分地方出台了相关制度的实施办法，要求落实公平就业制度，依法保障新就业形态劳动者的权益，具体措施包括拓展就业服务渠道，开发智能招聘平台功能，发挥公共人才服务机构的优势，建设线上线下服务平台，促进人力资源机构、企业和社会组织等多方合作，为相关人员和企业提供更好的就业服务和权益保障。

3. 社会保障与社会服务不断完善

国家层面高度重视新就业形态劳动者权益保障，出台《关于维护新就业形态劳动者劳动保障权益的指导意见》《关于规范新就业形态下餐饮网约配送员劳动用工的指导意见（试行）》《关于做好快递员群体合法权益保障工作的意见》等政策文件，明确提出关注新就业形态劳动者这一群体，针对新就业形态劳动人员权益保障的痛点、难点问题，从他们“急难愁盼”的事项上着手，注重对新就业形态劳动者的社会服务与人文关怀，逐步放开灵活就业人员在就业地参加基本养老保险、基本医疗保险的户籍限制，使其老有所依、病有所保。

各地方积极响应国家号召，结合地方实际，因地制宜，因时制宜，出台保护新就业形态劳动者劳动权益的政策文件，不断完善基础设施建设。正如在良好实践中提到的宁波、广州、南京等城市，设置新就业形态劳动者户外服务站点，帮助外卖小哥、快递人员解决休息、饮水、充电等问题，帮助户外劳动者解决实际困难，使其工作更温暖、更安心；[①] 工会不断做好“娘家人”的角色，开展“工会进万家，新就业形态劳动者温暖服务月”活动，多措并举，打造职工幸福生活的“同心圆”；[②] 各地开展送清凉、送文化、送健康、送安全、送培训活动，[③] 开展走访慰问，成立新就业形态劳动争议调解中心；注重对女骑手权益的保障；等等。国家以推进数字经济发展为契机，在政策体系、系统协调、示范提升上不断创新完善，让新就业形态劳动者能够合理共享社会发展成果，增强新就业形态劳动者的获得感、幸福感和归属感，为新就业形态劳动者权益护航，打造新就业形态劳动者的温馨家园。

---

① 参见《348 个“工驿站”让城市更有“温度”》，长春市人民政府，http://jckc.changchun.gov.cn/zjzc/xfzc/202303/t20230330_3124818.html，最后访问日期：2024 年 4 月 29 日。

② 参见《打造职工幸福生活“同心圆”：长春工会服务圈为职工群众提供贴心服务》，长春新闻网，http://www.changchunews.com/content/2023-07/27/content_4963457.html，最后访问日期：2024 年 4 月 29 日。

③ 参见《沈阳市总工会启动“户外劳动者关爱月”活动》，中工网，https://www.workercn.cn/c/2023-07-04/7896906.shtml，最后访问日期：2024 年 4 月 29 日。

（二）存在的问题

1. 职业伤害保障仍存在不足

近年来，外卖员猝死以及交通安全事故频发，使平台从业者的安全问题日益得到重视。[①]《社会保险法》规定，非职工灵活就业人员可以参加职工基本养老保险[②]和基本医疗保险[③]，但未规定能参加工伤保险，《工伤保险条例》进一步规定，认定工伤的前提是与用人单位存在劳动关系。[④] 而新就业形态劳动者劳动关系难以认定，新就业形态用工大多不具备传统劳动关系认定的“从属性”标准，未形成劳动关系则不能为之缴纳工伤保险，而平台企业为了降低用工成本，更是尽可能地规避签订劳动合同，或者以劳务合同、承揽、众包等方式代替劳动合同，形成“去劳动化”倾向，使新业态从业人员的权益保障捉襟见肘。

在理论层面，我国学者对新就业形态劳动者职业伤害保障的制度属性、定位、模式、内容等问题远未形成共识，甚至存在对立，[⑤] 不能对职业伤害保障制度的构建形成理论支撑，难以为立法提供有效建议。关于新就业形态劳动者的职业伤害保障在立法层面也处于缺位状态。在实践层面，各地试点

---

① 参见汪发洋《平台灵活就业人员职业伤害保障制度的构建》，《安徽农业大学学报》（社会科学版）2021 年第 30（05）期。

② 《社会保险法》第 10 条第 2 款：“无雇工的个体工商户、未在用人单位参加基本养老保险的非全日制从业人员以及其他灵活就业人员可以参加基本养老保险，由个人缴纳基本养老保险费。”

③ 《社会保险法》第 23 条第 2 款：“无雇工的个体工商户、未在用人单位参加职工基本医疗保险的非全日制从业人员以及其他灵活就业人员可以参加职工基本医疗保险，由个人按照国家规定缴纳基本医疗保险费。”

④ 《工伤保险条例》第 2 条：“中华人民共和国境内的企业、事业单位、社会团体、民办非企业单位、基金会、律师事务所、会计师事务所等组织和有雇工的个体工商户（以下称用人单位）应当依照本条例规定参加工伤保险，为本单位全部职工或者雇工（以下称职工）缴纳工伤保险费。中华人民共和国境内的企业、事业单位、社会团体、民办非企业单位、基金会、律师事务所、会计师事务所等组织的职工和个体工商户的雇工，均有依照本条例的规定享受工伤保险待遇的权利。”

⑤ 杨思斌：《新就业形态劳动者职业伤害保障制度研究——从地方自行试点到国家统一试点的探索》，《人民论坛·学术前沿》2023 年第 16 期。

差异较大，如宁波首创专门针对灵活就业人员工作意外伤害的保险——“灵活保”，面向全体在甬工作的灵活就业人员，不区分行业类别，年龄覆盖16~65周岁，保费为0.6元人/天，经财政补贴后仅为0.3元人/天，最高赔付额达33万元。2023年8月21日，升级版的“灵活保”正式实施，保额从30万元提升到65万元（新增猝死风险保障），意外医疗保额从3万元提升至6.5万元，意外住院津贴保持60元/天不变，最高可赔偿30天。升级版保费为1元/人/天，财政补贴50%后个人只需支付0.5元/人/天。投保人可结合实际需求，自主选择基础版或升级版产品。① 厦门市推出灵活就业人员职业伤害保险“益鹭保”项目，“益鹭保”是由政府主导、厦门市人社局牵头推出的保险项目，面向厦门全市灵活就业人员，不限户籍、不分行业类别，年龄覆盖16~65周岁，采用统一的收费及赔付标准。保险保障包含灵活就业人员在工作过程中遭受职业伤害导致的死亡或伤残补偿、医疗费及住院津贴，最高赔付可达40万元。针对灵活就业人员工作时间不确定的特点，“益鹭保”特别设计按日参保、按日计费（0.8元/人/天，财政补贴后0.4元/人/天），以减轻灵活就业人员的经济负担。② 同一类型项目，各城市所交保费、最高赔付额、承保范围不尽相同，且被评估城市针对职业伤害保障推出了不同类型的保险，如上文所提及的意外伤害险、单工伤保险、平台雇主企业责任险等，在缴费额度、缴费形式、缴费主体、承保范围、保险责任、保险金额等方面存在差异，易造成新就业形态劳动者权益保障的不公平，使其权益不能得到有效保障，且某些被评估城市的试点政策存在与法律法规相违背的现象，使其职业伤害保障制度的实施缺乏合法性。

2. 平台规则设计本身存在问题

平台规则设计本身存在诸多问题，以网络货运平台为例，突出表现在平台的盈利模式和司机的收入分配之间的矛盾。平台掌握算法与每单的定价

① 《“灵活保”升级，社会影响力持续“升级”》，宁波市人社局，http：//rsj.ningbo.gov.cn/art/2023/9/21/art_1229676668_58974320.html，最后访问日期：2024年4月29日。

② 《厦门推出灵活就业人员职业伤害险》，东南网，http：//fjnews.fjsen.com/wap/2023-09/14/content_31410760.htm#，最后访问日期：2024年4月29日。

权，在接单抽成与价格垄断方面饱受质疑。平台会根据路况、天气、供求关系等多因素调整价格，并且为了增加对消费者的吸引力，推出特惠顺路单、议价订单等产品，[①] 但对如何调整、调整之后的价格平台按照怎样的比例抽成，司机都是不清楚的，信息不公开、不透明，完全掌握在平台手中，并且获得的高溢价完全由平台享有，如高峰期间的变价行为，高于正常期间的溢价由平台获得，司机并未从中受益。改变每单计价或者抽成比例，使得司机为了获得同等收益，不得不增加工作单数或者延长工作时间。平台进行优质司机的信用评级，评级高者在客户匹配时可获得优先权，这一做法看似是奖励机制，然导致收入分配更加不明确，加剧其复杂性；该规则本身亦与交通运输部实施的交通运输新业态平台企业抽成阳光行动的实质内容不符。[②]

在平台规制层面存在立法缺失，行政监管缺乏合法性、正当性基础，处于模糊地带。如货拉拉要求司机在货车上贴车身广告，如果不贴就要被平台处罚，每周抽查一次，每发现一次就要扣200元的违约金，但如果车贴面积过大，则将面临被交警处罚的风险，这个风险也是由司机承担。[③] 面对这一现象，值得我们思考的是，当平台规则与国家法律冲突时，司机的合法权益该如何保障？

3. 平台企业责任认定的立法缺失

随着数字经济的发展，平台企业的类型逐渐多元化，依据平台的连接对象和主要功能，可以将平台分为六大类：网络销售类平台、生活服务类平

① 参见《一年被约谈五次，货拉拉怎么了》，电商头条，https：//mp. weixin. qq. com/s/XlDjS2RAC7Jc 7TjectVXag，最后访问日期：2024 年 4 月 29 日。

② “阳光行动”聚焦网约车、道路货运新业态两个领域。在网约车方面，将督促主要网约车平台公司向社会公开计价规则，合理设定本平台抽成比例上限并公开发布，同时在驾驶员端实时显示每单的抽成比例。在道路货运方面，将督促主要道路货运新业态平台公司向社会公开计价规则，合理设定本平台订单收费金额或抽成比例上限，或者会员费上限等，并向社会公开发布。参见《交通运输部将实施交通运输新业态平台企业抽成阳光行动》，交通运输部网站，https：//www. mot. gov. cn/2022wangshangzhibo/2022second/zhibozhaiyao/202202/t20220224_3642976. html，最后访问日期：2024 年 4 月 29 日。

③ 参见《一年被约谈五次，货拉拉怎么了》，电商头条，https：//mp. weixin. qq. com/s/XlDjS2RAC7Jc7TjectVXag，最后访问日期：2024 年 4 月 29 日。

台、社交娱乐类平台、信息资讯类平台、金融服务类平台、计算应用类平台。[①] 但就现有立法情况来看，《电子商务法》更多地集中规定电商领域平台企业责任认定问题，其他平台领域仍存在立法缺失情况。在今后的立法实践中，是进行垂直领域的单独立法，还是选择共同性、概括性的立法路径，是亟待思考与解决的。

（三）改进的建议

1. 以劳动基准为中心进行新型劳动关系的构建

劳动基准是指劳动者在工作中应该享有的基本权利和福利，以确保其在劳动市场上的公平地位。司法机关在认定新型劳动关系时应该以劳动基准为中心，综合考虑劳动者雇佣关系中的要素，如雇佣合同、工作任务、工作时间安排等；在审查雇佣合同时，重点关注合同中对工作职责、报酬、工作时间和其他相关事项的规定。此外，司法机关还应当注意对其实际工作条件，包括工作地点、工作时间的弹性性质，以及雇员对工作任务的自主性的考察；通过评估雇员的收入来源、福利和保障等因素来确认雇员是否在经济上依赖雇主，从而认定是否存在劳动关系。

2. 促进劳动力市场改革的成功经验法制化

各地针对新就业形态劳动者的权益保障纷纷出台相关指导文件和实施办法，在实施过程中积累了一定的成功经验，同时积极推行了多项创新举措。然而，数字经济背景下劳动力市场管理在立法方面仍然未能形成一套完整的法律规范体系。因此，呼吁充分整合各地已有的改革措施，有效将各地的改革成功经验转化为具有法律效力的条文，结合劳动力市场改革未来的发展趋势，积极推动相关立法工作，以更全面、更系统地规范劳动力市场，为劳动者提供可靠的法律环境，更好地从法律层面保障劳动者的合法权益。

3. 重新界定数字经济平台企业分类及相应法律责任

数字经济领域内平台企业的分类及法律责任的界定对构建健全的法律框

---

① 参见国家市场监督管理总局《互联网平台分类分级指南（征求意见稿）》《互联网平台落实主体责任指南（征求意见稿）》。

架有着重要意义。目前，相关法规及政府文件对数字经济平台企业的类型没有清晰的定义，不同类型平台企业的法律责任也存在模糊性。重建数字经济平台企业的分级分类，并制定明确的法律责任框架，为不同类型的平台企业确立阶梯式法律责任，以更精准、更有针对性地规范它们的行为。

通过重新界定数字经济平台企业的类型，劳动力市场能够更好地适应快速变化的数字经济格局，不同类型平台企业的法律责任阶梯化有助于实现对其行为的有效监管。这一法律责任的明确界定将为数字经济平台企业提供清晰的法律指引，促使其更好地履行社会责任，维护数字经济的健康发展。

B.6
政府采购

郑雅方　朱俊璇*

摘　要： 推行政府采购制度，有助于维护公平竞争的市场秩序，保护政府采购当事人的合法权益，推动中小企业健康发展，营造良好的营商环境。2023 年，被评估城市基本建立政府采购意向公开制度，中小企业保护机制初步建立，政府采购电子门户网站均已搭建，政府采购公开透明度和便利度进一步提高。但中小企业保护政策跟进不够及时、全过程信息公开机制尚未全面普及的问题仍然存在。建议切实推广创新措施，促进中小企业保护机制落实；完善信息公开制度规范，加快推行政府采购全过程信息公开，进一步提高政府采购服务水平，推动营商环境持续优化。

关键词： 政府采购　准入与竞争　公开透明度　电子采购平台

政府采购通过政策功能对私营部门和企业采取多种刺激手段，从而对营商环境产生重要影响。世界银行原《营商环境报告》中的“政府签订合同”指标主要以政府采购程序及政府采购质疑投诉体系为评估内容。① 2022 年初披露的世界银行《宜商环境项目概念说明书》将招投标及

---

* 郑雅方，法学博士，经济学博士后，对外经济贸易大学教授、涉外法治研究院副院长、宪法与行政法学系主任，研究方向为行政法学、行政诉讼法学；朱俊璇，对外经济贸易大学法学院 2023 级硕士研究生，研究方向为行政法学、行政诉讼法学。

① The World Bank, *Doing Business 2020*, pp. 68-75 (2020).

政府采购置于促进市场竞争（market competition）指标之下，全面审查政府采购法规质量及可预期性、电子采购门户网站的开放性和互动性、政府采购及招投标的时间及费用成本，并突出了实现公平竞争这一主旨。①2023年世界银行营商环境评估项目（B-READY）明确将政府采购的法规质量、电子采购服务的质量和政府采购法规的效率纳入促进市场竞争的法规质量一级指标项下。② 本次数字经济营商环境评估借鉴世界银行B-READY项目中的评估维度，评估政府采购法规质量及可预期性、电子采购服务及招投标效率。

一　评估指标构成

本次评估的“政府采购”一级指标下设置三项二级指标，分别为“政府采购法规质量及可预期性”“电子采购服务”“招投标效率”（见表1）。

表1　“政府采购”指标构成

一级指标	二级指标	三级指标
政府采购(3分)	政府采购法规质量及可预期性(2分)	准入与竞争(1分)
		公开透明度(1分)
		程序公正(观察指标,不赋分)
	电子采购服务(1分)	电子采购门户网站的开放性和互动性(1分)
	招投标效率	时间及成本(观察指标,不赋分)

三级指标包括准入与竞争、公开透明度、程序公正、电子采购门户网站的开放性和互动性、时间及成本等，从不同角度反映被评估城市在政府采购领域的具体情况。

① The World Bank, *Pre-Concept Note Business Enabling Environment* (*BEE*), pp. 48–52 (2022).

② The World Bank, *B-READY Methodology Handbook* (*B-READY*), pp. 643–729 (2023).

二　设置依据、评估标准及评估分析

评估团队的材料与数据主要来源于被评估城市政府及相关部门网站、政务服务网站、网络搜索引擎、北大法宝等。通过上述方式未能检索到相关内容的，则视为未落实该项工作或该项服务。

（一）准入与竞争（1分）

【设置依据】

政府采购遵循公平竞争、公正和诚实信用原则。着力构建统一开放、竞争有序的政府采购环境，平等对待各类市场主体，营造公平竞争环境，破除“地方保护”，是优化营商环境的重要抓手。对政府采购准入与竞争进行评估并提出完善建议有利于形成自由贸易、公平竞争理念，构筑统筹安全与透明的政府采购新格局，提升经济发展效率。

《优化营商环境条例》明确要求，政府采购和招投标应依法平等对待各类所有制和不同地区的市场主体，不得以不合理条件或者产品产地来源等进行限制或者排斥。该条例还明确指出，国家持续放宽准入，没有法律、法规或者国务院决定和命令依据的，行政规范性文件不得减损市场主体合法权益或者增加其义务，不得设置市场准入和退出条件，不得干预市场主体正常的生产经营活动。世界银行营商环境评估项目（B-READY）明确将准入与竞争纳入促进市场竞争的法规质量一级指标项下政府采购的法规质量这项二级指标的评估内容。①

【评估方法】

具体的方法为检索被评估城市政府发布的规范性文件，观测是否明确指出清理妨碍公平竞争的行为，在准入方面是否放宽标准，以评估各城市在准入与竞争方面的法规质量。

① The World Bank, *B-READY Methodology Handbook*（*B-READY*）, p. 644（2023）.

【评分标准】

赋分值为 1。若被评估城市发布的规范性文件明确指出保障公平竞争，得 0.4 分；全面施行承诺制，降低准入门槛，得 0.3 分；规定中小企业、农副产品方面的特殊保护，得 0.3 分。

【评估分析】

本项三级指标，36 个被评估城市的平均得分为 0.892 分。多达 23 个被评估城市明确指出保障公平竞争，全面施行承诺制并建立中小企业、农副产品保护机制，未有获得 0 分的城市（见表 2）。

表 2 “准入与竞争”得分分布

得分(分)	1	0.7	0
城市(个)	23	13	0

（1）北京、上海、重庆、长春、长沙、成都、福州、厦门、济南、青岛、哈尔滨、杭州、沈阳、大连、海口、呼和浩特、合肥、兰州、南昌、南京、武汉、银川、郑州等 23 个城市获得满分 1 分，约占被评估城市数量的 63.89%。

（2）得分 0.7 分的为天津、贵阳、广州、深圳、宁波、昆明、拉萨、石家庄、太原、乌鲁木齐、西安、西宁、南宁等 13 个城市，约占被评估城市数量的 36.11%。这些城市虽然尚未全面施行承诺制，但已经发布了相关规范性文件等，表示可以探索承诺制的建立，其中天津、西安已经建立试点，在个别县区施行承诺制。

（3）从被评估城市的数据来看，大多数被评估城市在政府采购准入与竞争方面法规质量较高，法规保障层面较为完善，且如北京、上海、重庆等多达 23 个被评估城市已全面施行承诺制，降低准入门槛。多数被评估城市发布规范性文件，放宽准入标准，建立中小企业和农副产品保护机制。而得分较低的城市则存在准入门槛较高、程序较为烦琐的问题。

【良好实践】

通过对本项三级指标的观测，评估小组发现，当前被评估城市在准入与竞争立法上总体表现良好。23 个城市得分为 1 分，说明六成以上的城市已经通过推行承诺制等方式降低市场准入门槛。例如，厦门市有效保障公平竞争，从采购需求和采购文件编制源头入手，制定采购文件负面清单、部分通用项目采购需求标准，避免不合理倾向性、歧视性和排他性。降低准入门槛，减轻企业负担，以减免投标保证金、履约保证金和提高预付款比例为抓手，对中小企业原则上免收投标保证金、免收或减半收取履约保证金，将预付款比例提高到 50%以上。① 天津市、广州市、西安市亦出台响应文件，进行试点工作，积极推动信用承诺制的建立。

（二）公开透明度（1分）

【设置依据】

提高政府采购公开透明度是保障各类市场主体平等参与政府采购活动、促进公平竞争的重要工作。不断优化营商环境要求提升政府采购公开透明度，营造更加高效透明的便民参与环境。《中华人民共和国招标投标法》规定招标投标活动应当遵循公开、公平、公正和诚实信用的原则。招标人采用公开招标方式的，应当发布招标公告。依法必须进行招标的项目的招标公告，应当通过国家指定的报刊、信息网络或者其他媒介发布。招标公告应当载明招标人的名称和地址，招标项目的性质、数量、实施地点和时间以及获取招标文件的办法等事项。《优化营商环境条例》明确招标投标和政府采购应当公开透明、公平公正，依法平等对待各类所有制和不同地区的市场主体，不得以不合理条件或者产品产地来源等进行限制或者排斥。世界银行营商环境评估项目（B-READY）明确将透明度纳入促进市场竞争的法规质量一级指标项下政府采购的法规质量这一二级指标的评估内容。②

【评估方法】

具体的方法为检索被评估城市政府发布的规范性文件，观测是否明确提

① 《厦门市财政局：创新优化政府采购营商环境》，载中国政府采购网，http：//www.ccgp.gov.cn/zxdt/202006/t20200629_14556065.htm，最后访问日期：2024 年 4 月 29 日。

② The World Bank，*B-READY Methodology Handbook*（*B-READY*），p. 644（2023）.

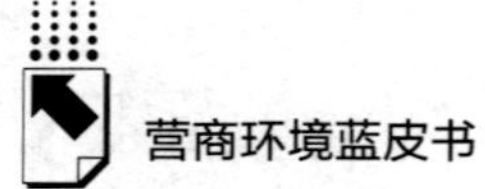

出政府采购公开透明的要求，评估其是否作出进一步细化、是否开展政府采购意向公开工作。同时评估各城市是否建立质疑机制及全流程信息公开机制，以评估该城市招投标的公开透明度。

【评分标准】

赋分值为1。若被评估城市发布的规范性文件明确提出政府采购公开透明的要求并存在进一步细化，得0.4分；若建立政府采购意向公开制度，得0.2分；若已经建立质疑答复公开机制，得0.2分；明确指出推进全流程信息公开，得0.2分。

【评估分析】

本项指标满分为1分，36个被评估城市的平均得分为0.708分，该项指标得分情况良好。17个被评估城市得分在平均分之上，未有获得0分的城市（见表3）。

表3　“公开透明度”得分分布

得分(分)	0.8~1.0	0.6~0.7
城市(个)	17	19

（1）高于平均得分的共17个城市，所占比例为47.22%。其中杭州、海口获得了最高分1分，以上两个城市已经建立质疑答复公开机制并在相关规范性文件中明确要求全流程信息公开；得分为0.8分的城市为北京、上海、重庆、长沙、福州、青岛、贵阳、广州、深圳、宁波、大连、呼和浩特、南京、西安、银川。

（2）低于平均得分的共19个城市，所占比例为52.78%。武汉目前仅有集中采购领域全过程信息公开的规定，因此在全过程信息公开领域得0.1分，总分为0.7分；得分为0.6分的城市有天津、长春、成都、厦门、济南、哈尔滨、沈阳、合肥、昆明、拉萨、兰州、南昌、石家庄、太原、乌鲁木齐、西宁、南宁、郑州。

（三）程序公正（不赋分）

【设置依据】

政府采购是一项复杂的系统工程，一头连着政府，一头连着市场。政府采购程序是指采购主体为履行采购职能而必须遵循或遵守的步骤及方式，是实现采购目标所必需的法律手段和条件，还包括质疑投诉程序以及司法审查程序。采购程序具有特定的功能和价值，包括避免滥用自由裁量权、有效利用采购工具、公共政策职能和保护各方合法权益、实现公平正义等。为促进政府采购规范、廉洁、高效，优化政府采购营商环境，确保程序公正、杜绝寻租至关重要。

《中华人民共和国政府采购法》第 3 条规定，政府采购应当遵循公开透明原则、公平竞争原则、公正原则和诚实信用原则。《关于促进政府采购公平竞争优化营商环境的通知》（财库〔2019〕38 号）也要求全面清理政府采购领域妨碍公平竞争的规定和做法，严格执行公平竞争审查制度，促进政府采购公平。世界银行营商环境评估项目（B-READY）明确将程序公正纳入促进市场竞争的法规质量一级指标项下政府采购的法规质量这一二级指标的评估内容。①

【评估方法】

本项指标不赋分。考虑到数据可得性与评估公平性，此项指标覆盖范围广、种类多，因此仅作为观察指标，并不进行赋分。

（四）电子采购门户网站的开放性和互动性（1分）

【设置依据】

在数字经济时代背景下，多数城市通过政府采购电子卖场的建设将电商模式引入政府采购领域，通过“互联网+政府采购”打造公开透明的电子采购门户网站，显著缩短采购周期，实现数据互联互通。电子采购门户网站的

---

① The World Bank, *B-READY Methodology Handbook* (*B-READY*), p. 644 (2023).

开放性和互动性在很大程度上影响着政府采购交易环境和营商环境服务水平。《国务院办公厅转发〈国家发展改革委关于深化公共资源交易平台整合共享指导意见〉的通知》（国办函〔2019〕41号）要求健全平台电子系统，加强公共资源交易平台电子系统建设，明确交易、服务、监管等各子系统的功能定位，实现互联互通和信息资源共享，并同步规划、建设、使用信息基础设施，完善相关安全技术措施，确保系统和数据安全。世界银行营商环境评估项目（B-READY）明确将电子采购门户网站的开放性和互动性纳入促进市场竞争的法规质量一级指标项下电子采购服务的质量这一二级指标的评估内容。①

【评估方法】

具体的观测方法为检索被评估城市的政府采购电子卖场，从网页是否提供相应政策法规、问题建议是否有反馈渠道、网站各板块是否明晰等角度评估其平台建设、用户体验，以评估各城市电子采购门户网站的开放性和互动性。

【评分标准】

赋分值为1。已经搭建政府采购电子交易平台，得基础分0.4分；提供全面的相关政策法规、问题建议有反馈渠道、有常见问题归纳、有主题馆等明晰板块各得0.1分；有定期直播答疑、曝光台板块、无障碍服务等亮点各得0.1分，亮点分以0.2分为限。

【评估分析】

本项指标满分为1分，36个被评估城市的平均得分为0.728分，被评估城市整体得分情况良好。14个被评估城市得分在平均分之上，未有获得0分的城市（见表4）。

表4 “电子采购门户网站的开放性和互动性”得分分布

得分(分)	0.8~1.0	0.6~0.7	0.5
城市(个)	14	16	2

① The World Bank, *B-READY Methodology Handbook* (*B-READY*), p. 644 (2023).

（1）高于平均得分的共有 14 个城市，所占比例为 38.89%。重庆获得了最高分 1.0 分，长沙得分仅次于重庆，得 0.9 分。得分为 0.8 分的城市有长春、济南、青岛、哈尔滨、广州、宁波、合肥、兰州、南昌、太原、武汉、南宁 12 个。各被评估城市均有完善的电子交易平台，得分均在基础分 0.4 分以上，未有低于基础分的城市。乌鲁木齐、沈阳、拉萨、南京 4 个城市的电子交易平台由于需要线下办理 CA 申领等原因无法登录，缺乏相关数据，故未作评分。

（2）低于平均得分的共有 18 个城市，所占比例为 50%。其中得分为 0.7 分的有北京、天津、上海、成都、福州、厦门、深圳、杭州、大连、呼和浩特、昆明、石家庄 12 个城市；得分为 0.6 分的有贵阳、西宁、银川、郑州 4 个城市；得分为 0.5 分的有海口、西安 2 个城市。

【良好实践】

依据评估结果，36 个被评估城市均已搭建电子采购门户网站，板块较为清晰，相关工作总体情况良好。部分城市在网站建设上注重提升用户体验，充分考虑用户需要，例如，重庆市的电子采购门户网站板块明晰，政策法规更新及时，不仅提供示范文本下载渠道和维权渠道，还设置互动交流板块以调查征集意见、进行案例分析和政策咨询。此外，还具有适老化设计、无障碍服务、夜间模式等亮点，具有高度开放性和互动性，有效促进了政府采购电子卖场健康有序运行，提高了采购效率和效益。

（五）时间及成本（不赋分）

【设置依据】

过长的合同授予时间会阻碍企业进入采购市场，并鼓励串标行为。延迟付款则会给企业带来负外部性，比如市场活动的中断、员工和供应商的延期支付，可能会耗损企业的流动性。在政府采购活动中，成本可以发生在不同主体上，体现在各环节、各业务流程中，包括可以量化的成本和难以量化的成本、显性成本和隐性成本等。

国家发展改革委等四部门发布的《关于做好 2023 年降成本重点工作的

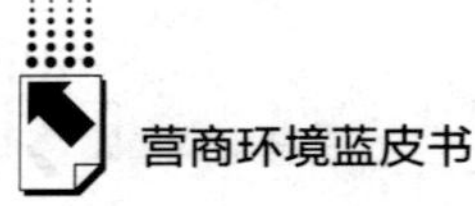

通知》强调，规范招投标和政府采购制度，大力推进降低实体经济企业成本，助力经济运行整体好转。此外，该指标与世界银行营商环境评估项目（B-READY）中促进市场竞争的法规质量一级指标下政府采购法规的效率这一二级指标存在密切联系。

【评估方法】

对本项指标主要采用问卷调查法进行主观测评，以被评估城市企业经营者及其工作人员为调查对象，针对“政府采购与招投标过程中的时间与成本”设计问卷题目，向被评估城市企业经营者及员工发放调查问卷，了解被评估城市在政府采购与招投标过程中所需的时间及成本情况。由于各城市招投标时间与成本的相关数据较难收集，且考虑到主观问卷样本的特殊性，对本项指标不进行赋分。

【评估分析】

评估团队收回的358份有效填写问卷显示，在满分为5分的前提下，被评估城市企业经营者及其工作人员对当地政府在政府采购与招投标管理中收费情况的满意度打分平均为4.35分；对政府采购与招投标流程所需时间的满意度打分平均为4.34分。主观问卷结果反映了被调查对象对被评估各城市政府采购与招投标所需时间与成本整体满意度较高。

三　评估结论与建议

本项一级指标评估总分为3.0分，被评估的36个城市的平均得分为2.247分，得分在平均分之上的有北京、上海、重庆、长春、长沙、成都、福州、厦门、济南、青岛、哈尔滨、广州、杭州、宁波、大连、海口、呼和浩特、合肥、兰州、南昌、武汉、银川22个城市，占被评估城市总数的61.11%；得分在平均分之下的有天津、贵阳、深圳、沈阳、昆明、拉萨、南京、石家庄、太原、乌鲁木齐、西安、西宁、南宁、郑州14个城市，占被评估城市的38.89%。本项评估中重庆获得最高分2.8分，得分高于或等于2.6分的城市包括重庆、长沙、杭州、青岛；得分较低的城市是拉萨、乌鲁木齐，获得 1.3 分。本项指标各城市得分有较为明显的梯度，整体得分情况较为乐观（见图 1）。

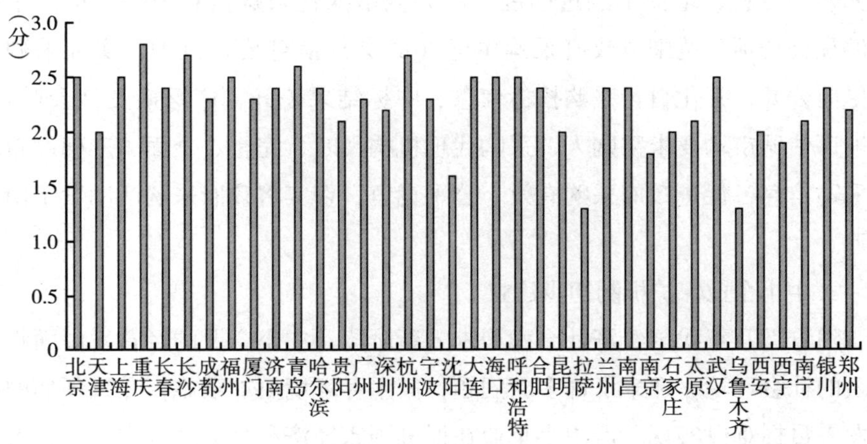

图 1 “政府采购”各城市得分情况

本项一级指标共包含五项三级指标，各三级指标的得分状况如下：

（1）准入与竞争，平均分为 0.892 分，得分率为 89.2%；

（2）公开透明度，平均分为 0.708 分，得分率为 70.8%；

（3）程序公正，不赋分；

（4）电子采购门户网站的开放性和互动性，平均分为 0.728 分，得分率为 72.8%；

（5）时间与成本，不赋分。

（一）取得的成就

1. 政府采购意向公开制度基本建立

2019 年，财政部印发《关于促进政府采购公平竞争优化营商环境的通知》，明确推进政府采购意向公开。被评估的 36 个城市均已建立政府采购意向公开制度，采购意向包括主要采购项目、采购内容及需求概况、预算金额、预计采购时间等，便于供应商提前了解采购信息，提升政府采购公开透明度，推动营商环境持续优化。

根据评估过程中的检索和观测，部分被评估城市已设立“政府采购意向公开”专栏，增强采购透明度。部分城市深化采购信息公开，扩大采购文件预公告项目范围或政府采购中标（成交）信息公告范围，实施采购意向提前公开，强化自行采购招标信息、中标结果公开，广泛接受社会监督。各被评估城市均要求采购人、采购代理机构及时、完整、全面、准确发布政府采购信息，促进政府采购有效、公平竞争，切实将政府采购活动置于阳光之下。

2. 中小企业保护机制初步建立

随着近几年我国经济社会发展进入新阶段，中小企业的经营发展面临着复杂的社会环境，迎来了许多新问题，其生存环境更加艰难，导致预期的经营发展目标难以实现。但中小企业在促进国家经济和社会发展方面扮演着重要角色，因此政府积极采取措施对中小企业的健康经营和持续发展提供支持和保护对于我国经济稳定增长至关重要。

根据评估结果，目前我国政府采购领域已经建立初步的中小企业保护机制。各地在《政府采购促进中小企业发展管理办法》的指引下，对中小企业实行预留采购份额、价格评审优惠等扶持政策。天津、厦门、深圳等城市也根据自身发展实际，在技术、证明材料、金融服务、规范性文件管理等方面对中小企业保护机制进行创新，加大了对中小企业的保护力度。例如，厦门市以减免投标保证金、履约保证金和提高预付款比例为抓手减轻企业负担，对中小企业原则上免收投标保证金、免收或减半收取履约保证金，并将预付款比例提高到 50% 以上。整体上看，我国招投标与政府采购领域中小企业保护机制初步建成，处于不断丰富与创新的过程中。

3. 各地已经搭建政府采购电子门户网站

随着数字经济的迅速发展，政府采购的数字化是大势所趋。政府采购数字化、平台化打破了时间和空间的限制，有效降低了交易门槛及成本，提高了交易效率和便利度，为政府采购各主体提供了更为高效便捷的交易服务。2013 年，国家发展改革委、工业和信息化部、监察部、住房和城乡建设部、交通运输部、铁道部、水利部、商务部联合制定了《电子招标投标办法》，强调促进电子招标投标发展。2020 年，财政部印发《关于疫情防控期间开展政府采购活动有关事项的通知》，明确在疫情期间应尽量通过电子化方式实施采购。

被评估的 36 个城市均已搭建政府采购电子门户网站，包括电子卖场系统和电子交易系统，网站板块较为明晰，且均设置了意见反馈渠道，实现招投标全流程电子化，大大降低企业交易成本。部分城市已经实现政府采购活动全流程网上办理、电子卖场供应商零门槛入驻、政府采购项目资金支付实时查询，为政府采购主体提供数字化服务。

4. 政府采购公开透明度进一步提高

公开透明是最好的防腐剂。由此，公开透明度对于保证政府采购公平性，推动营商环境持续优化的重要性不言而喻。根据评估结果，目前我国政府采购领域信息公开范围不断扩大，政府采购公开透明度进一步提高。在财政部《关于促进政府采购公平竞争优化营商环境的通知》的指引下，中国政府采购网及地方分网等政府采购信息发布平台能够提供便捷、免费的在线检索服务，向市场主体无偿提供所有依法公开的政府采购信息。

被评估的 36 个城市均在相关规范性文件中明确规定提高政府采购公开透明度，有效加强改进社会监督，提升政府公信力，如天津市明确公开透明是政府采购的基本原则。部分城市如广州、杭州、宁波、海口等设立政府采购质疑公开制度，其中杭州、海口等城市建立质疑答复公开机制，广泛接受社会监督。

（二）存在的问题

1. 中小企业保护政策未能有效落实

随着经济社会的飞速发展，中小企业扮演着越来越重要的角色，而有力的政策支持和良好的市场环境，是中小企业健康稳定发展的保障和关键。中小企业的特性决定了其在风险防范及应对、管理机制、生产规模、产品质量等方面存在一定短板，因此其在参与政府采购活动的过程中面临诸多挑战。[①] 政府采购活动中大多数招标会在资格资质、规模业绩、产品市场份额、技术指标等方面加以限制，对中小企业参与招标提出了高要求。

《政府采购促进中小企业发展管理办法》是从全国角度对招投标与政府采购领域的中小企业保护进行指引，但其规定有待进一步细化落实。在评估过程中，尽管天津、厦门、深圳等城市推出了创新的中小企业保护措施，但采取这些措施的城市数量仍然较少。部分城市的中小企业保护机制停留在对部门规章进行转发的水平上，份额预留、价格优惠等可以进行技术性改进的措施未能及时普及到各城市的电子交易及服务平台，金融支持停留于政策规定而缺乏实际执行。整体上看，各城市中小企业保护机制的建设程度差距较大，创新的中小企业保护措施需要得到推广，以进一步提高我国招投标与政府采购领域中小企业保护水平。

2. 全过程信息公开机制尚未全面普及

政府采购全过程信息公开的意义主要在于如下四个方面：其一，向公民提供获取政府信息的渠道，保障公民的知情权；其二，有助于社会监督政府采购各主体的活动，营造公平、公正、公开的市场环境，促进市场良性竞争；其三，将政府采购活动置于阳光下，将政府行为的信息公开，推动阳光型政府建设；其四，提高政府采购的公开透明度，促进政府采购活动有序、高质量发展。

根据评估结果，被评估的 36 个城市中，仅有部分城市建立了全过程信息公开机制，这说明部分城市的政府采购领域公开透明度还需进一步提升，全过程信息公开机制有待进一步推行。大部分城市的信息公开范围局限于采购公告和中标信息，其他履约过程信息等的缺失不利于社会公众对政府采购活动的知情和监督。因此应加快全过程信息公开机制的普及，[②]

---

① 熊飞：《浅论如何在政府采购活动中扶持中小企业发展》，《全国流通经济》2021 年第 25 期。

② 徐诗锦：《政府采购中信息公开范围的限制——由个案分析中得到的启示》，《管理观察》2018 年第 16 期。

让信息公开透明，采购活动全程留痕，打造透明采购，不断优化政府采购营商环境。

（三）改进的建议

1. 推广创新措施，促进中小企业保护机制落实

各城市加强城市间交流，促进创新性中小企业保护机制的推广。推广优秀措施，是评价体系“以评促建”功能发挥的体现。各城市应依据《政府采购促进中小企业发展管理办法》，结合城市实际状况，积极学习先进经验，做好执行落实工作。各城市需及时响应国家和省级有关保护政策，从当地招投标与政府采购的现状以及中小企业面临的难题出发，对有关中小企业保护的内容进行细化、强化和落实，使得份额预留、价格评审优惠、金融支持等中小企业保护政策能够落到实处，让中小企业真正受益。

中小企业保护的创新措施可以从以下四方面着手。其一，将关于中小企业保护机制的规定嵌入各城市的电子交易及服务平台，从而加强数字政府建设。其二，各地督促清理有关招投标与政府采购的法规与政策性文件，采用负面清单等方式重点审查可能限制中小企业权利的规定，防止对中小企业实行差别待遇或歧视待遇。其三，根据监管实际需要精简事前审批所需的程序和材料，减轻中小企业参与招投标与政府采购的负担。其四，吸收其他城市的成功经验，多方调研，推出适合自己城市发展的中小企业金融支持政策措施。

2. 完善信息公开制度规范，加快推行政府采购全过程信息公开

各地政府要加强政府采购信息公开机制建设，积极探索改进方式，出台相关制度文件，推出改革举措，加强对其他先进城市政府采购信息公开制度构建经验的学习，积极落实相关制度安排，结合本地区的实际情况，制定部门采购信息管理制度，强化发布责任，推动采购信息公开迈上新台阶。

同时，也应该注重采购绩效，推动放管结合，改进监管方式，进而转向采购结果管理。《政府采购法》作为政府采购工作顶层设计，仅仅对该领域信息公开作了基本的解释，未有明确具体的相关规定。因此在构建地方信息

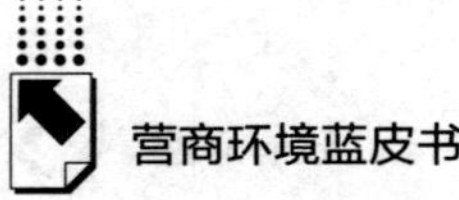

公开制度时，需要从更高层面对公开范围、渠道和监管等内容进行约束，建立健全责任明确的工作机制、简便顺畅的操作流程和集中统一的发布渠道，确保政府采购信息发布的及时、完整、准确。例如，宁波市明确要求财政部门将政府采购项目全流程信息公开纳入动态监管范围，督促辖区内所有政府采购信息集中、统一在宁波政府采购网发布，并将信息公开情况作为对集中采购机构考核和对采购单位、社会代理机构监督检查的重点内容，针对对政府采购信息公开要求落实不到位的及时督促整改。

B.7

科技创新与知识产权保护

徐博文　肖卓飏*

摘　要： 创新是引领发展的第一动力，保护知识产权就是保护创新，评估营商环境建设中知识产权保护和科技创新的重要性，既有对市场主体感知度的测评，也包含对科技创新相关政策和政府提供服务的测评。目前各地科技创新政策与审查机制基本受到市场主体认同，相关法律法规体系进一步完善，知识产权信息公共服务系统化、集成化、精准化水平提高。但仍然存在科技创新政策框架缺乏系统性和完整性，知识产权多元纠纷解决机制发展不均衡等问题。需进一步完善科技创新政策体系，推动科技创新政策协同实施，发展知识产权行政裁决，构建多元化纠纷解决衔接机制。

关键词： 多元纠纷解决　科技创新政策　知识产权保护　审查机制　商标注册　专利申请

一　评估指标构成

本项评估中“科技创新与知识产权保护”一级指标之下设置两项二级指标，分别是“知识产权保护”和“科技创新保护”。

五项三级指标包括“商标注册便利化及专利申请便利化”“知识产权

* 徐博文，对外经济贸易大学法学院2023级博士研究生，研究方向为行政法学、行政诉讼法学；肖卓飏，对外经济贸易大学法学院2023级硕士研究生，研究方向为行政法学、行政诉讼法学、国际法。

线上维权援助服务”“多元纠纷解决”“科技创新政策”“审查机制”，分别从市场主体满意度、知识产权保护、政策、服务、城市科技创新发展水平角度反映被评估城市在本次评估期间的科技创新和知识产权保护水平（见表1）。

表1 “科技创新与知识产权保护”指标构成

一级指标	二级指标	三级指标
科技创新与知识产权保护(3分)	知识产权保护(2分)	商标注册便利化及专利申请便利化(观测指标)
		知识产权线上维权援助服务(1分)
		多元纠纷解决(1分)
	科技创新保护(1分)	科技创新政策(0.5分)
		审查机制(0.5分)

二 设置依据、评估标准及评估分析

本报告指标主要依据《优化营商环境条例》设计，对其中有关科技创新与知识产权保护的条文内容进行了汇总，并将这些内容转化为指标进行评估。本报告指标的确定充分考虑了营商环境建设中知识产权保护和科技创新的重要性，既有对市场主体感知度的测评，也包含对科技创新相关政策和政府提供服务的评估，指标整体设计较为全面。

在评估中，评估小组的材料与数据来源主要是被评估城市的政府及其有关部门门户网站、数字政务服务 App、网络搜索引擎、新闻媒体、评估小组设计的调查问卷等，检索时间截止到 2023 年 11 月 17 日。调查问卷的评估周期为 2022 年 8 月至 2023 年 8 月。通过相关方式未能检索到相关内容的，则视为未落实该项工作或服务；可检索到但不属于有效信息的，如在网站评估中不可直接获取有关信息的“僵尸网页”及无效数据，仍视为未落实该项工作或服务。

（一）商标注册便利化及专利申请便利化（不赋分）

【设置依据】

商标注册和专利申请是知识产权保护的起点。《优化营商环境条例》第15条第2款明确规定："国家持续深化商标注册、专利申请便利化改革，提高商标注册、专利申请审查效率。"该指标旨在评估我国商标注册及专利申请便利化改革的市场主体满意度。

【评估方法】

主观问卷。因为商标注册和专利申请都由国家知识产权局管理，且相关规则是由法律统一规定的，所以主要从企业实际感受度方面收集评估数据。问卷题目1询问企业是否了解关于商标注册、专利申请便利化改革的政策，官方是否对相关政策进行精准推送。问卷题目2采用五级量表的方式，收集不同企业对当地政府在商标注册、专利申请便利化改革中审查周期和相关服务的感知度。

【评分标准】

分别计算两个问卷中获取的企业对36个城市商标注册便利化、专利申请便利化相关政策的了解程度、审查周期满意度和相关服务感知度的平均分。本项指标为方便与其他评估指标横向对比，特将五级量表的满分5分折合为1分，所有算术平均分保留两位小数。由于并未收集到全部36个测评城市的问卷，不同城市间问卷回收数量有一定差距，因此本项指标在本年度仅作为观测指标。①

【评估分析】

在本项评估中，该指标的平均得分为0.84分，本次测评成功回收25个城市的问卷，高于平均得分的共有12个城市，占比为48%（见表2）。

① 部分城市如广州、杭州、南京仅回收一份主观问卷，评分具有较强的波动性，故本项指标仅作为观测指标。

表 2 “商标注册便利化及专利申请便利化”得分分布

得分(分)	1	0.9~1	0.8~0.9	0.7~0.8	0.6~0.7
城市(个)	4	2	14	3	2

综合25个城市的数据，市场主体对审查周期的评分平均是4.15分（2022年平均分为3.74分），对相关服务的评分平均是4.25分（2022年平均分为3.77分）。从平均分看，我国的知识产权保护便利化程度相比2022年有明显的提升，其中政策推送活动进行得较好，审查周期改革满意度相对较低。

（二）知识产权线上维权援助服务（1分）

【设置依据】

《优化营商环境条例》第15条第1款明确规定要健全“知识产权维权援助机制，加大对知识产权的保护力度”。知识产权维权援助机制的建设有利于加大对我国数字经济创新成果的保护力度。目前36个被评估城市均建立了维权援助中心，维权援助机制集中体现在维权援助服务上。有鉴于数字经济营商环境评估主要针对我国数字经济发展及数字政府建设情况，故本指标重点评估我国知识产权领域维权援助服务的提供情况，评估以线上维权援助服务为主。

【评估方法】

网络检索。检索被评估城市政府门户网站以及相关部门网站，查找是否提供线上维权援助服务，并根据服务的完善度、清晰度进行差异化的评分，同时参考线下维权援助服务的建设情况并将其作为评分依据的补充。截止时间为2023年7月31日。

【评分标准】

满分为1分。基础分为0.5分，能检索到线上维权援助服务的得0.5分；亮点分为0.5分，亮点分主要依据知识产权线上维权援助服务检索的难度、服务的完善程度以及线下维权服务建设情况进行给分。

【评估分析】

本项指标的平均得分为0.364分。从平均分上看，我国知识产权线上维权援助服务的建设情况较差，高于平均得分的共19个城市，占比为52.78%，包括上海、宁波、深圳等城市。重庆和北京获得了最高分0.9分。低于平均得分的共17个城市，占比为47.22%，包括南昌、郑州、海口等城市。银川由于检索不到知识产权线上维权援助服务相关信息，记0分。有10个城市由于检索不到维权援助服务，仅得0.1分（见表3）。

表3 “知识产权线上维权援助服务”得分分布

得分(分)	0.9	0.8	0.7	0.6	0.5	0.4	0.3	0.2	0.1	0
城市(个)	2	1	2	3	4	7	3	3	10	1

【良好实践】

以知识产权维权的线上服务为评估要点，发现各城市得分情况不太乐观，说明目前很多城市在知识产权维权方面还存在不足。对于官方提供的知识产权维权服务，无法直接从搜索引擎获得可靠的信息，也难以快速寻找到官方的指引信息。

表4反映了在本次评估过程中，部分城市知识产权线上维权援助服务的建设情况。从整体来看，大多数城市倾向于采用政务服务的方式提供知识产权在线维权援助服务。

表4 部分城市知识产权线上维权援助服务的建设情况

类型	区域	网站	网址	备注
独立网页	全国	中国知识产权维权援助网	http://www.ipwq.cn/index.html	可在网页上进行在线维权援助申请。哈尔滨、西安、合肥的知识产权维权援助网站直接跳转到该网页

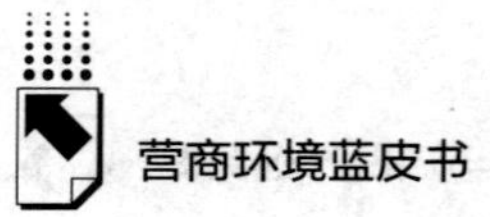

续表

类型	区域	网站	网址	备注
知识产权服务平台	北京	北京知识产权保护中心	http://www. bjippc. cn/	登录后进行知识产权维权、纠纷调解、侵权判定
	重庆	重庆市知识产权公共服务平台	https://www. p_tentcloud. net/sydh/fwzx/tszq/wqyz/xgzc/	可在网页提交咨询信息
	宁波、杭州	浙江知识产权在线	https://zscqyjs. zj_mr. zj. gov. cn/_pi/othing/cms/zxbh. html	登录后申请知识产权纠纷援助
	沈阳	沈阳市知识产权保护中心	https://www. syippc. cn/	点击首页的“公共服务”，自动跳转至国家知识产权公共服务网
政府企业服务	上海	上海市企业服务云	http://www. ssme. sh. gov. cn/public/search! productList. do	免费的知识产权海外维权服务
政务服务	北京	北京市知识产权局	http://zscqj. beijing. gov. cn/zsc. qj/ztzl/zscqggfwzl/ggfwsx/zsc.qwqyz/index. html	可选择国内、国外知识产权维权援助，选择后跳转至北京市人民政府网站，登录后进行在线办理
	杭州滨江区	浙江省人民政府	https://www. zjzwfw. gov. cn/zjservice/item/det _il/index. do?lo. c_lInnerCode=ee8bb1df. 0c36. 401f. 89f2. _b36367de1cd	登录后进行在线办理
	深圳	广东省人民政府	https://www. gdzwfw. gov. cn/por. t_l/v2/guide/11440300MB2C927392344212517300l	登录后进行在线办理，可选择国内、国外知识产权维权援助
	济南	济南市人民政府	http://www. jinan. gov. cn/	检索“知识产权维权”，选择管辖区市场监督管理局，登录后进行服务申报
	武汉	湖北政务服务网	http://zwfw. hubei. gov. cn/webview/bszn/search/search. html? Keyword =% E7% 9F% A5% E8% AF% 86% E4% BA% A7% E6% 9D% 83% E7% BB% B4%E6%9D%83&p_region_code = 420000000000&curText =% E6% B9% 96% E5% 8C% 97% E7%9C%81	检索“知识产权维权”，选择管辖区市场监督管理局，登录后进行服务申报

续表

类型	区域	网站	网址	备注
政务服务	广州	广东省人民政府	https://www.gdzwfw.gov.cn/por.tl/v2/guide/11440100MB2C91891K3442125239002	登录后进行在线办理
	长沙	长沙市人民政府	http://searching.hunan.gov.cn/hunan/971101000/fuwu?q=%E7%9F%A5%E8%AF%86%E4%BA%A7%E6%9D%83%E7%BB%B4%E6%9D%83	检索"知识产权维权",选择对应地域的服务,登录后进行在线办理

重庆对知识产权维权援助机制的建设成效明显，在线上服务方面，重庆在线服务网页的维权援助专区具有相关政策汇总、案例动态、留言咨询、维权援助办理引导等丰富功能，能够较好地解答企业关于知识产权维权援助的问题。重庆市检察院还开发了“知识产权掌上服务平台”，面向当地 51 家知识产权保护联系点企业，提供维权咨询、预约体检、典型案例、法律法规和政策查询等 10 项服务。而在具体的措施上，上海的亮点在于在上海市企业服务云上提供免费的国际贸易知识产权维权咨询服务。杭州余杭区的知识产权维权可以获得政府 50%的费用资助，这也是值得关注和推广的知识产权维权援助政策。青岛的政民沟通网页设置了政民沟通分页，公布了政府对公民提问的答复。从该网页过往的回应中可以看出，青岛市政府对相关问题的答复较为及时，内容相关性也较高，公布答复的内容也有助于其他维权人了解类似问题的处理方式。大连市知识产权服务平台的亮点在于知识产权典型案例更新较为及时，典型案例数量丰富，并且设有“案件评析”板块，提供专业的案件解读。西安市在“海外维权”模块设有“海外指南”“海外案例”“实时资讯”，根据知识产权的类型列举了不同知识产权维权组织的保护内容和联系方式，内容更新及时。

本次评估发现，在上次测评中对网站和线上服务维护不到位的一些城市，在本次测评中均有进步，整体分数呈上升趋势。

（三）多元纠纷解决（1分）

【设置依据】

《优化营商环境条例》第 15 条第 1 款明确规定要“健全知识产权纠纷多元化解决机制”。知识产权多元纠纷解决机制的健全要求建立有机衔接、协调联动、高效便捷的知识产权纠纷解决联动机制，有利于分散知识产权纠纷解决的司法压力，缩短知识产权纠纷的处理时间以及权利人的维权周期，提高纠纷解决的效率与质量，构建起知识产权大保护、同保护、快保护的新格局。该指标旨在评估我国知识产权多元纠纷解决机制的建设情况。该指标与世界银行营商环境评估项目 B-READY 中“争议解决”（Dispute Resolution）指标下，解决商业纠纷的监管质量中提及的“管理替代争议解决机制”有一定关联，但本指标主要评估知识产权保护领域多元纠纷解决机制的建设情况，属于事实上的指标。

【评估方法】

网络评估。检索被评估城市政府门户网站以及相关部门网站，查找是否提供知识产权行政裁决、调解、仲裁、诉调对接等线上维权援助服务，包括多元纠纷解决渠道、线上服务、帮助、引导等，并根据服务的完善度、是否提供一站式服务等具体建设情况进行差异化评分。时间截止到 2023 年 10 月 2 日。

【评分标准】

满分为 1 分。被评估城市有知识产权行政裁决、调解、仲裁、诉调对接服务，每项 0.2 分；无相关服务则不给分；相关服务不健全仅给 0.1 分。亮点分为 0.2 分，主要是指其他多元纠纷解决方式或衔接机制建设，比如一站式服务、“云解纷”平台、工作方法创新等均视为创新亮点，每项亮点给 0.1 分。

【评估分析】

该指标的平均得分为 0.789 分。高于平均得分的共 25 个城市，占比为 69.44%。北京、上海、宁波等 7 个城市获得满分。36 个城市在“多元纠纷解决”指标上整体得分较高。低于平均得分的共 11 个城市，占比为 30.56%。因缺乏知识产权行政裁决和诉调对接相关的信息，郑州仅得 0.3 分（见表 5）。

表 5 “多元纠纷解决”得分分布

得分(分)	1.0	0.9	0.8	0.7	0.6	0.5	0.3
城市(个)	7	8	10	2	5	3	1

低于平均分的城市的失分原因主要在于从公开网站难以检索到知识产权行政裁决或诉调对接的信息。本次评估对这两者的给分已经相对放宽，比如关于知识产权行政裁决，可以检索到相关的工作规则或行政裁决案件公开信息等宽泛信息的，都会给该城市加分，但就部分城市还是无法检索到相关信息。知识产权行政裁决作为一种纠纷解决方式需要得到重视和推广，而诉调对接机制作为多元纠纷解决措施的衔接机制，能够更好地促进纠纷的化解，也需要得到完善。

【良好实践】

在本指标评估过程中主要发现以下两大亮点。一是越来越多的城市开始提供多元化知识产权纠纷解决线上服务。比如杭州首创的在线调解平台、上海的诉调对接全程网上办、哈尔滨的在线诉调对接机制、天津的专利纠纷裁决在线办理、长沙的人民法院调解平台 App 等，知识产权纠纷解决的线上服务种类逐步齐全。但这些服务暂时停留在创新阶段，没有得到大面积的推广应用。二是增强了对知识产权行政裁决新方式的探索，行政裁决在知识产权多元纠纷解决领域逐步受到重视。对此，国家知识产权局和司法部办公厅整理了相关地区的建设经验并向全国推介。比如，北京在专利侵权纠纷行政裁决中创新了“联合口审”机制，将受理的行政裁决案件和针对该涉案专利向国家知识产权局提起的专利权无效案件在同一时间、同一地点联合进行审理，实现了专利行政裁决与确权程序的联动，提高了专利纠纷的解决效率。

北京市 2023 年 7 月下发《北京市贯彻落实加快建设全国统一大市场意见的实施方案》，提出“严格落实产权保护制度。健全行政执法与刑事司法双向衔接机制，研究制定加强行政执法与刑事司法衔接工作意见，推进产权保护法治化规范化”。

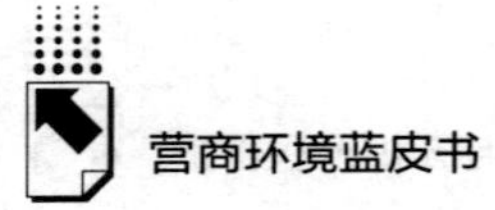

（四）科技创新政策（0.5分）

【设置依据】

加强知识产权保护是完善产权保护制度最重要的内容，是塑造良好营商环境的重要方面，也是提高中国经济竞争力最大的激励。原有的科技创新资源配置方式、组织方式已经不能充分适应高质量发展的需要，不能适应激烈而持续的国际竞争合作，必须按照高质量发展的要求完善科技创新体系，才能满足现代化建设的发展需求。这不仅体现在国家整体层面，在各个地方层面，这类问题可能会更突出。政策体系完备、配套保障完善、政策实施有效的科技创新政策能够为企业科技创新提供支持，激发全社会的创新创造活力，有利于营商环境的优化。2023 年是全面贯彻落实党的二十大精神的开局之年，是实施“十四五”规划承上启下的关键一年，《“十四五”数字经济发展规划》指出“关键领域创新能力不足”是我国数字经济发展面临的问题。2023 年 7 月发布的《中共中央　国务院关于促进民营经济发展壮大的意见》提出支持提升科技创新能力，加快推动数字化转型和技术改造。科技创新政策是政府营造创新环境、引导科技创新的主要手段。本指标旨在评估被评估城市的科技创新政策体系完备性、配套保障完善性以及政策实施的有效性，以此来考察各城市的科技创新政策情况。

【评估方法】

问卷调查以及对被评估城市的相关网站、网络公开搜索引擎进行检索以作辅证。市场主体对注册地城市的科技创新政策有着最直接的感知，问卷设置五档量表，测评市场主体对注册地城市科技创新政策体系完备性、配套保障完善性以及政策实施有效性的感知度。问卷部分涉及市场主体主观感受，相比客观评估的数据具有主观随意性。调查问卷收集时间为 2023 年 9 月 18 日至 2023 年 10 月 9 日。

【评估分析】

在本次评估中，企业对当地科技创新政策了解的比例为 74.3%，包含非常了解的比例为 37.99%，大概了解的比例为 36.31%；不是很了解的比例为 21.23%，完全不了解的比例为 4.47%。其中通过政府渠道，即通过政府对政策的精准推送形式了解的比例为 89.85%。以上说明了解的企业是较多的，大部分企业是通过政府推送的方式来了解当地的科技创新政策。

从主观问卷原始的 5 分满分来看，企业对当地政府实行的科技创新政策满意度平均分在 4.3 分，高于平均分的城市占比为 52.2%，包括大连、长春、青岛、济南等；低于平均得分的城市占比为 47.8%，包括西安、呼和浩特、贵阳等。企业对当地政府实行的科技创新配套设施保障满意度的平均分为 4.32 分，高于平均分的城市占比为 47.8%，低于平均分的城市所占比例为 52.2%。

综合收集到的城市的数据，发现市场主体对所在地城市的科技创新政策满意的为多数，但还有提升空间，市场主体对所在地城市的科技创新配套设施保障满意的并没有占到多数，说明其所在地城市的科技创新配套设施还有进步的空间。地方政府在科技政策的配套保障上是有欠缺的，没有做到政策落实的针对性、精准性和有效性，在政策的支持对象上没有聚焦产业链和创新链中相对薄弱的核心环节，同时缺乏配套的实施方案。

【良好实践】

沈阳市出台了 22 个科技创新政策配套实施细则。合肥市发布《2023 年合肥市科技创新产业政策实施细则》，针对研发机构建设、研发投入、科技成果转化等创新发展的关键环节，提供了一系列真金白银的政策支持。① 厦门市以“慧企云”平台为基础，建设全市统一的惠企政策信息互联网发布平台，建立惠企政策一站发布、精准推送、便捷兑现机制。同时应用大数据综合分析，提供各级政府惠企政策的查询、匹配、推送服务，实现从“企业找政策”向“政策找企业”转变。厦门市各区建立一站式企业综合服务平台，实现涉企政策兑现、政企互动沟通、企业诉求跟踪督办等。② 乌鲁木齐市制定出台了系列支持科技创

① 《〈2023 年合肥市科技创新产业政策实施细则〉发布》，中国网，http：//union. china. com. cn/zhuanti/txt/2023-08/29/content_42500969. html，最后访问日期：2024 年 5 月 1 日。

② 《〈厦门市再创营商环境新优势 助力企业高质量发展行动方案〉政策解读》，厦门市政府官网，https：//www. xm. gov. cn/jdhy/wjjd/wzjd/202306/t20230621_2769596. htm，最后访问日期：2023 年 8 月 30 日。

新的政策，创新之处在于其持续推进“1+4+N”跨区域协同创新合作机制，吸引北京、上海、重庆、深圳等14个城市加入跨区域协同创新体系，加强科技合作与交流。①

以上说明，厦门、乌鲁木齐等市政府在提高政策的针对性、精准性、有效性上下功夫，推动跨区域协同创新，出台相应配套实施方案，确保有限的公共资源能够转化为更加强大的助力。在支持范围上，更注重提高政策支持的普惠性、公平性和一致性，同时以数字化公共服务平台为依托，做到科学决策、精准施策和动态调整，最大程度提升了政策的效能。

（五）审查机制（0.5分）

【设置依据】

建立公平、高效、透明、规范的审查机制对科技创新具有促进作用。《优化营商环境条例》第15条规定，国家持续深化商标注册、专利申请便利化改革，提高商标注册、专利申请审查效率。《国务院关于新形势下加快知识产权强国建设的若干意见》规定：“完善知识产权审查和注册机制。建立计算机软件著作权快速登记通道。优化专利和商标的审查流程与方式，实现知识产权在线登记、电子申请和无纸化审批。”其对如何完善知识产权审查、注册机制，作出了全面部署，规定了协调知识产权审查相关各方关系的方式和机制，使知识产权审查得以有效推进，是实现知识产权审查机制有效性的基本保证。本指标通过考察被评估城市在知识产权技术审查的流程精简性、行业标准的透明度和第三方机构的规范性三方面的表现来评估其审查制度。

【评估方法】

问卷调查以及对被评估城市的相关网站、网络公开搜索引擎进行检索以作辅证。问卷部分涉及市场主体主观感受，相比客观评估的数据具有主观随意性。调查问卷收集时间为2023年9月18日至2023年10月9日。

---

① 《市科技局与十二师科技局签订协同创新合作协议　推动科技创新促进兵地融合发展》，乌鲁木齐市政府官网，http：//www.urumqi.gov.cn/fjbm/kjj/tzgg/484736.htm，最后访问日期：2023年8月24日。

【评估分析】

从主观问卷原始的5分满分来看，企业对当地政府实行的各项科技创新机制的满意度平均分为4.32分，得分高于平均分的城市占比为52.2%，包括宁波、长春、广州等地，得分低于平均分的城市占比为47.8%，包括太原、拉萨、沈阳、兰州等。综合收集到的城市的数据，发现知识产权技术审查的流程精简性、行业标准的透明度以及第三方机构的规范性仍有提升的空间。例如，较多城市都在优化专利和商标的审查流程与方式，实现了知识产权在线登记、电子申请和无纸化审批。除法律法规另有规定或依法需要保密的事项外，各级各部门的政务服务事项全部入驻省网上办事大厅，实现100%网上可办，推广“一证通办”“无感通办”。[①] 有些城市在技术审查的流程上未做精简，如太原市、兰州市等缺乏计算机软件著作权快速登记通道，没有建立重点优势产业专利申请的集中审查制度，没能健全涉及产业安全的专利审查工作机制。因此，健全知识产权保护治理体系仍需健全知识产权保护的制度体系，要提升审查质量和效率，提升知识产权授权的及时性和权利的稳定性，夯实知识产权保护的源头基础。

三　评估结论和建议

（一）取得的成就

1. 科技创新政策与审查机制受到市场主体认同

“创新是引领发展的第一动力，保护知识产权就是保护创新。”[②] 政府不是科技创新的主体，也不是解决重大关键核心技术问题的主体，政府要做的

---

① 《〈厦门市全面提升营商环境数字化便利化水平　培育和激发市场主体活力行动方案〉政策解读》，厦门市政府官网，https：//www.xm.gov.cn/jdhy/wjjd/wzjd/202206/t20220615_2667681.htm，最后访问日期：2023年8月24日。

② 习近平：《全面加强知识产权保护工作 激发创新活力推动构建新发展格局》，求是网，http：//www.qstheory.cn/dukan/qs/2021-01/31/c_1127044345.htm，最后访问日期：2023年8月24日。

工作是为大学、科研院所、企业等科技创新主体提供条件、提供环境、提出问题。近年来，我国不断出台措施提高科技创新和知识产权领域的公共服务效能，通过放管服改革不断提高科技创新政策的支持力度与服务质量，提高知识产权审查质量和效率。[①] 科技创新与知识产权保护这一一级指标下共设有3个以市场主体满意度为评分标准的主观指标，对上述改革成果进行了评估。这三大指标分别评估了各地市场主体对注册地政府商标注册便利化及专利申请便利化的满意度，市场主体对科技创新政策体系完备性、配套保障完善性以及政策实施有效性的满意度，以及市场主体对知识产权技术审查的流程精简性、行业标准的透明度和第三方机构的规范性的满意度。从市场主体对所在地的评分可知，整体上市场主体对政府提供的科技创新与知识产权保护相关的服务较为满意，相关改革取得群众的初步认可。

2. 法律法规体系进一步完善

2023年1月1日起，浙江、湖南、河北陆续正式实施本省的知识产权保护和促进条例，这些条例规定了建立知识产权公共服务体系、知识产权服务业发展、专利导航、分析评议、志愿服务、培训教育等内容，反映地方坚持问题导向和需求导向，联系地方实际，贯彻落实《中共中央办公厅、国务院办公厅关于强化知识产权保护的意见》，完善知识产权保护体系，把知识产权保护深度融入激励创新全过程，健全完善制度设计。相关法律法规的健全，进一步明确了各级政府及有关部门推动知识产权工作的职责。

3. 知识产权信息公共服务系统化、集成化、精准化水平进一步提高

《知识产权公共服务"十四五"规划》提出，加强公共服务骨干节点建设，充分发挥省级知识产权公共服务机构的辐射带动作用和地市级知识产权公共服务机构的基础支撑作用。为实现知识产权公共服务资源共享，长三角三省一市知识产权局成立工作专班，牵头推进"共推长三角知识产权公共服务一体化"任务，持续优化迭代长三角知识产权信息公共服务平台，充

① 《国务院新闻办就2021年中国知识产权发展状况举行发布会》，中华人民共和国中央人民政府网站，http://www.gov.cn/xinwen/2022-04/24/content_5686971.htm，最后访问日期：2023年8月24日。

分整合三省一市知识产权优势公共信息资源和服务资源，提供系统化、集成化、精准化的知识产权信息公共服务，实现跨地区、跨部门、跨层级数据共享和业务协同。

（二）存在的问题

1. 科技创新政策框架的系统性、完整性和实施工作仍待提升

科技创新政策框架缺乏系统性和完整性。一是科技创新政策出台的连续性不强。一些政策不适应当前的经济社会发展形势。同时，政策出台时断时续，可持续性不够。二是政策之间缺乏有机的衔接和配合。例如《促进科技成果转化法》于 2015 年修订，相应的《上海市促进科技成果转化条例》2017 年才出台。三是法律、行政法规、部门规章、地方性法规、地方政府规章、规范性文件等数量众多的科技创新政策的出台使得各政策之间不免产生文本冲突等。

科技创新政策在实施上同样存在问题。一是科技创新政策在多个部门的相互协调、相互配合上存在随意性。本次测评发现，尽管有些地区有由分管领导牵头、众多单位参加的联席会议制度，但联席会议的召开并没有形成制度化的安排，而是根据实际工作需要适时召开，对于这些联席会议单位是否进行了相应的政策行动则没有相应的责任规定，这就使得政策的实施力度大打折扣。二是科技创新政策执行缺乏一个强有力的保障机制。缺乏明晰的行政首长负责制、社会监督机制，尤其是政策落实的区县政府在对落实科技创新政策如何具体评估、如何监督考评、如何强化责任等方面缺乏强有力的保障机制，使得部署有流于形式之嫌。[①] 三是各省市的部分政策涉及面较广、协调难度较大，部分单位和人员的意识观念尚未转变，导致省市内某些地区政策执行情况较好，某些地区政策执行力度较弱。

2. 知识产权审查机制仍不够完善

知识产权保护是塑造良好营商环境的重要方面，知识产权审查制度作为

① 彭辉：《基于内容分析法的上海市科技创新政策文本分析》，《大连理工大学学报》（社会科学版）2017 年第 1 期。

知识产权市场行为的“守门人”，一方面需要快速回应市场主体的创新性需求，另一方面需要遏制低质量知识产权产生与非创新恶性竞争环境形成。① 通过问卷调查，发现市场主体对所在地城市在知识产权技术审查流程精简性方面满意度不够，需要进一步优化。一些城市在推进知识产权申请便利化、全门类知识产权服务流程、专利审查效率方面存在不足，在助力创新主体成长，培育国家知识产权示范企业、知识产权优势企业，形成一批拥有自主知识产权、核心技术和市场竞争力的龙头企业上做得不够到位。健全知识产权保护治理体系仍需健全知识产权保护的制度体系、案件技术事实查明和纠纷处理机制、仲裁机制，推进知识产权保护机构设立，多措并举营造优质创新环境。

3. 知识产权多元纠纷解决机制发展不均衡

知识产权纠纷的多元化解决机制已初步形成，包括协商、调解、行政裁决、司法判决、仲裁五种纠纷解决方式。虽然被评估的城市均提供多样化的知识产权纠纷解决渠道，但不同的纠纷解决方式发展程度不一，其中比较容易受到忽视的就是知识产权行政裁决、仲裁的使用以及各种纠纷解决方式衔接机制的建设。正因为五种纠纷解决方式的发展与运用极不平衡，当事人在解决知识产权纠纷时多选用司法诉讼，而诉讼程序较复杂、周期长、成本高，作为纠纷解决者的法官大多缺少相关的专业技术知识，难以适应知识产权本身具有的时效性、专业性特点，司法诉讼程序的强对抗性和非此即彼的判决也极易使纠纷当事人间产生强烈的对立情绪，损害原有的合作伙伴关系或无法建立双赢的知识产权有效利用关系。②

特别应注重以下三个方面的问题。一是在立法和实践中明确知识产权纠纷的可仲裁性，即明确哪些知识产权纠纷可仲裁，哪些不可仲裁。二是知识产权行政裁决是解决知识产权纠纷、落实知识产权行政保护、优化创

① 张惠彬、王怀宾：《人工智能驱动知识产权审查变革：技术逻辑、价值准则与决策问责》，《科技与法律》2021 年第 4 期。

② 颜潘：《论重构我国多元、高效的知识产权纠纷解决机制》，《多维视点》2009 年第 2 期。

新环境和营商环境的重要手段，具有效率高、成本低、专业性强、程序简便等特点，有利于提高知识产权纠纷解决的效率。《“十四五”国家知识产权保护和运用规划》要求“健全知识产权侵权纠纷行政裁决制度”，但知识产权行政裁决制度建设不完善恰恰是一些被评估城市失分的原因。三是必须使各种纠纷解决方式相互协调、良性互动，充分发挥各自优势。

（三）改进的建议

1. 完善科技创新政策体系，推动科技创新政策协同实施

一是积极开展政策监督评估。针对政策制定实施的不同阶段组织相关部门对已颁布或即将颁布的创新政策开展事前、事中、事后评估工作，准确把握政策进展，把脉存在问题。密切结合当前科技创新工作的实际，及时调整现有科技法规政策的相关条文，提高政策的针对性，有效指导各地落实好创新驱动发展相关政策，切实发挥政策效力。[①] 二是强化科技创新政策地方立法。如《广东省促进科技成果转化条例》在立法层面明确了自主创新的概念定义和逻辑框架，构建了覆盖自主创新全过程的法规体系，着力补充上位法尚未涉及的重点内容，突出地方立法的可操作性。三是科技创新政策应转变方向。从过去强调供给层面工具和环境层面工具转向以需求为主，或者至少谋求三者的协调统一。四是保证各项科技活动的顺利开展。需要细化科技创新政策目标规划的实施步骤，制定严格的实施时间表。[②] 五是要突破科技体制机制障碍。不能靠科技部门单兵突进，需要与财政、经信、发改、人力资源、编办等部门协同推进，加强各行政部门的沟通协调，加强各部门间的协商和衔接，发挥各项政策的激励和诱导功能，形成政策合力，推动科技创新可持续发展。

2. 优化知识产权审查机制

一是国家相关部门要优化专利和商标的审查流程与方式，实现知识产权

---

① 翁锦玉、李金惠：《广东近期科技创新政策法规制定实施分析及完善建议》，《科学与管理》2017 年第 2 期。

② 顾建亚：《试析地方科技立法的困境和出路——基于中小企业技术创新的视角》，《浙江科技学院学报》2015 年第 1 期。

在线登记、电子申请和无纸化审批。在知识产权强国建设过程中，上述工作流程仍需进一步优化。如专利申请、商标注册、著作权登记等流程的各个环节都在网络上进行，就需要我国相关部门共同打造一个知识产权网络，并制定相应的法律法规，以保证知识产权审查、注册和登记全部实现无纸化办公。二是完善知识产权审查协作机制，建立重点优势产业专利申请的集中审查制度。优先审查更多体现的是对审查速度的要求，在控制正常审查周期的前提下进一步压缩审批时间，而集中审查则更加注重审查标准执行的一致性和对审查质量的保障。将某一重点优势产业的一组专利申请进行集中审查，对于从源头上更好更快保护产业创新、创造具有产业竞争力的高价值专利组合具有明显优势。[①] 三是加大针对知识产权创造和转化的监管支持与资金扶持，探索开展专利权质押融资保险促进工作，推进创新主体与市场需求高效对接，全面提升各项专利拥有规模和质量，以此提升知识产权创造与转化质量。

3. 发展知识产权行政裁决，构建多元化纠纷解决衔接机制

知识产权行政裁决的发展，要注重顶层制度的完善以及具体工作的落实。目前我国出台了《重大专利侵权纠纷行政裁决办法》，为重大复杂的专利侵权案件、跨地区的专利侵权案件以及电子商务带来的大面积群体专利侵权案件的协调处理提供了法律参考。[②] 在制度上需要完善行政裁决与知识产权司法保护的衔接制度。还需要进一步在试点实践中不断优化知识产权行政裁决的工作细则，通过培训和实践形成专业的知识产权行政裁决工作人才队伍。我国目前正在进行专利侵权纠纷行政裁决示范建设工作，在先行先试、重点突破的过程中，国家知识产权局联合司法部根据验收情况发布了13种典型经验做法，以期激励其他城市加强学习，不断加大知识产权行政裁决的

① 刘雷、韩秀成：《建立重点优势产业专利申请集中审查模式的程序设计》，《中国发明与专利》2018年第6期。

② 《国家知识产权局举行第三季度例行新闻发布会》，国务院新闻办公室，http://www.scio.gov.cn/xwfbh/gbwxwfbh/xwfbh/zscqj/Document/1710210/1710210.htm，最后访问日期：2023年8月24日。

工作力度，创新工作方法，以更好地发挥行政保护的优势。

各种纠纷解决方式衔接机制的建立和完善有利于多样化的纠纷解决方式实现有效互补，降低市场主体调整纠纷解决方式的成本，使多元化的纠纷解决方式能够得到切实充分的运用。多元化纠纷解决方式衔接机制的建设，需要明确衔接机制启动的条件和启动的时机，完善衔接机制的程序性规定。纠纷解决的相关行政机关、司法机关应加强服务，主动释明切换纠纷解决方式所需要的程序以及具有的优势，同时保障当事人自愿选择纠纷解决方式的权利，既实现纠纷解决方式的合理应用，又充分保障当事人的权益。除了目前比较受到重视的诉调衔接机制，相关部门也要加强合作，对调解仲裁衔接机制、行政执法与调解仲裁衔接机制建立的优势、可能的衔接模式展开探索，连接目前相对独立的各种纠纷解决方式，以便更加合法、高效且经济地解决知识产权纠纷，化解矛盾。

B.8

减税降费

郑雅方　蔡宇婷*

摘　要： 对于仍在不断更新发展的数字经济而言，优惠的税收政策可以帮助中小企业站稳脚跟，进行技术创新和运营模式创新。被评估城市在该指标项下整体表现良好，且较上一评估周期有进步。减税力度加大，优惠政策落到实处，企业减负实感更强，在以数字化提升便民办税环节不少城市有创新表现。但仍应注意新经济新业态对税收征管带来的挑战，应在包容审慎的同时避免税源流失、打击违法行为。行政事业性收费项目公开透明，针对违规收费问题各地开展整治行动，但常态化监督有待加强。在各地推广金融机构保函、电子保函作为保证金的基础上，表现突出的城市进一步取消政府采购项目的保证金，推行信用保函，积极响应国家倡议。

关键词： 减税降费　便民办税　保证金　保函

减税降费作为激发市场主体活力的重要先手棋，是优化营商环境的重要举措之一，对助企纾困、稳定经济运行具有重要作用。就税收指标而言，世界银行营商环境评估项目 B-READY 对比之前的 DB 项目，将纳税指标调整

---

* 郑雅方，法学博士，经济学博士后，对外经济贸易大学教授、涉外法治研究院副院长、宪法与行政法学系主任，研究方向为行政法学、行政诉讼法学；蔡宇婷，对外经济贸易大学法学院 2022 级硕士研究生，研究方向为涉外律师。

为税收指标，营商环境评价对象从企业个体纳税环境转变为整体的企业税收服务，[①] 从监管质量、公共服务和总体实施效率三个方面对该指标进行考察。我国《优化营商环境条例》也强调严格落实国家各项减税降费政策，确保减税降费政策全面、及时惠及市场主体。顺应互联网技术的发展，2021 年《关于进一步深化税收征管改革的意见》提出深化“智慧税务”建设，依托数字技术不断驱动我国的税收征管改革，全方位提高税务执法、服务、监管能力。

此外，治理整顿涉企收费是深化供给侧结构性改革、推进经济高质量发展的重大决策，也是减轻企业负担、激发市场主体活力、打造优质营商环境的重要举措。我国《优化营商环境条例》规定涉企行政事业性收费、涉企保证金应合法有据、公开透明，并推广以金融机构保函替代现金缴纳涉企保证金。

本报告结合 B-READY 项目营商环境成熟度评价体系和我国《优化营商环境条例》，以“减税降费”为主题，从减税和涉企收费方面，对被评估城市的减税降费落实、涉企不合理收费整治及涉企保证金便利化推广情况进行评估。

一　评估指标构成

“减税降费”一级指标下设两个二级指标，即“减税”及“涉企收费”；二级指标下设三个三级指标（见表 1）。

表 1　“减税降费”指标构成

一级指标	二级指标	三级指标
减税降费(3 分)	减税(1 分)	减税全面惠及市场主体(1 分)
	涉企收费(2 分)	运营环节中的不当收费(1 分)
		是否推广以金融机构保函替代现金缴纳涉企保证金(1 分)

① 赖先进：《国际营商环境评价的新变化与营商环境建设新趋势——基于世界银行新营商环境评价（B-READY）的分析》，《经济体制改革》2023 年第 4 期。

二 指标设置及评估标准

（一）减税全面惠及市场主体（1分）

【设置依据】

税收是财政收入的主要来源，是为政府运营提供资金和提供公共产品和服务的政策工具。同时，税收是一种经济杠杆，通过增税与减免税等手段来影响社会成员的经济利益，引导企业、个人的经济行为，对资源配置和社会经济发展产生影响，从而达到调控经济运行的目的。对于企业而言，税收一方面通过提供基础设施等为其成长和发展创造可行条件；另一方面，过度征税会加大企业负荷，扭曲市场，改变企业投资决策甚至会使其逃税。而复杂的纳税申报要求以及低效的流程也会给企业增加额外的合规成本。发掘纳税人面临的问题，有助于为支持企业发展的改革提供信息，同时实现国内资源调动的目标。

对于仍在不断更新发展的数字经济而言，良好的税收环境可以帮助中小企业站稳脚跟，鼓励技术创新和运营模式创新。减税降费作为优化营商环境的关键一环，落实优惠政策、推行便捷纳税流程可以有效缓解企业数字化转型初期的经营和资金压力，刺激市场经济活力，助力数字技术与生产经营深度融合。

《优化营商环境条例》第 24 条要求政府及其有关部门严格落实国家各项减税降费政策，及时研究解决政策落实中的具体问题，确保减税降费政策全面、及时惠及市场主体。同时，第 46 条规定税务机关应当精简办税资料和流程，简并申报缴税次数，公开涉税事项办理时限，压减办税时间，加大推广使用电子发票的力度，逐步实现全程网上办税，持续优化纳税服务。B-ready 项目在税收指标项下的税收公共服务方面设置了“税务管理的数字化”指标，推动电子申报和电子支付税务系统的应用；而在实施效率方面设置了“税法的时间规定”，强调电子系统应在实践中充分运用，实现高效的税务管理。

【评估方法】

检索被评估城市关于“减税降费”、便民办税的政策文件、新闻、公开信息，包括在政府官网或税务服务网查看介绍税收优惠政策的专栏、按季度或年份等公开的地区内减税降费成果、主动向企业等市场主体介绍减税降费的政策、便民办税措施的出台等。同时检索被评估城市的税务局网站、税务服务平台，调查税务服务平台建设情况、“便民办税春风行动”的落实情况。发放企业问卷，从企业主观评价角度考察被评估城市的减税降费政策落实情况。

【评分标准】

赋分值为 1。有创新、突出表现，采取各种方式主动向市场主体介绍减税降费政策、定期向社会公开减税降费成果、智慧办税程度高、企业对本地政府减税降费工作评价较高，得 1 分；尽可能落实减税降费政策、办税便利、企业对本地政府减税降费工作评价基本满意，得 0.7~0.9 分；落实了减税降费政策但信息公开、政策宣传不到位，得 0.5~0.6 分；未落实减税降费政策、企业对本地政府减税降费工作评价较低，不得分。因各被评估城市的问卷回收样本数量存在显著差异，难以保证主观评分的合理性，故本轮评估未计入主观问卷评分。

【评估分析】

本项评估指标的总体得分较高，所有城市的得分均在 0.8 分以上。得分为满分的 9 个城市为北京、上海、厦门、深圳、沈阳、大连、青岛、成都、合肥（见表 2）。

表 2　“减税全面惠及市场主体”得分分布

得分(分)	1	0.9	0.8
城市(个)	9	20	7

本项指标设置较之 2022 年有所调整，整合了“减税降费政策落实”与“精简办税、全面实行网上办税”指标，设置“减税全面惠及市场主体”指标，以更综合地评估城市的税收服务情况。

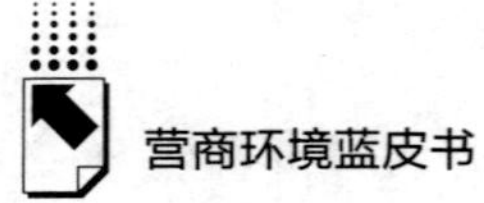

本轮评估整体得分情况较2022年有一定提升，在落实减税降费政策、精简办税方面继续表现良好，减税成效较2022年有所提高，所有被评估城市都实现网上办税。尤其在便民办税、智慧办税方面，得分较高的城市创新实行精准推送税收优惠政策，利用大数据等信息化手段提高办税效率，努力实现减税全面、及时地惠及市场主体。问卷调查结果显示，被评估城市的企业对地方政府落实减税政策的满意度普遍较高，多数被调查者认为减税优惠力度较2022年有提升，办税便利度也较2022年有提升。但也应注意到部分创新措施为市辖区级部门推出并在区内实行，尚未推广至全市，创新举措的推广情况和实效有待进一步的披露和观察。

尽管所有被评估城市都在政府官网、税务局官网公布和宣传税收政策，但部分城市也存在政策更新不及时、专栏建设不完善、基层税务动态更新频率低的情况。同时部分城市未统计、公布本市的减税降费成果，仅有其所在省份的数据，在定期向社会公开减税降费成果方面有待提升。

【良好实践】

在本轮评估当中，评估小组注意到不少被评估城市利用大数据实现精准推送、精准辅导。比如宁波市税务局根据不同费种缴费人需求，定制了1个“主码”和18个“子码”，集成当前宁波税务在征的18项非税项目的政策依据、征收标准、缴费流程和操作指引，缴费人只需轻松扫码或存图识码，便可实现“一码通查”，并获得量身定制的个性化在线咨询和缴费辅导。[①] 深圳市税务局通过智能化手段开展扫描分析，开展“一书、一策、一函”定制服务，“一书”是为大企业定制的税务管理服务书，“一策”是基于行为监控主动精准推送的税收政策，“一函”是动态分析生成的企业纳税信用预警提示函。[②] 北京市西城区税务局依托“定制e服务”“在线导办”等数

① 《宁波税务“非税一码通”打造缴费服务新模式》，国家税务总局宁波市税务局官网，http：//ningbo. chinatax. gov. cn/art/2023/7/27/art_16_267208. html，最后访问日期：2024年3月5日。

② 《深圳税务运用大数据为大企业定制服务》，国家税务总局深圳市税务局官网，https：//shenzhen. chinatax. gov. cn/sztax/xwdt/swxw/202307/4a7f20626ffd4363991e64dab4a451c2. shtml，最后访问日期：2024年3月5日。

智化服务技术，实现了税费政策、操作指南、提示提醒政策的精准推送。①成都双流区税务局建立A级纳税人和税收管理员的联系机制，能够为纳税人提供一对一管家式税务辅导，包括预警提示、个性服务修复辅导、以数据为支撑的“精准画像”等服务。② 青岛开发区税务局借助大数据，对上门办税频次达5次以上的纳税人及其办理业务进行分析汇总，有针对性地开展办税辅导，降低纳税人对线下办税的依赖性。③

此外，通过进一步优化智慧办税的服务，提高办税便利度及效率。大连市税务局推出税务数字虚拟人“爱连·塔可思”，可即时解答纳税人和缴费人的税费咨询，也可通过“智能问办”远程帮办涉税业务，构建线上线下立体“服务网”，让纳税人足不出户就可以享受咨询、办理、查询、预约为一体的高效互动便捷服务。④ 广州市税务局启动元宇宙办税厅，将大数据、人工智能、元宇宙等多种技术紧密结合，以实体办税厅和纳税人之家为蓝本，将虚拟空间划分为咨询辅导、业务办理、纳税人学堂等区域，互动性突出。税务数字员工“悦悦”是人工智能的化身，纳税人登录元宇宙办税厅后，能随时与“悦悦”互动交流，咨询各种税费问题，同时可办理纳税证明开具等税费业务。⑤ 南宁市税务局试点“云核查”税收执法模式，借助“云端”信息化手段，实现多个实地核查事项“不见面”办理，平均每户核

---

① 《西城区税务局实现税费政策等精准推送》，国家税务总局北京市税务局官网，http：//beijing. chinatax. gov. cn/bjswj/c104276/202308/14eec6c1635343e5b59997179237af19. shtml，最后访问日期：2024年3月5日。

② 《成都双流区推行A级纳税人培育计划 助力企业诚信起航》，国家税务总局四川省税务局官网，https：//sichuan. chinatax. gov. cn/art/2023/6/25/art_984_917271. html，最后访问日期：2024年3月5日。

③ 《打通前中后台，开启智感办税》，国家税务总局青岛市税务局官网，http：//qingdao. chinatax. gov. cn/ssxc2019/swyw/202307/t20230714 _ 80733. html，最后访问日期：2024年3月5日。

④ 《2023年“便民办税春风行动”新闻通气会暨“爱连·塔可思”推介会圆满举行》，国家税务总局大连市税务局官网，http：//dalian. chinatax. gov. cn/art/2023/2/10/art _ 3748 _ 138724. html，最后访问日期：2024年3月5日。

⑤ 《广州市税务局在全国率先推出元宇宙办税厅》，国家税务总局广州市税务局官网，http：//guangdong. chinatax. gov. cn/gdsw/gzsw _ yhssyshj2022 _ zxfb/2023 - 03/16/content _ afb08cb0c28b4c9db5725c9634416841. shtml，最后访问日期：2024年3月5日。

查耗时约 15 分钟，核查效率提高 6 倍以上，比实地核查耗时压缩 83%。[①]

合肥市专门发布了《合肥税收营商环境白皮书》，对合肥市落实减税降费政策、构建办税新模式、拓展联动新格局等工作成果作了全面的介绍。[②]

（二）运营环节中的不当收费（1分）

【设置依据】

与税收规范筹集财政收入的形式不同，费是政府有关部门为单位和居民个人提供特定服务，或被赋予某种权力而向直接受益者收取的代价。行政事业性收费是国家机关、事业单位为加强管理、提供特定服务所收取的费用。现代国家有从租税国家滑向收费国家的危险，这其中的根源就在于税费不分、以费代税。即使税和费都实行法定主义，但是两者的功能不同，费只能填补税的损耗，不能相互替代。[③] 因此在推行税收优惠的过程，也应保证涉企收费的合理性，避免乱收费问题侵犯企业的财产权，蚕食企业利润，影响营商环境优化。

此外，要进一步降低市场主体制度性交易成本，为市场主体营造良好的营商环境，也需要规范运营环节中的各项收费、深入整治涉企违规收费。《优化营商环境条例》第 25 条要求设立政府性基金、涉企行政事业性收费、涉企保证金，应当有法律、行政法规依据或者经国务院批准。对政府性基金、涉企行政事业性收费、涉企保证金以及实行政府定价的经营服务性收费，实行目录清单管理并向社会公开，目录清单之外的前述收费和保证金一律不得执行。

为贯彻落实党中央、国务院决策部署，进一步优化营商环境，助推经济

---

① 《广西南宁：以税务“微”改革 服务群众“大”便利》，国家税务总局广西壮族自治区税务局官网，http：//guangxi. chinatax. gov. cn/nanning/gzdt/sjgzdt/202308/t20230803_390358. html，最后访问日期：2024 年 3 月 5 日。

② 《合肥税收营商环境白皮书》，http：//anhui. chinatax. gov. cn/module/download/downfile. jsp? classid = 0&filename = 93b16816eb354148a8a6e6f343de7b96. pdf，最后访问日期：2024 年 3 月 5 日。

③ 王锴：《论行政收费的理由和标准》，《行政法学研究》2019 年第 3 期，第 50~51 页。

高质量发展，2022 年，国家发展改革委、工业和信息化部、财政部、市场监管总局印发《涉企违规收费专项整治行动方案》，专项整治乱收费、乱罚款、乱摊派。2023 年 4 月，市场监管总局在全国范围内部署开展 2023 年涉企违规收费整治工作，依法查处违法违规收费行为，推动政策红利落实，助力广大经营主体特别是中小微企业降本减负、轻装前行。

【评估方法】

检索被评估城市的政府官网等信息平台，考察其是否有公开统一的涉企行政事业性收费清单，获取相关收费标准是否便利，违规涉企收费行为投诉举报渠道是否畅通，并对被评估城市的涉企行政事业性收费清单进行横向对比，主要调查收费项目设置的种类、数量、金额是否合理、合法。同时，通过公开的政策文件、新闻报道考察被评估城市对政府部门及下属单位、金融、公用企业三大重点领域的收费行为的检查情况，以及在交通领域、水电气暖领域、行业协会和中介机构领域的涉企收费整治情况等。同时发放企业调查问卷，从企业主观评价角度调研政府涉企收费整治的工作成效。

【评分标准】

赋分值为 1。公开涉企收费清单且清单获取便利，定期按照要求进行各个领域的涉企收费整治，违规收费投诉渠道畅通，对发现的不合理涉企行政事业性收费、隐形收费或垄断收费进行纠察、费用返还，视工作成效情况得 0.8~1.0 分；涉企行政性收费清单项目设置（种类、数量、金额）有待优化，企业反映存在比较隐形的收费、垄断收费的情况，投诉举报途径不明确或投诉后跟进处理不到位的，视具体情节得 0.5~0.7 分。由于隐形收费的复杂性和主观问卷样本的特殊性，本项评估不对企业的主观问卷计分。

【评估分析】

本项指标下被评估城市的得分均在 0.8 分以上，其中 32 个城市得分在 0.9 分以上，得满分的包括北京、上海、重庆、宁波、厦门、深圳、哈尔滨、南京、济南、青岛、西安、太原、郑州、长沙、贵阳 15 个城市（见表 3）。整体得分情况良好，表明被评估城市在行政事业性收费的公开透明度、合理性及整治乱收费方面表现较好。

表 3 “运营环节中的不当收费”得分分布

得分(分)	1	0.9	0.8
城市(个)	15	17	4

本轮评估的得分情况与2022年相比，满分城市有所增加。虽然较2022年出现了降分的情况，有4个城市得0.8分，但是是由于评估小组在所有被评估城市都有统一、公开的涉企收费清单，都按照规定出台文件对乱收费情况进行整治的前提下，在一定程度上提高了评分的标准。降分的原因在于收费清单的便民可读性、违规收费整治行动反馈的及时性还有提升空间。大部分被评估城市及时根据市场监管总局的部署，开展涉企违规收费整治行动，在网上公开行动方案、纠察成果。此外，问卷反馈情况显示，绝大多数企业表示当地没有不合理/隐形的行政性收费事项，在回收的358份问卷中仅有两家受访企业表示存在隐形收费等不合理收费现象。

【良好实践】

评估小组对被评估城市的涉企收费进行评估时注意到，厦门市政府官网设有专栏公开行政事业性收费信息，各类行政事业性收费，包括公安、工业、财政、资源规划、水利、海洋、市场监管领域，各区行政事业性收费详情均可直接跳转获取，且更新及时，收费依据、收费标准方便阅览。北京市财政局公布的行政事业性收费目录清单、涉企行政事业性收费目录清单集中列举了16个部门的收费项目，载明收费标准、管理形式，并实现所有政策依据文件一键跳转，极大地提高了涉企收费清单详情的可得性。西安市公布的《2023年西安市行政事业性收费标准清单》，包含涉企行政事业性收费项目，对执收部门、收费对象、收费标准等做了详细的列明，方便可读。

被评估城市在公示涉企行政性收费清单外还定期对涉企不合理、不正当收费进行统一的稽查整顿活动，针对不同行业开展各项专项行动，同时根据本地实际情况设计差异化的治理方案。如浙江省人民政府办公厅在《关于进一步优化营商环境降低市场主体制度性交易成本的实施意见》中强调要进一步规范涉企收费，推动减轻市场主体经营负担，严格规范政府收费和罚款，2022年底前，完成涉企违规收费专项整治工作。清理规范行业协会商会收费，完成行业协会商会违规收费清理整治情况“回头看”。根据国家、省专项整治工作要求，宁波市市场监管局下发《关于开展2022年涉企违规收费专项整治护航企业减负担稳发展的通知》，围绕政府部门及下属单位收费、行业协会商会及中介机构收费、航运交通收费、水电气等公用事业收费、金融领域收费、惠企价费政策落实落细六大领域开展专项整治。截至2022年12月19日，宁波市共出动检查人数1468人次，共检查单位655家，立案46件，涉嫌违规金额586.15万元。落实惠企价费政策，实际已退还4113.14万元，其中涉及个体工商户2366.47万元，切实为个体工商户纾困减负。[①]

2023年，厦门市市场监督管理局根据其城市特点，开展全市进出口环节涉企违规收费双随机抽查工作，检查船公司、港口、堆场、检验检疫等进出口环节收费有关机构，以及各类进出口环节中介机构有无价格违法违规行为。同时开展2023年商业银行涉企收费双随机抽查工作，对商业银行进行现场检查，并延伸抽查有业务关联的担保、评估、增信、公证等金融中介机构有无违规收费等违法违规行为。

深圳发布《深圳市开展涉企违规收费专项整治行动方案》，对交通领域、水电气领域、财经领域、金融领域、行业协会商会及中介机构的涉企违规收费问题进行专项整治，并适时公布自查自纠工作报送情况。如深圳市民政局在2023年3月17日印发通知，要求各市级行业协会商会按要求开展乱收费自查自纠工作，并按期报送相关情况。截至2023年4月30日，共有156家市级行业协会商会未按期报送相关自查自纠情况，对此予以通报。[②]

---

① 《宁波涉企违规收费典型案例》，浙江省经济和信息化厅官网，https://jxt.zj.gov.cn/art/2022/12/19/art_1660150_58929778.html，最后访问日期：2024年3月5日。

② 《深圳市民政局关于市级行业协会商会乱收费专项整治自查自纠工作报送情况的通报》，深圳市社会组织管理局官网，http://www.sz.gov.cn/szshzzgl/gkmlpt/content/10/10640/post_10640833.html#19209，最后访问日期：2024年3月5日。

2023 年安徽省市场监管局印发《2023 年涉企违规收费整治工作实施方案》，部署在全省范围内开展涉企违规收费整治助企行动，聚焦政府部门及下属单位、金融、公用企业三大重点领域，对 2021 年 1 月 1 日以来的收费行为进行检查。重点依法查处政府部门及下属单位降费减负政策落实不到位、利用电子政务平台违规收费、违规开展行政审批中介服务事项收费、口岸领域不执行政府指导价和政府定价及不按规定明码标价等行为；商业银行未按规定进行服务价格信息披露、融资服务中不落实小微企业收费优惠政策，强制搭售、转嫁费用及以银团贷款名义违规收费等行为；发电企业、售电公司价格违法行为，建筑区划红线外电力工程安装等领域违法违规行为。合肥市蜀山区随即开展公共资源交易领域乱收费自查工作。①

石家庄市发布《关于进一步优化营商环境降低市场主体制度性交易成本的若干措施》，要求通过规范政府收费和罚款、规范市政公用服务收费、规范涉企金融服务收费、规范行业协会商会收费、降低口岸物流服务收费等措施减轻市场主体经营负担。2022 年，石家庄市根据《石家庄市物业管理和物业服务收费问题排查整治工作方案》，严格物业服务考评机制，持续开展物业管理和物业服务收费问题排查整治工作，共查处住宅项目 21 个，开展检查和执法行动 141 次，查处并下发整改通知书的住宅项目 50 个，涉及物业服务企业 48 家，问题全部整改到位。②

（三）是否推广以金融机构保函替代现金缴纳涉企保证金（1分）

【设置依据】

《优化营商环境条例》第 25 条要求推广以金融机构保函替代现金缴纳涉企保证金。

---

① 《安徽省市场监管局部署开展涉企违规收费整治助企行动》，合肥在线，https://www.hf365.com/2023/0524/1482365.shtml，最后访问日期：2024 年 3 月 5 日。

② 《对政协河北省十三届委员会第一次会议第 0589 号提案的答复》，石家庄市人民政府官网，http://www.sjz.gov.cn/zfxxgk/col/1583914146048/2023/05/30/1685435736754.html，最后访问日期：2024 年 3 月 5 日。

从市场规律来看，保证金对投标人、履约人的行为起约束作用，可以净化市场环境。但涉企保证金会占用企业的现金流，在保证款项支付、防范化解企业履约风险的同时也会给企业，特别是中小微企业带来一定程度的资金负担。保证金收、退方式的烦琐和抵销更加剧了管理风险。推广以金融机构保函替代现金缴纳涉企保证金则可以减少对企业流动资金的占用，激发市场活力，促进经济发展。进一步而言，借助“互联网+金融”的科技手段应用电子保函还可以提高保证金管理水平，提升工作效率，实现线上监管。

为此，工业和信息化部、财政部于2017年发布的《关于公布国务院部门涉企保证金目录清单的通知》规定了16项涉企保证金项目，要求严格依照清单项目中规定的征收标准、程序和时间进行征收和返还。2022年，国家发展改革委出台《关于进一步完善政策环境加大力度支持民间投资发展的意见》，提出在政府投资招投标领域全面推行保函（保险）替代现金缴纳投标、履约、工程质量等保证金，鼓励招标人对民营企业投标人免除投标担保。2023年，国家发展改革委、工业和信息化部、财政部等部门联合发布《关于做好2023年降成本重点工作的通知》，再次要求完善招标投标交易担保制度，全面推广保函（保险），规范保证金收取和退还，清理历史沉淀保证金。完善招标投标全流程电子化交易技术标准和数据规范，推进CA数字证书跨区域兼容互认，不断拓展全流程电子化招标投标的广度和深度，降低企业交易成本。此外，2023年年初国家发展改革委等部门发布《关于完善招标投标交易担保制度进一步降低招标投标交易成本的通知》，鼓励减免政府投资项目投标保证金。

【评估方法】

检索被评估城市政府官网的政策文件、新闻中关于推广银行保函替代政府采购、工程建设等领域的涉企保证金（包括投标保证金、履约保证金、工程质量保证金、农民工工资保证金）的内容，考察其推广使用银行保函、电子保函的程度，以及银行电子保函系统建设情况和应用的便捷程度，并检索被评估城市清理历史沉淀保证金的情况。同时发放企业调查问卷，从企业的市场主体角度调研被评估城市在落实推广以金融机构保函替代现金缴纳涉企保证金政策方面的实际情况。

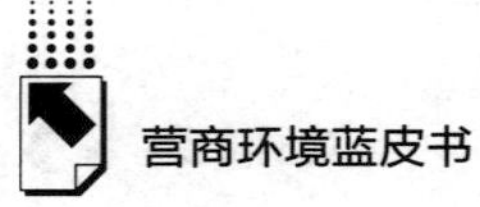

【评分标准】

赋分值为 1。政府采购项目免收涉企保证金、全面推广落实各领域以金融机构保函或以信用保证等方式替代现金缴纳涉企保证金、公共资源交易平台对接电子保函系统、有清理保证金的行动，得 0.8~1.0 分；未充分推广落实或推广不到位、未见清理保证金的报道，企业反映以金融机构保函替代现金缴纳涉企保证金额度有待优化、对担保限制较多的，得 0.6~0.7 分；未落实推广以金融机构保函替代现金缴纳涉企保证金的，不得分。因各被评估城市的主观问卷回收样本数量存在显著差异，难以保证主观评分的合理性，本轮评估未计入主观问卷评分。

【评估分析】

本项指标评估中，所有被评估城市得分均在 0.8 分以上，其中 20 个城市获得满分，14 个城市得 0.9 分。得满分的城市包括北京、天津、重庆、宁波、厦门、深圳、沈阳、大连、长春、济南、西安、石家庄、太原、呼和浩特、合肥、郑州、长沙、贵阳、昆明、兰州。所有被评估城市整体表现优良，除了可以使用金融机构保函外，得满分的城市在推行电子保函、降低或免除保证金、清理保证金等方面都有突出表现。

表 4 “是否推广以金融机构保函替代现金缴纳涉企保证金”得分分布

得分(分)	1	0.9	0.8
城市(个)	20	14	2

本轮评估的整体得分较 2022 年有显著提升。所有被评估城市均出台文件推广以金融机构保函替代现金缴纳涉企保证金，并在多个领域予以落实。问卷反馈的情况显示，多地推行政府采购项目免收投标保证金，其他领域允许使用保函的项目较 2022 年有所增加。在公共资源交易平台对接电子保函系统、清退保证金行动方面，多数被评估城市的表现较 2022 年有明显进步。此外，高分城市的得分点还体现在推广信用保函、降低电子保函成本、提高电子保函开具效率方面。

【良好实践】

评估小组注意到，部分被评估城市实现了政府采购项目免收投标保证金、减免履约保证金。如重庆市渝北区交易中心严格执行采购项目投标保证金减免政策，2022 年 8 月至 2023 年 5 月，共有 149 个采购项目累计免收投标保证金 1376 万元，做到应免尽免。[①] 武汉市在 2022 年达成 1686 个政府采购项目免收保证金 16 亿元，为中标人免收履约保证金 28 亿元的成果。[②] 2023 年 6 月，呼和浩特市发布《呼和浩特市公共资源交易保证金管理办法》，规定政府采购项目依据呼和浩特市财政局《关于进一步规范政府采购项目保证金管理加快推进电子保函应用工作的通知》（呼财购〔2022〕23 号）及呼和浩特市公共资源交易监督管理局《关于呼和浩特市政府采购中心停止收取政府采购投标保证金的通知》，原则上不得收取投标保证金，对确需收取保证金的项目，由采购人按单位内控制度经集体研究报主管预算单位同意后收取。厦门、深圳、大连、长春、南京、西安、广州、石家庄、合肥、南昌、郑州、南宁、贵阳、西宁等城市已基本实现政府采购项目免收投标保证金。

有被评估城市推出“信用保证”替代保函、现金。如沈阳市在全国首创推出“建立招投标‘信用保函’试点企业清单”政策，以企业信用作为担保，无须缴纳投标保证金，由政府以购买服务模式出资并出具保函，缓解企业资金压力。截至 2023 年 3 月，全市已有 44 家诚信企业被纳入投标领域“信用保函”试点企业清单，释放流动资金 2500 余万元，切实让企业感受到诚信带来的政策红利。[③] 兰州市为优化营商环境，采用以信用承诺代替履约保证金，允许供应商以担保支票、押金证明、保险单等形式提供履约担保

① 《渝北区交易中心“三零”举措加强投标保证金管理》，重庆市公共资源交易网，https：//www. cqggzy. com/xwdt/002005/20230609/3018c7e7-4ca0-4f36-87d2-a684541250c8. html，最后访问日期：2024 年 3 月 15 日。

② 《武汉前 11 月新增市场主体 34 万余户》，武汉市人民政府官网，https：//www. wuhan. gov. cn/sy/whyw/202212/t20221228_2120492. shtml，最后访问日期：2024 年 3 月 15 日。

③ 《44 家诚信企业被纳入投标领域“信用保函”清单》，信用中国网，http：//xysy. shenyang. gov. cn/cxjswlx/202307/t20230713_ 4495244. html，最后访问日期：2024 年 3 月 5 日。

等多种形式并存的履约保证方式减轻企业履约负担，其中红古区全面推行政府采购“信用+承诺”制度，对政府采购项目全部实行免收投标保证金。[①]早在2021年大连市就梳理确认了8家“3A”信用等级的诚信示范企业为信用保函试点企业，并为试点企业投标大连市公共资源交易平台项目支付电子保函费用。一年可为首批试点企业节省保费近20万元，释放流动资金3000余万元。[②] 2023年，大连市出台《大连市2023年营商环境质量提升行动方案》，进一步强调对信用好的投标人免收投标保证金，切实降低交易成本，为企业减轻负担。

三　评估结论与建议

（一）取得的成就

1. 减税降费优惠政策精准推送，政策得到充分落实

国家税务总局发布消息，2022年全年新增减税降费及退税缓税缓费超4.2万亿元，2023年1~7月，全国新增减税降费及退税缓费已达1.05万亿元。各被评估城市或其所在省份税务局基本都有发布减税成果，惠及众多中小微企业，帮助高新科技企业减轻科研经费压力。从企业反馈的问卷也可见减税降费政策得到落实，税收优惠力度较2022年有较大提升。

在政策的推送上，税务部门都加大了精准推送的力度，让“政策找人”落到实处。多地税务部门创新税务服务方式，利用大数据对纳税人及其办理业务进行分析汇总，基于行为监控主动推送相关税收政策，为企业量身定制“一企一策”，针对性地开展办税辅导，实现了税费政策、操作指南、提示

① 《红古区规范政府采购流程 持续优化营商环境》，兰州市人民政府官网，http：//www.lanzhou.gov.cn/art/2023/8/22/art_129_1264030.html，最后访问日期：2024年3月5日。

② 《我市推出“信用保函”服务 助力守信企业更好发展》，全国公共资源交易平台（辽宁省·大连市）网站，http：//ggzyjy.dl.gov.cn/TPFront/InfoDetail/?InfoID=ba161bc0-6365-4501-91a4-b46018a614ad&CategoryNum=101003，最后访问日期：2024年3月5日。

提醒政策的精准推送，助力纳税人缴费人享受税费优惠政策直达快享、应享尽享。

2. 基本实现网上办税、智慧办税，办税便利度及办税效率进一步提高

所有被评估城市均接入电子税务平台、提供“非接触式”办税服务，在办税便利化改革、不断简化办税流程、拓展网上办税项目、提高办税及核查效率方面卓有成效。被评估城市及所在省份税务部门为落实“便民办税春风行动”，推出众多便民办税缴费措施。同时加强税务监管，征集纳税人意见，解决纳税人“急难愁盼”的问题。不论是国家税务总局发布的第三方开展的纳税人满意度调查，还是本评估小组收集的问卷，纳税人满意度均有明显提高。全国工商联组织的 2022 年度万家民营企业评营商环境的调查结论显示，企业对税费支持政策落实的满意度位居前列，税费缴纳便利度连续 3 年成为政务环境评价中满意度最高的事项。①

大连、广州等地税务部门推出数字虚拟人，增强与纳税人的互动性，即时解答纳税人缴费人税费咨询。通过网上税费业务集中处理、“云核查”等方式，缩减核查耗时，节约税务人员人力成本。合肥市税务局的“报退合一”实现了退税流程自启动、多缴数据自生成、退税资料免提供，平均退税时长由原来的约 3 个工作日缩减至不到 1 个工作日，极大地提升了纳税人的获得感。合肥市探索实施中国（安徽）自由贸易试验区合肥片区高新区块软件产品增值税即征即退服务机制，审批工作由原先的 10 日内办结提速到当日申请当日审批，在便利性上开自贸区退税先河。

3. 涉企收费目录清单公开透明，整治违规收费取得成效

所有被评估城市都可在政府、财政局或发改委网站检索到涉企收费目录清单，基本载明收费项目、政策依据、收费范围、收费标准、资金管理方式。表现较好的城市在政策依据方面还可实现一键跳转，更加方便了解政策文件规定。

---

① 《国家税务总局 2022 年度新闻发布会实录》，国家税务总局官网，https：//www.chinatax.gov.cn/chinatax/n810219/n810724/c5183875/content.html，最后访问日期：2024 年 3 月 5 日。

2022 年，国家发展改革委、工业和信息化部、财政部、国家市场监管总局会同相关部门在全国集中开展涉企违规收费专项整治行动，重点关注交通、水电气暖、地方财经、金融领域、行业协会商会及中介机构领域。通过本次专项整治，全国共查处涉企违规收费问题 7700 多个，涉及金额 50 多亿元，已要求有关单位对发现的问题全部予以整改。专项整治期间，各有关部门共计对违规收费主体依法实施行政处罚 1745 个（次）、联合惩戒 324 个（次）、曝光案例 41 个（次）。①

2023 年 4 月，国家市场监管总局印发通知，在全国部署涉企收费专项行动，聚焦政府部门及下属单位、金融、公用企业三大重点领域。多数被评估城市或其所在省份出台专项行动方案，根据总局的要求开展工作，从部署准备、自查自纠、联合检查到评估总结。通过征集问题线索，设立投诉举报途径，开展专项治理整改。国家市场监管总局牵头组织 15 个检查组，开展跨省交叉抽查检查。截至 9 月 7 日，已立案查处涉企违规收费案件超过 1600 件，直接为企业减负近 5 亿元。

4. 政府采购项目推广免收保证金，电子保函全面推行，信用保函开始起步

所有被评估城市均有推行电子保函，并在公共资源中心官网提供操作指引。电子保函的推广度和使用率较 2022 年有明显提升。多数城市在公共资源中心官网上线金融服务平台，投标人可通过出函机构线上系统直接申请投标电子保函，“足不出户”实现“全程网办”。

评估组还注意到大多数被评估城市有出台鼓励减免政府采购项目投标保证金的文件。从有披露保证金收取方式的招标公告中发现至少有 22 个被评估城市基本推行了政府采购项目免收投标保证金，进一步降低了企业参加政府招投标项目的成本。此外，天津、沈阳、大连、兰州等城市逐步推广“信用保函”的形式，同样降低了企业招标投标交易负担，同时鼓励企业诚信经营。如沈阳采取的“清单制”，企业可向相关行业主管部门提出申请，

① 《稳预期、提信心！涉企违规收费专项整治行动取得积极成效》，人民网，http://yn.people.com.cn/n2/2023/0228/c361322-40318531.html，最后访问日期：2024 年 3 月 5 日。

由市发展和改革委负责会同行业主管部门对申请单位进行评估，信用良好的企业即可列入清单，享受“信用保函”政策。[①] 天津则出文鼓励政府采购项目针对不同级别项目相应地对在注册地省级企业公共信用综合评价中被评为最高等级的投标单位，免收投标保证金；对在省级及省级以上信用网站出具的公共信用信息报告中无失信记录的投标单位，减半收取投标保证金。[②]

（二）存在的问题

1. 减税降费政策成果统计及宣传有待加强

评估小组在检索中发现，被评估城市在税收统计信息公开、更新税务工作动态，包括更新基层动态方面总体上表现良好。少数被评估城市的税务新闻报道更新频率低，没有体现具体落实税务工作的情况。在减税降费的成果上，只有约三分之一的被评估城市统计并公布减税降费及退税缓费数据。

2. 数字经济对税收征管带来新挑战，谨防偷逃税及违规享受优惠政策

随着平台经济快速发展，新的业务模式、经济业态不断涌现，传统的行业划分标准日渐不适应发展需要，税务问题纷繁复杂。一方面，部分地方政府为将平台经济作为新的经济增长点，对前来落户的平台企业不加分辨，一律欢迎，缺少对平台税源的相应监控和审核。存在部分平台企业开展虚假业务、虚开增值税发票等问题。另一方面，部分地区税务机关对平台经济认识不足，难以及时转变税收征管理念、应用大数据等信息技术手段进行税收征管。[③] 数字经济发展对税收的挑战还包括税基估值难以确定，税收属地原则难以适用，课税对象界限模糊，税率无法合理确定，纳税主体认定困难，常

① 《44家诚信企业被纳入投标领域“信用保函”清单》，信用中国网，http://xysy.shenyang.gov.cn/cxjswlx/202307/t20230713_4495244.html，最后访问日期：2024年3月5日。

② 《天津鼓励减免政府投资项目投标保证金》，中国政府采购网，http://www.ccgp.gov.cn/zcdt/202305/t20230524_19940781.htm，最后访问日期：2024年3月5日。

③ 《网络新业态成“偷逃税大户”，税制改革该如何应对?》，半月谈微信公众号，https://mp.weixin.qq.com/s/g5LTufQanUmFDGZU4Z70ow，最后访问日期：2024年3月5日。

设机构认定不明，税收治理存在缺陷和问题，税收收入归属确定有难度，[①]这些使得电商行业实际税负率较低及税收流失。

此外，存在税务工作人员失职失责、纳税人违规享受和骗取税收优惠的行为。2023 年 8 月以来，国家税务总局已经公开曝光涉税违法犯罪案例 29 起，内部人员失职失责、内外勾结等案例 4 起，如西安市税务局曝光的 2 起网络主播偷逃税案件；重庆市税务局查处的 1 起未依法办理个人所得税综合所得汇算清缴案件；宁波市税务局公布的 1 起税务人员失职失责案件。

3. 收费目录清单设置分散，缺乏系统梳理，收费标准难以便捷获取

多数被评估城市收费目录清单集中列举不同项目，但存在列举项目不全、收费标准未列明、政策依据难检索的情况。部分被评估城市为各部门发布收费目录清单，未进行整合梳理，或仅发布更新的收费目录清单，未进行整体性的更新，获取信息的便捷度较低。建议对涉企收费目录清单进行整合，提供政策依据的跳转链接或便捷的获取渠道。

4. 违规收费仍然存在，监督治理行动及成果宣传偏少

2023 年 2 月 22 日召开的国务院常务会议指出，2022 年各地区各有关部门严肃整治涉企违规收费，全国共查处相关问题 7700 多个，涉及金额 50 多亿元，已全部要求整改。从检索情况看，被评估城市关于违规收费治理行动的报道整体较少，部分城市 2023 年没有报道。尽管多数被评估城市已出台违规收费治理行动方案，但缺少对专项行动成果的报道宣传。

我国《立法法》并没有针对行政收费单独作出明确的规定，也未制定专门法律来规范行政收费，行政收费的政策依据多来源于部门规章、地方政府规章以及其他规范性文件，不可避免地会出现各地行政收费项目不一、收费标准不同，甚至收费主体混乱的情况。此外，缺乏行政收费监督的程序性规定，导致监督主体有局限、监督范围不全面。就监督主体而言，目前大多是行政机关内部层级关系的上下监督以及检察机关、审计机关等专门机关的

---

① 《税收蓝皮书：数字经济发展带来税收新挑战，平台经济税制亟待建设完善》，21 经济网，http：//www. 21jingji. com/article/20220823/herald/7bb1f296b59d1b4fddab0845edd3c1aa. html，最后访问日期：2024 年 3 月 5 日。

监督，而公民和社会组织难以对行政收费的监督发挥实际作用。且监督往往着眼于行政行为的事后，如对乱收费行为的专项治理行动，并未将监督贯穿行政收费的始终。①

5. 仍有项目拒收保函，鼓励性政策有待加强推广落实

评估小组在检索被评估城市的公共资源交易中心网站时发现，各项目招标公告形式不一，部分项目没有显示保证金的收取方式。从网站检索情况及问卷反馈结果看，仍有项目明确拒收保函。国家已出台相关文件鼓励政府投资项目减免投标保证金、对民营企业投标人免除投标担保，但有不少城市尚未针对政府投资项目的投标保证金或民营企业投标人作优惠安排。

（三）改进的建议

1. 加大减税降费政策及落实情况的公开力度，依托数字经济助力纳税服务

减税降费政策是国家积极财政政策的重要内容，是优化营商环境的重要工具，各省市对本级行政区划范围内减税降费工作情况的公开是证明减税降费政策积极效果、接受人民监督的方式之一。建议各省市定期统计并公开减税降费工作落实的数据和情况。

随着数字经济的发展，纳税人缴费人期待税费服务模式和业务流程更加数字化、智能化，打破税费服务的地域限制和实体限制，不断拓展“非接触式”办税缴费范围，降低制度性交易成本。在纳税人缴费人层面，应构建以纳税人需求为导向的智慧咨询和智能办税服务体系。在税务部门层面，应建立以信息技术为依托的一体化和智能化的征管体系。充分利用大数据实现智能、精准推送已出台的各项减税降费政策，特别是大规模增值税留抵退税政策，帮助纳税人、缴费人第一时间全面准确了解政策，做到应知尽知、应享尽享。同时依托税务网站完善统一规范的税费政策库，进行实时动态更新。在社会层面，应加强数字政府建设，提升公共服务、社会治理等的数字化智能化水平，破解税务部门“数据孤岛”难题，建立常态化、制度化数

① 郭修：《论我国行政收费监督模式的完善》，《法学》2022年第10卷第6期，第1008~1012页。

据共享协调机制。①

2. 通过减税降费扶持数字经济创新的同时强化数字经济税收征管

继续贯彻落实国家实行的研发费用加计扣除等减税降费政策，利用税收优惠释放数字经济在数字化转型、创新创造活力、人才培育等方面的效能，支持培育数字经济企业梯队、打造数字经济领域“专精特新”企业。

同时为谨防新形态下企业偷逃税款造成税收流失，税务部门应健全组织架构、强化数字治税信息化支撑、建设数字经济税收案例库。一是建立数字经济征管组织体系，成立专门从事数字经济税收征管的管理机构，管辖范围包括税务登记、纳税、国际税收协调等全部税收征管业务。二是强化信息化数字治税，利用大数据、人工智能等信息技术为税收治理提供技术支撑，建立智能税收风险防控系统，从而有效监管数字经济交易信息。② 三是加强利益相关方协同共治，税务机关应与立法、司法、财政、审计等部门在税收政策与征管的协调、审计监督、涉税行政诉讼、涉税案件的移交与衔接等方面进行合作，强调政府各部门参与税收共治过程，围绕税收征管目标，合理配置各部门权力与职能，引导、控制、管理和协调各部门行政活动，通过部门间合作实现高效税收征管。③

此外，在新经济发展中，平台作为掌握诸多企业和个人网上交易数据的企业，也应成为税收征管的重点。要强化平台企业的涉税信息报送等税收协助义务，加强平台企业税收监管，依法查处虚开发票、逃税等涉税违法行为。未来应进一步明确和完善以平台为主体的第三方涉税信息报告义务、税收代扣代缴义务，打造以平台为主导的涉税信息聚合中心和税收风险监管中心，促进新经济新业态规范经营、健康发展。

① 《数字经济为税收治理带来新机遇》，中国税网，http：//www.ctaxnews.com.cn/2023-10/11/content_1031720.html，最后访问日期：2024年3月5日。

② 李香菊、谢永清：《数字经济背景下的税收征管问题研究》，《北京行政学院学报》2022年第5期。

③ 何晴、房天依：《跨组织合作与税收协同共治：国际经验及启示》，《国际税收》2020年第9期。

3. 定期开展违规收费治理行动，充分利用横向及纵向监督渠道规范行政收费

在涉企收费当中，隐形收费较之一般的不当收费如不合理收费、垄断收费等，往往更具有迷惑性，难以被纠察。通过巧设名目、“改名换姓”等方式收取本无收费依据的费用，在银行金融领域时常出现，自查自纠的实效性并不高。在行业协会领域，较为突出的是团体会费、评比达标表彰费用、捐赠收入中的不正当收费，在集中的纠察运动中被发现和纠察的概率较低。对此，除定期开展违规收费治理行动、公开治理成果外，应充分利用外部监督途径，宣传、扩大社会面的不合理涉企收费举报渠道，做到有举报必回应、有问题必解决。并通过对案例的宣传引导、鼓励企业、公众在遇到违规收费时进行投诉举报。对于投诉举报中的确属于隐形收费的，及时取消和退回；对于不属于不合理收费的，应当在确认收费合理性、正当性后及时做出反馈和解释，并说明收费项目的法律依据。

此外，对于行政收费的监督需要行政机关内部监督与外部监督齐头并进，共同发挥作用。司法监督即一项有效的监督手段，行政收费作为具体行政行为，相对人能够通过诉讼等司法途径维护权利，或是通过附带性审查对行政收费规范性文件进行司法监督，这都体现了司法对行政收费的监督作用。加强司法监督，一方面需要通过立法明确行政收费的主体责任，使得司法救济过程中的责任归属清晰明确且有法可依。另一方面，要在程序上为司法监督提供更加便捷的方式和途径，通过对行政收费诉讼等手段的具体程序性规定发挥司法监督的作用。①

4. 推广减免保证金，推动“信用+保函”在涉企保证金方面的全面应用

出台政策鼓励本地区政府投资项目招标人全面或阶段性停止收取投标保证金，或者分类减免投标保证金，并完善保障招标人合法权益的配套机制。对于政府投资项目以外的项目，根据项目特点和投标人诚信状况，制定相应政策在招标文件中明确减免投标保证金。

---

① 郭修：《论我国行政收费监督模式的完善》，《法学》2022 年第 10 卷第 6 期，第 1008~1012 页。

在保函中引入信用机制，使担保费率和申请人信用精准关联，实践“信用有价”。引导各金融机构充分利用“信用+保函”大数据评估担保风险，根据企业的综合信用状况，采取保函分类审批和差异化合理定价，信用良好的企业可享受更便捷的保函服务、更低的担保费用，在提高交易效率的同时切实减少信用良好企业的成本，充分体现企业信用价值，激励企业重视信用积累。根据风险评估结果，对失信企业投保进行严格审查，要求采取适当反担保措施，提高担保费用等，对失信企业形成有效的市场约束，从源头减少弄虚作假和围标、串标、违约、虚假保函等违法失信行为，提高市场履约率，营造崇尚诚信的市场环境和社会氛围。[①]

① 孔守斌、田玉玺、韩涛等：《“信用+保函”在涉企保证金中的创新应用——以公共资源交易领域为例》，《宏观经济管理》2022 年第 3 期。

B.9

金融服务

林 萌 俸文彦*

摘 要： 从营商环境的角度来讲，金融服务因能促进市场中资本的自由流动而成为影响营商环境优劣的重要因素。其覆盖投资、贷款、税收、会计、保险及银行业多个维度，贯穿企业从生到死的全过程。而数字经济的影响则为金融服务水平发展的评估带来了诸如绿色金融、电子支付等变量。本报告以世界银行营商环境评估中"金融服务"指标的设计为蓝本，将规制框架质量、公共服务水平、良好实践及其效率作为设计逻辑贯穿始终，并根据数字经济的特点设计亮点指标。通过对8个指标的逐一评估，本报告进一步总结上一测评周期内我国金融服务发展水平的得失。

关键词： 金融服务 绿色金融 企业融资

金融准入仍然是全球企业的主要制约因素，对企业的运营和扩张至关重要。相较于世界银行《营商环境报告》中"获得信贷"一级指标的原有设置，B-READY 提升了"金融服务"（Financial Services）指标的地位，全面审查金融服务规制框架、公共服务水平及金融监管良好实践等内容，并突出了私营部门的视角。本次数字经济营商环境评估借鉴世界银行营商环境评估项目中的"金融服务"指标，突出绿色金融、电子支付等评估亮点，从而评价数字经济化转型发展中监管部门的监管能力与服务水平。

* 林萌，管理学博士，黑龙江大学经济与工商管理学院副教授、硕士生导师，研究方向为商业伦理与企业社会责任、创新管理、公司治理；俸文彦，对外经济贸易大学法学院2020级本科生。

一　评估指标构成

本次评估依照 B-READY 指标设置之逻辑在“金融服务”一级指标之下设置四项二级指标，分别为“融资规制框架质量”“融资成本”“金融公共服务水平”“金融监管良好实践”（见表 1）。

表 1　“金融服务”指标构成

一级指标	二级指标	三级指标
金融服务(14.5 分)	融资规制框架质量(4 分)	商业借贷、交易保护、电子支付、绿色金融的规制框架(4 分)
	融资成本(3 分)	企业融资可获得性、多样性、便捷性(3 分)
	金融公共服务水平(6.5 分)	信用登记部门运行机制(1 分)
		抵押登记运行机制(1.5 分)
		绿色金融发展水平(1.5 分)
		风险管理机制与水平(1.5 分)
		金融监管披露制度(1 分)
	金融监管良好实践(1 分)	商业信贷及电子支付的良好实践(1 分)

二　设置依据、评估标准及评估分析

本报告从三级指标角度，逐项说明指标设置的具体依据、实施中的评估方法和评分标准，并基于评估情况分析评估结果。

（一）商业借贷、交易保护、电子支付、绿色金融的规制框架（4分）

【设置依据】

商业借贷、交易保护、电子支付、绿色金融等领域对于数字经济中的企业运营至关重要。数字经济时代，企业的融资、交易、支付和绿色可持续发展都与金融规制框架密切相关。其中，商业借贷指标考察了金融市场对企业提供融资的有效性和可获得性。一个稳健和支持性的商业借贷法规框架可以促进企业获得资金，推动数字经济的增长。交易保护指标关注交易的合同执行、产权保护以及纠纷解决的法规框架，对于数字经济中的商业合同和交易的稳定性和可信度至关重要。同时，随着数字经济的崛起，电子支付方式变得越来越重要。电子支付指标评估了电子支付系统相关法规框架，以确保安全、高效、可靠的电子支付渠道。最后，评估绿色金融法规框架有助于推动资金流向环保和可持续项目，以支持数字经济的可持续增长。

【评估方法】

在官网与公开搜索引擎上检索相关资料，检索的关键词包括“商业借贷”“交易保护”“电子支付”“绿色金融”。

【评分标准】

本项指标满分为 4 分，对四个领域均设置 0 分、0.5 分、1 分三档，以对应“不可得”“可得”“易得”三种情形。“易得”赋 1 分，要求政府官网有政策文件、新闻、公报等材料支撑，可供检索的关键词简单直白。“可得”赋 0.5 分，在官网政策文件缺失的情况下，要求至少有网上新闻材料佐证存在相关规制框架，且可供检索的关键词不应复杂。“不可得”赋 0 分，指无法查询到相关佐证材料。

【评估分析】

就商业借贷而言，多数城市获得 1 分，反映地方政府已经就商业借贷准备了充分的制度性框架与指导性计划。就交易保护而言，其中表现较好的北京，为落实《关于加快建设全球数字经济标杆城市的实施方案》中建立安全和发展并重的数据跨境流动机制的要求，打造了全国首个服务跨境场景的数据托管服务平台，旨在建立数据要素交易市场，研究数据要素管理机制，参与制定数据定价规则，鼓励和支持大数据交易平台创新发展。[①] 就电子支

① 《北京国际大数据交易所打造全国首个服务跨境场景的数据托管服务平台》，北京市朝阳区人民政府官网，http://www.bjchy.gov.cn/lqjs/lqdt/4028805a811a47da01811f14f64e046b.html，最后访问日期：2024 年 3 月 5 日。

付而言，多数城市获得 0.5 分，表明其未有“市级政府文件”，无法佐证被评估城市已经构建了体系完善的电子支付规制框架，不符合营商环境建设全市域覆盖的评估意旨。以跨境电商零售进口税款电子支付为例，包括浙江、河南等试点关区，只可检索到泛泛提及优化营商环境和激励机制的红头文件，无法检索到建立该项机制的专项实施意见和后续工作意见。就绿色金融而言，有相当数量的城市获得 1 分，得分情况整体较好。其中，深圳出台了《深圳经济特区绿色金融条例》，以建立符合绿色金融发展要求的法人治理结构和组织体系，健全绿色金融工作领导决策机制以及相应的执行、监督机制，提供相应的资源和执行能力保障，保障金融机构的治理结构和组织体系能够有效支撑绿色金融发展目标。① 重庆制定了《重庆市绿色项目（企业）评价标准》、《碳排放权抵押贷款管理指南》以及《重庆市碳排放权交易管理暂行办法》。②

总体而言，各城市得分情况如下：

商业借贷方面，北京、天津、上海、重庆、宁波、深圳、沈阳、哈尔滨、南京、杭州、武汉、广州、石家庄、太原、合肥、郑州、长沙、南宁、海口获得 1 分；厦门、大连、长春、济南、青岛、成都、西安、呼和浩特、福州、南昌、贵阳、昆明、拉萨、兰州、西宁、银川、乌鲁木齐获得 0.5 分；

交易保护方面，北京、天津、上海、重庆、厦门、深圳、沈阳、南京、杭州、武汉、成都、广州、太原、合肥、长沙、海口获得 1 分；宁波、大连、长春、哈尔滨、济南、青岛、西安、石家庄、呼和浩特、福州、南昌、郑州、南宁、贵阳、昆明、拉萨、兰州、西宁、银川、乌鲁木齐获得 0.5 分；

电子支付方面，北京、天津、上海、重庆、宁波、深圳、杭州、广州、

① 《深圳经济特区绿色金融条例》，深圳市司法局官网，http：//sf. sz. gov. cn/ztzl/yhyshj/yhyshjzcwj/content/post_ 10292059. html，最后访问日期：2024 年 3 月 5 日。

② 《重庆加强绿色金融建设，优化金融营商环境》，中国网，http：//cq. china. com. cn/2022-08/04/content_ 42058900. html，最后访问日期：2024 年 3 月 5 日。

石家庄、长沙、海口获得 1 分；厦门、沈阳、大连、长春、哈尔滨、南京、济南、青岛、武汉、成都、西安、太原、呼和浩特、合肥、福州、南昌、郑州、南宁、贵阳、昆明、拉萨、兰州、西宁、银川、乌鲁木齐获得 0.5 分；

绿色金融方面，北京、天津、上海、重庆、深圳、广州获得 1 分；宁波、厦门、沈阳、大连、长春、哈尔滨、南京、杭州、济南、青岛、武汉、成都、西安、石家庄、太原、呼和浩特、合肥、福州、南昌、郑州、长沙、南宁、海口、贵阳、昆明、拉萨、兰州、西宁、银川、乌鲁木齐获得 0.5 分。

（二）企业融资可获得性、多样性、便捷性（3分）

【设置依据】

民营企业尤其是中小微企业是国民经济发展和社会发展不可或缺的力量，在增加就业岗位、提高居民收入、保持社会和谐稳定等方面发挥着重要作用。企业的生存和发展离不开资金的充足和流动，企业融资难一直是困扰中小微企业实现持续性生产经营的问题。《优化营商环境条例》第 26 条明确规定了政府利用金融工具促进市场主体发展的机制，政府应当“鼓励和支持金融机构加大对民营企业、中小企业的支持力度，降低民营企业、中小企业综合融资成本”，“促进多层次资本市场规范健康发展，拓宽市场主体融资渠道，支持符合条件的民营企业、中小企业依法发行股票、债券以及其他融资工具，扩大直接融资规模”。在此环节中，衡量企业融资获取情况是评估政府提供金融服务质量的重要尺度。

【评估方法】

在评估方法上，通过官网检索与公开搜索引擎检索，搜集被评估城市关于降低企业融资成本的政策文件、新闻等，同时采用问卷法，调查企业在融资方面的困难以及政府在解决企业融资难问题、降低企业融资成本方面的具体落实情况。在评估内容上，分别从促进企业融资的可获得性、多样性、便捷性三个角度对被评估城市进行评估。

【评分标准】

本项指标的满分为 3 分，其中可获得性、多样性和便捷性分别赋 1 分。

对被评估城市在降低企业融资成本方面的举措进行综合性评价，包括设立线上的企业融资平台，举办银企对接路演或企业融资需求碰头会，出台中小微企业融资优惠政策（包括风险代偿、贷款贴息等），采取帮扶股权融资、知识产权质押融资等新型融资方式，结合企业主观评价进行综合评估。

具体而言在可获得性、多样性、便捷性三个方面具有创新和突出表现，企业主观问卷对本地政府降低企业融资成本方面做出的相关措施和服务基本满意的，分别赋分 0.8~1.0 分；具有基本企业融资帮扶举措，企业主观问卷对本地政府降低企业融资成本方面做出的相关措施和服务评价有待优化的，分别赋分 0.5~0.7 分。最终得分为三个方面得分总和。

【评估分析】

本项指标从融资可获得性、多样性、便捷性三个方面综合考量了被评估城市在降低企业融资成本方面的相关举措。本项指标满分为 3 分，基本合格分数为 2.4 分。其中，大多数被评估城市高于合格分数。

根据评估材料，被评估城市均在“降低企业融资成本”方面提供了政策支持。

总体而言，高得分城市聚焦于构建多维度金融服务体系和畅通融资渠道。其中，高得分城市更加注重融资方式的长效性，并为此提高企业融资对接和贷款审批发放效率：一方面，发展完善对接机制以积极响应重点融资的需求；另一方面，下沉重心，推动小微贷款增量扩面。

首先，在“可获得性”维度，被评估城市出台了全领域或特殊行业的中小微企业贷款优惠政策（包括风险代偿基金、政策性担保机构扶持、贷款贴息等多种政策），形成了以财政资金为基础，紧密结合市场化运营方式的融资支持机制，提高了企业的银行贷款获得率。

其次，在“多样性”维度，许多城市推出股权融资、知识产权质押融资等新型融资方式的信息发布平台，为企业拓宽新型融资渠道提供了信息条件。

最后，在“便捷性”维度，各被评估城市建设了市级、省级等多级别的企业融资数据平台，以供广大金融贷款机构介绍借贷产品，融资企业可以在线上平台发布融资需求或直接通过平台联系相应银行机构。除此之外，相关举措还包括举办银企对接路演活动、企业融资需求意见征询碰头会，促进政府部门与企业的双向沟通，帮助政府部门深入了解企业的融资需求和意向等。值得注意的是，民营企业、小微企业的融资问题仍是构建高水平和多维度金融服务体系的难点。高得分城市则充分关注民营企业的特点和需求，健全完善信用体系，建立全面及时的信用信息共享机制，以减少信息不对称导致的融资难题。

总体而言，各城市得分情况如下：

可获得性方面，北京、天津、上海、重庆、深圳、杭州、广州、武汉、成都、西安获得 1 分；宁波、石家庄、长沙、海口、厦门、沈阳、大连、长春、哈尔滨、南京、济南、青岛、太原、呼和浩特、合肥、福州、南昌、郑州、南宁、贵阳、昆明获得 0. 8 分；拉萨、兰州、西宁、银川、乌鲁木齐获得 0. 6 分。

多样性方面，北京、天津、上海、深圳、杭州、广州、武汉、成都、西安获得 1 分；重庆、宁波、长沙、海口、厦门、沈阳、大连、长春、哈尔滨、南京、济南、青岛、太原、呼和浩特、合肥、福州、南昌、郑州、南宁、贵阳、昆明获得 0. 8 分；石家庄、拉萨、兰州、西宁、银川、乌鲁木齐获得 0. 6 分。

便捷性方面，北京、天津、上海、重庆、宁波、深圳、杭州、广州获得 1 分；石家庄、长沙、海口、厦门、沈阳、大连、长春、哈尔滨、南京、济南、青岛、武汉、成都、西安、太原、呼和浩特、合肥、福州、南昌、郑州、南宁、贵阳、昆明获得 0. 8 分；拉萨、兰州、西宁、银川、乌鲁木齐获得 0. 6 分。

【良好实践】

在本次评估周期中，上海采取了多种措施提高金融服务水平，持续增强对重点领域和薄弱环节的服务能力，持续推动金融领域数字化转型。一方面，上海打造了服务科创企业的投融资链条。发挥风险投资“最先一公里”作用，积极支持初创期科创企业加快发展。发挥银行信贷作用，“科技履约贷”“科创助力贷”等科技专属信贷产品持续完善。落实“浦江之光”行动，建设服务全国科创企业的重要投融资中心。科创金融改革试验区、科技保险创新引领区等在沪落地。另一方面，上海启动普惠金融顾问制度，深化大数据普惠金融应用，支持中小微企业成长。①

（三）信用登记部门运行机制（1分）

【设置依据】

党的二十大明确提出，完善产权保护、市场准入、公平竞争、社会信用等市场经济基础制度，优化营商环境。完善的社会信用体系和高质量的社会信用环境，既是良好营商环境的重要组成部分，也是持续优化营商环境的有效保障。近年来，我国陆续出台《关于加强重点领域信用监管的实施意见》《关于推进企业信用风险分类管理进一步提升监管效能的意见》，制订或修订市场监管《严重违法失信名单管理办法》《信用修复管理办法》。进一步完善了国家企业信用信息公示系统，依法公示各类市场主体抽查检查结果、行政处罚等信息，向构建以信用为导向的营商环境迈出了坚实步伐。

【评估方法】

在评估方法上，利用官网、网络公开搜索引擎，检索与“信用登记”有关的政府文件，根据官网检索政策文件的数量、详细程度、是否有政策专栏来评分。检索关键词应包括“信用体系”“社会信用”“产权保护”“征信平台”。

【评分标准】

设置0分、0.5分、1分三档，分别对应“不可得”“可得”“易得”三种情形。“易得”赋1分，要求政府官网有政策文件、新闻、公报等材料支撑，可供检索的关键词简单直白。“可得”赋0.5分，要求在官网政策文件缺失的情况下，至少有新闻材料佐证存在信用登记之运行机制。“不可得”赋0分，指无法查询到相关佐证材料的情形。

① 《优化金融发展生态，提升金融服务水平！这场发布会聚焦一流金融营商环境建设》，上海金融官微，https://jrj.sh.gov.cn/ZXYW178/20230428/768fbe6b7a594a5289e7d6236bd6672e.html，最后访问日期：2024年3月5日。

【评估分析】

在本项三级指标评估中，13 个城市评分在 0.5 分，存在失分情况。上海、河北、浙江、山东、河南、湖北、陕西、天津、广东、内蒙古、青海、重庆、江苏、吉林、海南、江西、甘肃、山西、湖南、黑龙江、辽宁、云南、贵州、广西等 24 个地方已出台省级社会信用相关地方性法规。其中，深圳市、宁波市、杭州市、大连市、哈尔滨市、南京市、厦门经济特区已出台市级社会信用相关条例。值得注意的是，高得分城市在出台社会信用地方性法规的基础上，进一步通过建设高效的公共信用信息平台加强社会信用体系建设。具体而言，其通过各类信用信息的收集、共享和一体化处理，实现了信用信息与应用系统的深度融合，这将为政府和市场提供数据分析和风险监测等深层次服务，最大限度地利用信用信息。

《2023 年社会信用体系建设工作要点》发布，其对当前信用监管模式提出了新要求，具体体现为需要充分发挥信用监管在配置监管资源、防范化解风险等方面的重要作用，行业主管部门要会同相关监管部门建立健全跨部门综合监管事项信用评价指标体系，明确分级分类标准及相应的协同监管措施；相关部门在注册登记、资质审核、日常监管、公共服务、执法办案的过程中，要准确、全面记录市场主体信用行为，及时归集共享信用信息；发现存在违法失信行为的，要及时通报相关部门，依法开展失信惩戒。具体而言，该文件强调要完善以信用为基础的新型监管机制，全面建立信用承诺制度，完善事前信用核查机制，加强事中环节监管，强化信用激励和惩戒，完善信用修复机制。然而，获得 0 分的被评估城市普遍存在仅有省级政府文件、缺少佐证材料的问题。评估组认为，在必须指定本级别政府文件的重要领域，被评估城市缺少市级政府文件会导致政府实施监管、提供服务缺少合理的法律依据与自我约束机制，并使得实施效果偏离《优化营商环境条例》的宗旨。

总体而言，各城市得分情况如下：北京、天津、上海、深圳、杭州、广州、重庆、长沙、宁波、海口、厦门、沈阳、大连、长春、哈尔滨、南京、济南、青岛、合肥、福州、南宁获得 1 分；武汉、成都、西安、西宁、银川、乌鲁木齐、太原、呼和浩特、南昌、郑州、贵阳、昆明、石家庄获得

0.5 分；拉萨、兰州获得 0 分。

【良好实践】

深圳正式印发《深圳市优化市场化营商环境工作方案（2023—2025年）》（简称《工作方案》），致力于提升信用监管和服务水平，持续发力打造信用体系更健全的市场化营商环境。[①] 第一，《工作方案》要求创新事前环节信用监管。深入拓展涉企经营许可告知承诺制，建立健全信用承诺闭环管理机制。2024 年实现在融资、商务经营、行政管理领域以统一的信用报告代替企业无违法违规证明。第二，《工作方案》要求规范事中环节信用监管。2023 年出台以信用风险为基础的“双随机、一公开”抽查标准，2024 年实现将信访舆情焦点、投诉举报热点等要素纳入市场主体信用风险分类监管，进一步提升监管名单精准性。拓展在食品药品、安全生产、价格、统计领域推进信用分级分类监管，2024 年基本实现重点领域信用监管全覆盖。第三，《工作方案》要求完善事后环节信用监管。提升消费服务质量，健全消费争议处理机制，推广线下门店实施七天无理由退货。2023 年建立行政处罚后信用修复渠道主动告知机制，实行信用修复“一口办理、一次办成”。加强对市场主体的失信约束，2024 年实现失信联合惩戒措施在行政审批、财政资金资助中落地应用。第四，《工作方案》要求发展市场化信用服务机构。2024 年出台促进信用服务市场发展的政策举措，完善信用服务行业的服务标准和监管规范，招引和培育一批具有国际竞争力的信用服务机构。

（四）抵押登记运行机制（1.5分）

【设置依据】

在营商环境改革不断推进的过程中，抵押登记的流程优化发挥了重要作用。其中，不动产抵押是当前融资最普遍的信用方式之一，其办理效率直接

---

① 《深圳连发 3 个工作方案，加快优化市场化法治化国际化一流营商环境》，深圳特区报，http：//www.sz.gov.cn/cn/xxgk/zfxxgj/zwdt/content/post_10771648.html，最后访问日期：2024 年 3 月 5 日。

影响到企业、群众的融资成本，直接影响到市场交易的活力。国家市场监管总局在《关于〈优化营商环境条例〉的意见》中指出：必须提升动产抵押登记服务效能。在抵押登记运行机制中，必须推动建立动产和权利担保统一登记法律体系，在法律规定的范围内探索建立统一的动产和权利担保登记公示系统。同时，需要提升动产抵押登记公示效果，依托全国市场监管动产抵押登记业务系统，在线受理动产抵押登记的设立、变更、注销，便捷当事人办理相关业务。

【评估方法】

在评估方法上，利用官网、网络公开搜索引擎，检索与“抵押登记”有关的政府文件，根据在官网检索到的政策文件的数量、详细程度以及是否有政策专栏来评分。检索关键词应包括“不动产抵押登记”“动产抵押登记”“政银合作”。

【评分标准】

设置0分、0.5分、1.5分三档，分别对应“不可得”“可得”“易得”三种情形。“易得”赋1.5分，要求政府官网有政策文件、新闻、公报等材料支撑，可供检索的关键词简单直白。“可得”赋0.5分，要求在官网政策文件缺失的情况下，至少有新闻材料佐证存在抵押登记之运行机制。“不可得”赋0分，指无法查询到相关佐证材料的情形。

【评估分析】

在本项评估中，评估小组通过检索被评估城市政府官网有关于抵押登记的政策文件、新闻，得出被评估城市均出台了在不动产抵押登记、动产抵押登记方面改革、实施便利化措施的相关文件。其中，得分较高的城市进一步推广不动产抵押登记+金融服务的深度融合，推进不动产登记服务提质增效，持续激发市场交易活力。值得注意的是，得分较高的城市发展了动产担保的统一登记，实现了各类动产登记和权利担保登记的整合。通过跨部门的合作与职能整合，统一的动产担保系统将极大地促进动产担保融资，并最终提升获得信贷的便捷性。而对于不动产登记而言，得分较高的城市选择将不动产抵押登记义务下沉到各大银行，即抵押权的初次登记和注销登记仅需在银行网点办理，而无须到登记部门现场。这无疑大大提高了不动产抵押登记的效率。

本项评分满分为 1.5 分，其中多数城市得分为 1 分。得分为 1.5 分的城市为北京和上海，各个城市分差不大。

【良好实践】

广东省积极推进不动产登记+金融服务深度融合的便民新模式，积极提高政府服务水平。深圳市于 2022 年 11 月 23 日发布《深圳市不动产登记中心关于不动产登记+金融服务“总对总”有关事宜的通知》，部署不动产登记+金融服务“总对总”的有关事项。[①]根据该通知，不动产登记+金融服务“总对总”，即持证房屋类抵押权设立登记、抵押权注销登记、抵押权预告登记单案业务可通过金融总对总系统在网上申请办理。企业、群众在办理信贷业务时，可通过各银行网点设置的便民服务窗口，同步申请办理不动产抵押登记，不必前往不动产登记机构办理登记。广东省的不动产登记+金融服务改革呈现两个特点。第一，窗口前移，服务延伸。积极对接各金融机构，将不动产抵押登记受理权限从不动产登记部门延伸到金融机构，把多个部门相关联的“多件事”整合为企业、群众视角的“一件事”。第二，政银合作，双向办理。通过在金融机构设立不动产登记便民服务点，抵押（权）人在银行签订抵押合同的同时提交抵押登记申请材料，银行通过不动产互联网平台受理不动产抵押登记，相关信息同步推送至不动产登记系统，不动产工作人员审核办结业务后将电子不动产登记证明推送回银行，银行即可办理放贷手续，真正实现“数据多跑路、群众少跑腿、就近办手续”的工作目标。

（五）绿色金融发展水平（1.5分）

【设置依据】

推动经济社会发展绿色化、低碳化是实现高质量发展的关键环节。党的二十大报告提出，“完善支持绿色发展的财税、金融、投资、价格政策和标

① 《深圳市不动产登记中心关于不动产登记+金融服务“总对总”有关事宜的通知》，中华人民共和国自然资源部网站，https：//www. mnr. gov. cn/zt/zh/yshjpjdj/sz/zcwj/202401/t20240118_ 2821502. html，最后访问日期：2024 年 4 月 11 日。

准体系”。绿色金融主要为促进环境改善、应对气候变化和资源节约高效利用的经济活动提供金融服务。推动绿色金融健康平稳发展，对于拓展生态产品价值实现路径、把绿水青山转化为金山银山具有积极意义。绿色金融包含绿色信贷、绿色保险、绿色债券等产品模式，能有效推动产业转型升级。

【评估方法】

在评估方法上，利用官网、网络公开搜索引擎，检索与“绿色金融”有关的政府文件，根据在官网检索到的政策文件的数量、详细程度以及是否有政策专栏来评分。检索关键词应包括“绿色金融”“绿色信贷”“绿色保险”“绿色债券”“绿色贷款”。

【评分标准】

满分为 1.5 分，基础分为 1 分。对绿色金融发展水平的考察主要针对各地政策制度及能力建设、投融资流程管理、内控管理与信息披露、监督管理等维度。对绿色金融产品监管的政策、方法健全，管理水平较高的，得 1.2~1.5 分；对绿色金融产品监管的政策、方法有总体框架，但尚存疏漏的，得 0.8~1 分；未针对绿色金融产品出台地方政策的，得 0 分。

【评估分析】

在本项评估中，评估小组通过检索被评估城市政府官网有关于绿色金融的政策文件、新闻，查找当地绿色金融市场的信息及绿色金融产品的发展情况，得出以下结论：

所有被评估城市得分平均分为 1.1 分，各城市分差较大。得分为 1.5 分的城市有 2 个，得分在 1 分以下的城市有 9 个。重庆、深圳获得 1.5 分；北京、上海、天津、杭州、广州、长沙、宁波、海口、厦门、沈阳、大连、长春、哈尔滨、南京、济南、青岛、合肥、福州、南宁、武汉、成都、西安、南昌、郑州、石家庄获得 1.2 分；太原、呼和浩特、拉萨、兰州、西宁、银川、乌鲁木齐、贵阳、昆明获得 0.8 分。

本项指标得分的差距主要体现在各个城市迥异的绿色金融发展完善程度。深圳为我国首个出台绿色金融法规的城市，其率先要求金融机构强制性披露环境信息等多项创新性规定在社会上引起强烈关注。而在得分较低的城市，尚未看到当地政府对绿色金融产品的发展有进一步的引导、规制。以深圳为例，为贯彻落实绿色金融法规，各部门研究制定了围绕金融机构投资前评估及投资后管理的具体工作内容和工作方法，以促进金融机构将环境风险管理纳入投融资全流程。具体而言，深圳市强调针对绿色投资的相关工作必须得到常态化工作机制的保证以确保其有效落实。在投资前，金融机构应对投资项目主体提供的环境影响评价相关报告进行评估；在投资后，金融机构应建立健全投资后管理制度，持续关注投资项目的环境表现及环境绩效实施情况。总体而言，得分较高的城市通过地方性法规、政府指导文件、座谈会等形式推进绿色金融的发展。绿色金融的规制涉及制度、标准、产品服务、绿色投资评估、信息披露、监管等方面，涵盖完整的绿色金融生态链，能有效建立绿色法制营商环境。

【良好实践】

在 2023 年初，深圳市人大常委会完成了《深圳经济特区绿色金融条例》的立法后评估。[①] 从立法后评估报告的信息来看，深圳绿色金融发展之活跃程度处于全国领先水平。

其中，在立法的引领和保障之下，深圳成立了绿色金融发展工作领导小组。同时，深圳市成立了绿色金融协会，负责绿色金融宣传、标准制定、信息披露、制度建设等绿色金融专业服务工作。深圳市还积极认定绿色金融机构，并逐步建立金融服务标准体系。在立法的保障下，深圳绿色债券不仅发行规模大幅增长，而且品种不断创新，为全国领先水平。同时，深圳关于绿色金融产品的监管指标体系也在进一步完善，对发现和管控企业“洗绿”行为提供了进一步指导。

2022 年 8 月，中国人民银行、国家发展改革委、财政部等 6 部委联合印发《重庆市建设绿色金融改革创新试验区总体方案》，标志着重庆市绿色

---

① 《〈深圳经济特区绿色金融条例〉完成立法后评估》，深圳政府在线，http://www.sz.gov.cn/cn/xxgk/zfxxgj/zwdt/content/post_10370258.html，最后访问日期：2024 年 4 月 11 日。

金融改革创新试验区正式成立。[①] 绿色金融改革创新试验区正式成立以来，重庆积极推进绿色金融数字化建设，完善标准体系，牵头制定全国性行业标准《碳排放权质押贷款业务服务流程指南》，参与《绿色项目库》等3项全国性行业标准制定，发布或推动“绿色票据评估与管理指引”等十余项地方绿色金融标准；落实信息披露要求，营造良好政策环境，完善市场体系，如今已在绿色金融发展的诸多方面取得明显成效。在优化资源配置方面，重庆市诸多金融机构把绿色金融作为公司业务的重要组成部分；在风险管理方面，目前在重庆开展环境信息披露的金融机构中，超过九成机构把发展绿色金融嵌入公司长期战略规划，并通过开展环境信息披露、环境压力测试，全面增强金融机构管理环境、气候变化相关风险的能力。在碳市场定价机制建设方面，重庆碳市场在全国区域碳市场的领先地位进一步巩固，重庆联合产权交易所与四川联合环境交易所围绕碳市场能力建设、川渝 CCER 项目互挂等方面签订战略合作协议，务实推进西部地区碳市场合作共建。同时，重庆还出台了中西部首个绿色建筑产业与绿色金融协同发展工作试点方案，以金融支持城市更新和绿色城市建设。气候投融资政策也得到长足发展，重庆通过指导金融机构实施优惠利率贷款等气候投融资业务，推动碳排放配额质押融资，丰富企业信贷抵质押手段，从而盘活碳资产，以金融支持生态产品价值实现。

（六）风险管理机制与水平（1.5分）

【设置依据】

防范化解金融风险是金融工作的永恒主题。2022 年 1 月，中国人民银行发布《宏观审慎政策指引（试行）》,[②] 明确了建立健全我国宏观审慎政

① 《绿色金融的重庆探索》，重庆市人民政府，http：//www.cq.gov.cn/ywdt/jrcq/202304/t20230413_11870608.html，最后访问日期：2024 年 4 月 11 日。

② 《中国人民银行发布〈宏观审慎政策指引（试行）〉》，中华人民共和国中央人民政府，https：//www.gov.cn/xinwen/2022-01/01/content_5665976.htm，最后访问日期：2024 年 4 月 11 日。

策框架的主要要素。宏观审慎政策框架的设立表明我国对防范金融风险的重视。该指引的发布是建立健全我国宏观审慎政策框架的重要举措，其表明我国积极推动形成统筹协调的系统性金融风险防范化解体系，促进金融体系健康发展。评估各地的金融风险管理机制与水平，是对发展和安全这一命题的研究，能敦促各地平衡好稳增长与防范风险的关系，遵循好市场化与法治化的原则，夯实金融稳定运行的基础。

【评估方法】

在评估方法上，利用官网、网络公开搜索引擎，检索与“金融风险监管”有关的政府文件，根据在官网检索到的政策文件的数量、详细程度以及是否有政策专栏来评分。检索关键词应包括“风险防范”“风险化解”“宏观审慎”“微观监管”“系统性金融风险”。

【评分标准】

本项评估满分为 1.5 分，设置 0 分、1 分、1.5 分三档，分别对应“不可得”“可得”“易得”三种情形。“易得”赋 1.5 分，要求政府官网有政策文件、新闻、公报等材料支撑，可供检索的关键词简单直白。“可得”赋 1 分，要求在官网政策文件缺失的情况下，至少有新闻材料佐证存在风险管理机制。“不可得”赋 0 分，指无法查询到相关佐证材料的情形。

【评估分析】

在本项评估中，评估小组通过检索被评估城市政府官网关于建立健全金融风险防范机制、监管体制的政策文件、新闻、法规，以评估各城市金融风险防范工作之成果与水平。其中，得分较高的城市已经就央行、证监会等机构发布的指导性文件进行深入学习，并结合本地实际出台相应政策、进行相应试点和推广。

所有被评估城市得分均在 1 分以上，可见各个城市均有一定的金融风险防范机制。其中得分为 1.5 分的城市为北京与上海。本项指标的分数差距主要体现在满分城市针对重点领域的金融风险有相应举措。具体而言，建立了较为健全的风险预警响应机制，明确落实金融风险防范处置属地责任，并有较为完善的常态化风险处置机制。对于非法金融活动，高分城市基本形成了事前防范、事中监管、事后处置的全链条工作机制。同时，针对中小银行的金融风险防范，高分城市构建了符合中小银行实际、简明实用的公司治理架构，建立健全了审慎合规经营、严格资本管理和激励约束机制。值得注意的是，高分城市充分利用了数字技术赋能以推动地方金融风险治理的创新。这体现在其充分利用数字技术以实现金融风险的事前干预。通过运用互联网和大数据，统筹各政府部门和关联企业的系统数据，可以实现信息的畅通，进而为金融风险的监测提供信息支撑。高得分城市均建有金融风险监管领导小组，其旨在以大数据思维和技术重塑地方政府金融风险管理模式，通过对数字技术的利用克服传统专业化分工的政府部门在应对跨领域、跨层级问题时产生的组织协调失灵，从而应对金融风险治理中出现的新形势、新变化。

（七）金融监管披露制度（1分）

【设置依据】

信息披露对于金融机构的战略目标、治理结构、政策制度、风险管理、经营活动、投融资活动和能力建设具有重要影响。而政府为金融机构开展信息披露从而进行监管，能为金融机构提供统一、细致、实操、先进的指导，促进金融机构提升自身环境绩效，推进环境信息披露的客观性、准确性、科学性、可比性，为其发展提供制度保障。

【评估方法】

在评估方法上，利用官网、网络公开搜索引擎，检索与“金融机构信息披露”有关的政府文件，根据在官网检索到的政策文件的数量、详细程度以及是否有政策专栏来评分。特别地，评估小组将各个城市关于金融机构环境信息披露的政策作为亮点，若被评估城市针对环境信息披露有较为详尽的规定，则会酌情予以加分。

【评分标准】

本项评估满分为 1 分，设置 0 分、0.5 分、1 分三档，分别对应“不可得”“可得”“易得”三种情形。“易得”赋 1 分，要求政府官网有政策文件、新闻、公报等材料支撑，可供检索的关键词简单直白。“可得”赋 0.5

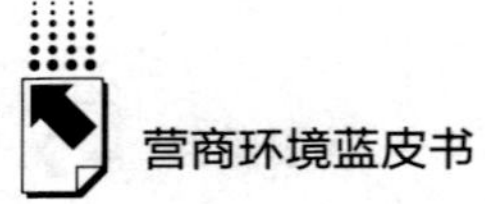

分，要求在官网政策文件缺失的情况下，至少有新闻材料佐证存在金融监管披露制度。“不可得”赋 0 分，指无法查询到相关佐证材料的情形。

【评估分析】

所有被评估城市的平均分为 0.68 分，各城市之间分差不大。其中，得分为满分的城市有 2 个，具体体现在这些城市为金融机构环境信息披露制定了较为详尽的政策，并为相关政策文件配有较为明确的解读。而得分较高的城市对央行、证监会发布的有关金融机构信息披露的指导性文件，有较为深入的学习，当地政策也努力与发展纲领相适应。特别地，得分较高的城市就绿色金融、科技金融等金融业新范式制定了与之适配的信息披露规则，以适应、服务新质生产力。

总体而言，各城市得分情况如下：

上海、深圳获得 1 分；重庆、北京、天津、杭州、广州、长沙、宁波、海口、厦门、沈阳、大连、长春、哈尔滨、南京、济南、青岛、合肥、福州、南宁、武汉、成都、西安、南昌、郑州、石家庄、太原、呼和浩特、兰州、银川、乌鲁木齐、贵阳、昆明获得 0.5 分；拉萨、西宁获得 0 分。

【良好实践】

2022 年 9 月 26 日，深圳印发了《〈深圳市金融机构环境信息披露指引〉的通知》，[①] 该指引采取强制性与鼓励性指标并存的方式，以确保金融机构环境信息披露工作的有序落地。其中，强制性指标主要从战略和行动计划、治理结构、政策制度、环境风险管理、经营活动环境影响、投融资活动环境影响、能力建设、创新研究、数据质量管理等九个维度，以九个“应当”来明确金融机构环境信息披露的工作要求。而鼓励性指标主要包括鼓励金融机构披露对环境相关重大议题进行识别、评估、管理的方针和具体措施；鼓励金融机构通过情景分析或压力测试方法量化环境因素对金融机构自身或其

① 《深圳市地方金融监督管理局、中国人民银行深圳市中心支行、中国银行保险监督管理委员会深圳监管局、中国证券监督管理委员会深圳监管局关于印发〈深圳市金融机构环境信息披露指引〉的通知》，深圳市地方金融监督管理局网站，http：//jr. sz. gov. cn/sjrb/ydmh/isz/wgk/content/post_10150988. html，最后访问日期：2024 年 4 月 11 日。

投资标的产生的影响并披露相关工作情况；鼓励披露绿色金融创新实践案例、环保培训活动或公益活动的情况以及与绿色金融和环境风险分析相关的研究及成果、奖项、未来展望等。

具体来说，该指引要求金融机构应当从中长期战略和行动计划、内部环境治理结构、遵循的环境与绿色金融相关政策制度、环境风险及机遇相关的管理机制和流程等方面披露机构内部绿色金融相关工作的开展情况；在经营活动环境影响与投融资活动环境影响方面，该指引对标国际，借鉴吸纳国际环境与气候信息披露标准框架、测算方法，率先提出金融机构开展自身运营范围一、范围二及范围三碳排放，整体投融资业务碳排放的核算与披露要求。

（八）商业信贷及电子支付的良好实践（1分）

【设置依据】

就商业信贷而言，优化信贷营商环境，更好服务实体经济、服务中小微企业发展，是金融监管部门、金融机构的重要任务。推动营商环境持续优化，促进金融服务水平进一步提升，将为经济的高质量发展提供强有力的金融支持。

就电子支付而言，其作为重要入口和基础设施，是线上经济闭环中的关键环节之一。电子支付不仅仅是一种支付方式，还极大地拓展了商业模式创新的可能性边界，已成为中国经济社会发展的新动能。电子支付是新一轮科技革命和产业变革的产物，不断促进电子支付发展，促进新技术、新业态、新模式融合，形成新的供给，是发展数字经济、智慧经济必不可少的要素。

【评估方法】

在评估方法上，利用官网、网络公开搜索引擎，检索与“信贷”“电子支付”有关的政府文件和新闻报道，根据官网检索到的政策文件的数量和详细程度、是否有政策专栏、是否对良好实践有报道等情况来评分。检索关键词应包括“信贷审批流程”“信贷融资服务”“小微企业”等。

【评分标准】

本项评估满分为 1 分，分别设置 0 分、0.5 分、1 分三档。其中，存在商业信贷及电子支付的良好实践，赋 1 分；存在商业信贷或电子支付的良好实践，赋0.5分；两种良好实践皆不存在，赋0分。

【评估分析】

本项评估各城市分差较大，表明各地商业信贷和电子支付发展水平不一。其中得分为满分的城市有3个。

本项指标的得分差距被拉开主要在于排名前列城市对推动商业信贷、电子支付发展所做的努力。排名前列的城市，如北京，配合上级政府出台了配套的改革政策文件，强化政策引领，通过鼓励简化审批流程、实施差异化考核、建立尽职免责机制等，引导辖区内机构完善“敢贷、愿贷、能贷、会贷”长效机制，为民营企业、小微企业高质量发展创造优良政策环境。这一差异还体现在各城市对商业信贷及电子支付服务的基本定位——是否明确其服务于实体经济。高分城市注重金融服务之于实体经济发展的重要性，在推动决策部署时会自发提供小额、便民支付服务，兼顾行业利益与社会利益；同时，数字技术的应用也将提升对新业态的金融服务水平。

具体而言，各城市得分情况如下：

北京、上海、广州获得1分；深圳、杭州、长沙、宁波、重庆、天津、海口、厦门、济南、沈阳、长春、哈尔滨、南京、大连、青岛、合肥、武汉、成都、西安、南昌获得0.5分；福州、南宁、石家庄、太原、呼和浩特、郑州、兰州、银川、乌鲁木齐、贵阳、昆明、拉萨、西宁获得0分。

【良好实践】

就商业信贷而言，2023年8月，北京市银行业协会面向全体会员单位发布《关于优化信贷营商环境 提升金融服务质效的倡议书》（简称《倡议书》），《倡议书》共十项内容，突出强调了“加快推进北京市营商环境创新试点城市建设”的指导思想，倡导会员单位积极构建高效的融资环境，为各类主体提供公平公正的融资机会，助力打造市场化、法治化、国际化的营商环境，不断提高金融服务的公正性、平等性和合法性。《倡议书》重点引导和鼓励会员单位在信贷业务“简流程”、“减时间”和“简材料”等方面多下功夫，全面提升信贷审批环节、审批时限与审批要素的精细化管理水平，逐步探索针对重点信贷业务开展“主动告知”和“限时承诺”，努力打造符合首都功能定位的信贷业务“北京样本”、高效便捷的客户体验“服务样本”以及依托科技赋能的授信决策“审批样本”。《倡议书》中还存在特别的亮点，其针对世界银行新版营商环境评价标准，首次倡导会员单位积极拓宽妇女金融惠及面，提升妇女获得信贷融资的水平和满意度。另外，为响应国家金融监督管理总局正在开展的不法贷款中介专项治理行动，《倡议书》专门要求会员单位要深刻认识不法贷款中介的危害性，增强自主获客、自主经营意识和能力，严防所辖分支机构和所属员工与不法贷款中介合作，提高客户融资成本和风险。①

三　评估结论与建议

本项评估得分排名前五的城市依次为上海、北京、深圳、武汉、重庆。得分最低的三个城市依次是兰州、郑州、拉萨。本项指标得分有明显的梯度，各城市的整体得分情况仍有提升空间。

在八项三级指标当中，得分率最高的是“商业借贷、交易保护、电子支付、绿色金融的规制框架”，说明多数城市已经建立起符合企业融资新要求的规制框架。“企业融资可获得性、多样性、便捷性”指标排名第二，分值略低于排名第一的指标，说明政府在提供融资服务时形成了丰富而有保障性的相关机制。得分率最低的是“金融监管披露制度”，说明当前金融监管披露制度尚存在不够公开透明的问题，需要加强机制建设。

（一）取得的成就

1. 监管与服务并举，解决中小微企业融资难问题

从本年度评估来看，各个城市的金融服务水平较 2022 年有了一定提升。银行信贷融资主渠道的功能得到发挥，信贷投放节奏总体与实体经济运行节

① 《北京市银行业协会倡议：优化信贷营商环境 提升金融服务质效》，中证网，https://www.cs.com.cn/yh/04/202308/t20230808_6360120.html，最后访问日期：2024 年 5 月 8 日。

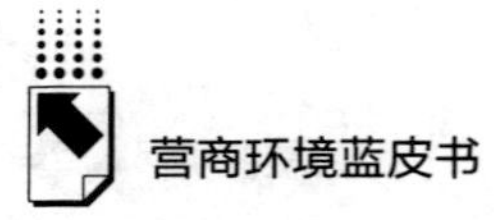

奏相衔接。其中，再贷款、再贴现、信贷窗口指导等政策工具得到运用，鼓励金融机构通过贷款重组、信贷资产证券化方式盘活信贷资源，扩大银行信贷投放空间。同时，得益于政府、银行、企业等多方合作模式的推广，信贷服务便捷性和可得性也得到提高。

2. 绿色金融理念不断深入，绿色金融实践不断创新

“绿色金融发展水平”指标是今年特别设置的亮点指标。在本年度评估中，诸多被评估城市都制定了发展绿色金融的政策意见，或创建了国家绿色金融改革创新试验区。绿色金融风险监测评估机制得到建立，绿色直接投资蓬勃发展。绿色信贷资产证券化水平提高，绿色债券得到广泛发行。碳保险、碳期货等交易工具，碳债券、碳质押等融资工具也得到开发。在碳市场方面，市场参与主体日渐增多，碳金融市场具有活力，发展欣欣向荣。

3. 金融业数字化成果显著

在本次评估周期内，评估小组注意到科技与金融不断融合的趋势。尤其是银行业，其很好地借用了金融科技的力量，利用数字化不断提升自身管理水平，提高了金融服务的经营效率。具体而言，其以金融科技为载体，在线上领域不断拓宽服务范围，简化融资手续，提升融资效率，并进一步吸引更多长尾客户。同时，金融科技的应用还使银行业的风险管理水平得到提高，通过将大数据应用于决策辅助，可以弥补传统信贷技术的不足。

（二）存在的问题

1. 数字化普及对金融风险管理提出进一步改革要求

金融业数字化的发展趋势虽然带来了新的发展动力，但同时也可能产生风险，这对我国金融业进一步转型升级提出了更高的规划、发展、管理要求。尤其数字技术的大规模应用会加大风险管理的难度，这敦促传统风控管理的转型，以适应数字技术的发展。

金融数字化模式下，风险管理从原有的信贷记录、收入证明、资产证明等线下审核转变为基于商业场景、行为特征的线上标准化大数据风控系统审核，风控模式由人工审核过渡到人工与模型共同审核，甚至完全由系统进行判断，对风险模型管理提出了更高要求。

2. 城乡金融发展水平存在差距

“普惠金融”是我国金融服务发展的重要目标之一，然而我国金融服务发展水平仍然存在城乡差距。涉农金融服务仍存在机制不健全、服务不全面的问题。惠农利民金融产品与服务不够典型，有关农村金融承载能力和农民金融服务可得性方面的典型实践效果尚不明晰，农村金融服务发展未能和数字化金融服务进行深度融合。

（三）发展建议

1. 强化数字赋能

需要加强以人工智能、大数据等新技术为驱动力，利用数字技术的力量优化整体金融服务的流程，并整合金融服务所涉资源。在资源整合上应有跨地区、跨部门、跨层级的数据共享和业务协同，在流程优化上应有“一网通办”“一网统管”“一网慧治”的举措。同时，应积极利用数字技术提升政府服务能力和办事效率，以场景化应用为牵引，重点围绕“一业一证”、“一件事”、一体化综合监管，促进政府治理流程优化、模式创新和履职能力提升。

2. 坚持服务实体经济的本质要求不动摇

应当坚持用好各类金融工具以服务、支持实体经济发展。这首先要求加大针对中小微企业的信贷支持力度。具体而言，应当推进无缝续贷增量扩面，继续执行首次贷款贴息或担保费用补助政策，研究设立普惠融资风险补偿资金。同时，应当提高金融机构贷款审查效率，这要求扩大政府、银行、企业的数据共享范围。在绿色金融发展方面，应当提高绿色债券在债券市场中的比重，鼓励新能源、生态环境等领域的企业发行不动产投资信托基金。在便利企业经营活动方面，应当探索在一定区域推行以企业信用信息报告代替行政合规证明的举措，提高效率。

B.10

数字竞争与保护

林 萌 蔡宇婷*

摘 要： 数字经济在不断涌现新业态、新模式，需要良好的营商环境来引导和规范新型的企业行为，形成公平的市场竞争秩序，规范数字经济发展。优化数字竞争环境及加强数字消费保护，有利于强化反垄断，同时尊重和保护平台经济等新业态发展。被评估城市面对新经济的发展创新监管、执法方式，压实平台和商户的责任。但新型消费侵权问题应得到更多的关注，以更好地保护消费者权益。尽管在反垄断工作上被评估城市整体表现良好，但针对平台企业的反垄断合规工作，各地存在一定差距。平台企业反垄断合规指引的效用有赖于更有广度和深度的宣传及培训，创新监管方式才能更好地防范和处置平台垄断的风险。

关键词： 数字竞争 数字消费保护 反垄断

数字经济作为一种新经济形态，推动生产方式、生活方式和治理方式发生深刻变革，是改变全球竞争格局的关键力量。为推动我国数字经济健康发展，《“十四五”数字经济发展规划》提出要“强化反垄断和防止资本无序扩张，推动平台经济规范健康持续发展，建立健全适应数字经济发展的市场监管、宏观调控、政策法规体系”，同时要增强政府数字化治理能力，有效

---

* 林萌，管理学博士，黑龙江大学经济与工商管理学院副教授、硕士生导师，研究方向为商业伦理与企业社会责任、创新管理、公司治理；蔡宇婷，对外经济贸易大学法学院2022级硕士研究生，研究方向为涉外律师 。

发挥对规范市场、鼓励创新、保护消费者权益的支撑作用。我国《优化营商环境条例》同样指出，市场主体应当遵守法律法规，恪守社会公德和商业道德，诚实守信、公平竞争，履行安全、质量、劳动者权益保护、消费者权益保护等方面的法定义务。

中国信息协会发布的《数字经济营商环境评价指标》，在数字竞争与保护指标项下分设数字消费保护和平台经济监管指标，前者从消费者权益保护、平台企业责任、商户权利与责任进行评价，后者包括数字分级分类监管和反垄断监管的有效性。本报告结合《数字经济营商环境评价指标》和《优化营商环境条例》，以“数字竞争与保护”为主题，从数字消费保护和数字竞争规制两个方面，对被评估城市的消费者权益保护、平台企业责任和商户权利与责任进行观察分析，对被评估城市的反垄断政策指引、反垄断合规培训及反垄断执法实践进行评估。

一　评估指标构成

一级指标“数字竞争与保护”下设两项二级指标，“数字消费保护”及“数字竞争规制”，二级指标下各设三项三级指标（见表1）。

表1　“数字竞争与保护”指标构成

一级指标	二级指标	三级指标
数字竞争与保护(3分)	数字消费保护(观察指标)	消费者权益保护
		平台企业责任
		商户权利与责任
	数字竞争规制(3分)	反垄断政策指引(1分)
		反垄断合规培训(1分)
		反垄断执法实践(1分)

二 设置依据、评估标准及评估分析

（一）数字消费保护（观察指标）

【设置依据】

公平的市场竞争能够提高企业的创新能力和生产效率，从而带来更高质量的产品和服务、更多更好的工作岗位和更高的收入，进而刺激经济的发展。公平的竞争政策对于企业营商环境和经济发展至关重要，尤其对于新经济的产生和发展具有重要意义：一方面帮助小企业进入市场并生存下来；另一方面为消费者带来更多的选择空间，还增加了就业和创业机会。

《优化营商环境条例》第 9 条要求市场主体应当遵守法律法规，恪守社会公德和商业道德，诚实守信、公平竞争，履行安全、质量、劳动者权益保护、消费者权益保护等方面的法定义务，在国际经贸活动中遵循国际通行规则。

平台经济是数字经济的一种特殊形态，是以互联网平台为主要载体、以数据为关键生产要素、以新一代信息技术为核心驱动力、以网络信息基础设施为重要支撑的新型经济形态。我国的头部平台基本上以消费互联网为主，伴随着平台经济的迅速发展，新的经济形态对监管带来新的挑战，消费者权益保护的问题也层出不穷。《“十四五”数字经济发展规划》强调，进一步明确平台企业主体责任和义务，推进行业服务标准建设和行业自律，保护平台从业人员和消费者合法权益。加强对平台消费者权益的保护，健全平台企业责任与平台商户权利与责任机制，才有助于数字经济市场的平稳长远发展。因此本指标项下分设消费者权益保护、平台企业责任和商户权利与责任三个指标。

【评估方法】

参考中国信息协会发布的《数字经济营商环境评价指标》，“消费者权益保护”指标考察电商信用评价机制建设情况及消费者权益保护机制完备性。“平台企业责任”指标考察平台企业承担商品质量、食品安全保障、劳动保护等责任机制的完备性（关于劳动保护方面本书已专设一项指标进行评估，此处不再重复评估）。商户权利与责任指标考察商户权利与责任机制的完备性。

但根据评估小组的检索情况，除少数城市如深圳市出台文件推进深圳市电子商务领域信用体系建设之外，国内城市普遍未建立电商信用评价机制，被评估城市也较少专门针对平台经济的消费保护情况进行观察和报道。在平台企业承担商品质量、食品安全保障责任方面，部分被评估城市虽有针对平台企业或平台商户的专门行动，但多局限于食品安全领域。当地政府部门对商品质量的监管多数未严格区分平台商户与其他企业。该项指标的资料可得性较差、有一定局限性或主观性较强，难以对被评估城市进行公平、有效的测评。因此将本项指标作为观察指标。

本报告将通过检索被评估城市政府官网、消费者协会网站，参考中国消费者协会发布的《2022 年 100 个城市消费者满意度测评报告》《中国消费者权益保护状况年度报告（2022）》，对企业进行问卷调查，对被评估城市的数字经济消费者权益保护情况作总体观察和分析。检索内容包括被评估城市关于规范平台经济、保障消费者权益、维护企业权益的政策文件、新闻、公开信息，关于企业产品质量、食品质量的监管情况，重点关注对平台企业及商户的监管。同时发放企业问卷，从企业主观评价角度评估被评估城市在维护企业合法权益方面的效率和公平性。

【评估分析】

1. 消费者权益保护方面

因被评估城市较少专门针对平台经济的消费保护发布消息，以下对被评估城市消费者权益保护方面的分析不局限于数字消费保护。整体来看，各被评估城市的表现差异较大，部分城市在消费者权益保护方面的工作机制和宣传工作较为完善，但部分城市缺少公开透明、多样化和高效的消费者权益保护渠道。

在中国消费者协会发布的《2022 年 100 个城市消费者满意度测评报告》中，消费维权指标包含权益保护、消费宣传、消费执法三项二级指标，项下设三级指标维权渠道、维权效率、维权结果、消费警示提示、消费知识法制宣传、消费执法。100 个城市在消费维权指标项下的平均分为 76.19 分（100 分制）。而本项目下的 36 个被评估城市中，有 18 个城市高于平均分，表现较好的城市包括（排名按得分由高至低）青岛、杭州、南京、厦门、成都、宁波、北京、天津、深圳、上海，这 10 座城市得分均高于 80 分，而乌鲁木齐、兰州、海口、呼和浩特、西安则排名靠后，这 5 座城市得分低于 70 分。

评估小组注意到，多数被评估城市或所在省份有建设消费者权益保护的网站或公众号，表现较好的城市会在前述平台或市场监管局官网定期发布商品检测、消费提醒、典型案例、维权要闻等信息，通过网站、公众号提供多种线上投诉路径，为消费者提供法律援助服务、安排律师定时坐班，统计公布消费者投诉及解决情况。但也有少数被评估城市未建设该类网站，市场监管局、政府官网对消费者权益保护的报道少，或更新频率很低，宣传工作有待改善。

2. 平台企业责任方面

部分被评估城市起草或出台文件规范网络交易平台经营者相关行为，如上海、重庆、深圳、石家庄等地。绝大多数被评估城市有针对平台企业开展监管行动，主要关注网络餐饮、网络直播、网络药品销售、网络租车平台，采取的方式包括走访、行政约谈、行政检查、责令整改、“电商平台点亮”行动。尤其是对网络餐饮平台的监管，大多数被评估城市与几家重要的网络餐饮平台建立联系。表现较好的城市还利用互联网创新监管方式，与重点平台达成共治协议，核查平台企业数量，公示违规经营执法案例。但少数城市未见对平台企业进行专门监管。

3. 商户权利与责任方面

所有被评估城市都正常开展对企业在产品质量和食品药品安全领域的监管，并对监管情况、执法案例进行公示。对于平台内商户，多数被评估城市都有针对平台内商户开展监管行动，主要针对网络餐饮，采取处理投诉、现场行政检查、“明厨亮灶”、“食安封签”等方式。表现较好的城市利用“互联网+监管”更全面地监测网络订餐。

对于维护商户的权利，几乎所有被评估城市都有出台关于推动平台经济发展的文件，简要涉及维护平台商户的合法权益，解决平台商户的困难。但多缺乏具体保障平台商户权利的行动、案例报道。表现较好的城市通过联合司法、行政部门的力量，护航企业健康发展。

【良好实践】

1. 消费者权益保护

关于电商信用评价机制建设情况，深圳市在 2019 年出台《深圳市电子商务经营者第三方信用评价与应用暂行办法》后，聘请第三方信用评价机构对 3000 余家深圳市重点交易型网站及大型电商平台内的 25000 余家网店进行了信用评价，并根据信用评价结果对部分电子商务经营者实施重点监管和集中监测。在 2023 年 10 月，深圳市出台《深圳市市场监督管理局电子商务经营者第三方信用评价与应用管理办法》，继续推进电子商务领域信用体系建设。

青岛市 2022 年新增省级放心消费示范单位 30 家，累计达 144 家，全市各级各类放心消费示范单位已达 2.45 万家。接处群众诉求 36 万件，为企业和群众挽回经济损失 4000 余万元。开展消费纠纷隐患排查和“回头看”，排查处置各类风险隐患 280 余起。积极推动消费维权线上线下协同发展，建立消费维权服务站 2.81 万家，其中线上维权服务站 1121 家，覆盖商超、街区、市场、综合体等消费集中场所以及 15 个行业协会；发展在线消费纠纷解决机制（ODR）单位 1.76 万家，数量居全省首位，进一步提升消费维权效能。①

上海市消保委在 2023 年“3·15”期间开展餐饮领域扫码点餐个人信息保护暗访监督的基础上，会同市餐饮烹饪行业协会制定发布《上海市网络点餐服务消费者个人信息保护合规指引》，针对网络点餐不同场景下餐饮经营者收集、使用、保管消费者个人信息等提出了具体的合规要求和操作准

① 《全国百城消费者满意度测评青岛排名全国第三，连续 3 年位居全省第一》，青岛市市场监督管理局官网，https://amr.qingdao.gov.cn/zt/fwxzfjxs/202303/t20230321_7077693.shtml，最后访问日期：2024 年 3 月 5 日。

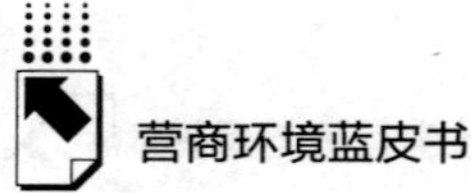

则，以切实提升餐饮行业对消费者个人信息保护的水平。

2023年，围绕消费维权主业，杭州市消保委打造杭州“3·15”绿通品牌企业数字化平台，提出全方位逐级解决纠纷的“三大堤坝”方案。第一道坝是自主协商。第二道坝是智慧和解。即企业与消费者无法自主协商解决时，双方可及时向消保委发起协助请求。消保委发布和展示针对性的指导案例，各方参照指导案例，促进纠纷智慧和解。对于一些市场经营主体与消费者双方分歧较大的疑难纠纷件，消保委将邀请行业专家、法律专家等专业人士加入，开展共享维权协作，给出专业意见建议，促成纠纷和解。第三道坝是共享法庭。针对和解困难的案件，可邀请对应的联系法官提出专业的法律指导意见建议，通过共享法庭智能评估系统及时展示类似纠纷的法院判决，促进消费纠纷在起诉前化解。截至2023年6月，杭州市消保委已建立绿通品牌企业数据库，首批企业已有115家。杭州市消保委组织正在开展和解案例和法院判例试点应用工作，下一步将借助AI技术，智能匹配各类消费投诉件，方便消费者、消保委组织和企业，快速查询对应纠纷解决方案。①

2. 平台企业责任

2023年，上海市市场监督管理局修订起草了《上海市网络直播营销活动合规指引（修订征求意见稿）》《上海市网络零售平台合规指引（征求意见稿）》《上海市网络餐饮服务平台合规指引（征求意见稿）》，以贯彻落实平台经济常态化监管要求，引导本市网络零售平台、餐饮服务平台积极落实主体责任，加强平台合规管理，保障相关主体合法权益，维护公平竞争市场秩序，促进平台经济高质量发展。

沈阳市开展专项行动，落实网络交易平台主体责任。对全市平台及自建交易类网站进行核查，共检查本地网站155个、网店945个，存在问题网站127个，行政指导117次，责令整改网站25次，责令整改网店825个。在国家市场

① 《浙江省杭州市消保委打造消费维权绿色通道品牌　首批115家企业入库》，中国消费网，https://www.ccn.com.cn/Content/2023/06-30/1659172513.html，最后访问日期：2024年3月5日。

监管总局组织开展的“点亮”行动中，对沈阳“陌贝网”的亮照、亮证、亮规则情况进行了全面核查和行政指导，并由“陌贝网”代表辽宁省参加国家市场监管总局组织开展的“百家电商平台点亮行动”，接受社会公众监督。①

郑州市开发利用“郑州网络市场综合监管平台”，整个郑州辖区内所有网络交易平台的证照信息、价格动态、经营状况、宣传内容、交易评价，对监管人员而言是全透明的，能实现随时监控、即时取证、及时查办。分局监管人员手机上均有该专用 App，只要出现法定经营异常情况，监管人员随时可对相关网页进行电子取证。得益于该平台强大的数据收集、分析和处理功能，该分局也成了网络交易监管创新及标准制定大户，如推出《跨境电商智慧监管新模式》《跨境电商信用分级分类监管》，立项了课题《数字化背景下的网络食品安全包容审慎监管的制度研究》，起草或参与起草了《网络交易管理规范第 1 部分：电子数据取证》《药品网络销售同城配送服务规范》《网络交易管理规范第 2 部分：网络食品安全抽样工作规范》《网络餐饮标准化示范街区管理规范》《直播管理规范》《信用分级分类监管》等。②

贵阳市以创建国家食品安全示范城市为目标，利用“大数据+”的科技手段筑牢食品安全防线，努力在食品生产、加工、流通、消费等环节，不断推动传统监管向智慧监管转型升级，实现各类食品全链条全系统的追溯监管。如主动推进外卖平台建设，协调饿了么、美团等外卖平台，打通省市场监管局许可系统、国家电子营业执照系统数据对接，打通后外卖平台可以实时核对外卖商家的营业执照、食品经营许可等信息，杜绝资质不齐的商家登录平台。省市场监管局已经建立“明厨亮灶”集中平台，将全省餐饮行业市场主体摄像头汇聚后进行 AI 抓拍，并将预警信息通过 App 下发至管辖地市场监管局。待饿了么、美团等平台企业配合完成开通互联网餐饮市场主体

① 《关于沈阳市政协第十六届二次会议加快推进平台经济规范健康持续发展提案（第 451 号）的答复意见-建议提案》，沈阳市市场监督管理局官网，http://scj.shenyang.gov.cn/zwgk/fdzdgknr/jyta/202305/t20230529_4472301.html，最后访问日期：2024 年 3 月 5 日。

② 《“郑州市网络市场综合监管平台”为监管赋能》，郑州市市场监督管理局官网，https://amr.zhengzhou.gov.cn/xwfb/7777812.jhtml，最后访问日期：2024 年 3 月 5 日。

"互联网+明厨亮灶"后，即可进行实时在线监管。①

呼和浩特市召开政企合作座谈会，与上海拉扎斯信息科技有限公司（饿了么平台）签署合作协议，构建起政府监管、行业自律、社会监督、企业自觉、平台自治的五位一体政企合作监管生态圈，开启网络交易监管新局面。②

3. 商户权利与责任

南宁市市场监督管理局开发使用"食安八桂监管"App，采用掌上执法新模式，实现手机巡查"互联网+监管"功能，在2022年6月已经实现全市餐饮单位掌上执法电子监管覆盖率达到70%以上。同时与第三方网络订餐平台、网络数据公司、广大餐饮服务单位进行政企合作，推广网络餐饮"互联网+明厨亮灶"，推动社会各方力量积极参与社会监督。③

2022年，西宁市市场监管系统上下联动，确保"点亮行动"取得实效，线下检查电商平台4户、平台内经营者36户；线上检查电商平台85户、平台内经营者356户，先后统计和搜集平台经营者信息40余家，入驻各平台的本地经营者信息26660余户，其中含电商购物平台内经营者3800户，社交直播平台内经营者7000余户，外卖平台内餐饮经营者7900余户、亲子娱乐商家7400余户，在线订票电商平台内经营者560余户；重点对发现的企业信息公示不完整、亮证亮照不齐全、证照更新不及时、超范围经营等问题逐一进行指导并提出整改建议。

呼和浩特市市场监督管理局印发《2023年网络交易监管工作要点》，开展2023年网络交易领域助企惠民专项行动。按照"服务走在监管前"的理念，通过对辖区内网络交易平台调研摸底、问题梳理，帮助网络交易平台内

---

① 《市市场监管局关于市政协十三届二次会议第42006号委员（党派）提案的答复》，贵阳市市场监督管理局官网，http：//amr. guiyang. gov. cn/zwgk/jyta/zxta/202306/t20230614_ 80221927. html，最后访问日期：2024年3月5日。

② 《维护公平竞争 守护统一市场 呼和浩特市市场监督管理局以"五项治理任务"全力打造公平竞争市场环境》，呼和浩特市市场监督管理局官网，http：//scjgj. huhhot. gov. cn/zwdt/tpxw/202306/t20230620_ 1546189. html，最后访问日期：2024年3月5日。

③ 《南宁市市场监督管理局关于市政协十二届二次会议第12. 02. 070号提案答复的函》，南宁市市场监督管理局官网，http：//scjgj. nanning. gov. cn/xxgk/jyta/zxta/t5250681. html，最后访问日期：2024年3月5日。

经营者（特别是小微企业和个体工商户）解决经营中的实际困难，促进企业发展壮大的同时更好地服务广大消费者。[①]

（二）反垄断政策指引（1分）

【设置依据】

垄断具有巨大危害性，通过种种排他性控制，阻止竞争对手、潜在对手的进入，限制公平竞争，损害消费者权益，阻碍技术进步，降低经济效率。平台的本质特征使得其易于形成垄断，原有的反垄断规制体系已无法应对日益多样的平台垄断现象。在我国平台经济领域，经营者涉嫌垄断的行为日益增多，这些行为损害市场公平竞争和消费者合法权益，不利于充分激发全社会创新创造活力、促进平台经济创新发展、构筑经济社会发展新优势和新动能。虽然我国《反垄断法》的基本框架适用于平台经济领域经营者，但由于平台经济的商业模式和竞争生态复杂、涉及范围广、专业性强，需要结合平台经济的特点，有针对性地为平台经济领域经营者依法合规经营提供更加明确的指引，才能更好地保护市场公平竞争和消费者利益。

《优化营商环境条例》第 21 条要求政府有关部门加大反垄断和反不正当竞争执法力度，有效预防和制止市场经济活动中的垄断行为、不正当竞争行为以及滥用行政权力排除、限制竞争的行为，营造公平竞争的市场环境。

2021 年，国务院反垄断委员会出台《关于平台经济领域的反垄断指南》，以预防和制止平台经济领域垄断行为，保护市场公平竞争，促进平台经济规范有序创新健康发展。2022 年，国家市场监管总局办公厅发布的《关于进一步贯彻实施〈中华人民共和国反垄断法〉的通知》，进一步强调要更加善于统筹运用合规指南等方式，增强反垄断监管的前瞻性、适应性和有效性。

---

① 《关于印发〈呼和浩特市市场监督管理局 2023 年网络交易监管工作要点〉的通知》，呼和浩特市人民政府官网，http：//www. huhhot. gov. cn/bmxxgk/szfzcbm/sscjdglj_ 22425/fdzdgknr_ 24516/bmgk/202303/t20230306_ 1489199. html，最后访问日期：2024 年 3 月 5 日。

【评估方法】

检索被评估城市及其所在省份出台的反垄断合规指引、政策文件，宣传反垄断和反不正当竞争的新闻，考察相关指引获取的便利度，以及政府官网关于反垄断和反不正当竞争执法信息的公开情况。主要关注被评估城市是否向经营者尤其是平台经营者提供反垄断合规指引，相关合规指引、案例指引、政策指引的获取是否便利，有无宣传反垄断和公平竞争，反垄断和反不正当竞争执法信息更新是否及时。因此项指标较上一评估周期为新增指标，有关数据的来源时间适度放宽至2021年。

【评分标准】

满分为1分，基础分为0.7分。被评估城市或其所在省、自治区出台反垄断合规指引，尤其是平台经济反垄断指引，充分宣传反垄断和公平竞争，定期公开公示经营者集中案例、反垄断和反不正当竞争案例，有关反垄断和反不正当竞争指引信息获取便利的，综合评价得0.8~1分。未对反垄断和公平竞争进行充分宣传，相关指引获取不便，综合评价得0.6~0.7分。

【评估分析】

关于本项指标，所有被评估城市的得分均在0.8分以上，其中满分城市有8个，包括北京、上海、深圳、杭州、西安、石家庄、合肥、长沙。得0.9分的城市有20个。被评估城市整体表现良好，多数城市出台了本市的反垄断合规指引，更有针对平台经济专门出台文件，并在相关网站、线下活动中进行介绍。

表2 “反垄断政策指引”得分分布

得分(分)	1	0.9	0.8
城市(个)	8	20	8

在《中华人民共和国反垄断法》《国务院反垄断委员会关于平台经济领域的反垄断指南》的基础上，多数被评估城市进一步出台了企业反垄断合规指引，部分取得高分的城市出台了针对平台经济领域的反垄断指南。在介

绍和宣传反垄断政策、公平竞争方面，绝大多数被评估城市有开展反垄断主题宣传活动或“公平竞争周”活动，并在政府、市场监管局官网上公开报道。但在获取企业反垄断指引、经营者集中案件信息公开方面，部分被评估城市未在官网提供清晰的指引、未公示涉及本市企业的案件信息或典型案例。

【良好实践】

2021 年，北京市正式发布《北京市平台经济领域反垄断合规指引》，针对平台经济领域竞争行为的特点和趋势，回应了“二选一”“大数据杀熟”等互联网领域的业态和竞争行为。结合互联网业态特点，就反垄断法规制的涉嫌垄断行为的基本内容、行为表现和风险提示进行了说明，并列举相应案例，指导平台企业进行反垄断合规管理。同年，天津市印发《天津市经营者反垄断合规指引》，设专章强调平台经营者注意反垄断合规。浙江省、辽宁省、黑龙江省、江西省同样针对平台企业发布了有关竞争合规指引。

因受国家市场监督管理总局委托实施部分经营者集中案件反垄断审查，2022 年上海市市场监督管理局编制并发布了《上海市经营者集中申报指引》《配合反垄断调查指引》《横向垄断协议案件宽大制度指引》《经营者集中简易案件申报指引》《经营者集中案件申报名称指引》《金融业经营者集中申报营业额计算指引》六个系列指引。

（三）反垄断合规培训（1分）

【设置依据】

如前所述，垄断具有危害性，反垄断合规有利于维护公平竞争的市场环境，但反垄断的专业性和复杂性使得企业难以仅凭反垄断政策指引自身合规。当前，我国不少平台企业存在反垄断合规承诺不精细、管理机构不健全、业务培训不精准、风险识别不全面、管理制度机制不健全等问题。[①] 政府支持和加强反垄断合规培训有助于引导和督促经营者提高合规意识与能

① 王群：《平台企业反垄断合规管理面临的新问题及建议》，《银行家》2023 年第 12 期，第 128~131 页。

力，提升合规管理效能。

《优化营商环境条例》第29条强调行业协会商会应当依照法律、法规和章程，加强行业自律，及时反映行业诉求，为市场主体提供信息咨询、宣传培训、市场拓展、权益保护、纠纷处理等方面的服务。

国家市场监管总局办公厅在《关于进一步贯彻实施〈中华人民共和国反垄断法〉的通知》中，强调要扎实做好反垄断法学习宣传培训工作，强化监管执法人员学习培训，通过举办培训班、印制宣传手册、开展交流研讨等多种形式，面向各类市场主体加强反垄断法宣传培训，加深企业对反垄断法的理解和认识，提高公平竞争合规意识和能力。

【评估方法】

检索被评估城市及其所在省份关于向经营者提供反垄断合规培训的通知、报道，政府部门内部开展反垄断执法、公平竞争审查业务培训的新闻。从《中国反垄断执法年度报告（2022）》中获取有关反垄断合规培训的统计。同时发放企业问卷，调查当地向企业提供反垄断合规培训的情况。重点关注当地政府部门、行业协会是否开展反垄断合规培训，尤其是针对平台经营者的培训，是否有向平台经营者提供合规指导，政府部门内部有无开展业务培训以及前述培训的频次。

【评分标准】

满分为1分，基础分为0.6分。被评估城市或其所在省份组织经营者尤其是平台经营者参加反垄断合规培训，次数多、范围广、经营者参与度高，政府部门内部开展反垄断和反不正当竞争、公平审查业务培训的，得0.9~1分；有开展反垄断合规培训但宣传不充分，有文件指示加强培训但未见报道，或仅开展业务培训的，得0.7~0.8分；未开展反垄断合规培训，未出台相关文件的，不得分。因各被评估城市的主观问卷回收数量存在显著差异，难以保证主观评分的合理性，本轮评估未计入主观问卷评分。

【评估分析】

关于本项指标，被评估城市的得分均在0.7分以上。其中得满分1分的城市有7个，分别是上海、沈阳、石家庄、呼和浩特、合肥、福州、长沙，得分为0.9分的城市有14个，得分在0.7~0.8分的城市有15个。各被评估城市得分差异较大，尽管多数城市有开展反垄断合规培训，但存在仅开展行政机关业务培训而未向企业开展反垄断合规培训，或反之，或是培训信息宣传度低，无专门针对平台企业的培训等情况。更有部分城市未见相关培训的文件安排、新闻报道。

表3 “反垄断合规培训”得分分布

得分(分)	1	0.9	0.8	0.7
城市(个)	7	14	4	11

本轮评估对被评估城市在执法业务及企业合规层面的反垄断合规培训进行考察，因为城市有关部门的公平竞争审查和反垄断执法水平高低同样影响当地的营商环境。得分较高的城市除了定期开展执法机构业务培训，还为企业提供反垄断合规行政指导，开展线上或线下讲座培训，部分城市还专门针对平台企业进行专题培训。部分城市未见对企业开展相关培训的报道，或仅有文件指示开展培训但未见进一步的工作反馈。问卷反馈的情况显示，多数城市有开展反垄断合规培训，但存在同一城市内受访企业反映结果不同的情况，表明培训信息的通知宣传不到位。同时注意到，相当一部分城市的数据、培训信息、新闻报道来自省级层面，未专门开展对本市企业的培训或对此的宣传不足。

【良好实践】

北京市在2022年制定《北京市平台经济领域反垄断合规指引》并累计向全市400余家平台企业推送，对150余家平台企业开展线上专题培训，开设反垄断法精品课堂，举办线上讲座17场。履行属地监管责任，为平台企业提供反垄断行政指导30余次，留足企业自我纠错和成长的空间，提醒、指导、督促相关企业全面自查自纠，及时纠正自我优待、排他性协议等高风险行为。落实国家市场监管总局“百家电商平台点亮”行动，引导在京平台企业落实“亮照、亮证、亮规则”要求，指导平台企业通过12315平台、

12345 市民热线平台、国家市场监管总局网络交易监测监管系统等，多渠道查找企业“点亮”短板，梳理问题清单，督促自查整改，组织开展对平台企业的“一对一”精准培训。京津冀三地共同举办平台经济领域反垄断执法培训。①

上海市在 2022 年打造“竞微视、竞全城、竞课堂、竞指引、竞政解”等竞争文化品牌，拍摄 13 部宣传片、制作 400 余个公益广告、开展 30 期企业合规培训、编制 6 个反垄断系列指引、制作 26 个政策图解，推进竞争文化宣传倡导。②

杭州市以首届国家公平竞争审查政策宣传周活动为契机，在宣传周期间共对 36 个政府部门宣讲公平竞争理念，在融媒体发布宣传文案 100 余篇，阅读人次超过 10000 次，发放宣传材料 10000 余份，播放宣传片 7000 余次。组织市内 272 家知名企业参加经营者集中反垄断合规辅导培训，通过理论讲解和案例分析，对反垄断领域的焦点问题——经营者集中行为进行了详细剖析，提升企业反垄断合规意识，预防垄断行为，倡导公平竞争文化。③

（四）反垄断执法实践（1分）

【设置依据】

市场在资源配置中起决定性作用，但市场机制的固有缺陷是引发市场失灵的根本原因，此时就需要政府进行干预。政府有各种各样的工具来制止反竞争行为、保证公平竞争，以及减少由市场失灵造成的扭曲。公平竞争政策通过对建立和维护竞争秩序的措施进行规定，如有关限制性商业做法、垄

① 《统筹发展与安全，北京市市场监管局助力打造全球数字经济标杆城市》，北京市市场监督管理局官网，http：//scjgj. beijing. gov. cn/zwxx/scjgdt/202301/t20230120_2906591. html，最后访问日期：2024 年 3 月 5 日。

② 《上海市市场监督管理局关于 2022 年度法治政府建设情况的报告》，上海市市场监督管理局官网，http：//scjgj. sh. gov. cn/130/20230215/2c984a72864f787901865335b3430cb7. html，最后访问日期：2024 年 3 月 5 日。

③ 《杭州市 2022 年公平竞争审查工作总体情况》，浙江政务服务网，https：//www. hangzhou. gov. cn/art/2023/6/27/art_1229542466_59083157. html，最后访问日期：2023 年 8 月 28 日。

断、兼并及相关现象的法律制度及行政规定，来保护市场机制的有效运转，以实现社会福利最大化。

《优化营商环境条例》第21条要求政府有关部门加大反垄断和反不正当竞争执法力度，有效预防和制止市场经济活动中的垄断行为、不正当竞争行为以及滥用行政权力排除、限制竞争的行为，营造公平竞争的市场环境。

《平台经济领域的反垄断指南》第23条规定，行政机关和法律、法规授权的具有管理公共事务职能的组织制定涉及平台经济领域市场主体经济活动的规章、规范性文件、其他政策性文件以及“一事一议”形式的具体政策措施，应当按照国家有关规定进行公平竞争审查。

国家市场监管总局办公厅在《关于进一步贯彻实施〈中华人民共和国反垄断法〉的通知》中要求各地市场监管部门进一步加强和改进反垄断执法，提升监管效能，及时开展法规文件清理和完善工作，充分发挥强化公平竞争政策实施统筹协调机制、公平竞争审查工作联席会议等的作用，组织开展现行地方性法规、规章和政策文件的清理工作。

【评估方法】

根据国家市场监管总局《关于反垄断执法授权的通知》，仅市场监管总局及省级市场监管部门享有反垄断执法权。2022年，国家市场监管总局试点委托北京市、上海市、广东省、重庆市、陕西省市场监督管理局开展部分经营者集中案件反垄断审查。考虑到被评估城市市场监管部门的执法权不一，评估将结合被评估城市的执法权，参考其所在省份的执法实践，综合评估其配合落实反垄断执法、公平竞争审查的开展情况。具体方法为检索被评估城市政府官网、市场监管局网站关于反垄断执法、公平竞争审查的政策文件、专项行动、新闻报道，反垄断和反不正当竞争案件、经营者集中审查案件公示，并参考《中国反垄断执法年度报告（2022）》。考察被评估城市有无定期开展反垄断执法、公平竞争审查的行动，执法结果是否公开并及时更新，有无创新、改进执法机制。

【评分标准】

满分为1分，基础分为0.6分。被评估城市或其所在省、自治区及时公示经营者集中审查案件、反垄断执法案件，定期开展反垄断执法及公平竞争审查，执法效率高且宣传报道充分，创新工作机制，得 0.9~1 分；有开展反垄断执法及公平竞争审查行动但宣传不充分，有文件指示加强执法但未见报道，或未公示执法行动结果，得 0.7~0.8 分；未开展反垄断执法行动，未出台相关文件的，不得分。

【评估分析】

关于本项指标，被评估城市得分均在 0.7 分以上。得分为满分 1 分的城市有 22 个，得分为 0.9 分的城市有 7 个，得 0.7~0.8 分的城市有 7 个。本项指标评估反映被评估城市反垄断执法整体情况良好，推进、配合经营者集中反垄断审查，开展竞争政策审查清理，部分城市针对平台企业开展监督。

表 4 “反垄断执法实践”得分分布

得分(分)	1	0.9	0.8	0.7
城市(个)	22	7	5	2

本轮评估中，所有被评估城市均有开展公平竞争审查工作，清理和废除妨碍统一市场形成和公平竞争的各种文件，并对有关工作成果、典型案例进行公示和宣传。部分城市与第三方开展合作，聘请审查专家参与审查工作，提高审查的效率和质量。大部分被评估城市定期开展民生领域反垄断执法专项行动、反不正当竞争专项执法行动，及时公示执法情况。但也有部分城市对反垄断执法行动的报道较少，更新频率低。

【良好实践】

2022 年 8 月 1 日，国家市场监管总局试点委托北京市市场监管局开展部分适用经营者集中简易程序案件的反垄断审查工作，审查范围辐射北京、天津、河北、山西、内蒙古、辽宁、吉林、黑龙江区域。结合首都城市战略定位和高质量发展要求，北京优化经营者集中审查方式，不断提高审查质量和效率。截至 2023 年 8 月 3 日，共收到国家市场监管总局委托审查案件 60 件，平均审结时间为 16 天，最短从受理到结案用时仅 11 天。受委托案件涉及汽车、医药、电力、货运服务等诸多行业。为落实京津冀区域执法协作机制，北京市市场监管局先后与河北省市场监管局、天津市市场监管委开展反垄断工作交流活动，建立经营者集中审查工作联系机制，为开展经营者集中培训和协作审查打好基础。① 在区域协同落实公平竞争政策方面，北京联合天津、河北作了一系列尝试。北京市推动三地市场监督管理部门联合制定了京津冀市场监管政策措施抽查工作方案，对被检查省（市）相关部门实施的政策措施进行网上交叉检查。三地共同举办“平台经济领域反垄断执法培训”等培训会和研讨会，与天津、河北共享北京市反垄断智库资源，借北京市开展区域经营者集中审查工作之机强化联系、共同提升。

2022 年，厦门市市场监督局协助总局、省局调查知网垄断案、行业协会涉嫌垄断案 3 件；开展制止滥用行政权力排除、限制竞争执法专项行动，对美团、饿了么外卖平台进行合规指导，向市国资委进行反垄断风险提示；组织协调全市审查新增政策 153 件，排查存量政策 1006 份，整改 16 份；聚焦民生和新消费领域，开展反不正当竞争专项执法，全力促成厦门航空“白鹭”商业标识维权成功。②

深圳市前海合作区发布《前海合作区公平竞争发展状况白皮书（2022）》，披露公平竞争审查制度实施进展。前海管理局在 2022 年委托深圳大学创新发展法治研究院对合作区涉及市场主体经济活动且现行有效的规范性文件和政策措施进行了公平竞争审查评估，评估对象主要是各类专项补贴实施办法，具体为 5 份规范性文件出具了第三方评估意见。③

广西建立反垄断与公平竞争工作厅际联席会议制度，设立 3 个竞争监管

---

① 《北京：以高质量审查构建公平竞争首善之区》，北京市市场监督管理局官网，http://scjgj.beijing.gov.cn/zwxx/mtjj/202308/t20230803_3213399.html，最后访问日期：2024 年 3 月 5 日。

② 《厦门市市场监督管理局 2022 年工作总结》，厦门市市场监督管理局官网，https://scjg.xm.gov.cn/xxgk/zfxxgk/zfxxgkml/03/ndjh/202302/t20230217_2720205.htm，最后访问日期：2023 年 8 月 28 日。

③ 《前海合作区公平竞争发展状况白皮书（2022）》，深圳前海蛇口自贸片区官网，http://qh.sz.gov.cn/sygnan/lssj/content/post_10394264.html，最后访问日期：2024 年 3 月 5 日。

专项工作组，全区各市、县（区）均已相应建立公平竞争审查联席会议制度。2022 年以来，已废止不公平对待企业文件 256 件。2023 年 1~6 月共核查垄断线索 23 条，立案 3 件，约谈涉嫌滥用行政权力排除、限制竞争行为的行政机关 5 次。2023 年 1~6 月，全区共开展跨区域、跨部门协作反不正当竞争专项执法行动 52 次，立案 50 件，结案 42 件。南宁市在“十三五”期间加大反不正当竞争监管执法力度，配合做好反垄断案件深度调查，推动全市 15 个县（区）政府和开发区管委会完成公平竞争审查联席会议制度修订和成员调整工作。① 在“十四五”规划中强调统筹协调推进市公平竞争审查工作，健全公平竞争审查制度，建立公平竞争审查投诉举报受理机制，推动建立公平竞争审查第三方评估机制，依法纠正滥用行政权力排除、限制竞争行为，破除地方保护壁垒。②

三　评估结论与建议

（一）取得的成就

1. 数字消费保护

（1）加强制定和修改地方性法规和相关规则，压实平台企业责任，维护消费者权益

地方人大、政府等机构高度重视消费者权益保护，制定修改地方法规和相关规则以压实平台企业责任，引导平台商户合规经营，维护消费者权益。上海、甘肃、辽宁、内蒙古等省级区域各自修改了当地的消费者权益保护条例或消费者权益保护法实施办法，在盲盒消费、直播带货、跨境电商零售进口等新型消费领域的规范等方面作出创新性规定，加强对消费者权益的

---

① 《广西大力营造公平竞争的市场环境》，广西壮族自治区市场监督管理局官网，http://scjdglj.gxzf.gov.cn/xwdt/qjdt/t16835868.shtml，最后访问日期：2023 年 8 月 28 日。

② 《南宁市场监管事业发展“十四五”规划》，南宁市市场监督管理局官网，https://scjgj.nanning.gov.cn/xxgk/ghjh/t5388251.html，最后访问日期：2024 年 3 月 5 日。

保护。

在压实平台企业责任方面，地方出台的指引文件有助于指导互联网企业落实主体责任，提升合规能力。如北京市制定《网络交易经营者落实主体责任合规指引（市场监管领域）》，上海市起草《上海市网络零售平台合规指引（征求意见稿）》等。

（2）持续加强重点民生领域安全监管，聚焦餐饮、直播等领域

多地开展“铁拳”行动，加强民生领域案件查办和综合整治工作。据中国消费者协会的统计，2022 年全国查处民生领域违法案件 20.6 万件，移送公安机关 3554 件，严厉打击侵害消费者权益性质恶劣的违法行为。国家市场监管总局和省级市场监管部门全年向社会曝光案件 310 批 2277 件，召开新闻发布会 42 场，达到“查办一案、警示一片”的效果。

在食品、药品、医疗美容、直播带货等多个领域开展专项行动，加强质量安全监管。食品安全领域，除正常开展执法检查，针对网络餐饮开展“明厨亮灶”“电商平台点亮”“食安封签”行动，与网络订餐平台进行行政约谈、行政指导等。在知识产权领域，公安部组织全国公安机关深入开展“昆仑 2022”专项行动，依法严厉打击各类侵权假冒犯罪，共侦破侵犯知识产权和制售伪劣商品犯罪案件 2.7 万件，侦破一批制售假药劣药等药品犯罪大要案件。在网络直播和网络购物领域，中央网信办会同相关部门开展“清朗·整治网络直播、短视频领域乱象”专项行动，从严整治功能失范、“网红乱象”、打赏失度、违规营利、恶意营销等突出问题。通过出台合规指引、采取行政约谈、一体监管等方式规范直播平台，如宁波评定“绿色直播间”，实现主要直播营销平台行政约谈 100%。青岛推进产品质量线上线下一体化监管，组织开展网络市场监管专项行动，依法查处网售禁限售商品、虚假宣传、违法广告、商标侵权、刷单炒信等违法行为。

（3）妥善审理新型消费纠纷案件，典型案例发挥导向作用

2022 年，全国各级人民法院依法妥善审理大量住房、教育培训、医疗卫生、养老托育、食品药品等重点民生领域消费纠纷案件，以及网络消费、预付式消费等新型消费纠纷案件，其中福建省 4.3 万件、吉林省 1.7 万件、

江苏省 4.5 万件、新疆全区 4.9 万件、安徽省 2.9 万件、广州市 2.0 万件。人民法院在司法案例中支持和规范新业态经济发展，保护涉网约车、网络购物、新型旅游等网络消费者合法权益；严惩制售假冒伪劣商品、网络欺诈等行为，维护市场公平有序，保障人民群众放心消费、安心消费。如广州市越秀区人民检察院诉郑某等个人信息保护公益诉讼案、杭州市中级人民法院审理的深圳奇策迭出文化创意有限公司诉某科技公司侵害作品信息网络传播权纠纷一案（NFT 数字作品案，被媒体誉为“元宇宙第一案”）、北京互联网法院公布的网络权益保护十大典型案件等，都作为具有先导示范意义的互联网案件，起到引领与价值导向作用。

（4）完善创新监管机制，提升消费保护水平

在智能化、数字化、共享化的消费新形势背景下，侵害消费者权益的新问题迭出，对此地方政府有关部门不断创新监管机制，利用互联网、大数据的优势，着力提升消费者权益保护水平和行政监管效能。如北京市运用“互联网+物联网”技术，为 273.0 万只液化石油气气瓶实现智能化电子追溯，提升气瓶安全监管水平。北京市石景山区推行预付消费监管服务新模式——“全流程平台监管+银行专户管理+余额保障保险”。宁波通过数字化应用平台，实现全天候网络监测，系统按照每日 50 万条监测频次对数据仓内主体开展动态监测，发现轻微违法的通过短信提醒商家予以纠正，严重的移交相关辖区立案查处。南京市搭建智慧监管平台，形成商家入驻、政府监管、消费者监督的“三位一体”监管服务体系。杭州强化“浙江公平在线”“杭州数智网监平台”等应用推广，持续提升平台经济智慧监管水平。深圳市工业产品质量领域实行“快速检测+监管、办案、服务”市场监管新模式。重庆市打造“电梯全生命周期智慧安全管理服务体系”。

2. 数字竞争规制

（1）持续开展反垄断及反不正当竞争的宣传及培训

2022 年，国家市场监管总局（国家反垄断局）、国务院反垄断委员会办公室会同中央有关部门和各地市场监管部门成功举办首届中国公平竞争政策宣传周活动，以“统一大市场，公平竞未来”为主题，采取中央地方同步

开展、线上线下一体推进的方式，开展各类宣传倡导活动。被评估城市或其所在省份的市场监管部门开展公平竞争宣传周活动，倡导公平竞争。

注重反垄断系统队伍建设，不断提升反垄断执法队伍能力水平。如广东省迄今已在全省开展各类反垄断和公平竞争审查培训累计超300次，培训人员超3.5万人次，全面提升了全省各级政府部门和反垄断工作队伍的反垄断执法水平。今年4月，吉林省市场监管厅在长春市举办全省反垄断业务骨干培训班，邀请国家级专家教授和全省业务骨干授课，并设置疑难问题解答和学员业务能力考试日程，各市（州）市场监管局反垄断工作业务骨干参加培训。

为企业提供反垄断合规培训，提升企业合规意识。除良好实践中提及的北京、上海、杭州，还有天津市在《2023年“3·15”国际消费者权益日活动方案》中强调，要对在津平台企业开展反垄断合规培训，提高公平竞争意识。沈阳市2022年邀请相关专家对包括互联网平台企业在内的34家企业、协会开展了反垄断合规培训。重庆市对水电气、通信、原料药生产、房地产开发、互联网平台等行业的企业及协会进行专题培训；编印发放《反垄断法律条文及案例汇编》《经营者反垄断合规知识集锦》等资料；定期组织召开新闻发布会，公开曝光反垄断典型案例。浙江省实施重点企业反垄断合规辅导机制，全覆盖辅导上市企业、平台企业等重点企业1118家，引导企业依法合规经营。

（2）落实公平竞争审查，清理妨碍统一市场和公平竞争的政策措施

2022年，国家市场监管总局在江苏省和重庆市试点公平竞争审查信息化系统建设，天津市、吉林省、上海市、浙江省、山东省试点公平竞争审查重大政策措施会审制度，浙江省、广东省试点编制公平竞争指数，安徽省、广东省试点公平竞争审查举报处理机制，创新制度实施机制。各项试点工作有序推进，公平竞争审查效能有效提升，为进一步深化公平竞争审查制度实施提供了有益借鉴。大连、哈尔滨、武汉、成都、石家庄、太原、呼和浩特、昆明等众多城市已建立公平竞争审查工作联席会议制度，充分发挥联席会议的统筹协调和监督指导作用，有效防止和纠正妨碍统一市场建设和公平

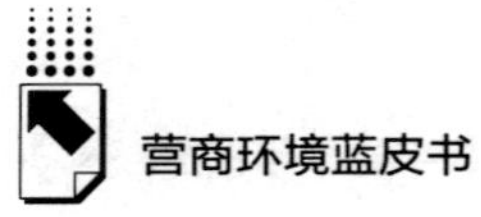

竞争的各种规定和做法。

（3）加强互联网行业反垄断执法，典型案例发挥警示作用

近几年的知网垄断案、美团及阿里巴巴“二选一”案、抖音诉腾讯案等都涉及滥用市场支配地位，社会反映强烈、具有广泛社会影响。市场监管部门及时有力地回应社会关切的热点问题，充分释放常态化反垄断监管、促进互联网平台发展的政策信号。同时，最高人民法院发布的2022年、2021年人民法院反垄断和反不正当竞争典型案例，也包含互联网行业的案件，发挥了司法案例的警示作用。

地方市场监管部门、法院也在发布典型案例。如2022年底，江苏省市场监管局联合省高院举行新闻发布会，通报2019年以来全省反垄断与反不正当竞争执法司法工作情况，并发布典型案例。广西壮族自治区市场监管局发布反垄断和反不正当竞争十大典型案例。宁夏回族自治区市场监管厅公布2022年反垄断和反不正当竞争执法典型案例。

（二）存在的问题

1. 新型消费侵权问题突出，网络平台涉金融类服务亟须规范

以直播电商消费领域为例，仅2022年商务部重点监测的电商平台累计直播场次就超过1.2亿场，累计观看超1.1万亿人次，直播商品超9500万个，活跃主播近110万人。当前，直播电商行业发展快、模式多、产业链复杂，但由于相关法律法规和标准规范仍相对滞后，一些手段隐秘的侵权、违法违规行为难以得到及时有效的遏制。如直播和电商平台内经营者信息公示不清晰、不充分，夸大或虚假宣传，延期发货、拖延甚至拒绝为消费者合理退换货，赠品不兑现，伪造交易和流量记录，诱导“私下交易”并暗设消费陷阱，逃避平台监管，侵犯知识产权，商品以次充好等问题，还有部分直播电商在经营方面存在税收缴纳不规范的现象。

近年来，平台特别是头部平台通过与数字金融、本地生活等各领域服务商开放合作，为消费者提供一站式数字生活服务。但随着网络平台上聚集的消费金融产品越来越多，也出现了一些诸如虚假宣传、过度收集个人信息、

套路贷套路保、乱收费、金融诈骗、“精准营销”诱导超前消费等乱象。当前各地对金融类服务的关注还有待提高，亟待出台有关规范。

2. 反垄断及反不正当竞争信息公开工作不甚完善，对平台企业在反垄断及反不正当竞争方面的关注度不足

除受委托开展经营者集中审查的省级市场监管部门对反垄断信息的公开较透明外，其他被评估城市或其所在省份市场监管部门对反垄断及反不正当竞争的信息公开仍需改善，存在网站导航不清晰、未设专栏、动态更新不频繁、报道较少等问题。

面对细分行业头部企业之间的合并、大型平台的跨界并购、补贴大战、互联网平台经济经营者要求商家“二选一”、“大数据杀熟”等平台垄断的问题，多地监管部门对此仍缺少足够的关注，对互联网平台企业反垄断的专门监管有待提升。部分被评估城市虽组织了企业参加反垄断及反不正当竞争合规的培训，但邀请平台企业参加培训的仍在少数。

3. 反垄断合规培训有待加强，开展次数、培训方式及内容尚未达到高效能

从执法机构的内部业务培训和面向企业的合规培训看，城市开展反垄断合规业务培训的频次、广度、深度都有待提高。此外，政府在推进平台企业反垄断合规时的培训方式比较单一，培训内容比较粗放，主要通过给下辖平台企业无差别发送反垄断合规培训通知，然后要求企业派员参加集中培训，而对培训方式、内容和效果进行跟踪式研判并因时、因势不断改进的制度机制明显欠缺。具体来说，目前政府开展的相关平台企业反垄断合规培训，结合不同行业、领域和企业自身的商业模式、平台功能和业务规模的风险识别的“问诊式”培训不够，结合反垄断执法队伍人员的学历、专业、经历和执法领域不同特点的“针对性”培训不够，培训效果的精准性、效能性还不够。此外，在反垄断合规建设中偏重政府而忽略企业及行业协会的作用，偏重法律而忽略指南、标准、行业自律公约的作用，精细化监管亟须加强。①

① 王群：《平台企业反垄断合规中的政府监管研究》，《中国物价》2023 年第 12 期，第 19-21+26 页。

（三）改进的建议

1.继续创新监管方式，保护数字消费者权益

伴随着数字经济的高速发展，新型数字消费领域也成为消费者的日常选择。但因政府部门和社会对新业态、新模式的认识和理解不够深入，规则缺失、信息不对称、经营者技术优势明显、监管手段滞后等，新型消费领域侵害消费者权益的现象呈多发态势。如直播带货、共享经济、跨境电商、网络游戏、数字文化、无接触式消费体验等消费新领域的维权案件数量增长较快。妥善处理新型消费领域出现的新问题，地方应推进相关领域的制度建设和监管机制创新，兼顾促进新业态发展与消费者权益保护，加强数字消费、智能消费等新型消费领域不公平格式条款的规制，落实经营者主体责任，打造安全放心新型消费领域。①

就监管方式而言，一是建立健全信用评价制度。《电子商务法》规定，电子商务平台经营者应当建立健全信用评价制度，公示信用评价规则，为消费者提供对平台内销售的商品或者提供的服务进行评价的途径。不得删除消费者对其平台内销售的商品或者提供的服务的评价。具体如建立和完善平台经营者信用评价规则，指导经营主体作出合法合规的信用评价；在全市范围内建立电商信用评价机制；引进专业化第三方信用评价机构，弥补平台经营者进行信用评价的缺陷；加大对虚假信用评价行为的打击力度等。

二是强化对数字经济领域数据和算法的监管。为确保数据的合法性和有效性，政府应当引导企业对敏感数据的合法获取和使用。首先，完善算法监管机制。对于算法技术的复杂性和公平性不确定的问题，可以通过增加算法安全性的评价与监管机制，要求数据服务提供商或其他专业机构在算法投入使用前提交算法安全性评估和风险分析报告。其次，建立不同行业的算法管理办法。依据不同行业所涉及的领域和数据类型的特性，建立审核算法的具

---

① 《中国消费者权益保护状况年度报告（2022）》，中国消费者协会官网，https：//www.cca.org.cn/xxgz/detail/30665.html，最后访问日期：2024 年 3 月 5 日。

体技术和管理方法，确保算法的安全性和稳定性。最后，构建算法第三方审查机制。可以通过具备专业知识的用户和第三方对算法及协议进行审查，并将结论分享给其他用户。考虑到算法是互联网公司的核心竞争力之一，往往被作为商业秘密予以保护，其内容审查必然不能与开源软件工具相同，可以通过政府监管部门或具备资质的第三方机构进行审查评估，并以一般人可理解的形式进行公开。①

2. 创新平台企业反垄断合规的政府监管方式，有效防范风险、处置风险、消解风险

针对风险防范，一是开展平台企业反垄断合规的预防性监管。全面摸底市内平台企业反垄断合规建设的情况。依据不同平台企业的业务规模、平台功能、商业模式和主要风险来源完善反垄断合规建设之监管制度，主动对不同领域、行业和规模的平台企业开展类别化的反垄断合规风险评估，尤其是强化头部或风险敏感度高的平台企业的风险识别和精准监管。二是强化平台企业反垄断合规的激励机制。利用财政、税收、金融和荣誉奖励等制度工具，引领平台企业开展反垄断合规建设。

针对风险处置，一是完善平台企业反垄断执法协作机制。完善跨区域和跨部门的协作机制，探索建立平台反垄断合规执法的省部联席会议制度，不断提升地方协同监管执法效能。通过加强反垄断合规的行政指导和执法信息公示，破解平台反垄断合规监管尺度不统一的监管难题。二是提升执法队伍的执法水平和执法能力，定期组织一线执法人员参加平台反垄断执法能力培训。三是创新平台企业反垄断合规的监管方式。积极推广合规指引、行政指导、预防性监管、强制合规、行政激励和行政处罚等多元综合监管方式。建立反垄断审计制度，通过第三方专业机构监督平台内部的合规制度落实情况。建立报告制度，要求平台企业在填报企业年度信用信息公示时增加反垄断合规信息公示，主动报告内部处理反垄断合规的情况。

① 罗敬蔚：《数字经济背景下消费者权益保护面临的挑战与治理对策——兼析利用算法侵害消费者权益的规则路径》，《价格理论与实践》2023 年第 2 期，第 32~35 页。

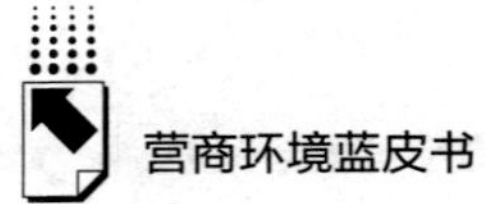

实施特殊行业和重点民生领域的平台企业反垄断合规建设的标签化管理，精细分类、重点标注，鼓励并引导头部或风险敏感度高的平台企业建立合规监督官制度。

针对风险消解，一是发挥数智技术助推平台企业反垄断合规的作用。综合运用大数据、云计算、区块链等技术，开发电子监管系统，对企业竞争合规风险实时监控和研判分析。如浙江省在 2021 年上线“浙江公平在线”，利用数字化手段加强平台经济风险防范。首期监测范围覆盖重点平台 20+家，平台内经营者 1 万+家，重点品牌 500+个，商品 10 万+个。[①] 探索反垄断合规风险数据主动报送、省际平台主体涉及垄断风险数据交互共享和委托第三方专业机构监测重点信息的制度机制。二是加强反垄断合规公共服务机构和人力资源建设。组建成立平台企业反垄断合规专家库和顾问团，承接平台企业反垄断合规第三方监督评估委托服务，设立开通反垄断合规咨询平台，为相关平台企业免费提供反垄断合规咨询服务，开展定期“体检”。[②]

3. 加大反垄断执法工作的宣传度、透明度，平衡对平台企业的规制和保护

从政府信息公开而言，反垄断及反不正当竞争领域的执法信息公开工作需要加强。开设专栏，及时更新相关法律法规、合规指引，定期公示相关案例，总结和分析典型案例，开展对执法人员、企业（尤其是平台企业）的反垄断、反不正当竞争的培训等，不仅可以提升社会公众和企业对反垄断、公平竞争的认识，更可以展现城市保护市场公平竞争的良好营商环境。

从司法案件信息公开而言，反垄断诉讼案件尤其是平台经济案件的信息公开透明度需要改进。目前，许多平台经济案件的审理进度并没有在官方网站公开相关进展。例如黄文得诉滴滴案，虽然该案已于 2019 年 9 月 20 日在

① 《“浙江公平在线”正式上线》，浙江在线网，http：//sy. m. zjol. com. cn/fxxfzzj/jdzx/202103/t20210303_22192294. shtml，最后访问日期：2024 年 3 月 5 日。

② 王群：《平台企业反垄断合规中的政府监管研究》，《中国物价》2023 年第 12 期，第 19～21+26 页。

最高人民法院开庭审理，但至今仍未在官方渠道公开相关司法文书。关于2017年的京东诉天猫案，至今也是无法得知案件的最新状态。①

从平台企业反垄断规制和保护而言，一方面，要提高对平台企业反垄断及反不正当竞争的监管意识；另一方面，对于方兴未艾的新兴领域，实施审慎包容的监管原则，才可以为新业态、新技术、新模式健康发展预留充足的探索空间、发展空间。

① 刘延喜、王望伟、谢颖昕、叶瀚樑：《特稿丨中国互联网产业反垄断案例研究报告（2008-2022）》，腾讯网，https：//new.qq.com/rain/a/20230408A00VXD00，最后访问日期：2024年3月5日。

B.11
政府诚信

王春蕾　章许睿*

摘　要： 政府诚信在衡量和检验政府与市场主体的关系中担任举足轻重的角色。作为国家信用体系建设的重要部分，政府诚信不仅体现了国家的信用体系建设水平，更是市场主体对政府信任度的直接体现。本次评估在“政府诚信”一级指标下设置两项二级指标和四项三级指标，对政府与市场主体的互动情况予以考察，以期更真实地反映政府信用状况。虽然招商引资政策公开效果较好，但优惠政策的规范性和普适性仍有待加强，政府合同违约责任追究机制需要进一步完善。因此，为了提升政府的诚信水平，需要加大优惠政策清单建设力度，并健全政府合同违约责任追究机制，从而为市场主体提供更加稳定、可预期的营商环境。

关键词： 政府诚信　市场主体　招商引资　政府合同　营商环境

政府诚信是衡量和检验政府与市场主体关系中信用值的重要指标。《优化营商环境条例》明确指出，国家在加强社会信用体系建设环节中持续推进“政务诚信”、“商务诚信”、“社会诚信”和“司法公信”建设，提高全社会诚信意识和信用水平。其中，政府合同与政府诚信是国家信用体系建设的重要环节。

---

* 王春蕾，法学博士、博士后，中国政法大学法治政府研究院副教授、硕士生导师，研究方向为行政法、教育法等；章许睿，对外经济贸易大学法学院 2022 级博士研究生，研究方向为行政法学、行政诉讼法学。

本评估报告的指标吸收了世界银行营商环境评估（DB）中“合同执行”（Enforcing the Contract）和“政府合同”（Contracting with the Government）两项指标中与“解决商业纠纷”有关的行政与司法权行使机制，重点考察政府在商事经营领域的诚信水平。在世界银行 B-READY 营商环境评估体系中，政府合同违约责任追究机制对应了“争端解决”（Dispute Resolution）相关内容。①

一　评估指标构成

本次评估的“政府诚信”一级指标之下设置两项二级指标，分别为“招商引资”“政府合同”（见表 1）。

四项三级指标包括“优惠政策公开度”“优惠政策申报便利度”“政府合同违约涉诉案件”和“政府失信追责机制”，分别从正向、负向评价政府与市场主体的交易情况，反映被评估城市在市场经营过程中的信用水平。

表 1　“政府诚信”指标构成

一级指标	二级指标	三级指标
政府诚信（6 分）	招商引资（3 分）	优惠政策公开度（1 分）
		优惠政策申报便利度（2 分）
	政府合同（3 分）	政府合同违约涉诉案件（1 分）
		政府失信追责机制（2 分）

二　设置依据、评估标准及评估分析

在本项评估中，评估团队所依据的材料一部分来自政府官方网站、信用

① The World Bank, *B-READY Methodology Handbook*（B-READY）（2023）, pp. 565-642.

中国官网及官方政务服务 App，另一部分来自中国司法大数据研究院的司法大数据报告。网站评估中的数据以被评估城市市级、区县级政府及其相关部门的官方数据为主，涵盖了政策、新闻与公报等多种材料。在特殊情况下无法获取官方材料的，评估团队辅以网络公开搜索引擎和新闻报纸媒体进行检索。通过上述方式未检索到相关内容的，视为未落实该项工作或该项服务；可检索到内容但不属于有效信息的，即网站评估中不可直接获取的“僵尸网页”及“无效数据”，仍视为未落实该项工作或该项服务。

中国司法大数据研究院部分的数据则选取 2022 年 10 月至 2023 年 8 月的公开司法案件、失信被执行案件，以科学统计方法进行分析。该部分数据由中国司法大数据研究院依托中国裁判文书网，使用大数据技术挖掘、提取和分析而成。本部分从三级指标角度，逐项说明该指标设置的具体依据，实施中的评估方法和评分标准，并基于评估情况分析评估结果。

（一）优惠政策公开度（1分）

【设置依据】

《优化营商环境条例》第 31 条指出，政府主体应当积极履行向市场主体依法作出的政策承诺。优惠的税收、审批、公共资源获得等事项相关政策是政府吸引投资、鼓励创新的重要举措。优惠政策促进招商引资工作的情况在近年来成为评价招商引资工作开展水平的重要标准。与单一的政府承诺相比，以政策形式发布承诺事项能够促进政府及时兑现。

【评估方法】

政府网站评估法与体验法相结合。截至 2023 年 8 月 15 日，通过检索被评估城市的政府网站和相关部门网站（以招商局、投资促进局为主）、政务服务 App，寻找被评估城市是否有招商引资政策集成；同时通过体验法进行验证，排除不可访问、不可实际办理的情形，并记录政策的明晰度与可持续性，作为加分与减分的备选条件。

【评分标准】

设置 0 分、0.5 分、1 分三档，分别对应“不可得”、“可得”与“易得”。在第一轮评估中，有专栏、政策集成则可评为“易得”，赋 1 分；经过第二轮评估的实质性审查，排除政策专栏长时间不更新、内容空乏而无法被企业主体理解等情况后，城市可最终获得“易得”评价，否则将视严重程度降级为“可得”与“不可得”。缺少政策集成专栏，但可以检索到分散的优惠政策，且检索难度小、政策数量丰富，可评为“可得”，赋 0.5 分。缺少招商引资优惠政策，检索困难，评为“不可得”，赋 0 分。

【评估分析】

（1）包括石家庄、厦门、呼和浩特在内的 14 个城市被评为“易得”，获 1 分，占被评估城市总数的 38.89%。

（2）包括太原、合肥、宁波在内的 20 个城市被评为“可得”，获 0.5 分，占被评估城市总数的 55.56%。

（3）福州、南宁两市被评为“不可得”，获 0 分，占被评估城市总数的 5.56%。

该指标的平均得分为 0.667 分（见表 2）。

表 2　“优惠政策公开度”得分分布

得分(分)	1	0.5	0
城市(个)	14	20	2

在本项评估中，优惠政策公开度较好的情况包括有政策集成专栏、政策数量丰富、官网检索简单易操作等，实际上多数被评估城市有招商局、投资促进局门户网站，说明优惠政策发布平台畅通便捷，因此评估小组在预评估阶段给予本项指标较高的得分预期，并相应收紧了赋分的难度标准。但在实际评估过程中，部分城市存在优惠政策与其他涉企政策混杂难分、政策分类不科学、政策发布平台分散等影响检索的问题，因此被降级为第二档“可得”。评估小组因此推测，优惠政策公开度与数字政府、电子政务建设水平密切相关。

【良好实践】

获得 1 分的城市均可检索到优惠政策集成专栏，其中法规、规章和规范性文件按照文件效力、涉及的产业、优惠措施进行了多样化分类，较典型的如杭州市投资促进局官网产业政策专栏、呼和浩特市商务局招商引资专栏。① 呼和浩特市招商引资专栏包含“城市推介”“政策法规”“招商项目”三部分，分别对应市级招商引资建设整体状况、政策明细与具体的招商项目，内容涵盖市级、县（区、旗）级。另外，乌鲁木齐市发布招商引资政策年度汇编的方式灵活运用了政府信息公开机制，值得参考。

（二）优惠政策申报便利度（2分）

【设置依据】

同“优惠政策公开度”指标。

【评估方法】

在试评估阶段，评估小组发现多数城市已经建立了优惠政策综合兑现服务平台，用户可以全程线上办理优惠政策兑现申报。因此，本项指标的评估重点为优惠政策兑现平台评估，采用政府网站评估法与体验法相结合的方式进行。评估小组将记录被评估城市是否建设了一站式优惠政策兑现平台、平台功能与办理栏的信息公示情况，同时通过体验法进行验证，排除不可访问、不可实际办理的情形。

【评分标准】

本项三级指标总分为 2 分。设置 0 分、1 分、2 分三档，分别对应“不可得”、“可得”与“易得”。有网上一站式政策兑现平台的，可评为“易得”，赋 2 分。无一站式平台，但有政策、新闻佐证及时兑现的，可评为“可得”，赋 1 分。缺少有效政策和新闻材料的，或虽有一站式兑现平台但实际上不能访问、不可操作的，评为“不可得”，赋 0 分。

【评估分析】

本项指标的评估得分分布如表 3 所示。

① 杭州市投资促进局官网产业政策专栏，http：//tzcj. hangzhou. gov. cn/col/col1603992/index. html，最后访问日期：2023 年 11 月 10 日；呼和浩特市商务局官网招商引资专栏：http：//swj. huhhot. gov. cn/zsyz/，最后访问日期：2023 年 11 月 10 日。

表 3 “优惠政策申报便利度”得分分布

得分(分)	2.0	1.0	0
城市(个)	20	14	2

（1）包括北京、厦门、大连在内的 20 个城市被评为“易得”，获 2 分，占被评估城市总数的 55.56%。

（2）包括呼和浩特、青岛、贵阳在内的 14 个城市被评为“可得”，获 1 分，占被评估城市总数的 38.89%。

（3）乌鲁木齐、西宁两市被评为“不可得”，获 0 分，占被评估城市总数的 5.56%。

本项评估中，优惠政策兑现平台建设较好的情况包括平台可以直接访问、有充分的材料佐证平台兑现、平台便于当地企业主体使用等。由于部分被评估城市未单独建立优惠政策兑现平台，而是将兑现事务纳入政务服务综合平台，为避免遗漏，评估组将有新闻材料佐证优惠政策及时兑现的情形视作“可得”，这部分城市占被评估城市的 38.89%。整体来看，各被评估城市已经建立起了及时兑现优惠政策的长效机制，且相当大一部分城市已经利用数字政府工具完善了这一机制目标。

【良好实践】

本项评估中，34 个城市均有一定的材料佐证存在优惠政策兑现机制，但由于本次评估以兑现平台建设情况衡量“及时性”，只有政策兑现平台可访问的城市获得了“易得”评价，典型做法如下。

（1）厦门惠企政策兑现平台：企业可通过政策类型（包括“认定奖励类”“资金补贴类”“竞争评选类”）、责任部门、兑现日期、市区级筛选可参与兑现的项目。官网实时更新兑现的进度（兑现中或已过期）。[①]

（2）宁波“甬易办”惠企惠民政务服务平台：提供多项精准筛选条件，

① 厦门惠企政策兑现平台，https：//msjx. xmdanao. com/co-policy-client/indexFD. html#/？activeKey = 1，最后访问日期：2023 年 11 月 10 日。

发布与项目对应的政策指南，明确显示政策兑现的有效时间、截止时间。[①]

（3）广州“穗好办”惠企政策直通车：筛选条件和信息公示与前述两个评估城市相似，创新之处是可直接链接到各区政策兑现平台，实现精准化申报。[②]

（三）政府合同违约涉诉案件（1分）

【设置依据】

政府履行合同应遵守包括及时性要求在内的各项合同义务，避免违约的发生。《优化营商环境条例》第31条明确指出，地方各级人民政府及其有关部门应当履行与市场主体依法订立的各类合同，不得以行政区划调整、政府换届、机构或者职能调整以及相关责任人更替等为由违约毁约。而涉诉案件数量是反映政府合同活跃度的一项重要客观数据，可以直观地反映政府违约情况与合同履行及时性。

【评估方法】

司法大数据检索法，统计2022年10月至2023年8月结案的民事、行政案件中涉及“行政协议”、“行政合同”与“政府合同”政府违约纠纷的案件情况（见表4）。

表4　政府违约情况司法大数据统计口径

条件分类	检索目标
案件类型	民事、行政案件
审结/新收	审结
审判程序	一审、二审、再审
文书类型	判决书、裁定书、调解书

① 宁波“甬易办”惠企惠民政务服务平台，https://enb.ningbo.gov.cn/home，最后访问日期：2023年11月10日。

② 广州“穗好办”惠企政策直通车，https://zwfw.gzonline.gov.cn/vuegzzxsb/rewardAndSubsidy，最后访问日期：2023年11月10日。

续表

条件分类	检索目标
结案时间	2022年10月至2023年8月
案由范围	全案由
检索口径	全文出现“行政协议”“行政合同”“政府合同”
法院范围	全国各级法院
涉政府违约	被告为政府，原告诉求、“本院认为”中出现“违约”“违反……约定”“违反……合同”“违反……协议”
涉政府违约纠纷政府败诉情况	被告为政府，判决结果为支持或部分支持原告诉讼请求；原告为政府，判决结果为驳回原告诉讼请求；上诉人为政府，判决结果为驳回上诉

需要注意的是，政府合同违约涉诉案件的数量不能直接反映一个地方政府的诚信建设水平。在数字经济建设领先的城市，企业主体往往更倾向于提起涉政府违约诉讼，其中反映的现象可能包括：企业争议解决意识提升、当地司法维权成本降低、政府合同适用广泛等。因此，本项指标评估避免采取绝对数量标准，将以数据结合典型事例的方式共同说明政府违约情况。

【评分标准】

由于诉讼意愿、争议解决方式差异、统计误差等原因，单一的违约案件数量不能直接判断政府诚信建设水平。本项指标通过司法大数据统计口径得出政府违约案件总数和其中的政府败诉案件数量，计算败诉率。在反映各城市表现情况时，败诉率越高，得分越低，以0.1为梯度设置得分基准。通过综合评判败诉率以及有关案情的重要程度，依据梯度设置对不同城市赋分。

【评估分析】

通过上述评估方法，得出的分数具体分布情况如表5所示。

表5 “政府合同违约涉诉案件”得分分布

得分(分)	1	0.9	0.8	0.7	0.6	0
城市(个)	11	11	5	6	2	1

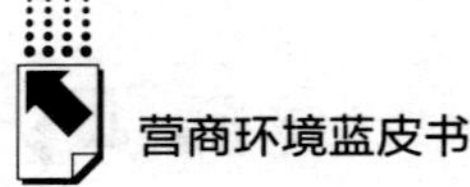

（1）杭州、上海、北京、南京等11个城市得1分，占被评估城市总数的30.56%；

（2）重庆、合肥、南宁、乌鲁木齐等11个城市得0.9分，占被评估城市总数的30.56%；

（3）太原、西宁、贵阳、大连等5个城市得0.8分，占被评估城市总数的13.89%；

（4）南昌、郑州、海口、长春等6个城市得0.7分，占被评估城市总数的16.67%；

（5）广州和青岛得0.6分，占被评估城市总数的5.56%；

（6）拉萨市得0分。

【良好实践】

1. 涉政府合同违约的诉讼案件

本项评估的案例分析参考了《最高人民法院行政协议典型案例（第一批）》《最高人民法院行政协议典型案例（第二批）》中的典型案例，以分析涉政府合同纠纷中政府违约的原因与法院意见，总结政府合同违约的司法解决机制。

在“九鼎公司诉吉林省长白山保护开发区池北区管理委员会、吉林省长白山保护开发区管理委员会不履行招商引资行政协议案”中，[①] 被诉行政机关长白山管委会向企业作出政策支持、资金支持等允诺，但因选址问题迟迟未兑现政策承诺，导致企业无法继续经营，被诉请尽快办理前期手续及场地选址事宜，或给予货币补偿。法院支持了原告的诉讼请求，认为“政府在客观上无法实现原招商目的时，应当对实际投资人的损益作出处理，避免侵害营商环境”。

在“淮安红太阳公司诉江苏涟水经济开发区管理委员会、江苏省涟水县人民政府继续履行投资协议案”中，[②] 涉案《项目合同书》《补充协议》

---

① 九鼎公司诉吉林省长白山保护开发区池北区管理委员会、吉林省长白山保护开发区管理委员会不履行招商引资行政协议案，《最高人民法院行政协议典型案例（第一批）》。

② 淮安红太阳公司诉江苏涟水经济开发区管理委员会、江苏省涟水县人民政府继续履行投资协议案，《最高人民法院行政协议典型案例（第一批）》。

中相关条款的约定和承诺超越行政机关的职权而应属无效，人民法院秉持“规范行政机关招商引资行为及优化法治化营商环境”的理念，未全盘否定涉案投资协议的效力，对有效条款和无效条款的法律后果分别处理，最终判决行政机关给予企业经济损失赔偿，可以充分保护协议相对人的信赖利益。

在“某国际有限公司、湖北某高速公路有限公司诉湖北省荆州市人民政府、湖北省人民政府解除特许权协议及行政复议一案”中，[①] 涉案特许经营权协议涉及建设工程施工项目，某高速公路有限公司不服荆州市交通局解除特许经营权协议的行为，诉至法院。法院认为，协议相对人存在根本违约行为，导致协议目的不能实现时，行政机关可以单方行使法定解除权。行政机关单方解除行政协议的，应当在解除决定中就协议解除后的法律后果一并予以明确。关于行政协议解除的法律效力，可以参照适用有关民事合同的法律规范。本案中，尽管协议相对人因自身导致行政协议被解除，依法应当承担违约责任，但其在前期建设中进行了大额投资和建设，因而整体上仍存在利益返还的可能，人民法院据此建议行政机关妥善处理好后续审计、补偿事宜，有利于保障社会资本方参与公私合作的积极性和安全感。

2. 法院对政府合同违约案件的处理方式

国家发展改革委发布的《关于完善政府诚信履约机制优化民营经济发展环境的通知》（发改财金〔2023〕1103号）明确指出，要建立违约失信信息源头获取和认定机制、健全失信惩戒和信用修复机制、强化工作落实的政策保障。法院在追究政府违约责任、解决政府失信问题时不仅可以行使审判权，还可以形成外部监督力量。此类良好实践如郑州市金水区的诚信履约保障机制。近年来，郑州市金水区通过建立健全“政府承诺+社会监督+失信问责”和政务失信预警监测机制，将政务失信监测关口前移，将矛盾纠纷化解在萌芽状态、化解在基层，政务失信主体名单保持“动态清零”，公职人员诚信履职意识和政府诚信水平不断提升。金水区将政务失信专项治理

① 某国际有限公司、湖北某高速公路有限公司诉湖北省荆州市人民政府、湖北省人民政府解除特许权协议及行政复议一案，《最高人民法院行政协议典型案例（第二批）》。

作为推进政务诚信建设的重要内容，建立政务失信治理情况闭环反馈机制，建立政务失信问题重点协调和惩戒制度，推动政府机构及公职人员诚信履约，大力推进失信拖欠治理，确保全区政府机构失信案件“零增长”。[①]

（四）政府失信追责机制（2分）

【设置依据】

在政府诚信建设过程中，政务诚信是政府对社会、公民守信践诺的重要要求，也是在数字经济发展过程中政府与市场主体互动时必须遵守的基本理念。《国务院关于加强政务诚信建设的指导意见》明确指出，危害群众利益、损害市场公平交易等政务失信行为是政务诚信的治理重点。实践中，各地已经推出了政务诚信建设机制。

在政府诚信中设置“政府失信追责机制”指标，是为了加强对政府违约行为的监督和约束，完善相应的责任追究制度，从而有助于维护公共利益、提高政府诚信度、促进法治政府建设。在政府违约情况之下，政府面临行政诉讼败诉并依照生效法律文书执行的环节。另外，在加强预算管理、严格责任追究等措施，建立防范和治理国家机关、事业单位拖欠市场主体账款的长效机制等机制性要求中，履行生效判决也应被纳入“长效机制”的范畴中，被诉政府需要配合强制执行、履行合同义务，赔偿因违约给市场主体带来的损失。同时《关于推进社会信用体系建设高质量发展促进形成新发展格局的意见》要求建立健全政府失信责任追究制度，完善治理拖欠账款等行为长效机制。[②]

本项指标评估从政务诚信、政府违约责任追究两个维度展开，着重考察政府在营商环境建设中的涉商事诚信建设机制，总结各地机制中的创新

---

① 《郑州市委常委、金水区委书记张红伟：健全“政府承诺+社会监督+失信问责”机制推动政府机构及公职人员诚信履约》，微信公众号“河南信用”，https：//mp. weixin. qq. com/s/KylOZleQMMmdB-ltGk-rVw，最后访问日期：2023 年 11 月 10 日。

② 《中共中央办公厅 国务院办公厅关于推进社会信用体系建设高质量发展促进形成新发展格局的意见》，2022 年 3 月 29 日发布。

之处。

【评估方法】

在各评估城市政府官网检索与政务诚信、违约责任追究机制相关的政府性文件以及总结类材料，辅以网络检索法，检索被评估城市是否存在推进“政府违约失信责任追究机制”的建设成果。

【评分标准】

采取“基础分+分段加分”的方式，满足以下条件可分别加分。

（1）有政务诚信机制建设相关政府文件，如政务诚信建设条例、信用条例，可得基础分 0.5 分。

（2）有针对政府商事责任追究的机制，如政府采购、政府和社会资本合作、招标投标、招商引资等领域中的政府失信追责机制，加 1 分。

（3）有政务诚信机制建设成果，如案例、金额等详细介绍，加 0.5 分；有针对失信责任追究机制的创新点，加 0.5 分。

本项三级指标总分为 2 分，加分不可超出满分。

【评估分析】

本项指标得分分布情况如表 6 所示。

表 6　“政府失信追责机制”得分分布

得分（分）	2	1	0
城市（个）	21	14	1

【良好实践】

本项指标评估结合了政务诚信机制、政府失信追责机制两项重要机制，考察政府在合同责任承担中自我检查与接受社会监督的意愿，从而推断企业面临政府失信违约时的救济途径可得性。评估小组在检索中发现，大部分城市制定了政府失信责任追究及责任倒查相关机制的政策性文件，并展开了相应的实践，建立了行政主体自查、司法主体监督、社会共同监督三位一体的责任追究机制。

为贯彻落实《关于推进社会信用体系建设高质量发展促进形成新发展格局的意见》的要求，中共广东省委办公厅、广东省人民政府办公厅于 2023 年 12 月印发《关于推进社会信用体系建设高质量发展服务和融入新发展格局的实施方案》，指出要充分发挥信用在金融风险识别、监测、管理、处置等环节的作用，建立健全“早发现、早预警、早处置”的风险防范化解机制；支持金融机构和征信、评级等机构运用大数据等技术加强跟踪监测预警，健全市场化的风险分担、缓释、补偿机制；依法严查欺诈发行、虚假陈述、操纵市场、内幕交易等重大违法案件，强化“零容忍”执法震慑；挖掘信用信息数据价值，建立防范金融诈骗犯罪的监测模型；加强网络借贷领域失信惩戒，健全债务违约处置机制，依法严惩逃废债行为；对资不抵债失去清偿能力的企业可依法清算、破产重整或破产和解，探索建立企业强制退出制度。① 辽宁省委、省政府认真贯彻党中央、国务院关于推进社会信用体系建设的决策部署，始终把讲诚信摆在第一位，把政务诚信作为事关“信用辽宁”建设的重大问题来抓，明确提出要恪守契约精神，坚决纠正政务失信行为，以政务诚信为引领全面推进“信用辽宁”高质量发展。辽宁省健全政府失信考评机制，将政府机构失信被执行人指标纳入省委高质量发展实绩考核，以及省纪委监委营商环境问题“万件清理”监督行动方案。加大政府机构失信被执行人治理力度，印发实施《关于行政机关不履行法院判决问题专项整治工作方案》。建立政府机构失信问题专项治理台账，2023 年以来，辽宁省核查治理政府机构失信被执行人案件 318 件，共清理执结 186 件，全省政府失信案件数量下降 58.5%，大连、阜新、铁岭、盘锦、朝阳等 5 个市实现政府失信案件清零，提前完成全年目标。② 由此可见，各地社会信用体系建设已经将政务失信纳入考查范

① 《中共广东省委办公厅　广东省人民政府办公厅印发〈关于推进社会信用体系建设高质量发展服务和融入新发展格局的实施方案〉》，广东省人民政府官网，https：//www.gd.gov.cn/gdywdt/gdyw/content/post_ 4307106.html，最后访问日期：2024 年 3 月 2 日。

② 《加强政务诚信建设　打造诚实守信营商环境》，微信公众号“辽事通”，https：//mp.weixin.qq.com/s/FxXUJpFtTAdgUGFaFqzL3g，最后访问日期：2024 年 3 月 2 日。

围中。

有"政府被列为失信被执行人"记录的城市都开展了政府失信责任追究制度建设，多数以发布政策性文件的方式展开。江苏省于2023年7月发布《省政府关于加强政务诚信建设的实施意见》，提出要强化对失信政府部门和公务员的信用监管、约束和惩戒，建立政府失信责任追究制度。政府部门存在政务失信记录的，要根据失信行为对经济社会发展造成的损失情况和社会影响程度，对具体失信情况书面说明原因并限期整改，依规取消相关政府部门参加各类荣誉评选的资格，对造成政务失信行为的主要负责人，依法依规追究责任。① 陕西省建立政务诚信监测评价常态化机制，提出要完善政务诚信档案，充分运用陕西省政务诚信监测系统，常态化开展政务诚信监测与评价，制定出台陕西省推进社会信用体系建设高质量发展促进形成新发展格局的实施方案、陕西省公共信用信息目录、陕西省失信惩戒措施补充清单、陕西省守信激励措施清单。②

三　评估结论与建议

本项指标评估总分为6分，被评估的36个城市的平均得分为4.792分，共有20个城市在平均分之上，占被评估城市总数的55.56%；16个城市在平均分之下，占被评估城市总数的44.44%。本项评估获得满分的城市有北京、杭州、厦门，排名前十的城市还包括成都（5.9分）、郑州（5.8分）、长沙（5.7分）、上海（5.5分）、重庆（5.4分）、西安（5.4分）、石家庄（5.4分）。本项指标得分有明显的梯度，各城市的得分情况整体较好（见图1）。

本项一级指标共包含四项三级指标，各三级指标的得分状况如下：

① 《江苏建立政府失信责任追究制度：既激励守信也惩戒失信》，中国新闻网，https://www.chinanews.com.cn/gn/2023/07-12/10041499.shtml，最后访问日期：2024年3月2日。

② 《陕西省人民政府办公厅关于印发进一步优化营商环境降低市场主体制度性交易成本具体举措的通知》（陕政办函〔2022〕153号），2022年10月27日发布。

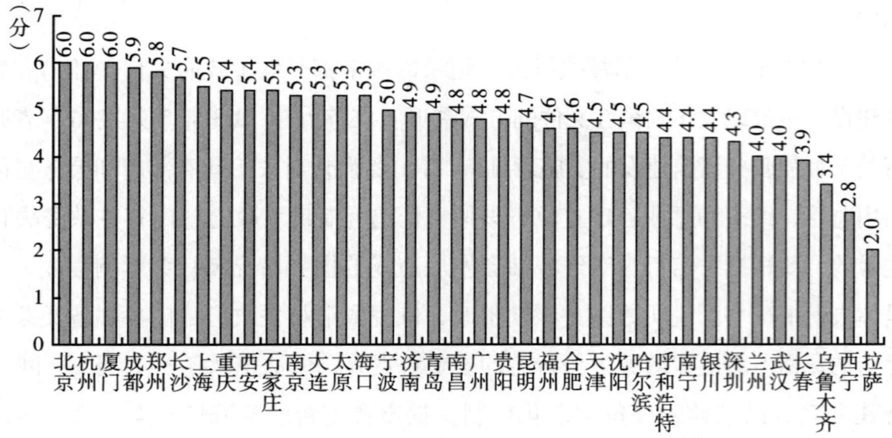

图 1　“政府诚信”指标各城市得分情况

（1）优惠政策公开度，平均分为 0.667 分，得分率为 66.7%；

（2）优惠政策申报便利度，平均分为 1.5 分，得分率为 75%；

（3）政府合同违约涉诉案件，平均分为 0.842 分，得分率为 84.2%；

（4）政府失信追责机制，平均分为 1.56 分，得分率为 78%。

三级指标中得分率排名最高的指标是“政府合同违约涉诉案件”，说明行政协议司法审查机制的现实运行已取得较好效果。得分率第二的是“政府失信追责机制”，说明政府在政务诚信和违约责任追究机制建设上已经取得了较好的成果。

除“政府合同违约涉诉案件”一项内容来源于客观数据，评估机制尚待完善，其余指标的得分结果均明确反映了政府在信用建设中的成效与可改进之处。评估小组将根据具体失分原因对地方政府在诚信建设过程中存在的问题进行梳理，并给出相应的改进建议。

（一）取得的进展

1. 招商引资政策公开效果较好

获取涉企优惠政策是市场主体开办与经营过程中重点关注的问题，也是衡量地方政府招商引资机制水平的重要依据。根据评估小组对“优惠政策公开度”指标获得满分的城市的观察，这部分城市利用政府门户网、招商局官网或投资促进局官网、政府信息公开平台披露了招商引资政策集成，实现了政策一站式获取与查阅，体现了较好的数字政府建设水平。在可获取的政策集成基础上，评估小组进一步评价了优惠政策的形式与实质特征，范围涉及政策发布的有效性、及时性，政策的基本类型，政策文件的语言规范性等。最终获得满分的城市在上述方面皆有较好的表现，说明招商引资政策发布机制已经有了较多可供参考的范例城市。

2. 优惠政策兑现平台数字化建设较好

在试评估阶段，评估小组发现各地政府都将及时兑现优惠政策视作重要工作，督促政府及时兑现优惠政策已经有了充分的政策辅助，于是“优惠政策申报便利度”指标的评估重点在于衡量“申报便利”的程度。获得2分的20个城市的政务服务官网普遍构建了政策兑现平台，实现了数字政务服务，为市场主体带来便利。在数字政务的发展趋势下，优惠政策兑现应当延续线上办理、一次办理的机制，政府提供优惠政策兑现服务将朝着自动化、智能化的方向发展。

（二）存在的问题

1. 优惠政策的规范性和普适性有待加强

对“优惠政策公开度”指标的评估显示，被评估城市政府已经建立了优惠政策发布机制，但如何提升发布效率、提高发布质量，使优惠政策让更多的市场主体及时获取和直观理解并最终使市场主体受益，是各地方政府应当思考的问题。

评估显示政府发布的优惠政策需要从规范性、明晰度、稳定性与可持续性方面提高质量。规范性、稳定性属于形式和效力审查，规范性要求发布形式合适、及时更新以避免形同虚设，稳定性要求政策不恣意变动而侵害市场主体的信赖利益。明晰度和可持续性属于实质审查，需评估政策的合理性，明晰度是判断政策能否被广大投资者理解的程度要求。可持续性则是判断政策是否与国家战略保持同步的标准。

2. 政府合同违约责任追究机制有待完善

在政府合同所形成的行政法律关系中，政府在合同解除权、合同履行方式等重要条件中占据了支配地位，且政府及时履行合同是信赖保护原则的要求，因此政府应当更积极主动地避免违约的发生，保护市场主体的权益。

在本项评估中，收集的政府违约案件的类型涉及政府迟延履行、拒绝履行、不完全履行等多种情况，这说明政府在合同履行过程中存在不主动承担责任的现象。政府违约后不仅面临社会信用风险，还会给市场主体的经营造成损失，因此政府合同违约的事后责任追究机制是政府诚信建设的重点。

目前，与政府违约相对应的责任追究机制不尽完善，各地方政府只在事前监督方面提出机制建设意见，缺少对违约责任的追究机制；现行的政府合同违约赔偿案例数量较少，法院未就政府合同违约展开专项案件办理项目，说明司法介入政府违约赔偿的力度有待加大。

（三）改进的建议

1. 加大招商引资优惠政策清单建设力度

地方政府加大招商引资优惠政策清单建设力度，有利于吸引更多的投资者和创业者来到当地，促进当地经济的发展。首先，地方政府可以制定招商引资优惠政策清单，明确列出各种优惠政策的具体内容、适用范围和时间等，以便投资者和创业者更加清晰地了解当地政府的政策优惠情况。其次，地方政府可以加强对招商引资优惠政策的宣传和推广，通过各种渠道向投资者和创业者介绍优惠政策，以便他们能够及时了解到当地政府的政策优惠情况。最后，地方政府可以加强对招商引资优惠政策的落实和监督，确保政策优惠真正落实到投资者和创业者身上，提高政策的吸引力和效果。

在政策的实质内容方面，针对优惠政策惠及对象指向不明、语言规范性缺失、稳定性较差的情况，地方政府应当提升行政决策水平与规范性文件制定水平。而在政策发布层面，针对政策发布不及时、政策分类不够直观、政策文件检索难度较大等问题，地方政府应当重视官网建设，充分利用数字政府工程来提升政府信息公开的水平。另外，政策清单、项目编制清单机制可以在优惠政策的制定与发布过程中发挥效用，地方政府可以就减税降费、获得用地审批等某一具体优惠事项定期编制优惠政策计划清单，根据地区产业的实际发展情况动态调整政策的适用对象、范围和优惠力度。

2. 不断健全政府合同违约责任追究机制

《优化营商环境条例》明确指出，县级以上人民政府及其有关部门应当加大对国家机关、事业单位拖欠市场主体账款的清理力度，通过加强预算管理、严格责任追究等措施，建立防范和治理国家机关、事业单位拖欠市场主体账款的长效机制。此项规定透露出，地方政府应当充分利用内部监督与社会监督双重机制，重点解决以拖欠账款为主的违约问题，建立起“谁违约，谁负责”的责任问责机制，并承担因违约给市场主体造成的损失。面对目前缺失违约赔偿追究机制的问题，各地需建设优化案件审理与加大赔偿金额相结合的数字经济政府诚信保障措施。

（1）完善政府合同违约案件审理机制

目前我国法院推行行政协议案件审理的专门审判工作，在司法审判体系中融合了营商环境与政府诚信建设的核心理念，建立了以《最高人民法院关于审理行政协议案件若干问题的规定》为指导、以《最高人民法院关于充分发挥审判职能作用为企业家创新创业营造良好法治环境的通知》等文件为辅助的行政协议案件审理机制。但行政协议案件的司法审查范围远超政府合同违约案件，且未专项治理政府主体违约问题。在数字经济营商环境领域应当独立建设政府合同违约责任审理模式，在“推进法治政府诚信政府建设、优化法治化营商环境”等战略目标的指导下，建立政府违约案件库，制定解释政府违约法律问题的相关文件，加大司法对政府违约赔偿的干预度，并推行执行配套措施。

（2）合理确定政府合同违约赔偿标准

政府违约赔偿能够及时填补企业信赖利益受损带来的损失，也能促使政府减少失信违约行为，维护自身诚信度。当前的政府违约赔偿计算采用“充分赔偿”标准，法院将政府违约行为的获利、企业投资金额、产权使用利益和资金使用利益的损失及未来经营收益、市场风险等因素纳入了违约赔偿数额的范围，考虑因素涵盖了企业从进入市场、投入生产到经营受阻的全过程。[①]采用“充分赔偿”标准能够增加企业的获赔金额，督促政府恪守诚信，减少乱决策、乱签约、“新官不理旧账”等失信行为。在数字经济营商环境建设过程中，作为政府诚信核心配套制度的违约责任追究机制应当延续“充分赔偿”标准，司法审判机关可以考虑将企业预期收益、信赖利益损失等纳入赔偿范围，切实保障公民法人和其他组织的合法权益。

3. 健全政企合作机制，推动社会治理良性发展

《国务院办公厅关于推动12345政务服务便民热线与110报警服务台高效对接联动的意见》（国办发〔2022〕12号）要求加强12345与110能力建设，以对接联动机制顺畅运行为目标，以分流联动事项高效办理为重点，以平台数据智能应用为支撑，加快建立职责明晰、优势互补、科技支撑、高效便捷的12345与110高效对接联动机制。数字治理以释放数据价值为目标，推动政府与企业数据双向流动、共享融合，有利于释放更大的数据要素价值，推动社会治理主体之间数据资源集成和共享。一方面，政府能够从企业获取原始数据、衍生数据等不同形式的数据和数据验证等服务。另一方面，企业可通过政府数据开放平台等普遍开放方式或向数据管理部门申请授权开放方式获取政府数据，构建政府与企业双向数据共享的制度体系。

为进一步健全政企合作机制，需要注意以下方面。一是建立健全对接互动机制。要将群众意见反馈渠道和对应的部门业务系统实时对接，明晰各个部门处理事项的范围，建立联动机制实现高效处理，进一步优化便民热线。二是拓宽政策文件沟通渠道。各地方政府不能仅仅设立政策文件意见征询渠道，更重要的是要确保群众的意见被真实采纳，不能笼统反馈“将对意见建议认真进行分析研究，充分考虑相关意见建议”等内容。政府及其有关部门应及时查看群众的意见建议并反馈有效的答复结果，将意见采纳结果公示在对应的意见收集专栏下，方便群众查找知晓。三是加强告知承诺制数字

① 中科公司与某某县国土局土地使用权出让合同纠纷案，参见中华人民共和国最高人民法院（2017）最高法民终340号民事判决书。

化建设。通过全国一体化在线政务服务平台、国家数据共享交换平台、全国信用信息共享平台、政府部门内部核查和部门间行政协助等渠道和方式，实现数据资源跨部门、跨层级、跨地区、无障碍、全时空联通共享，建立告知承诺制在线核查支撑体系。要结合“放管服”改革、“一网通办”工作要求，完善相关业务平台系统，统一添加告知承诺制模块，协同推进线上线下办理。此外，要探索政府与企业的良性合作机制，发挥政府的统筹协调与业务融合作用，充分结合企业在前沿理念、资金技术等方面的相对优势，积极实现政府的治理目标，充分发挥数字政府治理社会的效能。

B.12
企业退出及政府相关服务

王敬波　章许睿*

摘　要： 企业退出机制是激发市场活力的重要环节。完善市场主体退出机制，降低退出成本，对于提升市场竞争力和市场主体活力具有重要意义。本次评估在“企业退出及政府相关服务”一级指标之下设置两项二级指标和两项三级指标，从不同角度反映被评估城市的企业退出及其配套服务的水平。尽管企业简易退出机制得到全面建设，但企业退出破产解决机制的建设力度仍需加大。建议加强府院联动，构建市级破产案件处置机制，推进信息公开，以提升企业退出的效率和透明度。

关键词： 企业退出及政府相关服务　企业注销办理　破产案件处置效率　府院联动

畅通企业退出是激发市场活力的重要保障。在投资环节，企业退出与资本循环、资本增值密切相关；在破产清算环节，高效率的破产框架可以助推丧失经营价值的企业快速获得清算，推动新公司的创立，扩大私营部门规模，激发市场的活力。[①] 加快完善市场主体退出机制一直是我国现代化经济体系的建设重点。政府在企业办理退出过程中的主要职能是甄别市场主体优

---

* 王敬波，法学博士，二级教授，博士生导师，黑龙江大学校长、党委副书记，研究方向为行政法学、行政诉讼法学；章许睿，对外经济贸易大学法学院2022级博士研究生，研究方向为行政法学、行政诉讼法学。

① The World Bank, *Pre-Concept Note Business Enabling Environment* (*BEE*), p. 53 (2022).

劣、引导破产清算处理流程、完善注销登记制度等，从而降低退出成本、激发市场竞争活力。[①] 因此，评估政府在企业办理退出中的配套政策、政务服务质量与办理效率具有重要意义。

世界银行 B-READY 评价体系将评估重点确定为微观经济层面的监管框架、公共服务和办事效率，以评估营商法规给企业带来的监管负担、法规质量以及向企业提供相关公共服务的情况。[②] 本项目评估结合我国实体经济中小微企业发展现状，纳入了常规的注销办理事务。

一　评估指标构成

本次评估在“企业退出及政府相关服务”一级指标之下设置两项二级指标，分别为“优化注销办理流程”和“提高破产案件处置效率”（具体内容见表 1）。

表 1　“企业退出及政府相关服务”指标构成

一级指标	二级指标	三级指标
企业退出及政府相关服务(2.5 分)	优化注销办理流程(1.5 分)	网上办理、自助办理(1.5 分)
	提高破产案件处置效率(1 分)	府院联动工作机制(1 分)

两项三级指标包括“网上办理、自助办理”和“府院联动工作机制”，从不同角度反映被评估城市在本评估期间政府提供企业退出及其配套服务的水平。“网上办理、自助办理”指标对应了世界银行 B-READY 评价体系中“企业准入”（Business Entry）项下的“网上信息的可用性和透明度”（Availability of Information Online and Transparency of Information），“府院联动工作机制”对应了“争端解决”（Dispute Resolution）相关内容。

① 《关于印发〈加快完善市场主体退出制度改革方案〉的通知》（发改财金〔2019〕1104 号），2019 年 6 月 22 日发布。

② The World Bank, *B-READY Methodology Handbook*（B-READY）(2023), pp. 729-741.

二 设置依据、评估标准及评估分析

在本次评估中，评估团队的材料与数据来源主要是被评估城市的政府及有关部门的网站、数字政务服务 App、网络搜索引擎、报纸等媒体四种，且以政府官网为主。通过上述方式未检索到相关内容的，视为未落实该项工作或该项服务；可检索到但不属于有效信息的，即“僵尸网页”及“无效数据”，仍视为未落实该项工作或该项服务。本部分从三级指标角度，逐项说明该指标设置具体依据、评估方法和评分标准，并基于评估情况分析评估结果。

（一）网上办理、自助办理（1.5分）

【设置依据】

《优化营商环境条例》第 33 条明确要求政府有关部门应当优化市场主体注销办理流程。《市场监管总局、国家税务总局关于进一步完善简易注销登记便捷中小微企业市场退出的通知》（国市监注发〔2021〕45 号）大力推行简易注销机制，鼓励创新办理退出方式。

【评估方法】

本项指标评估采取政府网站评估法与体验法相结合。以截至 2023 年 8 月 15 日为准，通过检索被评估城市的政府网站、政务服务 App，确认被评估城市是否有企业注销办理一站式平台。同时通过体验法进行验证，排除不可访问、不可实际办理的情形，但对网站是否易得、网站维护状态是否稳定、申报是否及时得到响应等效益性评价标准不予考虑。

【评分标准】

设置 0 分、1.5 分两档，分别对应“不可得”“可得”两种情形。“可得”要求有一站式注销办理平台，用户可简单快捷登录。“不可得”指没有网上办理平台或不可访问的情形。

【评估分析】

经过网址搜集与访问体验，评估的 36 个城市中有 35 个城市建设了企业退出一站式办理网站，且全部为可以有效访问与申报的网站。只有西宁未检索到企业退出申报网站，被评价为“不可得”（见表2）。

表2　“网上办理、自助办理”得分分布

得分(分)	1.5	0
城市(个)	35	1

【良好实践】

在本项指标中，有35个城市获得了满分，得分率极高，平均得分高达1.458分，这说明各地积极响应“创新简易退出机制”的要求，利用数字政务的方式为企业在网上办理退出业务提供服务。当前，各地的退出业务网上办理呈现良好发展势态。在评估过程中，评估小组以天津市为代表，着重观察体验了该地网上办理、自助办理流程。

“天津市企业注销一窗通平台”是“天津市政府门户网站”中的专栏，其主页设有注销申请窗格、企业注销流程说明图、每日办理动态公示栏。[①] 用户需通过“天津市统一身份认证平台”注册登录，根据提示进行退出申报。在完成申报后，企业可在本站查询办理进度，并可以通过官网发布的联系方式联系承办机关。上述设置包含了从申报到结果监督的一站式政务服务，其简便的操作、清晰的说明可以有效提升自助申报业务的实际操作性。

与天津市的企业注销平台相似的优质政务服务窗口还包括山西省企业注销“一网通”服务平台、[②] 福建省企业注销网上服务专区、[③] 北京市企业服

① 天津市企业注销一窗通平台，http：//qydj. scjg. tj. gov. cn/yctLogout/index. html，最后访问日期：2023年11月20日。

② 山西省企业注销“一网通”服务平台，https：//1. 71. 190. 115：8081/repeal/index，最后访问日期：2023年11月20日。

③ 福建省企业注销网上服务专区，http：//61. 154. 11. 191/repeal_ yct_ portal，最后访问日期：2023年11月20日。

务 e 窗通等平台，[①] 上述平台既包括单独办理企业退出的专栏，也包括办理企业商事登记各类活动的混合窗口。

（二）府院联动工作机制（1分）

【设置依据】

破产程序中的府院联动工作机制是解决企业破产衍生社会问题的一种新兴机制。《优化营商环境条例》第 33 条明确要求县级以上地方人民政府应当根据需要建立企业破产工作协调机制，协调解决企业破产过程中涉及的有关问题。破产府院联动工作机制遵循政府主导风险管控和事务协调、法院主导司法程序的原则。《加快完善市场主体退出制度改革方案》（发改财金〔2019〕1104 号）提出，破产案件应“繁简分流”，政府与法院应“加强司法与行政协调配合”，“加强司法能力及中介机构建设”。

【评估方法】

本项指标评估采取政府网站评估法与网络搜索引擎关键词检索法。具体观测方法为在被评估城市的市级政府官网、法院官网，及百度、微信搜一搜等主流搜索引擎中检索关于破产案件府院联动工作机制的政策、公报和新闻，筛选日期为本评估期间，根据实测情况具体赋分。考虑到改革推进的范围和力度差异，有必要检索被评估城市的改革范围，排除仅在区县级政府、法院试点改革且没有推进后续改革的情况。

【评分标准】

设置 0 分、0.5 分、1 分三档，分别对应“不合理”“良好”“合理”三种情形。“合理”赋 1 分，要求政策依据充分，府院联动工作机制已经脱离试点状态并在全市范围内全部建立。“良好”赋 0.5 分，要求有公报、新闻等一定依据佐证，区县级单位已经开展了府院联动工作机制的试点改革。“不合理”赋 0 分，为缺少任何依据、仅开展小范围试点但没有后续改革的情形。

① 北京市企业服务 e 窗通平台，https：//ect. scjgj. beijing. gov. cn/index，最后访问日期：2023 年 11 月 20 日。

【评估分析】

本项评估中，根据评估的赋分标准，大多数城市获得1分或0.5分，但也存在多个城市得0分的情况（见表3）。

表3 “府院联动工作机制”得分分布

得分(分)	1	0.5	0
城市(个)	26	4	6

（1）得1分的城市有26个，占比为72.22%。

（2）得0.5分的城市有4个，占比为11.11%。

（3）得0分的城市有6个，占比为16.67%。

其中，27.78%的城市在本项中存在失分情况，这说明相当数量的城市在破产案件府院联动工作机制的建设中没有达到全国平均水平。

【良好实践】

本项指标是本维度中得分差距较明显的三级指标，各城市得分在三等赋分标准中体现了明显的梯度。获得1分的城市都有建立市级破产案件府院联动工作机制的材料依据，或其所属省份出台了统一建立省级机制的政府文件。其中的典型代表如杭州市的“企业涉险与破产司法处置府院联动工作机制”，即通过发布规范性文件的方式明确工作机制内容，包括“分类协同处置机制”“制度化沟通协调机制”“常态化信息共享机制”等，并明确了府院职责分工，涉及多部门联合目标。① 重庆市积极推进的“法院创新破产案件审理机制”也探索出多条企业破产服务的有效路径，包括制定《预重整工作指引》等规范性文件。② 广州市创新工作方式，解决破产管理人在办理涉税事项过程中反映的“痛点、堵点、难点”问题，畅通人民法院、税

① 《杭州市人民政府办公厅关于建立杭州市企业涉险与破产司法处置府院联动机制的通知》（杭政办函〔2018〕119号），2018年10月8日发布。

② 《重庆市第五中级人民法院关于印发〈重整案件审理指引（试行）〉的通知》，2021年12月28日发布。

务局、管理人之间的工作衔接机制。①

长沙市所属省份湖南省通过省高院拟构建企业破产处置府院联动工作机制，但长沙市级单位缺少建设同样机制的材料。湖南省从省级层面建立统一机构的目标可能在未来发挥积极效益，其发布的《关于建立企业破产处置府院协调联动机制的通知（征求意见稿）》明确从省级层面建立统一机构、定期召开联席工作会议，这种做法值得肯定。② 有类似做法的地区还包括河南省、甘肃省、江西省、广西壮族自治区。

北京市在府院联动工作机制方面的建设亦有阶段性成效。2023 年，北京市第二中级人民法院首次通过府院联动工作机制，调解解决了一起破产重整企业诉请要求消除负面征信记录案件，助力破产重整企业成功修复金融信用。为彻底、高效解决涉案公司的诉求，合议庭将案件的审理重心转移到如何迅速消除重整企业的负面信用评价。考虑到破产重整企业的信用修复是体系化工程，积极借助府院联动工作机制，与相关征信管理部门、监管机构进行沟通，形成工作合力。北京市高级人民法院、市发展和改革委员会、人民银行营业管理部等相关部门迅速开展工作联动，就更改破产重整企业信用信息的法律依据、优化营商环境等政策在破产法律体系框架下的适用进行沟通。在多部门积极开展协调工作的同时，承办法官充分对当事人进行释法说理，争取尽快促成金融机构对企业重整后债务清偿状态的调整。最终，在府院间紧密联动、多部门协同推进之下，某行主动与法院联系，表示同意将涉案公司在重整前的逾期记录展示为结清状态。③

① 广州中院：《府院联动！共为优化营商环境提速增效》，澎湃新闻网，https：//www.thepaper.cn/newsDetail_forward_7567921，最后访问日期：2024 年 5 月 11 日。

② 《湖南高院推动构建企业破产处置府院联动机制》，湖南省高级人民法院官网，https：//hunanfy.chinacourt.gov.cn/article/detail/2020/09/id/5462752.shtml，最后访问日期：2022 年 3 与 15 日。

③ 《助力重生！北京法院首次通过府院联动机制成功修复破产重整企业信用》，微信公众号“京法网事”，https：//mp.weixin.qq.com/s/tgOuO4S6neQuS0aiz1q2OQ，最后访问日期：2023 年 11 月 20 日。

获得 0.5 分的四市均为仅可获得区县相关机制材料的情形。其中典型的城市是成都，天府新区作为成都市现阶段鼓励创新创业发展的重要试点区域，建立起府院联动工作机制，行政审判团队创新落实“府院联席会议、行政诉讼司法审查白皮书、行政负责人出庭应诉”三项机制，五年以来积极推动天府新区设立行政争议调处中心，积极落实司法救助“应救尽救”工作要求，向 15 名涉诉困难当事人发放司法救助金 80 余万元。[①]

得 0 分的沈阳、太原、西安、拉萨、西宁、乌鲁木齐六市的相关材料暂无法获得。

三　评估结论与建议

本项指标评估总分为 3.5 分，被评估的 36 个城市的平均得分为 3.181 分，得分率达 90.88%。共有 18 个城市在平均分之上，占被评估城市总数的 50%。本项评估获得满分的城市有 18 个；得分最低的城市是西宁，获得 1 分。本项指标各城市的整体得分情况良好，但得分分布存在一定的梯度（见图 1）。

本项一级指标共包含 2 项三级指标，包含 1.5 分指标 1 项、1 分指标 1 项。各三级指标的得分状况如下：

（1）网上办理、自助办理，平均分为 1.458 分，得分率为 97.2%。

（2）府院联动工作机制，平均分为 0.778 分，得分率为 77.8%。

其中，“网上办理、自助办理”的得分率为 97.2%，接近满分，这表明目前被评估城市的政府机构在网上办理、自助办理企业退出事项方面的建设情况比较理想，该工作机制已经在全国范围内全面铺开。而“府院联动工作机制”的得分率为 77.8%，其中得 0 分的城市数量为 6 个，较明显地反映了部分地方在破产案件府院联动工作机制的建设中响应速

① 《我与天法这五年丨繁简皆有道　专业化审判架起实质化解纷“桥梁”》，微信公众号“天府新区法院　四川自贸区法院”，https://mp.weixin.qq.com/s/3UuhBfVzlUlZKvvuqO4tog，最后访问日期：2023 年 11 月 20 日。

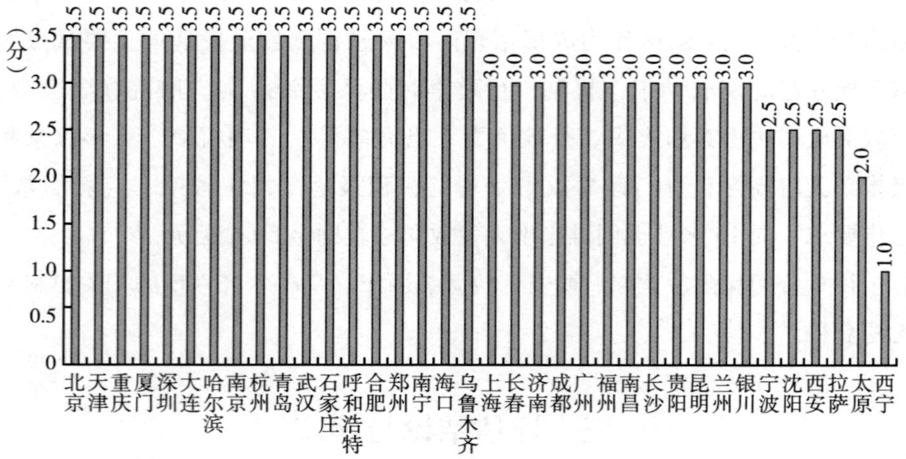

图1 “企业退出及政府相关服务”一级指标各城市得分情况

度慢、力度轻。

本项指标评估的总体情况较好，但并不表示其中三级指标存在的问题可以被忽略。经过分差分析，本项中的各三级指标的得分率有明显差异，其中“府院联动工作机制”作为唯一涉及纠纷解决机制的三级指标，得分情况较差。评估小组将根据具体失分原因对地方政府在提供企业退出及政府相关服务的过程中存在的问题进行梳理，并给出相应的改进建议。

（一）取得的成就

评估小组对被评估城市企业退出办理网站的初步观测显示，除个别城市检索不到信息，绝大部分被评估城市的政府官网实现了网上办理企业退出业务一站式平台的建设，因此评估小组相应放松了评分标准，只剔除网站不可得、不可实际访问、不可实际办理业务等情况。经过体验法的验证，初步观测环节获得“可得”评价的35个城市不存在不可实际办理等情况，可以获得1.5分。网上办理是企业自助办理中最便捷高效的途径，它有效地利用了数字政府与电子政务服务的最新建设成果，是实现“在家办、一次办”的有力工具，有利于在新时代完善服务型政府建设，对在新时代背景下及时调整更新实施策略并制定适应新时代、新征程、新任务、新要求的服务型政府建设的新策略而言，具有一定意义。

（二）存在的问题

在评估中发现，“府院联动工作机制”的得分在 2 项三级指标中较低，被评估城市的得分形成明显的三级梯度差异，部分得 0.5 分的城市的府院联动工作机制建设停留在县级单位，尚需进一步落实该项工作。

企业破产府院联动工作机制是防范化解重大风险特别是金融风险的重要部署，有利于推进破产重整后的企业盘活重生、破产清算后的企业顺利市场出清。在优化营商环境的背景下，本次被评估的 36 个城市都就促进金融市场高质量发展、加大实体经济支持力度展开了工作部署。因此，企业退出过程中化解风险与纠纷的破产解决机制需要在被评估城市全面铺开。4 个得 0.5 分的城市仅在区县级单位试点改革建设，体现企业退出破产解决机制没有在市级范围内形成完备整全的工作机制。

（三）改进的建议

企业破产是解决企业退出市场最后一道障碍的市场化手段。用市场化手段调整和压缩过剩产能，可以实现社会资源的合理再分配与再利用，可以有效防范金融风险，盘活市场的经济存量。在当今的公共治理策略中，府院联动是一种协调行政权和司法权的风险防范机制与纠纷解决机制。为使府院联动工作机制在地方发展中发挥积极效用，应当注重以下两方面。

第一，府院联动工作机制需要同时在横向合作力度和纵向合作强度中得到完善。我国《企业破产法》明确规定了在破产企业清算阶段的政府职责，这说明政府介入破产清算流程具有法律依据，行政权与司法权在破产清算问题上有各自侧重的分工。在便利企业退出、破产市场化的新发展规划中，政府与法院的合作需要从传统的分工走向协调，再走向联动机制，并以协同机制为未来发展目标，实现工作目标一致、步骤一致、效率一致。府院联动工作机制的内在逻辑包括保障工作组织、明确工作规则、厘清工作职责与任务。观察目前各评估城市发布的企业破产处置府院联动工作机制实施方案，其中提出的“保障职工权益”、“妥善处理债权问题”及“项目推介招商引资”等工作任务可以针对性地解决企业退出中的市场主体权益保障难题，此类以权益保障为中心的工作展开逻辑值得全面推广。

第二，加强府院联动，构建市级破产案件处置机制。在仅有省级府院联动工作机制的情况下，此类活动多为制定纲领性政策文件的临时性活动，实际可操作性较弱，且省级工作机制有管辖范围的局限性，往往不能涉及市级片区小微企业案件。因此，市级政府与中级人民法院应当尽快填补本级破产案件处置府院联动工作机制的缺失。在仅有区县级破产案件处置府院联动工作机制试点的情形中，市级政府与中级人民法院应当认识到构建完整市级机制的重要性，吸收试点建设经验，在全市域管辖范围内推广其工作机制，并及时颁布规范性文件与工作文件，形成稳定的府院联动工作机制。

B.13

一网通办及一网统管能力建设

满艺姗　朱梓路*

摘　要：　一网通办和一网统管能力建设在提升行政效能和服务质量方面发挥着至关重要的作用。本报告评估了这些领域取得的成就和面临的挑战，考察被评估城市政府是否有效实施了“一网通办”计划以及它们在“一网统管”方面的能力建设进展。关键的评估标准包括将服务整合到一个统一的在线平台上、平台的可访问性和用户友好性，以及通过“一网统管”整合监管职能的程度。评估结果显示，许多地区都取得了积极的进展，各级政府积极推进将各种服务整合到单一在线平台的工作。这种整合旨在简化流程、减少冗余，并提升市民和企业的便利性。然而，仍然存在一些挑战，如审批流程仍不够简化、地区发展不均衡以及技术和安全保障的匮乏等。为进一步加强这些举措，评估团队建议各级政府注重全面的服务整合、以用户为中心的设计原则和强大的网络安全措施。此外，应不断更新和调整，以确保“一网通办”和“一网统管”的长期可持续性和有效性。

关键词：　一网通办　一网统管能力建设　数字政府

* 满艺姗，法学博士，对外经济贸易大学助理教授，研究方向为行政法、宪法、行政协议、电子商务、国家赔偿；朱梓路，对外经济贸易大学法学院2023级硕士研究生，研究方向为行政法学、行政诉讼法学。

近年来，党和国家高度重视数字政府建设。习近平主席指出：“当今世界，信息技术创新日新月异，数字化、网络化、智能化深入发展，在推动经济社会发展、促进国家治理体系和治理能力现代化、满足人民日益增长的美好生活需要方面发挥着越来越重要的作用。”① 党的二十大报告提出加快建设网络强国、数字中国，并对事关网络强国、数字中国建设的一系列重大问题作出战略部署。数字政府是数字中国体系的重要组成部分，加快数字政府建设是新时代全面深化行政体制改革的必然选择，是推动数字经济转型的重要保障，是加快推进数字化发展战略的重要任务，也是有效推动我国经济、社会、生态等方面高质量发展的重要抓手，必将对加快实现中国式现代化产生深远影响。2023 年，世界银行正式发布名为“营商环境成熟度”的评价体系，包括《指南手册》《方法论手册》，全面公开了新项目的指标体系和数据收集方法等内容。相比之前的 BEE 评价体系，新的营商环境评价体系仍然以企业生命周期为基础，包括十项一级指标。B-READY 延续了 BEE 的精神，将“数字技术应用”设置为特殊指标，涵盖了电子窗口和在线一体化平台的评估内容，更把侧重点放在公共服务和办事便利度上。② 本报告指标设置旨在评估政务服务的数字化建设水平，同时也与世行最新公布的 B-READY 评估体系中设置的交叉指标“数字技术应用”（adoption of digital technologies）相对应。本报告重点评估政务服务的办理程序标准化、网上办理的便利度、数据协同等内容，为深入推进政府数字化转型、创新服务方式、全面建设数字化法治政府提供一定的数据参考和建议。

一 评估指标构成

本次评估的“一网通办及一网统管能力建设”一级指标之下设置 2 项

① 《习近平致首届数字中国建设峰会的贺信》，新华网，http：//www. xinhuanet. com/politics/2018-04/22/c_1122722225. htm，最后访问日期：2024 年 3 月 19 日。

② The World Bank, *Business Ready*：*Methodology Handbook*（2022）.

二级指标，分别为“办理程序标准化”和“一网统管能力建设”，在二级指标之下设置了5项三级指标（见表1）。

表1 “一网通办及一网统管能力建设”指标构成

一级指标	二级指标	三级指标
一网通办及一网统管能力建设(5.5分)	办理程序标准化(2.5分)	当场办结(1分)
		集中办理、就近办理、网上办理(1.5分)
		重点项目帮办代办(1分)
	一网统管能力建设(2分)	数据库建设(1分)
		数据共享与业务协同工作机制(1分)

二　设置依据、评估标准及评估分析

本部分从三级指标角度出发，逐项说明该指标设置具体依据、评估方法和评分标准，并基于评估情况分析评估结果。

评估中，评估团队的材料和数据来源主要为被评估城市的政府门户网站、政务网上办事大厅、元搜索引擎三种。通过以上三种方式未能检索到相关内容的，则视为未落实该项工作或该项服务。

（一）当场办结（1分）

【设置依据】

《优化营商环境条例》第36条明确规定，政府及其有关部门办理政务服务事项，应当根据实际情况，推行当场办结、一次办结、限时办结等制度。针对与数字经济市场主体活动密切相关的工商登记环节，《市场主体登记管理条例》第6条明确规定，县级以上地方人民政府承担市场主体登记工作的部门应当优化市场主体登记办理流程，推行当场办结、一次办结、限时办结等制度。“当场办结”是考察地方政府是否提供规范、便利、高效的政务服务的关键指标。

【评估方法】

通过登录被评估城市的政府网站等三种途径进行检索，查询其是否有“当场办结或即办件或马上办或一次办事项清单”、是否存在“当场办结网上办理专栏”或“一件事一次办专栏”、是否有“秒批秒办专栏”等体现政府在提供政务服务时有践行当场办结之原则和要求的情形。

【评分标准】

赋分总分为1分。符合以下情况之一的得1分：

（1）有“当场办结或即办件或马上办或一次办事项清单”；

（2）有“当场办结网上办理专栏”；

（3）有“秒批秒办专栏”。

【评估分析】

根据评分标准对各个城市进行评分，最终得出以下结果：

（1）得1分的城市有北京、杭州、成都等36个城市，所占比例为100%；

（2）该项指标平均得分为1分，得分率为100%。

被评估的36个城市均得1分，表明各个地方政府实际推行了当场办结、一次办结、限时办结等制度，通过事项清单和网上办事专栏等多种形式不同程度地提升了政府办事效率，节省了企业办事时间。

【良好实践】

北京市政务服务网“阳光政务”板块设有便利化清单专栏，包含“马上办”“一次办”“最多跑一次”“秒批事项”等清单。其中“马上办”“一次办”“最多跑一次”清单又按照市级、区级、街乡级审批服务事项分类展示。“高频事项最多跑一次”清单公开至市级；“秒批事项”清单包含市级、区级秒批事项。①

宁夏回族自治区政务服务网兰州站点中“清单发布”内的“一件事一次办”栏目，分为“常办一件事”和“各地一件事”。“常办一件事”按照

---

① 北京市政务服务网，beijing. gov. cn。

事务的类型进行划分，例如“新生儿出生”“开餐厅”等。“各地一件事”则按照不同的地（县）级市进行分类。①

成都市未设置当场办结清单，其政务服务网设有“一件事服务”专栏，按照个人服务、法人服务事项分类，每一具体事项包含办理时限、跑动次数、申报材料、办理环节等内容。相对来说，更加便捷，可以直接进行政务的办理。但相比北京和宁夏，没有系统化的政务清单来进行公示，缺乏一定的全面性和严谨性。②

宁波市通过在“一网通办”专栏里设置“最多跑一次清单”和“马上办事项清单”实现当场办结。在两个清单里，宁波市采取了新型的分类模式，以各种政府部门为分类依据，在每个部门的栏目里，有该部门负责接收办理的事项。例如，公民可以在“市教育局”栏目中进行少数民族考生参加中考优待一事的申办。这种模式充分考虑了公民的利益诉求，对于一项业务，公民往往不能明确其具体名称和信息，但往往知道应该在哪个机构进行咨询和办理。宁波政务网在线上办理平台模拟传统的线下办理模式，新旧融合，既提高了政府效率，又有利于相对人进行政务的咨询和办理，打造阳光政府形象。③

本项评估虽未比较各个城市具体措施的优劣，但各地方政府可以借鉴其他城市的良好做法，通过多种形式积极推行当场办结、一次办结、限时办结等制度，实现效率最优。

（二）集中办理、就近办理、网上办理（1.5分）

【设置依据】

2023 年 2 月 15 日，《人民日报》在中央人民政府网站上发布《各地加快推进政务服务标准化规范化便利化 就近办线上办 提效能暖人心》，其中针对政务服务事项“就近办、网上办、掌上办”的问题，记者采访了多地

① 宁夏回族自治区政务服务网，nx. gov. cn。

② 成都市政务服务网，sczwfw. gov. cn。

③ 浙江省政务服务网，zjzwfw. gov. cn。

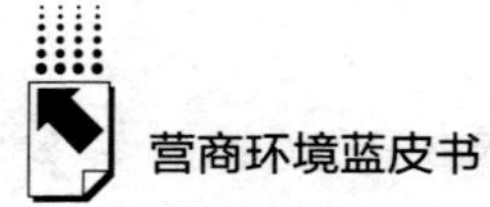

的居民，均收到了满意且积极的回复[①]，这从侧面说明了各地政府充分响应党的二十大号召，在打造数字化政府、规范线上政务办理、提升居民办事效率等各个方面作出了新的突破。

《优化营商环境条例》第36条规定，政府及其有关部门办理政务服务事项，应当根据实际情况，推行当场办结、一次办结、限时办结等制度，实现集中办理、就近办理、网上办理、异地可办。《国务院办公厅关于进一步优化营商环境更好服务市场主体的实施意见》（国办发〔2020〕24号）进一步提出要提升涉企服务质量和效率，推进政务服务便利化。其中政务服务便利化具体体现在企业办理相关事项是否能实现集中办理、就近办理、网上办理。

【评估方法】

通过被评估城市的政府网站等三个渠道进行检索，查询其是否有集中办理、就近办理、网上办理涉企事项清单，或者是否有集中办理、就近办理、网上办理等相关专栏，根据相应标准进行评分。

【评分标准】

该项三级指标赋分总分为1.5分。任意实现以下一项得0.5分，任意实现两项得1分，实现三项得1.5分。

（1）有“集中办理清单”“一件事一次办清单”“最多跑一次清单”“联办清单”“通办清单”之一种以及对应办理专栏的；

（2）有“就近办理清单”或者体现就近办理理念相关专栏的；

（3）有“网上办清单”“网上通办清单”或者有网上办理专栏的。

【评估分析】

根据评分标准对各个城市进行评分，最终得出以下结果：

（1）获得1.5分，即同时具备“就近办理”、“集中办理”以及“网上办理”三种功能的城市有26个，占比约为72.22%，如北京、天津、上

① 《各地加快推进政务服务标准化规范化便利化　就近办线上线　提效能暖人心》，中国政府网，https：//www. gov. cn/xinwen/2023-02/15/content_ 5741546. htm? eqid = cqfdedf900113f39000000066462foc7，最后访问日期：2024年3月1日。

海等；

（2）获得1分，即只具备两种功能的城市有9个，如贵阳、昆明、拉萨等；

（3）获得0.5分，几乎只具备一个功能的城市只有海口。

【良好实践】

各个城市在具体落实“集中办理、就近办理、网上办理”制度时采取的措施不一：或以清单公示的形式直接公布涉企事项集中办理、就近办理以及网上办理等事项；或设立专门的一体化办理平台、就近办理平台、网上办理平台等。

推行清单公示方式的典型城市是北京市。北京市通过就近办、网上办、一次办清单对相关政务服务事项进行公示，每项清单又分为市级、区级、街乡级审批服务事项。清单内容包括实施主体和事项名称，明确告知了哪些事项可以就近办、网上办、一次办。①

厦门市通过在网上办事大厅设置“清单公开”栏目给予相对人更大的选择余地，在该栏目内，囊括了“通办（就近办）清单”“网上办清单”“马上办清单”等25个事项清单。每一项清单内部又以和宁波市相同的方式按照政府机构划分事项，并把一些典型事项如“公积金贷款”放置在清单内部的主要位置，方便相对人选择自己业务的办理模式，也使相对人更容易找到自己的办理事项。②

相比厦门市和北京市，成都市选择了设置特别栏目的形式——“一件事专区”，然而其并没有改进清单的传统模式，仍旧在其“政务公开”栏目进行了通办事项清单的罗列。对于其“一件事专区”的特别栏目，成都市秉持“一次告知、一表申请、一口受理、一网审批、一窗发证、一体管理”的理念，将该栏目先分为“个人服务”和“法人服务”两大框架，再在两大框架下按照“生命周期”和“主题”进行分类。这和浙江以及厦门按照

① 参见北京市政务服务网，http：//banshi. beijing. gov. cn/pubtask/facilitation. html？locationCode = 110000000000。

② 厦门一站式综合服务平台，xm. gov. cn。

政府机构职能进行分类有所不同。[①]

落实就近办理制度具有创新性的城市有哈尔滨市。据了解，哈市营商环境建设监督局以全市一体化政务服务平台为依托，不断将政务服务向基层延伸。将 117 台涵盖社保、医保、公积金、不动产登记、水电气暖便民缴费等集成式自助终端投入全市“就近办”机构使用，并向工业园区、商场、银行、邮政等场所延伸，打造“7×24 小时政务服务自助功能区”，通过“自助办、随时办、立等可取”的政务服务方式办理 9.7 万个事项，为企业和群众带来就近办业务的便捷体验；通过“e 冰城” App 和小程序不断推出掌上便民新应用，如无犯罪记录证明实现全程网办，群众仅上传身份证，便可一键开具证明。实现 12345 民生热线投诉“一网通办”，与民生热线数据对接后，企业群众可通过“e 冰城”实现线上投诉。创新开发“数字化智慧残联”，生成全省首张残疾人电子证照，实现残疾人办事全流程电子化。哈市还充分利用银行网点多、覆盖面广的优势，深化“政银合作”，通过与银行专网对接，将政务服务事项纳入全市银行网点业务办理范围，实现政务服务向基层延伸，便于企业群众就近选择银行网点办事。

（三）重点项目帮办代办（1分）

【设置依据】

中共中央办公厅、国务院办公厅于 2018 年印发的《关于深入推进审批服务便民化的指导意见》提出，大力推行审批服务集中办理，探索推行全程帮办制。《优化营商环境条例》第 36 条指出，政府及其有关部门办理政务服务事项，应根据实际情况实现异地可办。2022 年《国务院关于加快推进政务服务标准化规范化便利化的指导意见》（国发〔2022〕5 号）提出推进政务服务事项实施清单标准化；统筹制定政务服务事项“跨省通办”全程网办、异地代收代办、多地联办的流程规则；设置帮办代办窗口，为老年人、残疾人等特殊群体提供帮办代办服务；规范网上办事指引，创新在线导

① 成都市政务服务网，sczwfw. gov. cn。

办帮办等方式；推动更多群众经常办理且基层能有效承接的政务服务事项以委托受理、授权办理、帮办代办等方式下沉至便民服务中心（站）办理。推行帮办代办制度，可以进一步优化政务服务，提升企业办事便利度和获得感。

【评估方法】

通过对被评估城市的政府网站进行检索，查询其是否有重点项目帮办代办事项清单或者帮办代办线上办理平台，根据以下标准进行评分。

【评分标准】

该项三级指标赋分总分为 1 分。符合以下两项中的任意一项得 1 分：

（1）有重点项目帮办代办事项清单；

（2）有帮办代办线上办理平台；

（3）有“跑零次”项目代办清单或者平台。

【评估分析】

本项三级指标评估中，评估小组的评估结果如下：

（1）得到 1 分的城市有 25 个，占比为 69.44%，如北京、上海、厦门、深圳等；

（2）得到 0 分的城市有 11 个。

由于“重点项目帮办代办”的制度内核是政务服务机构及相关职能部门工作人员作为帮办或者代办专员，根据项目单位实际需要，提供政策解答、事项申报、材料准备等各类咨询、指导服务，帮助项目单位联系有关审批部门，召集相关会议，协调推进所办理的事项。其最终目的就是便利相对人，减少相对人的时间成本，使得政府能够更高效更便捷地为群众服务。所以不应该局限于政务服务网上的“帮办代办”字眼，应该将“跑零次”或者“一次不用跑等”也纳入范围之内。

被评估的 36 个城市中有 11 个城市未确立“重点项目帮办代办清单”，也未设立专门的帮办代办平台，重点项目帮办代办制度落实有待加强。

【良好实践】

在落实情况较好的城市中，厦门市网上办事大厅“清单公开”栏目设有“全程代办清单”，代办事项按照部门、地区进行分类，每个事项的公开内容涵盖办事指南、在线办理、在线咨询、在线评价等。代办清单不仅明确哪些事项可以代办，而且告知代办流程，点击具体事项下面的在线办理即可直接申请代办，集清单公示与办理平台于一体，节省了用户查找办理流程的时间，给予用户方便快捷的使用体验。① 济南市也设有“帮办代办政务服务事项清单”，清单内容涵盖部门名称、主项、子项、办理项、事项类别等。② 南宁市设有“代办帮办事项清单”，事项按照办理部门进行分类，共公开 249 个可帮办代办事项，事项清单内容也涵盖办事指南。③

2023 年，杭州余杭区按照“早开工、早建设、早投产”的工作思路，联合发改、住建、规资、环保、林水等部门，探索打造出“投资项目全流程代办”服务，提升项目审批质效，全面为企业减负。据了解，意向企业仅需提供审批所需的材料到综合受理窗口“下单”，代办员“接单”后会立即化身“骑手”，为企业“跑腿”办理相关手续。针对“下单”所需的材料，余杭打造出“开工一件事”“竣工一件事”两大服务场景，企业只需“扫一扫”就可全部获悉，实现工程建设项目申报一“扫”可查、一“点”即知。

（四）数据库建设（1分）

【设置依据】

《优化营商环境条例》第 37 条规定，政府及其有关部门应当按照国家有关规定，提供数据共享服务，及时将有关政务服务数据上传至一体化在线平台，加强共享数据使用全过程管理，确保共享数据安全。数据库建设对于解决政务数据资源共享问题、提高政府公共服务水平、方便企业和群众办事具有重要意义。

---

① 厦门一站式综合服务平台，xm. gov. cn。

② 济南市政务服务网，zwfw. jinan. gov. cn。

③ 南宁市政务服务网，gxzf. gov. cn。

【评估方法】

通过对被评估城市的政府网站进行检索，查询其是否有统一的数据收集和共享平台，根据以下标准评分。

【评分标准】

该项三级指标赋分总分为1分，具体如下：

（1）存在统一的数据收集展示和共享平台，得0.5分；

（2）在政务服务网或者政府门户网站有清晰可见的数据平台入口，得0.5分；

（3）在数据共享平台或者数据开放页面中设置了“数据解读”专栏或有数据详细介绍的，额外得0.1分。

【评估分析】

评估小组评估的具体结果如下：

（1）存在统一的数据展示和共享平台的，得0.5分的城市有36个，占比为100%；

（2）政务服务网或者政府门户网站有清晰可见的数据平台入口，但未设置数据解读或者数据分析专栏的，得1分的城市有19个，占比为52.77%；

（3）政务服务网或者政府门户网站有清晰可见的数据平台入口，且设置数据解读或者数据分析专栏的，得1.1分的城市有16个，占比为44.44%。

从以上评估结果可知，被评估的36个城市均设立数据收集开放平台，但只有16个城市在数据开放平台设有数据解读专栏。由此可知，一体化数据共享平台已在各评估城市全面建立，但平台机制的内容不够完善。

数据资源是我国数字政府体系框架的核心组成。加强数据资源体系建设，创新数据管理机制是关键。管理机制的缺位将会导致“数据孤岛”状况加剧；管理机制的健全完善将会为数字政府发展奠定坚实基础和注入强劲动力。

【良好实践】

在被评估的36个城市中，建立数据共享平台且平台内容设计较为完善、得满分以及附加分的有16个城市，其发展经验值得各地数字经济营商环境建设借鉴参考。

关于数据信息的入口，大致有两种情况。有的城市把数据查询的入口直接作为栏目放置在政务服务网，例如宁波、杭州等。有的城市则把数据查询的入口放在政府门户网站，例如武汉、西安。实际上，把数据查询入口放在政务服务网的举措更具亲民性、科学性和合理性，其他城市可以效仿。

北京市以设置数据专栏的方式提升政务公开信息的可获得性。北京市政府门户网站设置“政务公开”栏目，栏目内部有“数据公开”入口。入口内部分设多个小型专栏，包括“数据解读”“月/季度数据”“年度统计公报”“统计年鉴”“北京市宏观数据库”，等等。其中“月/季度数据”囊括GDP、文化、旅游、研发、中小微企业等各种指标。“统计年鉴”则可以根据相对人的需求，按照年份和月份进行具体查询。“北京市宏观数据库”单独有一个网站，对往年的宏观经济、社会发展、科技进步等指标有详细的统计和监测。①

重庆市政府设有类似的“重庆数据”开放页面，包含图解数据、统计公报、数据要闻、数据指标、经济社会运行状况数据等专栏。②

上海市政务服务网设有“政务公开”栏目，引导进入上海市统计局网站，包含“统计数据”、“数据信息”以及“统计年鉴”。③

济南政务服务网站的“数据”栏目以直观的统计图来展示“GDP”“规模以上工业增加值”“固定资产投资”等数据。④

湖南省政府门户网站设置“政府数据”专栏，在数据显示页面按照“宏观数据”和“热点数据”进行划分。在GDP、人口、社会消费品销售总额、固定资产投资增速、工资增加值增速、进出口商品总值六个方面进行统计和介绍。不仅如此，湖南省政府还设置了“数据发布”和“数据分析”

---

① 北京市政务服务网，beijing. gov. cn。

② 重庆市政务服务网，cq. gov. cn。

③ 上海市政务服务网，sh. gov. cn。

④ 济南市政务服务网，jinan. gov. cn。

专栏。“数据发布”专栏简明扼要地描述了数据发布的时间、数据信息所属的月份和季度。“数据分析”共 28 页，囊括了湖南省旅游、工业、交通、农业各个领域的数据及其分析。①

（五）数据共享与业务协同工作机制（1分）

【设置依据】

《优化营商环境条例》第 37 条规定：“国家依托一体化在线平台，推动政务信息系统整合，优化政务流程，促进政务服务跨地区、跨部门、跨层级数据共享和业务协同。”

【评估方法】

通过对被评估城市的政府网站进行检索，查询其是否有“跨省通办”政务服务平台、“全市通办”政务服务平台、“特色区域通办”政务服务平台，根据以下标准评分。

【评分标准】

该项三级指标赋分总分为 1 分，分为三部分赋分：

（1）有“跨省通办”政务服务平台，得 0.4 分；

（2）有“全市通办”政务服务平台，得 0.3 分；

（3）有“特色区域通办”政务服务平台，得 0.3 分。

【评估分析】

评估具体结果如下：

（1）有“跨省通办”政务服务平台、得 0.4 分的城市有 36 个，占比为 100%；

（2）有“全市通办”政务服务平台或者全市通办清单、得 0.3 分的城市有 36 个，占比为 100%；

（3）有“特色区域通办”政务服务平台、得 0.3 分的城市有 36 个，占比为 100%。

---

① 湖南省政府门户网站，hunan. gov. cn。

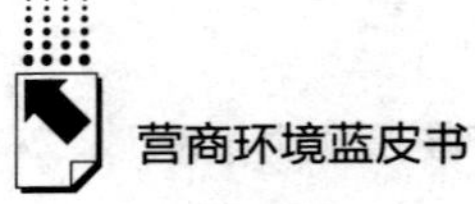

本项三级指标所评估的城市得分均为 1 分，表明被评估城市中跨省通办、全市通办网上平台已经全面建立，为政务服务跨地区、跨部门、跨层级数据共享和业务协同提供了一体化在线平台。

【良好实践】

杭州市政务服务网设置“一网通办”专栏，内部再设置一个“跨省通办”的子专栏。其中包含“全国通办”、“长三角通办”以及“浙江省跨省通办”。“全国通办”的“高频跨省通办事项清单”中包含 131 个事项，涵盖社保医保、职业资格、食品药品等各个领域。“长三角通办”中含有特色专栏以及翔实的使用指引，帮助相对人了解并且熟练掌握办理流程。不仅如此，杭州市政务服务网站还开设“浙江省跨省通办”，其开设“温州跨域”“衢州跨省”等特色跨省通办专区。①

深圳市政务服务网在“特色创新”栏目中设置相关入口。例如“跨省通办服务专区”、“全市域通办服务专区”、“泛珠跨域通办服务专区”以及“跨城通办服务专区”。“跨省通办服务专区”下按照部门、法人、地区、个人进行事项分类。“跨城通办服务专区”则按照广东省的各地级市进行分类归纳。不仅如此，栏目下还设立“粤港澳大湾区政务服务专区”，将相对人分为内地居民以及港澳居民，以此进行高效分流，协助相对人更好地办理事务。②

被评估的 36 个城市除了设立跨省通办、全市通办平台之外，其中大部分城市均设立了相应的特色区域通办专区，比如“川渝通办专区”“西南五省跨省通办服务专区”“东北三省一区通办服务专区”“黄河流域五省毗邻城市跨省通办专区”“丝路通办服务专区”等。依托一体化在线平台，可以在更大范围推动政务信息系统整合，优化政务服务流程，促进政务服务跨地区数据共享和业务协同。

① 杭州市政务服务网，zjzwfw. gov. cn。

② 深圳市政务服务网，gdzwfw. gov. cn。

三 评估结论与建议

本项一级指标“一网通办及一网统管能力建设”赋分总分为5.5分（不算附加分），被评估城市平均得分为5.04分，得分率为91%，有14个城市在平均得分之下。本项一级指标评估中得分最高为5.6分，得分最低为3.1分，体现了一定的区分度。得满分5.5分的城市有12个，得满分并且得到附加分0.1分的城市有9个（见图1）。

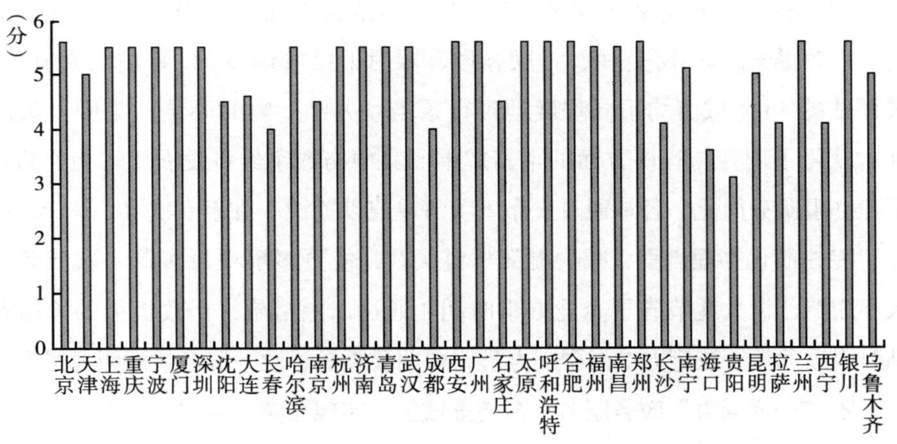

图1 “一网通办及一网统管能力建设”各城市得分情况

本项一级指标共包含五项三级指标，其中第二项“就近办理、集中办理、网上办理”赋1.5分，其余各项赋1分。各三级指标的得分情况如下：

（1）当场办结，平均分为1分，得分率为100%；

（2）集中办理、就近办理、网上办理，平均分为1.347分，得分率为89.8%；

（3）重点项目帮办代办，平均分为0.694分，得分率为69.4%；

（4）数据库建设，平均分为0.808分，得分率为80.8%；

（5）数据共享与业务协同工作机制，平均分为1分，得分率为100%。

以上得分率表明政府在推行当场办结，集中办理、就近办理、网上办理，数据库建设以及数据共享与业务协同工作机制上表现良好，但在推进“重点项目帮忙代办”中仍有略微不足。

（一）取得的成就

1. 当场办结、限时办结、集中办理制度继续深化全面推行，办理时限明显缩短

深化“放管服”改革、优化营商环境的重点举措之一是推动更多事项集成办理。集成办理需要政府发挥“一站式”服务功能，推行首问负责、一次告知、一窗受理、并联办理、限时办结等制度。[①] 评估结果显示，被评估的36个城市均不同程度地推行了当场办结、限时办结、集中办理制度，获得了内容与程序方面的丰富成果。其中与数字经济发展密切相关的是企业办事服务简化，各地通过发布事项清单或设置“一件事一次办”“秒批秒办”专栏简化办理流程，减少提交材料次数，使更多事项最多跑一次或者一次不用跑，极大地节省了企业办事时间。通过以上措施，行政机关的承诺办结时限远远低于法定办结时限，办理时限明显缩短，政务服务效率明显提升。

2. “一网通办”政务服务平台逐渐成熟，实现高频事项网上可办

数字政府建设是数字经济和数字社会建设的基础性工程，而数字平台建设是数字政府建设的重点工程。推进国家政务信息化规划，加快建设数字政府、提升政务服务水平的关键举措就是要构建统一的国家电子政务网络体系，推动地方、部门各类政务专网向统一电子政务网络整合，打破信息孤岛，实现应联尽联、信息共享，从而实现更多事项一网通办，提升政务服务便利度。[②]评估结果显示，被评估的36个城市均建立了网上政务服务平台，

① 《国务院办公厅关于印发全国深化“放管服”改革优化营商环境电视电话会议重点任务分工方案的通知》（国办发〔2020〕43号），2020年11月1日发布。

② 《“十四五”推进国家政务信息化规划审议通过，数字政府建设提速》，中央人民政府网，http://www.gov.cn/xinwen/2021-11/18/content_5651620.htm，最后访问日期：2024年5月12日。

一方面与省级平台连接，实现地区之间的信息服务互通，另一方面因地制宜地结合自己城市的特点和优势打造全市域通办平台，更好地实现了“麻烦不上交”“自己的问题自己解决”。

3. 数据共享与业务协同机制全面建立，数字政府建设迈向系统整合阶段

在事实层面，数据共享与业务协同是数字政府基础设施建设的技术支撑，而在法律层面，一体化在线平台可以推动政务信息系统整合，促进政务服务跨地区、跨部门、跨层级数据共享和业务协同，优化行政权力的横向配置。① 评估组采用“数据共享与业务协同工作机制”这项三级指标来考察各个地方政府对该规定的落实情况。评估结果表明被评估的36个城市均建立了“跨省通办”政务服务平台、“全市通办”政务服务平台。各个城市同时建立了对应的特色区域通办平台，在更大范围内推进数据共享与业务协同，实现更多的政务服务事项跨地区、跨部门、跨层级网上办理。数字政府建设从单个政府、单个部门向多个政府、多个部门进行系统整合发展，进一步推动政务信息共享，提升在线政务服务效率，更好地满足企业办事需求。

不仅如此，对数据库的建设比上一次评估有了充分的改进，基本所有城市在相关网站都开设了数据展示平台，有更多的城市开设了数据解读和分析专栏，以更好地便捷相对人查询数据、浏览报告，对城市发展和建设有着更为细致量化的理解。

（二）存在的问题

1. 办理审批事项和流程有待进一步简化

根据深化行政审批改革的要求，各个地方政府应当全面推行审批服务“马上办、网上办、就近办、一次办”。在评估过程中，在公布政府权责清单和公共服务事项清单的基础上，地方政府以企业和群众办好“一件事”为标准，进一步提升审批服务效能，形成了由省级单位公布各层级政府

---

① 参见《优化营商环境条例》第37条。

“马上办、网上办、就近办、一次办”审批服务事项目录的机制，大部分事项实现网上办理，一定程度上提升了企业办事效率，符合审批制改革的基本要求。但实践中仍存在不必要的审批事项，存在各种重复证明、循环证明、无法取得证明材料的证明，同时也存在一些事项需要线上线下共同办理，网上办事并未全面覆盖。此外，针对一些地方政府设置的“秒批秒办”事项，从表面上看办理时限较短，但实际上申请人仍需要完成网上申请、准备材料等流程，在申请人完成流程后“马上就批”。负责这类事项的审批机关通常不进行审查，申请人完成的流程并无实质意义，造成“秒批秒办”本质上只是在履行程序的现象。各地方政府应考量是否彻底取消此类审批事项。

2. 区域和城乡政务服务发展水平不均衡

根据评估结果，被评估城市整体上存在区域和城乡政务服务发展不均衡的现象，各地方政府网上办理能力存在一定差距。一网通办平台进驻部门情况、政务服务网上办理事项数量存在区域差异，实现大部分事项网上可办的城市有北京、上海、厦门、重庆、杭州、广州等，兰州、呼和浩特、拉萨、银川等数字经济活跃度偏低的城市的网上办理事项相对较少。其次，城乡之间政务服务水平也存在不均衡，在电子政务层面，省一级的政务服务平台全面建立，但未完全覆盖市一级的政务服务事项，县乡级政务服务事项覆盖率相对较低。

3. 数字技术支撑和安全保障体系不完备

建设数字政府、推进电子政务需要数字技术的支撑，还需要安全保障体系的维护。有安全保障，互联网、大数据、云计算等数字技术才能应用于并实现一体化政务服务平台的建设，实现数据共享协同。被评估的 36 个城市中存在部分城市政务网站无法打开或打开无法运转等现象，表明网站维护存在问题，数字技术支撑不到位。此外，根据国家网信办发布的《数字中国发展报告（2020 年）》，截至 2020 年底，全国一体化政务服务平台已发布 53 个国务院部门的数据资源 9942 项，为各地区各部门提供共享调用服务达

540 余亿次。[①] 数据资源高效流通和广泛共享极大提升了政务服务效率，数字政府服务效能显著增强，但同时也存在数据安全风险。数字安全保障能力与国家秘密、个人隐私、企业商业机密的安全性直接相关，在公共数据被不断开发利用的当下，各地方政府应思考如何构建数据安全保障体系，实现数据安全可控，从而兼顾数字经济发展的效益与安全。

（三）改进的建议

1. 再造办理事项和办事流程， 进一步提升政务服务便利度

《国务院关于加快推进政务服务标准化规范化便利化的指导意见》（国发〔2022〕5 号）指出，提升政务服务便利度有诸多路径可循，如推进更多事项集成化办理，推广“免证办”服务，推动更多政务服务事项就近办、网上办、掌上办，推行告知承诺制和容缺受理服务模式，提升智慧化精准化个性化服务水平等；现行的成套模式包括“免申即享”、政务服务地图、“一码办事”、智能审批等创新应用。这为地方政府提升政务服务便利度指明方向。

本报告认为，一网通办改革措施落地以来，“减少审批事项”“缩短审批时限”“畅通网办渠道”等容易改且方便改的流程基本已经修改到位。改革已经进入深水区，触及深层次的骨肉和神经。根据进一步的改革需求，应该再造业务流程，进一步提高政府效能。一是部门内部的业务流程更新，整合审批职能，精简审批环节；二是推进跨部门业务流程的再造，对涉及多部门并联审批的事项，减少不必要的审批环节和材料，强化业务协同。

2. 加强基层数字政府建设，构建便民惠民智慧服务圈

《法治政府建设实施纲要（2021—2025 年）》提出坚持运用互联网、大数据、人工智能等技术手段促进依法行政，着力实现政府治理信息化与法治化深度融合，优化革新政府治理流程和方式，大力提升法治政府建设数字

① 《国家互联网信息办公室发布〈数字中国发展报告（2020 年）〉》，国家互联网信息办公室网站，http：//www. cac. gov. cn/2021－06/28/c_ 1626464503226700. htm，最后访问日期：2024 年 5 月 12 日。

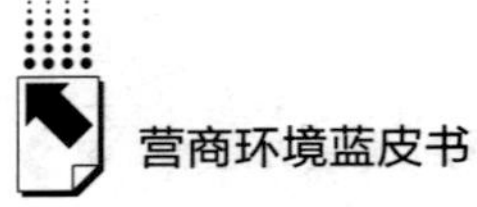

化水平。我国幅员辽阔，存在区域发展不均衡的现象，在全面推进数字政府建设时应重点关注能力薄弱地区，加强基层数字政府建设，以实现统筹均衡发展。

从技术层面看，九部门印发《〈关于深入推进智慧社区建设的意见〉的通知》（民发〔2022〕29号）提供了建设思路。该通知提出利用现代信息技术提升城乡社区治理服务智慧化、智能化水平，其中的重点之一是推进社区综合信息平台建设，目标是推动社区服务“指尖办”“网上办”“就近办”；另一个重点是加强社区基础设施建设，包括城乡社区综合服务设施智慧化改造工程（如政务通用自助服务一体机，社区政务、便利店、智能快递柜等自助便民服务网络布局）。由此可知，各地方政府未来应将社区智能化建设经验不断推广，构建便民惠民智慧服务圈。

3. 加强数字基础设施建设，构建数据安全保障体系

数字基础设施建设是政府实现数字化转型、建设数字政府的关键。数字基础设施包括信息基础设施、信息技术能力等。《数字中国发展报告（2020年）》显示，截至2020年我国已建成全球最大5G网络，独立组网（SA）率先实现规模商用，全国超300个城市规模部署5G SA。光纤通信建设取得新进展。互联网普及率由50.3%提升到70.4%。信息基础设施建设居于全球领先地位。未来应在此基础上进一步加强数字基础设施建设，重点实现乡镇、贫困村、偏远地区光纤和5G网络全覆盖，提升互联网普及率。

在构建数据安全保障体系层面，各地应以《数据安全法》和《网络安全法》等法律法规为基础，从数据安全与发展、保护义务、数据分类保护等层面建构保障体系。针对现有发展成果，各地方应及时总结实践经验，如《江苏省数字政府建设2022年工作要点》指出，要落实数据分类分级管理制度，探索制定重要数据和核心数据目录；《广东省数字政府改革建设2022年工作要点》强调加强数字政府网络安全保障，强化省市政务云一体化安全运营能力，加强政务网络安全管控；《湖南省2022年政务管理服务工作要点》指出，建立健全内容、平台和数据安全防护体系，加强日常监测预警。上述经验成果都可以作为数据安全保障体系建设的范例。

4. 以线上为锚点，线下线上标准一致、服务一体

线上线下采取一套标准，提供一体化服务，实现全网通、全市通，线上线下融合，无缝衔接。应该促进线上线下办理事项的同步更新。推进区级事项向区级行政服务中心集中合并，探索优化各区行政服务中心管理机制，强化行政服务中心人员管理和培养，提升服务能力。推进跨部门业务系统互通，窗口收件以及部门业务系统互联，打造一体化的收办系统。

B.14

政策咨询与反馈机制

满艺姗　朱梓路*

摘　要： 政策咨询和反馈机制在行政管理中占据重要地位，为了构建更加公正高效的治理体系，需要对政府在这一过程中的作用进行评估。本评估关注政策咨询和反馈机制的若干方面，包括沟通渠道的建设、反馈形式的多样性和可视化以及政府反馈的及时性和有效性。评估结果表明，各地方政府在不断推进政策咨询和反馈机制改革方面取得显著成果，积极倡导建设数字化政务服务平台，推动优化政策制定和实施过程。然而，存在一些问题，如一些地方政府在引导企业行为时将该治理结构和体系流于形式，导致企业问题并没有得到妥善解决。各地方政府应重点改善咨询机构信息公开、完善反馈机制、丰富政府回应咨询的方式，以进一步提升治理效能，促进社会参与和数字化治理的有机融合。

关键词： 政策咨询　反馈机制　沟通渠道　政府信息公开

良好的透明度和可预期性是构建良好政策环境的关键。“营商环境成熟度”（Business Ready，B-READY）指标体系的评估重点为微观经济层面的监管框架和公共服务。监管框架主要涉及影响企业营商活动的政策制度、法

* 满艺姗，法学博士，对外经济贸易大学助理教授，研究方向为行政法、宪法、行政协议、电子商务、国家赔偿；朱梓路，对外经济贸易大学法学院2023级硕士研究生，研究方向为行政法学、行政诉讼法学。

律法规等，评估标准为透明度、清晰度、可预测性，目的是为政府和企业之间知识共享和政策对话打开大门，促进经济改革。①“政策咨询与反馈机制”指标设置与世行评估内容“监管框架”相对应，评估重点也在涉企政策的公开与解读、政府与企业之间的沟通渠道建设、政府对企业意见的反馈情况，从而增强政府对涉企政策公开与解读的处理能力，促进政府及时回应和解决企业的难点堵点问题。

一　评估指标构成

本次评估的一级指标“政策咨询与反馈机制”下设三项二级指标，分别为“制定政策意见听取”“涉企政策公开与解读”“在线咨询与反馈”。在每一项二级指标之下设置对应的三级指标，共设三项三级指标（具体内容见表1）。

表1　“政策咨询与反馈机制”指标构成

一级指标	二级指标	三级指标
政策咨询与反馈机制	制定政策意见听取(1.1分)	沟通渠道建设(1.1分)
	涉企政策公开与解读(1分)	形式多样、可视化(1分)
	在线咨询与反馈(1分)	及时性、有效性(1分)

二　设置依据、评估标准及评估分析

本部分从三级指标角度，逐项说明该指标设置的具体依据、实施中的评估方法和评分标准，并基于评估情况分析评估结果。

评估团队的材料和数据来源主要为被评估城市的政府网站及其所属省份

① The World Bank, *Pre-Concept Note Business Enabling Environment* (*BEE*), p. 2 (2022).

的政府网站、相关部门网站、网络搜索引擎四种。通过以上四种途径未能检索到相关内容的，则视为未落实该项工作或该项服务。

（一）沟通渠道建设（1.1分）

【设置依据】

《优化营商环境条例》第 48 条规定：“政府及其有关部门应当按照构建亲清新型政商关系的要求，建立畅通有效的政企沟通机制，采取多种方式及时听取市场主体的反映和诉求，了解市场主体生产经营中遇到的困难和问题，并依法帮助其解决。”第 62 条规定：“制定与市场主体生产经营活动密切相关的行政法规、规章、行政规范性文件，应当按照国务院的规定，充分听取市场主体、行业协会商会的意见。”“沟通渠道建设”这一指标能够反映地方政府是否听取民营企业意见和诉求，研究解决企业发展中的困难和问题，进而促进数字经济健康发展。

【评估方法】

通过对被评估城市的政府网站（含下属部门以及各区县网站）进行检索，查询其是否有政策性文件意见征询通道，是否有向公众、企业征询制定意见，以及是否告知或者公布意见采纳结果，根据各城市的具体情况，按以下评分标准赋分。

【评分标准】

赋分总分为 1 分，包含三项评分标准。符合以下各项即赋予对应的得分，最终得分为各项得分之和：

（1）有政民互动窗口，得 0.3 分；

（2）有意见反馈专栏（征集意见采纳结果告知专栏），得 0.7 分；

（3）具有多途径互动方式，意见反馈公开化程度高，政府网站建设具有创新性的城市，可得 0.1 分，额外记作创新分。

【评估分析】

根据评分标准对各个城市进行评分，最终得出以下结果（具体见表 2）：

（1）有政民互动窗口、得 0.3 分的为全部 36 个城市，占比为 100%；

（2）有意见反馈专栏（征集意见采纳结果告知专栏）、得 0.7 分的有北京、天津等 35 个城市，占比为 97.22%；

（3）总计得 1 分的有北京、天津等 35 个城市；

（4）总计得 0.3 分的城市为长春。

表 2 “沟通渠道建设”指标得分分布

得分(分)	1	0.3
城市(个)	35	1

建立畅通高效的政企沟通机制是构建新型政商关系的关键。从政府的角度出发，首先应采取多种方式及时听取市场主体的反映和诉求。其次应及时告知市场主体征集意见采纳的结果。建立政民互动窗口是构建政企沟通机制的基本要求，意见反馈专栏是对政府提出的更高层次的要求，监督政府要及时采纳意见并告知采纳结果。此项要求更能体现政府在构建亲清新型政商关系中的积极作为，故在评分标准中权重更大。

评估结果显示，被评估的 36 个城市中有 35 个城市建立了政民互动渠道，并且有专门的意见采纳反馈专栏；只有 1 个城市建立了政策意见收集渠道，但未设置专门的结果反馈专栏。

【良好实践】

关于政策性文件意见征集的设置，各城市最普遍的做法是将其设置在政务服务或者互动交流板块下。以广州市人民政府官方网站为例，其互动交流板块下包含民意征集和网上调查两个专栏，各类民意征集都汇聚其中，在集中的基础之上，会针对每一项征集文件具体说明征集时间以及提交方式，特定征集文件更会补充具体的项目说明。广州市人民政府官方网站更为创新的是，其实现了更高程度上的办事公开，针对典型案例新设案例公开专栏，公开处理信息，给予类似案件以参考。同样表现优异的还有武汉市人民政府官网，其互动交流板块之下包括民生关切、留言公开、调查征集和立法征求意见四大专栏。在留言公开专栏，每一条群众意见反馈下附有相应部门处理结果，截至 2023 年 9 月 8 日 19 时，官网总留言量为 2425799 条，回复总量为 2294871 条。①

关于意见采纳结果反馈，典型做法是由市政府官网专门设置意见（信件）选登板块，将具有典型性、反复性和急迫性的意见建议和相关处理信息予以公开，北京市、广州市以及天津市都是这一做法的模范城市。对于反馈之所以不实行全部公开，一方面碍于政府行政资源有限，工作整理量庞大，另一方面则是因为不少群众意见中掺杂敏感个人信息，不便于全部公开，但这一过程中政府可操作空间较大，由此产生了很多问题，是之后完善此项工作的一个主要方向。

（二）形式多样、可视化（1分）

【设置依据】

《优化营商环境条例》第 38 条规定："政府及其有关部门应当通过政府网站、一体化在线平台，集中公布涉及市场主体的法律、法规、规章、行政规范性文件和各类政策措施，并通过多种途径和方式加强宣传解读。""形式多样、可视化"指标的设置旨在考察地方政府政策精准主动推送的实施能力。

【评估方法】

通过对被评估城市的政府网站进行检索，查询其是否公开并解读涉企政策，是否有优化营商环境政策推送专栏，是否对涉企政策进行解读，解读方式是否多样。根据各个城市的具体情况，按以下评分标准赋分。

【评分标准】

赋分总分为 1 分。符合以下各项赋予对应的得分，最终得分为各项得分之和：

（1）有营商环境专栏或者有单独的涉企政策推送板块，得 0.6 分；

（2）对涉企政策的解读存在两种以上形式，比如文字解读、图片解读、

① 参见武汉市人民政府网站，https：//www.wuhan.gov.cn/hdjl/。

视频解读等形式，得 0.4 分。

【评估分析】

根据评分标准对各个城市进行评分，最终得出以下结果（见表 3）。

表 3　“形式多样、可视化”指标得分分布

得分(分)	1.0	0.6
城市(个)	33	3

（1）有营商环境专栏或者有单独的涉企政策推送板块、得 0.6 分的有北京、天津、上海等 36 个城市，占比为 100%。

（2）对涉企政策的解读存在多种形式，比如文字解读、图片解读、视频解读，得 0.4 分的有北京、天津、上海等 33 个城市，占比为 91.67%。

（3）总计得分 1 分的城市有 33 个，总计得分 0.6 分的城市有 3 个，为兰州、西宁、乌鲁木齐。

涉企政策的公开与解读对于优化营商环境、保障市场主体的权益具有重要意义。市场主体有权知晓关系其切身利益的政策法规，政府作为政策的制定者，有能力且应当对政策进行详细解读，以便市场主体理解并指导自身市场行为。由此，本指标评估重点在于两个方面：一是政府建立营商环境专栏，有单独的涉企政策推送板块；二是对涉企政策的解读形式多样化，有文字、图片或视频解读形式。被评估的 36 个城市均建立了营商环境专栏，有单独的涉企政策推送模块，便于精准推送惠企政策，提升政策信息的透明度。对于涉企政策的多样化解读，有 3 个城市未落实到位，或没有进行相关解读，或解读形式只有文字解读，在政策信息的清晰度和可预测性层面还有待加强。

【良好实践】

关于涉企政策公开与解读形式，北京、上海、重庆、杭州等城市的做法亮点突出。重庆市人民政府网站设有优化营商环境专区，里面对相关涉企政策进行了政策集锦、政策解读、政策图解三部分归类，分别以政策原文、文字注释及图片讲解的不同形式对政策进行较为全面和细致的分析，且针对不同阶段和不同事项的企业需求，将政策分门别类收纳到开办企业、施工许可、获得电力、登记财产、获得信贷、保护中小投资、纳税、跨境贸易、政府采购、执行合同、办理破产等 11 个专栏当中。且重庆市人民政府网站专门设置了办事服务专栏，里面从开办企业一网通、企业注销变更备案、工程建设项目审批到进一步的高压新装、高压增容，将企业从设立、运营、融资到解散的全生命周期都纳入进来并分阶段、分项目提供相应的办事服务，并通过连接相应律师服务、融资服务等引入政府服务外的商业服务力量，共同为企业的运行保驾护航。①

成都市则设立了专门的“政策找”企业智能服务平台——“天府蓉易享”，较为开创性地通过行政层级（从国家级、省级、市级一直到各个市辖区县四层）、行业分类（包括工业互联网、金融保险、餐饮住宿、科技创新、旅游服务等共 13 个细分行业）、关涉领域（如减税降费、换交社保、租金减免等 14 个领域）三个维度将政策进行了极其精细的分门别类，便于企业查找与自身当前需求相关的政策，为当地企业的顺利运行提供了精准指导。②

（三）及时性、有效性（1分）

【设置依据】

《优化营商环境条例》第 48 条规定：“政府及其有关部门应当按照构建亲清新型政商关系的要求，建立畅通有效的政企沟通机制，采取多种方式及时听取市场主体的反映和诉求，了解市场主体生产经营中遇到的困难和问题，并依法帮助其解决。”第 49 条规定：“政府及其有关部门应当建立便利、畅通的渠道，受理有关营商环境的投诉和举报”。“及时性、有效性”指标能够反映地方政府互动交流的服务水平，是打造高效便捷数字经济营商

① 参见重庆市人民政府网站，https：//www. cq. gov. cn/zt/yhyshj/。

② 参见成都市天府蓉易享网站，https：//tfryx. tfryb. com/。

环境的重要组成部分。

【评估方法】

本项指标的评估重点在于考察各城市政府的在线咨询与反馈机制的建立情况。通过对被评估城市的政府网站进行检索，查询其是否有在线咨询与反馈渠道，在线客服对咨询事项是否进行准确回答。在对在线客服回答是否准确进行评估时，采取的具体方法是：被评估的36个城市的在线客服回答统一问题“企业注册登记所需材料”；回答扣题清楚，有实质性帮助即视为准确。根据各个城市的具体情况，按以下评分标准赋分。

【评分标准】

赋分总分为1分。符合以下各项赋予对应的得分，最终得分为各项得分之和：

（1）有在线客服，得0.3分；

（2）在线客服回复准确，得0.7分。

【评估分析】

根据评分标准对各个城市进行评分，最终得出以下结果（具体结果见表4）：

（1）有在线客服（智能客服平台）、得0.3分的有北京、天津、上海等36个城市，占比为100%；

（2）在线客服回答及时、准确，回答内容有实质性帮助，得0.7分的有北京、上海、重庆等26个城市，占比为72.22%；

（3）总计得0.3分的城市有10个，为天津、长春、成都、太原、长沙、海口、拉萨、兰州、西宁、银川；总计得1分的城市有26个。①

表4 “及时性、有效性”得分分布

得分(分)	1.0	0.3
城市(个)	26	10

① 根据评估结果显示，该项指标得1分的26个城市为北京、上海、重庆、宁波、厦门、深圳、沈阳、大连、哈尔滨、南京、杭州、济南、青岛、武汉、西安、广州、石家庄、呼和浩特、合肥、南昌、福州、南宁、郑州、贵阳、昆明、乌鲁木齐。

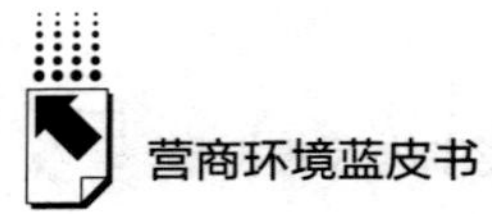

《优化营商环境条例》要求政府建立政企沟通平台，畅通政企沟通渠道，对市场主体遇到的困难和问题要及时解决。本项指标评估的重点在政企沟通渠道中“在线咨询与答复”渠道的建设情况，体现为在线客服是否畅通，回复是否有实质性帮助。

评估结果显示，被评估的36个城市均建立了在线咨询与答疑平台（智能问答、在线客服）。但就在线客服回答的准确性而言，只有26个城市符合评估团队关于准确性的标准，即回答内容扣题，有实质性帮助。其余10个城市或是没有回答，或是回答不具有相关性，对问题的解决无实质性帮助。

【良好实践】

针对评估团队设计的咨询问题“企业注册登记所需材料”，在线客服回答准确、有实质性帮助的城市有北京、上海、重庆、厦门、西安、哈尔滨等，具体情况如下：

（1）北京市在线客服的回答结果为相应的链接，点击链接可跳转到北京市企业登记信息材料查询服务系统，不仅可查询信息，也可直接办理；

（2）上海市和重庆市的在线客服均按照行政区划分别回答，包含各个区的企业登记提交材料；

（3）厦门市在线客服的智能回答为明确告知申请条件（含准备材料）、办理时间、办理地点、咨询电话等；

（4）西安市在线客服的问答结果为明确告知申请条件、服务流程、所需要提交的基本材料、办理时间、办结时限、办理部门、联系电话以及办理依据；

（5）哈尔滨市在线客服的智能回答结果为明确告知申请材料、所需文件份数以及各类文件的示例范本（文档形式）等。

以上城市的回复形式值得借鉴，回答清晰明确，对问题的解决有实质性帮助。

三　评估结论与建议

本项一级指标“政策咨询与反馈机制”赋分总分为3分，被评估城市平均得分为 2.753 分（创新分不参与此处的平均分计算），得分率为 91.7%。共有 25 个城市得分在平均分之上，占到被评估城市总数的 69.44%。11 个城市得分在平均分之下，占到被评估城市总数的 30.56%。本项一级指标评估中得分最高的为 3 分，得分最低的为 1.6 分，体现了一定的区分度（见图 1）。

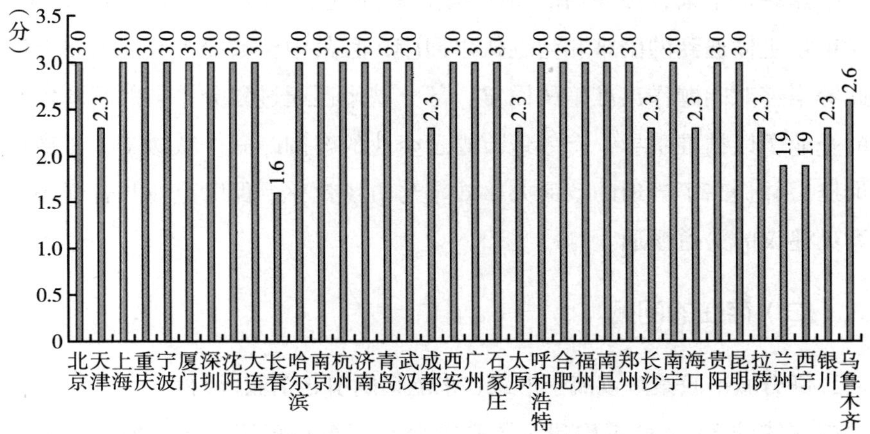

图 1 “政策咨询与反馈机制”各城市得分情况

本项一级指标共包含三项三级指标，分别为“沟通渠道建设”“形式多样、可视化”“及时性、有效性”，赋分各为 1 分。各三级指标的得分情况如下：

（1）沟通渠道建设，平均分为 0.981 分，得分率为 98.1%；

（2）形式多样、可视化，平均分为 0.967 分，得分率为 96.7%；

（3）及时性、有效性，平均分为 0.806 分，得分率为 80.6%。

（一）取得的成就

1. 当地政策及政策解读公布汇集渠道基本建立

根据评估结果，被评估的 36 个城市均建立了政府营商环境专栏并拥有单独的涉企政策推送板块，便于精准推送惠企政策，提升政策信息的透明度。并且，除文字政策解读外，有33个城市还创新性地使用了图片、视频等多样化的政策解读形式，帮助受众更好地理解政策内容并指导自身市场行为，当地政策及政策解读公布汇集渠道基本建立，这对于优化营商环境、保障市场主体的权益具有重要意义。

2. 政府在线咨询与反馈机制基本建立

根据评估结果，被评估的36个城市均建立了政府在线咨询与反馈渠道，以对市场主体遇到的困难和问题作出回应，且其中半数以上政府网站能够通过此等渠道对问题作出准确的回复，部分城市还通过划分不同的行政区对提问的企业予以精准引导，有效地节省了企业的咨询时间，减缓了人工窗口的咨询压力并提高了当地的政府办事效率与市场效率，保障企业与普通民众提出意见建议的渠道畅通。

（二）存在的问题

1. 部分城市政策解读流于形式、未能精确引导企业行为

被评估的36个城市均建立了政策公布汇集与解读渠道，但是部分城市对政策的公布和解读仍有流于形式之嫌，未能实现精准引导企业行为，传导政策影响、发挥政策效力、实现政策目的的意图。宣传上的缺位可能导致相关企业并不能及时地了解最新的政策，而当企业主动寻找相关最新政策文件时，部分政府较为粗放的政策汇集与公布方式，如乌鲁木齐人民政府网站中的招商引资板块仅仅将招商引资相关的政策文件汇总到一个PDF文件当中，则会对相关企业的政策查询行为造成一定程度的困扰。

而部分创新型政策解读方式（如图片解读、视频解读）虽然在形式上实现了创新，也更符合企业理解特定政策目的的需求，但如果没有搭配精细的企业政策分栏查询系统与企业的政府网站使用习惯，则会暴露其被检索途径较为单一的弊端。如，企业意图寻找有关高新技术企业认定的相关标准以判断本身是否符合当地有关增值税减免的政策要求，但解读视频能够被搜索到的词条仅为其视频标题，而标题一般较为笼统，无法使其涵盖的内容都能够被顺利检索到，这实际上为企业的政策寻找增加了部分难度。

以上问题的产生存在多种原因。其中之一便是相关企业没有形成对政府网站的公共信赖和使用习惯，使得政府较少收到对此进行改进的正反馈从而缺少完善相关网站系统的动力。由于较强的时代惯性与对企业发展的慎重考量，很多地方的企业还存在依赖线下窗口咨询和政府专题政策通知会的形式来达到相应目的，而对数字政府的作用和便利没有形成用户习惯与信赖，从而使政府网站的涉企政策解读与公布在很多情况下还存在唱独角戏的现象，没能产生进一步推广政策以及分流窗口咨询的效果，也自然缺乏动力推进相应解读的进一步开展，久而久之便可能造成恶性循环，使得政策汇集与解读流于形式。

2. 政企沟通渠道未能及时有效解决企业问题

被评估的36个城市均建立了在线咨询与答疑平台（智能问答、在线客服）。但其中部分城市在线客服并不能对用户所咨询的问题给予建设性的建议，其回答或不具备相关性，或仅仅是对问题的简单循环重复，或干脆不予回应，这些情况都影响政企沟通渠道的畅通和有效性发挥。

例如，针对评估小组设计的统一问题“企业注册登记所需材料”，以成都、天津为代表的城市的在线平台回答结果是“您好，您的问题我现在还没办法回答，不过请给我一些学习的时间，之后我会提供更好的服务”等直接反映系统内设信息匮乏的答复，而太原、长春等城市诸如“您好，您是不是要咨询事业单位医疗保险注销登记所需的材料”等答复则反映出系统在问题的识别与分类方面存在严重缺陷。

另一种反映沟通渠道不畅通的现象是获取联系方式难。根据评估小组搜集的相关典型事例，部分城市市场监督管理局的联系方式获取困难，存在未公开的情况，并不能在第一时间联系到相关执法人员。现场咨询的方式对企业来说时间成本过高。而通过12345热线电话进行咨询，需要排队等待分配工作人员进行解决，通常在几个工作日之后，效率同样不高。

此外，也存在咨询投诉缺少统一受理窗口的问题。各地主管部门具体受理咨询投诉的科室不同，会出现找不到对应科室或对应科室执法人员外出办事等情形，而现场又缺少统一的受理窗口处理企业需求，导致无法当天办

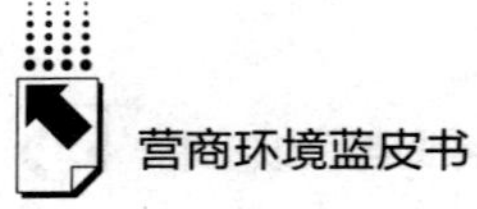

结、一次办结，且缺少执法人员何时在岗的信息，从而影响企业工作安排。

以上情况反映了目前政企沟通渠道建设的普遍性问题，如市民热线无法接通、接通但没有实质性处理结果、在线咨询回复慢、回复结果无实质性帮助、具体处理问题的部门主体不明确、层层推诿处理、答复随意等。政企沟通渠道仅在形式上建立，并未发挥实质效果。如何畅通政企沟通渠道，及时有效解决企业问题应成为各政府部门关注的重点。

（三）改进的建议

针对实践中普遍存在的意见收集渠道单一、行政机关意见反馈笼统、行政主体权责模糊、处理问题相互推诿、处理时间过长或未实质解决困难等问题，评估小组结合有关政策提出以下改进建议。

1. 增加专家意见专栏

针对公众无法及时知晓政策性文件意见征集时间或者无法准确提出意见建议的情况，制定机关首先应采取多种途径广泛告知社会公众，采用电视新闻、报纸、新媒体平台等多种形式公告政策性文件的意见征集时间，积极引导社会公众参与意见征集。同时针对公众因专业知识能力有限，无法提出有效建议这一现实情况，制定主体应主动找寻专家进行意见征集，对一些专业性强、技术含量高的政策性文件更应如此，另外可在意见征集专栏单独设置专家意见征集，以弥补公众意见的缺失。不过，在意见征集过程中要注意专家意见和社会公众意见的比例关系，兼顾最终决策的民主性和科学性，不能某一意见征集到头来都是专家参与其中，而社会公众鲜有参与。

2. 加强意见采纳结果反馈

各地方政府不能仅仅设立政策文件意见征询渠道，更重要的是要确保群众的意见被真实采纳，群众并不是为了反馈而反馈，反馈的目的是得到一个满意的回复，对群众的反馈不能局限于“您的意见建议已收悉，感谢您的来访”或者“将对意见建议认真进行分析研究，充分考虑相关意见建议”。政府及其有关部门应建立关于具体意见建议的专人负责制，搭建“提出意见建议的人”与“接收意见建议的人”之间的有效沟通桥梁，督促责任人员及时查看群众的意见建议并反馈有效的答复结果，并将意见采纳结果公示在对应的意见收集专栏下，方便群众查找知晓。

3. 完善在线咨询平台的建设

一是从技术层面提高人工智能的智能化程度，提高智能客服信息回复的准确性。具体实践中可以通过设置关键词帮助智能客服快速准确识别咨询，此外加强系统自动检索能力，使其能够寻找出正确答案，针对社会公众常见问题相对应设置解答专栏。二是补充设置人工客服，在智能客服无法准确回答问题时提供人工客服选项。人工客服的设置涉及工作人员数量安排以及专业知识培训的问题，各地方政府应根据实际情况加大人员投入力度和人员培训力度，保障人工客服的回答速度和回答专业性。

4. 推动政民互动渠道与职能部门高效对接，建立联动机制

国务院办公厅《关于推动 12345 政务服务便民热线与 110 报警服务台高效对接联动的意见》（国办发〔2022〕12 号）曾要求“加强 12345 与 110 能力建设”，以对接联动机制顺畅运行为目标，以分流联动事项高效办理为重点，以平台数据智能应用为支撑，“建立职责明晰、优势互补、科技支撑、高效便捷的 12345 与 110 高效对接联动机制”。建立健全对接联动机制，各地区 12345 或者 110 通过电话接到明确属于对方受理范围内的事项，以一键转接方式及时转交对方受理。提升 12345 接办质效，各地区要加强 12345 平台与部门业务系统的互联互通，实现信息实时全量共享。加强对 12345 工单承办单位办理工作的督查考核，及时公开办理情况，不断提高响应率、问题解决率和满意度。将群众意见反馈渠道和对应的部门业务系统实时对接，明晰各个部门处理事项的范围，建立联动机制，实现高效处理，进一步优化便民热线。

B.15
中介服务

郑雅方　梅珂悦*

摘　要： 本报告评估重点为政府在行政审批中介服务过程中的影响，涉及政府是否指定中介服务机构、中介服务流程是否公开、是否变相收取中介费用等。评估结果显示，各地方政府持续深化行政审批中介服务改革的成果显著，积极建设数字化行政审批中介服务平台，推动清理规范中介服务事项。但尚存中介服务机构服务要素公开机制待改善、中介服务交易评价机制实效性低、行政审批事项中介服务的监管手段过于单一等问题。评估小组建议各地方政府重点完善中介服务机构服务要素信息公开事项、中介服务机构监管机制、中介服务交易评价机制，以优化数字经济营商环境。

关键词： 行政审批　中介服务　营商环境　互联网+

深化"放管服"改革、优化营商环境的重要举措之一是实行行政审批事项清单管理。《国务院办公厅关于全面实行行政许可事项清单管理的通知》提出要明晰行政许可权力边界、规范行政许可运行，为企业和群众打造更加公平高效的审批环境。行政审批实施的重要内容之一是行政审批中介服务的规范，包含中介机构、中介服务流程、中介服务费用等方面。本报告指标设置的评估重点为政府在行政审批中介服务过程中的影响，涉及政府是

* 郑雅方，法学博士，经济学博士后，对外经济贸易大学教授、涉外法治研究院副院长、宪法与行政法学系主任，研究方向为行政法学、行政诉讼法学；梅珂悦，对外经济贸易大学法学院 2021 级硕士研究生，研究方向为行政法学、行政诉讼法学。

否指定中介服务机构、中介服务流程是否公开、是否变相收取中介费用等。“中介服务”这一指标也与2023年发布的世界银行营商环境评估B-READY项目中的“公用事业连接”“金融服务”“国际贸易”等板块所要求的透明性、可获得性和互操作性相对应。B-READY项目在“公用事业连接”“金融服务”“国际贸易”板块中均针对公共服务与企业间的衔接关系设置指标，每一板块的指标评估内容均涉及公共服务的可获得性、可靠性、可持续性以及通过中介机构连接的安全性。行政审批中介服务可分为由行政机关自行委托中介机构和由市场主体委托中介机构两类，其中第一类属于公共服务的一种。由此，本报告指标设置与世界银行营商环境评估B-READY项目具有评估内容上的一致性。

一　评估指标构成

本次评估的“中介服务”一级指标之下设置三项二级指标，分别为“中介服务独立性与中介服务反馈机制”“流程规范公开”“中介服务费用”，二级指标下设四项三级指标（具体内容见表1）。

表1　“中介服务”指标构成

一级指标	二级指标	三级指标
中介服务（4分）	中介服务独立性与中介服务反馈机制（1分）	有关政府是否给企业推荐或者指定中介服务机构、中介机构与政府机关脱钩（1分）
	流程规范公开（2分）	中介服务流程规范（1分）
		中介服务流程公开（1分）
	中介服务费用（1分）	不能转嫁给市场主体（1分）

二　设置依据、评估标准及评估分析

本部分从三级指标角度，逐项说明该指标设置的具体依据，实施中的评估方法和评分标准，并基于评估情况分析评估结果。

评估团队的材料和数据来源主要为被评估城市市政府以及所属省份政府的网站、相关部门网站、网络搜索引擎关键词查询四种。通过以上四种方式未能检索到相关内容的，则视为未落实该项工作或该项服务。

（一）有关政府是否给企业推荐或者指定中介服务机构、中介机构与政府机关脱钩（1分）

【设置依据】

“有关政府是否给企业推荐或者指定中介服务机构、中介机构与政府机关脱钩”指标是评估地方政府在数字营商环境建设中持续优化政务服务的关键指标，能够实时、直观地观察中介服务机构的人、财、物与政府脱钩的实施情况。

《优化营商环境条例》第43条规定，“国家加快推进中介服务机构与行政机关脱钩。行政机关不得为市场主体指定或者变相指定中介服务机构；除法定行政审批中介服务外，不得强制或者变相强制市场主体接受中介服务”。2022年2月7日，《国务院关于加快推进政务服务标准化规范化便利化的指导意见》发布，进一步强调“各地区要加强对中介服务的规范管理，完善中介服务网上交易平台，推动中介服务机构公开服务指南，明确服务条件、流程、时限和收费标准等要素。各有关部门不得强制企业选择特定中介服务机构。加强对中介服务机构的信用监管，实行信用等级评价、资质动态管理，解决中介服务环节多、耗时长、市场垄断、‘红顶中介’等问题”。

【评估方法】

通过对被评估城市的政府网站进行检索，查询其是否有“行政审批中介服务事项清单”，是否有中介机构信息公示平台。事项清单要求政府公布中介服务实施机构的标准，从而监督政府是否指定具体的中介服务机构；中介机构信息公示平台是考察市场主体是否有自主选择机构的渠道。从政府和市场主体两个角度进行评估，然后根据各个城市的具体情况，按以下评分标准赋分。

【评分标准】

总分为 1 分。按以下标准赋予对应的分值，各个被评估城市最终得分为各项得分之和：

（1）有行政审批中介服务事项清单，得 0.5 分；

（2）有中介机构信息查询公示平台，得 0.5 分。

【评估分析】

根据评分标准对各个城市进行评分（得分分布见表2），最终得出以下结果。

（1）得 1 分的城市有重庆、宁波、广州等 34 个城市。获得满分的城市均颁布了详细的行政审批中介服务事项清单，列明中介服务机构的资格要求而不是具体指定某个中介机构。同时，此类城市还建立中介超市网、中介服务网上交易平台、中介服务网站等中介机构信息查询和获取服务平台，使各个中介机构的具体信息能够在平台上查询获得。

（2）得 0.5 分的城市有西宁、乌鲁木齐 2 个城市。这两个城市颁布了详细的行政审批中介服务事项清单，但未建立中介机构信息查询和获取服务平台，无法保障企业获取相应中介服务的知情权和自主选择权。

（3）相较于 2022 年的平均分 0.96 分，该项指标 2023 年平均得分为 0.972 分，分数的提升显示各地政府在过去一年中进一步减少对中介服务市场资源的直接配置，最大限度地保障企业自主选择中介服务机构而不受政府直接干预，展现各地政府持续优化中介服务改革和提高政务服务水平的决心。

表 2　“有关政府是否给企业推荐或者指定中介服务机构、中介机构与政府机关脱钩”得分分布

得分(分)	1.0	0.5
城市(个)	34	2

【良好实践】

在被评估城市中，大部分城市建立了行政审批中介服务事项清单，以清单公示中介服务事项名称、设定依据、中介机构要求、审批部门等重点内容。大部分城市同时建立了一体化中介服务平台，将数字技术运用于中介服务事项，提升服务效率和服务质量，并以数字化形式公开中介机构有关信息，建设公开透明、充分竞争、高效便捷的数字化网上交易平台。其中比较典型的如北京、重庆、宁波、杭州、广州等城市，既建立了中介服务事项清单，也建立了一体化中介服务平台。

哈尔滨市于 2021 年出台《哈尔滨市人民政府关于公布市政府部门行政审批中介服务事项清单有关事宜的通知》（哈政规〔2021〕5 号），要求市政府各有关部门认真做好清理规范行政审批中介服务事项的落实工作，加快相关制度建设，加强事中事后监管，切实保障行政审批质量和效率。要进一步完善中介服务的规范和标准，指导监督本行业中介服务机构完善制度，规范中介服务机构及从业人员执业行为，细化服务项目、优化服务流程、提高服务质量，营造公平竞争、优胜劣汰的市场环境，促进中介服务市场健康发展，不断提高政府管理科学化、规范化水平。在此基础上，哈尔滨市政府还于 2023 年出台《哈尔滨市加快推进政务服务标准化规范化便利化工作方案》（哈政办发〔2023〕15 号），明确建立中介服务网上超市，要求依托省一体化政务服务平台建设市级中介服务网上超市，分类公开中介服务机构服务指南，明确服务条件、流程、时限和收费标准。对允许企业自主选择中介服务机构的，不得强制指定或变相指定。

深圳市发布的《深圳经济特区优化营商环境条例》第 79 条规定，除法律、行政法规或者国务院决定另有规定外，不得要求市场主体通过中介服务机构代办行政许可、产业补贴、政府采购、招标投标、公用事业服务等事项，行政机关不得指定或者变相指定中介服务机构。深圳市还根据工程建设领域审批部门、建设单位和中介机构等多方单位的流程运转、信息沟通和审批办理需求，建设投资项目在线审批监管平台，该平台依托电子政务外网，建设项目申报、在线办理、协同受理、协同审批、监督管理、中介机构平台等应用系统，实现市级相关部门横向联通，以及区级政府的纵向贯通，在线平台通过项目代码对项目办理过程中的申报、审批、监管、中介等信息进行关联，实现项目建设的全流程覆盖、全业务流转、全方位监管。平台设立后，让信息多跑路、群众少跑腿，极大提高政府的管理和服务效率。

2020年，重庆市发布《重庆市人民政府办公厅关于印发〈重庆市网上中介服务超市建设工作方案〉的通知》（渝府办发〔2020〕95号），通知要求，中介超市将实现全市中介服务“采购申请网上发布、采购邀请网上推送、报名竞价网上操作、竞争结果网上确认、服务质量网上评议、运行效能网上监察”，解决中介服务采购信息不透明、选取方式乱、行业垄断强、服务质量差等突出问题，降低制度性交易成本，形成健康有序的中介服务市场，进一步优化营商环境。中介超市面向全社会采购人和中介机构常态开放。采购人完成信息填报后即可入驻中介超市，自主发布采购公告并进行中介机构选取。中介机构网上申报并公示后，进入网上中介超市服务机构名录库，即可提供中介服务。

（二）中介服务流程规范（1分）

【设置依据】

“中介服务流程规范”是检验地方政府推动依法行政、改善数字营商环境、营造法治化营商环境的重要指标，该项指标的落实能够反映地方政府全面提升行政审批效率、规范数字营商环境的实际情况。

《优化营商环境条例》第43条规定，“作为办理行政审批条件的中介服务事项（以下称法定行政审批中介服务）应当有法律、法规或者国务院决定依据；没有依据的，不得作为办理行政审批的条件。中介服务机构应当明确办理法定行政审批中介服务的条件、流程、时限、收费标准，并向社会公开”。

【评估方法】

通过对被评估城市的政府网站进行检索，查询其是否有行政审批中介服务事项清单，是否有政策文件等对中介服务流程作出相应规定。根据各个城市的具体情况，按以下评分标准赋分。

【评分标准】

总分为1分。符合以下情况之一的得1分：

（1）有行政审批中介服务事项清单；

（2）有相关政策文件对中介服务设立依据作出规范。

【评估分析】

本项评估中，36 个被评估城市得分均为 1 分（见表 3）。通过对此项三级指标的观测，评估小组发现，当前被评估城市的行政审批中介服务事项清单设定工作总体上情况良好，均对中介服务事项、设定依据、中介机构、行政审批部门、行业主管部门等内容作出规定。

表 3 “中介服务流程规范”得分分布

得分(分)	1.0	0
城市(个)	36	0

本项三级指标的评估重点为行政审批中介服务事项是否有法律依据，评估对象为行政审批中介服务事项清单内容。被评估的 36 个城市都出台了各自的行政审批中介服务事项清单，以清单公示规范行政审批中介服务的设定依据，并规定凡未纳入清单的中介服务事项，审批部门不得将其作为行政审批的受理条件或前置条件，不得要求申请人提供相关中介服务材料；由审批部门委托相关机构开展的中介服务事项，纳入行政审批程序，一律由审批部门委托开展，不得增加或变相增加申请人的义务，整体上实现中介服务事项依法设定。

【良好实践】

一些城市在清单之外还出台了地方性法规或者政策性文件，加强规范行政审批中介服务事项的设定。比如《天津市优化营商环境条例》明确，市和区人民政府有关部门应当及时清理规范行政许可过程中的中介服务行为，编制行政许可中介要件目录，按年度公布实施。此外，《天津市承诺制标准化智能化便利化审批制度改革实施方案》（津党办发〔2018〕28 号）对规范行政审批中介服务、建设中介服务网上交易平台等工作提出了明确要求。同时，天津市政务服务办于 2021 年印发了《天津市行政许可中介服务网上超市管理办法》，以“开放市场、健全制度、分工负责、规范管理、提高效率”的原则，从总则、职责分工、入驻流程、交易流程、评价考核、信用管理、责任追究等7个方面明确了中介服务网上超市的管理规则，实现中介需求网上公示、中介机构网上竞价中标、中介要件网上提交共享、中介服务效果网上评价。重庆市建立了中介事项清单和中介机构清单，明确各个中介服务事项的设定依据和机构要求。与此同时，重庆市公共资源交易监管局于2021年12月发布了《重庆市网上中介服务超市管理办法（试行）》（渝公管发〔2021〕56号），进一步规范中介超市运行管理，制定市场主体入驻超市、项目入场、交易流程、平台服务、行为管理、交易评价和争议处理等程序的标准规范，明确区县和部门职责分工，打造“统一开放、公平竞争、规范有序、便捷高效”的中介服务超市平台和体系。

（三）中介服务流程公开（1分）

【设置依据】

“中介服务流程公开”这一指标的设置目的实际上是考量地方政府在管理中介服务事项时是否贯彻了开放、公平、公正、公开的原则，中介服务流程公开的坚决落实能够反映地方政府营造公平竞争环境、激发数字经济发展活力的决心。

《国务院关于加快推进政务服务标准化规范化便利化的指导意见》（国发〔2022〕5号）规定，各地区各部门要进一步清理政务服务领域没有法律法规或国务院决定依据的中介服务事项，对确需保留的强制性中介服务事项，实行清单管理并向社会公布。《优化营商环境条例》第43条规定：“中介服务机构应当明确办理法定行政审批中介服务的条件、流程、时限、收费标准，并向社会公开。”

【评估方法】

通过对被评估城市的政府网站进行检索，查询其是否建立中介服务流程公示平台，根据各个城市的具体情况，按以下评分标准赋分。

【评分标准】

总分为1分。按以下标准赋予对应的分值，各个被评估城市最终得分为各项得分之和：

（1）建立网上中介服务平台，得0.5分；

（2）平台有项目流程公示专栏，得0.5分。

【评估分析】

在此项三级指标的评估中，36个城市的平均分为0.931分。满分城市有33个，最低得分为0分，得分差距较大，较明显地反映了有些地方政府在中介服务流程公开行动上高效有力，切实为企业排忧解难，而有的地方政府仍然存在重视不足、进展缓慢的问题（参见表4）。

表4 “中介服务流程公开”得分分布

得分(分)	1	0.5	0
城市(个)	33	1	2

（1）得1分的有天津、广州、宁波等33个城市，所占比例为91.67%。获得满分的城市，建立了全市统一的行政审批中介服务网上平台（中介服务超市），且中介服务平台有项目流程公示专栏等相关内容。

（2）得0.5分的城市为上海，所占比例为2.78%。上海建有区级行政审批中介服务网上平台（中介服务超市），未建立全市统一的中介服务网上平台。

（3）得0分的城市为西宁、乌鲁木齐，所占比例为5.56%。

本项指标评估的重点为是否建立一体化中介服务网上平台，是否公开中介机构信息，是否公开办理法定行政审批中介服务的条件、流程、时限、收费标准等内容。在被评估的36个城市中，有33个城市建立了一体化中介服务网上平台，平台将中介机构有关信息予以收集、整合、公示，同时公开中介服务条件、流程、收费标准等内容，便于企业按需查找。一体化中介服务平台的建立有助于实现中介机构信息的数字化以及公开化，提升中介服务的效率，促进竞争交易的公平性。

【良好实践】

山东省建立了“山东省政府采购网上商城”和“山东政务服务中介超市”，通过整合共享方式，打造全省中介服务采购交易和监管的一体化平台，为采购主体提供全面、客观的中介机构名称、行业类别、资质等级、服务内容及服务方式等信息，加强中介机构与采购主体的信息互动，扩大用户的选择范围。截止到 2023 年 3 月 22 日，已累计入驻中介服务机构 7485 家，服务项目业主 2.45 万家，中选服务项目 42 万宗，有效解决了全省各地中介服务资源不均、信息不公开、服务质次价高等问题，打通了群众、企业办事的“中梗阻”，实行中介服务商品化，降低中介服务交易门槛。①

在使用范围方面，江苏省级中介服务超市目前开通了全省全部 13 个地级市的网上中介服务；在平台内容方面，包含咨询评价服务、评估测量服务、检测服务、其他服务、设计审查和论证证明六大板块以及诸多子项目，每一类事项下可服务的中介机构均公开基本信息、信用记录等。网上中介服务超市也设有采购公告、中选公告等专栏，公示各类交易信息，保障了中介服务交易的公平性和竞争性。同时，超市全程记录交易过程信息、办理结果、履约情况和服务质量，项目业主可从服务效率、质量等维度评价中介机构，行业主管部门也可从成果质量、规范程度等维度评价中介机构，并发布评价结果。

成都市网上中介服务大厅将涉及工程建设项目审批的设计、审查、测绘、评估、评价、编制等 27 项中介服务事项全部纳入“中介超市”，公布与此相关的法律依据、办理流程、收费要求以及承诺时限，匹配注册登录、中介资质管理、参与竞价、合同备案、服务评价、咨询答复以及过程监管等功能，基本实现可比、可选、可查、可管。此外，成都市网上中介服务大厅已实现线上全程跟踪监督和记录，通过行业主管部门、业主单位、业务审批部门和其他监管部门等多维评价进行综合动态评价，中介机

① 《山东积极发展网上“中介超市”平台经济助力优化政务服务环境》，山东省公共资源交易中心网，http：//www.sdsggzyjyzx.gov.cn/art/2023/3/22/art_209500_10401787.html，最后访问日期：2024 年 3 月 1 日。

构按信用等级自动排序，信用等级高的靠前显示，而进入全市联合惩戒黑名单的企业则被系统自动屏蔽，体现了以信用监管形式监督中介服务交易全过程。①

（四）不能转嫁给市场主体（1分）

【设置依据】

《优化营商环境条例》第 43 条规定："行政机关在行政审批过程中需要委托中介服务机构开展技术性服务的，应当通过竞争性方式选择中介服务机构，并自行承担服务费用，不得转嫁给市场主体承担。"2023 年 7 月 19 日，为促进民营经济发展壮大，中央再次重申不得将政务服务事项转为中介服务事项，《中共中央 国务院关于促进民营经济发展壮大的意见》规定，"清理规范行政审批、许可、备案等政务服务事项的前置条件和审批标准，不得将政务服务事项转为中介服务事项，没有法律法规依据不得在政务服务前要求企业自行检测、检验、认证、鉴定、公证或提供证明等"。

【评估方法】

通过对被评估城市的政府网站进行检索，查询其是否建立中介服务平台或中介超市，行政审批中介服务事项清单是否列明"行政机关委托中介机构的收费情况"，根据各个城市的具体情况，按以下评分标准赋分。

【评分标准】

总分为 1 分。符合以下情况之一的得 1 分：

（1）有中介服务平台或者中介超市；

（2）行政审批中介服务事项清单上列明"行政机关委托中介机构的收费情况"等内容。

【评估分析】

根据评分标准对各个城市进行评分，最终得出以下结果（见表 5）。

---

① 参见重庆市网上中介服务超市，https：//zjcs. cqggzy. com/cq-zjcs-pub/home，最后访问日期：2024 年 3 月 1 日。

表 5 “不能转嫁给市场主体”得分分布

得分(分)	1	0
城市(个)	33	3

（1）有中介服务平台，行政机关通过中介服务平台竞争性选取中介服务机构，或者行政审批中介服务事项清单上列明“由行政机关委托中介机构的，不向市场主体收费”等内容，得 1 分的有北京、天津等 33 个城市，占比为 91.67%；

（2）既无中介服务平台，也无行政审批中介服务事项清单表明“行政机关委托中介机构的收费情况”等内容，得分为 0 的为上海、西宁、乌鲁木齐 3 个城市，占比为 8.33%。

本项指标评估内容为行政机关委托中介服务机构的情况，行政机关不能将其委托费用转嫁给市场主体。对于需要由市场主体自行委托中介机构的情形，市场主体与中介机构之间的收费情况不在本指标评估范围内。通过行政审批中介服务平台查询行政机关是否采取竞争性方式选取中介机构，是否由财政资金支付服务费用等内容评估本项指标。

在被评估的城市中，大部分城市建立了中介服务网上交易平台。行政机关会根据具体事项发布招标公告，写明中介服务项目名称、采购人、中介机构要求、服务时限、服务金额、选取方式等内容，之后有意愿的中介机构可在规定时间内上传投标文件，按时参与投标，这保障了中介交易的竞争性和公平性。

【良好实践】

北京、重庆、厦门、深圳等 33 个城市①通过建立网上中介交易平台，以采购公告、交易信息、结果公示专栏监督行政机关委托中介机构的过程，要求行政机关通过竞争性方式选择中介服务机构，发布竞价公告，并

① 被评估城市所在市级或所属省级建立网上中介服务平台的城市有北京、天津、重庆、宁波、厦门、深圳、沈阳、长春、大连、哈尔滨、南京、杭州、济南、青岛、武汉、成都、西安、广州、石家庄、太原、呼和浩特、合肥、福州、南昌、郑州、长沙、南宁、海口、贵阳、昆明、拉萨、兰州、银川，共计 33 个城市。

自行承担服务费用，不得转嫁给市场主体。少部分城市采取在行政审批中介服务事项清单中注明方式，写明由审批部门采取购买服务方式委托相关机构为其审批提供技术性服务，不向市场主体收费等内容。[①] 比如辽宁省公布的中介服务事项详情内容包括中介服务事项名称、实施机构、行业主管部门、设立依据和服务信息等，在“其他”板块特别备注由审批部门采取购买服务方式委托相关机构为其审批提供技术性服务。湖南省发布的行政审批中介服务事项清单在中介服务事项的服务方式中特别载明“不收费。评估费用由相关部门采用政府购买服务方式统一支付”。[②] 云南省还规定“除法律法规另有规定外，行政机关所属事业单位、主管的社会组织及其举办的企业不得开展与本机关所负责行政审批相关的中介服务”。[③] 贵州省从严查处行政机关将应当委托开展的技术性服务费用通过中介机构转嫁给企业承担、强制指定或变相强制指定企业接受中介机构服务等违规行为。[④]

三　评估结论与建议

本项一级指标“中介服务”总分为 4 分，被评估城市平均得分为 3.82 分，平均得分率为 95.5%。共有 33 个城市得分在平均分之上，占到被评估城市的 91.67%；3 个城市得分在平均分之下，占到被评估城市的 8.33%。本项一级指标评估中得分最高为 4 分，得分最低为 1.5 分，体现了一定的区分度。本项指标评估中，共有 33 个城市得 4 分。

本项一级指标共包含四项三级指标，分别为“有关政府是否给企业推

---

① 《湖南省发展和改革委员会行政审批中介服务事项清单》，湖南省发展和改革委员会官网，http://fgw.hunan.gov.cn/fgw/xxgk_70899/xzzfgs11/sqgk11/202011/t20201102_29287827.html，最后访问日期：2024 年 3 月 1 日。

② 《大连市行政审批中介服务事项清单（2023 年版）》，大连政务服务网，http://zwfw.dl.gov.cn/wdcms/spzjqd/index.jhtml?areaCode=210201000000，最后访问日期：2024 年 3 月 1 日。

③ 《云南省人民政府关于清理规范行政审批中介服务事项的决定》（云政发〔2021〕17 号）。

④ 《贵州省人民政府办公厅关于印发贵州省服务“六稳”“六保”进一步做好“放管服”改革有关工作实施方案的通知》（黔府办发〔2021〕19 号）。

荐或者指定中介服务机构、中介机构与政府机关脱钩”“中介服务流程规范”“中介服务流程公开”“不能转嫁给市场主体”，四项三级指标赋分均为1分。各三级指标的得分情况如下：

（1）“有关政府是否给企业推荐或者指定中介服务机构、中介机构与政府机关脱钩”，平均分为0.972分，得分率为97.2%；

（2）“中介服务流程规范”，平均分为1分，得分率为100%；

（3）“中介服务流程公开”，平均分为0.931分，得分率为93.1%；

（4）“不能转嫁给市场主体”，平均分为0.917分，得分率为91.7%。

在所有三级指标中得分最高的指标为“中介服务流程规范”，平均得分为1分，表明被评估城市或所在省份在中介服务流程规范方面落实较好，基本做到了全面且准确，并且按照各地具体情况逐步提高应用效率；得分差距较大的指标为“不能转嫁给市场主体”，得分率为91.7%，较明显地反映了有些地方政府在不转嫁给市场主体且自行承担服务费用上执行到位，而有些地方政府仍有改进空间。

评估小组将根据评估数据及各城市对照情况，对目前各城市推进行政审批中介服务的规范化工作取得的成就和存在的问题进行梳理，并给出相应的改进建议。

（一）取得的成就

1. 各地方政府持续深化行政审批中介服务改革，巩固改革成果

2018年中共中央办公厅、国务院办公厅印发《关于深入推进审批服务便民化的指导意见》，意见明确深化行政审批中介服务改革，进一步减少不必要的行政审批中介服务事项，无法定依据的一律取消。对保留的审批中介服务事项要明确办理时限、工作流程、申报条件、收费标准并对外公开。加快推进中介服务机构与主管部门脱钩。[①]

① 《中共中央办公厅、国务院办公厅印发〈关于深入推进审批服务便民化的指导意见〉》，中华人民共和国中央人民政府网，http://www.gov.cn/zhengce/2018-05/23/content_5293101.htm，最后访问日期：2024年3月1日。

评估结果显示，第一项指标“有关政府是否给企业推荐或者指定中介服务机构、中介机构与政府机关脱钩”得分率为97.2%，较2022年提高1.2个百分点，表明各地方政府在上年基础上，进一步通过清单或者中介机构信息上网公示中介机构进驻、选取、监督等信息，实现中介机构与政府机关脱钩。第二项指标得分率为100%，较2022年提高3个百分点，36个城市全部通过建立行政审批事项清单的形式公开中介服务设定依据。第三项指标得分率为93.1%，较2022年提高1.1个百分点，表明中介服务的分派流程、申请条件、选取结果等流程信息公示工作进一步完善。第四项指标得分率为91.7%，与2022年持平，被评估城市在不转嫁给市场主体且自行承担服务费用方面依然高效有力。

2. 整合中介服务资源，建设数字化行政审批中介服务平台

《国务院关于加快推进政务服务标准化规范化便利化的指导意见》规定，各地区各部门要进一步清理政务服务领域没有法律法规或国务院决定依据的中介服务事项，对确需保留的强制性中介服务事项，实行清单管理并向社会公布。随着数字化和信息化技术的快速发展，各地政府积极致力于搭建一体化行政审批中介服务交易平台，旨在简化交易流程、公开交易过程、增强交易公平性，以提高行政效率、优化服务环境，为行政机关、中介服务提供商和公众提供更便捷的服务体验。截至2023年8月21日，开设在江苏政务服务网上的“中介服务超市”，已有7452家中介机构入驻，7887家项目业主在超市里寻找中介机构；超市累计发布2.5万条采购公告，成交率达97.2%，成交金额共计7.8亿元。① 2023年以来，重庆市网上中介服务超市累计发布采购公告61822条，完成交易61044宗，中选金额近22亿元。自2020年中介超市建成以来，已入驻采购人1.1万家，中介机构1.4万家，网站日均操作量达120万余次，日均交易量约400宗，累计交易项目21万

① 《立足公开透明 江苏开设网上中介服务超市》，新华网，http://js.news.cn/20230822/61d25c21ff9342b3aea741f5818ea032/c.html，最后访问日期：2024年3月1日。

宗，成交金额超过 70 亿元，资金节约率达 20% 以上，交易体量居全国前三。①

3. 积极清理规范中介服务事项

为贯彻落实《优化营商环境条例》和《中共中央 国务院关于促进民营经济发展壮大的意见》，各地政府积极推动中介服务事项的全面清理，纷纷出台规定，要求应由行政审批机关提供的中介服务一律由审批部门委托中介服务机构，不得将此部分费用或义务转嫁给申请人。国务院“互联网督查”平台从 2023 年 7 月 28 日起面向社会征集十个方面的问题线索和意见建议，其中第二个问题便是“有关地方和单位将政务服务事项转为中介服务事项，没有法律法规依据在政务服务前要求企业自行检测、检验、认证、鉴定、公证或提供证明等方面的问题”。

（二）存在的问题

1. 中介服务机构服务要素公开机制仍待改善

《优化营商环境条例》第 43 条强调“中介服务机构应当明确办理法定行政审批中介服务的条件、流程、时限、收费标准，并向社会公开”，中介机构的信息应向社会公开，公开内容应包括办理条件、办理流程、办理时限、收费标准等。在被评估的 36 个城市中，有 36 个城市建立了行政审批中介服务事项清单，有 33 个城市建立了行政审批中介服务平台（中介超市），分类别分事项展示中介机构，但中介机构信息公开仍存在公开事项不全面和内容不完善的问题。首先，在建立中介服务网上平台的城市中，现阶段大部分城市公开的中介机构信息只包含中介机构名称、机构类型、服务类型、注册地、法定代表人、资格信息、信用信息等基本信息，并没有根据服务实际情况公布每项业务的服务流程、服务时限、收费标准、收费依据。其次，大部分城市的清单内容包含中介服务事项名称、对应的行政审批事项名称、中

① 《重庆“中介超市”交易体量跻身全国前三 累计交易项目 21 万宗，成交金额超 70 亿元》，重庆市人民政府官网，https://www.cq.gov.cn/ywdt/jrcq/202307/t20230725_12179696.html，最后访问日期：2024 年 3 月 1 日。

介机构资格要求、行政审批机关、设定依据，但未包含中介费用承担主体以及中介机构委托主体等重要内容，公众无法做到精准监督，未满足《优化营商环境条例》的要求。

2. 中介服务交易评价机制实效性低

根据评估小组观测，部分城市在中介服务网上交易平台建立了有关中介服务交易的评价机制，但存在评价机制使用率低、评价维度不够全面等问题，可能导致问题反馈不及时、中介服务质量参差不齐，无法实现资源的有效配置。一方面，现有的中介服务评价机制存在使用率低的问题，以评价机制较为完善的广东省中介服务超市为例，在2023年1月到9月，中介服务超市平均每月评价不到两条，反映了评价机制在实际运行和推广中仍存在一定阻力。另一方面，现有的服务评价仅显示最后得分，未向公众公开得分组成和各项评估的具体情况，导致公众无法获得足够信息评估中介服务的质量，难以深入开展中介服务的监督工作。

3. 行政审批事项中介服务的监管手段过于单一

目前，部分地方政府已经建立了信用信息监管机制，通过公布失信预警名单、一般失信名单和严重失信名单来对中介服务过程中失信的中介服务机构进行公示惩罚，对违规收费、出具虚假证明或报告、谋取不正当利益、扰乱市场秩序等违法违规行为产生一定的震慑作用，鼓励中介服务机构在交易中更加诚实守信。然而，仅依据失信名单制度进行监管可能导致监管部分着眼于事后追究责任，而事前监管缺失，并不能有效地减少违规行为的发生。另外，如果中介机构只面临列入失信名单的风险，而没有更全面的监管手段来规范其行为，那么中介服务机构将更加关注规避失信名单，进而忽视服务质量和效率的提高。

（三）改进的建议

在基本建立行政审批中介服务平台的情况下，应进一步完善平台公示内容，规范中介服务平台运行管理，提高中介机构服务水平，健全中介机构服务监管机制。各地方政府应重点建设以下几个方面。

1. 完善中介服务机构服务要素信息公开事项

透明度和可访问性对确保公平、公正、高效的服务至关重要。因此，中介超市和入驻中介服务平台的机构均须履行信息公开的责任，以满足公众的知情权和监督权。首先，中介服务超市应提供入驻条件、申请材料、办理流程、清退情形，为中介服务机构提供明确的准入指南，以清除不必要的准入障碍。其次，入驻中介服务平台的中介服务机构应提供服务流程、服务时限、收费标准、收费依据等信息，防止一些中介机构利用垄断地位或信息优势，制定过低或过高的收费标准，从而维护公平透明的中介服务市场竞争环境。

2. 完善中介服务交易评价机制

针对中介服务交易评价机制尚不够健全的问题，各地政府应积极引入中介服务交易评价机制，以确保中介服务提供机构和行政审批机关能够就行政审批事项中介服务的审批、选取、监督和公告过程中产生的问题进行全面评价和提供建议，使得中介服务平台能够更好地理解中介服务受服务方和提供服务方的需求，发现中介服务机构的具体问题，并根据双方需求不断改进行政审批平台的现有功能，以提高平台的质量和适用性。同时，针对已建设中介服务交易评价机制的中介服务交易平台，地方政府可以参照阿里巴巴、京东等电商平台，加强服务评价机制的推广宣传、丰富中介服务评价维度并公示服务评价的具体细节，以进一步完善中介服务交易评价机制。

3. 完善中介服务机构监管机制

《国务院办公厅关于清理规范国务院部门行政审批中介服务的通知》明确要求各行业主管部门应加强中介服务监管，规范中介服务机构及从业人员执业行为。根据深化行政审批中介服务改革要求，各地政府应强化中介服务机构及从业人员的监督管理，全面开展中介服务信用评价，建立健全中介服务机构退出机制。在行政执法体制改革和创新监管机制的大背景下，行政机关应针对不同对象不同事项采取适当高效的监管模式，实施分类服务和监管，针对中介服务质量评价过低、失信记录过度的中介服务机构，应采取市场和行业禁入、限制相关任职资格等多元监管手段，推动中介服务机构改正违法违规行为以及恢复诚信记录，实现减时、降费、提质的行政审批中介服务机制改革目标。

B.16

贸易通关便利化

林 萌　梅珂悦*

摘　要： 数字技术的发展不仅改变了贸易通关的方式，也为全球贸易创造了更为开放、高效和创新的环境。构建适配数字经济的营商环境，需要更为智能、便捷、高效的贸易通关模式，以此推动全球贸易的发展。评估涉及贸易通关模式、通关时间和通关中介费用。评估结果显示，各地政府在稳步推进“两步申报”“两段准入”通关模式、压缩整体通关时间、落实口岸收费目录清单公示等工作方面成效显著。但尚存“两步申报”“两段准入”信息公开不全面、通关时间更新工作城市间差异较大、降低中介服务收费实际执行效果亟待加强等问题。评估小组建议各地方政府应持续推广“两步申报”“两段准入”流程模式、完善通关公示制度、深化通关中介收费改革。

关键词： 跨境贸易　通关便利化　通关模式　通关成本

国际贸易是经济增长的关键驱动力，在促进技术创新、质量升级、产业转型等方面发挥着重要作用。世界银行《营商环境成熟度方法论手册》在国际贸易领域确立三个指标：推动国际贸易的良好监管实践、促进国际贸易便利化的公共服务质量、货物进出口和开展数字贸易的效率。相较于《营

* 林萌，管理学博士，黑龙江大学经济与工商管理学院副教授、硕士生导师，研究方向为商业伦理与企业社会责任、创新管理、公司治理；梅珂悦，对外经济贸易大学法学院 2021 级硕士研究生，研究方向为行政法学、行政诉讼法学。

商环境报告》侧重于遵守贸易法规的难易程度，《营商环境成熟度方法论手册》指标范围包括国际贸易监管框架、政府公共服务质量以及货物进出口的合规要求等跨领域主题。[①] 本次数字营商环境评估延续《营商环境成熟度方法论手册》对国际贸易便利度的关注，重点评估各城市通关程序便利度、通关时间成本和中介服务质量。

一　评估指标构成

本次评估的“贸易通关便利化”一级指标之下设置两项二级指标，分别为“通关程序”“通关成本”。

三项三级指标通过考察分析被评估城市政府通关模式“两步申报”“两段准入”、时间成本、降低中介服务收费等具体情况，从不同角度反映被评估城市在数字经济时代优化营商环境、促进贸易通关便利化的情况。

表 1　贸易通关便利化

一级指标	二级指标	三级指标
贸易通关便利化(3 分)	通关程序(1 分)	通关模式“两步申报”“两段准入”(1 分)
	通关成本(2 分)	时间成本(1 分)
		降低中介服务收费(1 分)

二　设置依据、评估标准及评估分析

在本项一级指标评估中，评估团队的材料与数据来源主要为被评估城市的政府网站、海关网站、信用中国网站、网络搜索引擎四种。通过上述途径未能检索到相关内容的，则视为未落实该项工作或该项服务，各三级指标的评估方法及赋分标准如下。

① The World Bank, *B-READY Methodology Handbook* (B-READY), pp. 383-504 (2023).

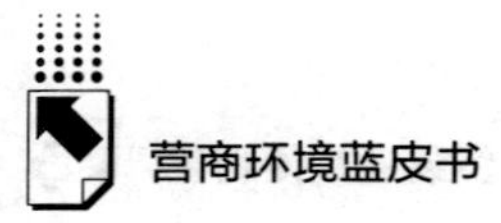

（一）通关模式“两步申报”“两段准入”（1分）

【设置依据】

海关总署印发以“两步申报、两轮驱动、两段准入、两类通关、两区优化”为主要内容的《海关全面深化业务改革2020框架方案》（署综发〔2019〕第59号），要求持续深化全国通关一体化改革，建设新时代中国特色社会主义新海关，不断提升海关制度创新和治理能力建设水平。

“通关模式‘两步申报’‘两段准入’”这一指标所考察的内容是地方政府能否主动、灵活地适应国际贸易特点和企业安全便利通关需要。其设置目的是督促地方政府进一步推进通关便利化，持续优化口岸营商环境，促进外贸稳定发展。

【评估方法】

具体的观测方法为通过对被评估城市政府网站、海关网站、国际贸易“单一窗口”进行检索，考察“两步申报”“两段准入”相关政策文件的公布情况，同时在网络搜索引擎搜寻相关政策执行情况进行分析。

【评分标准】

本项指标满分为1分，实施通关模式“两步申报”“两段准入”，赋0.8分；相关政策文件有效务实，赋0.2分。

【评估分析】

本项评估中，36个被评估城市的平均分为0.95分，相较于2022年的0.93分，有了提升，具体结果如下。

（1）得1分的有北京、天津、上海、重庆、宁波、厦门、深圳、沈阳、大连、长春、哈尔滨、南京、杭州、济南、青岛、武汉、成都、西安、广州、太原、南昌、郑州、海口、拉萨、西宁、银川、乌鲁木齐27个城市，所占比例为75%。获得满分的城市充分发挥国际贸易“单一窗口”全链条覆盖优势，大力推行“提前申报”，优化“两步申报”通关模式，完善“两段准入”，持续推进通关提速改革。其中进步明显的是西宁、长春、南京和乌鲁木齐

（2）得0.8分的有石家庄、呼和浩特、合肥、福州、长沙、南宁、贵

阳、昆明、兰州9个城市，所占比例为25%。这些城市响应国家优化营商环境政策，较好地推行“两步申报”“两段准入”改革措施，但政策文件公布不完善，仅在促进外贸平稳发展等综合性文件中概略性地提及有关工作。

表2 “通关模式‘两步申报’‘两段准入’”得分分布

得分(分)	1	0.8
城市(个)	27	9

【良好实践】

通过对本项三级指标的观测，评估小组发现当前被评估城市的“两步申报”“两段准入”改革措施推行工作总体情况良好，相较2022年36个城市中有22个城市得满分，今年有27个城市得满分，其中西宁、长春等城市进步较大。西宁海关积极响应国家优化营商环境、促进外贸便利化的号召，推出20条措施促进跨境贸易便利化，开展“两步申报”“提前申报”“两段准入”政策宣传与业务指导，推动通关监管模式改革，提升海关通关效率。① 同时，2023年7月，长春海关出台18条措施优化营商环境，在推进跨境贸易便利化方面，长春海关进一步深化通关便利化改革，优化通关作业流程，推动“智能通关”，加大改革政策宣传推介力度，引导企业积极应用“提前申报、两步申报、两段准入”便捷通关模式，持续巩固压缩整体通关时间工作成效，提升企业应用平台的获得感。②

（二）时间成本（1分）

【设置依据】

“时间成本”这一指标的设置能够准确评估地方政府在提升通关便利化

① 《西宁海关推出20条措施促进跨境贸易便利化》，西宁海关官网，http：//xining. customs. gov. cn/xining_customs/533857/533858/5144075/index. html，最后访问日期：2024年3月1日。

② 《长春海关：出台18条措施助企用好支持政策》，信用中国（吉林长春），https：//credit. changchun. gov. cn/creditchangchun/contents/105/98011. html，最后访问日期：2024年3月1日。

水平、推动企业降低成本、提高效率等方面所发挥的积极作用。

国务院《优化口岸营商环境促进跨境贸易便利化工作方案》（国发〔2018〕37号）要求，将各省（自治区、直辖市）整体通关时间和成本纳入全国营商环境评价体系，科学设定评价指标和方法，初步建立常态化评价机制。企业在遵守贸易程序时承担的时间成本将会限制其进入全球市场的能力，对贸易构成重大障碍。整体通关时间是评估国际贸易便利化的重要指标，减少通关时间更是我国进一步优化营商环境、促进跨境贸易便利、推动“放管服”改革的重要举措。国务院2023年发布《国务院印发关于在有条件的自由贸易试验区和自由贸易港试点对接国际高标准推进制度型开放若干措施的通知》（国发〔2023〕9号），主要体现了两个“进一步”。首先，进一步提高通关时间透明度。其次，进一步降低通关成本。

【评估方法】

赋分值为1。具体的观测方法为检索被评估城市的政府网站、海关网站，同时通过网络公开搜索引擎检索有关新闻报道，对减少通关时间的实际成效进行统计分析。

【评分标准】

本项指标满分为1分，出台措施助推跨境贸易便利化及减少通关时间，赋0.8分；持续更新海关关区的通关时限和平均通关时间，赋0.2分。

【评估分析】

本项评估中，36个被评估城市的平均分为0.817分，具体结果如下。

（1）得1分的有北京、成都、武汉3个城市，所占比例为8.33%。获得满分的城市在海关网站定期公开每月的口岸通关时间及关区工作时限，并采取有力措施极大地压缩了企业通关时间。

（2）得0.8分的有上海、长春等33个城市，所占比例为91.67%。这些城市在海关网站就口岸通关时限以及申报企业通关时间的年度情况进行通告，在通报和减少通关时间方面表现良好且具有一定创新性，但通关时间公告间隔时间过长，缺乏时效性。

表 3 “时间成本”得分分布

得分(分)	1	0.8
城市(个)	3	33

压缩通关时间将为优化营商环境与促进外贸进出口增长奠定坚实基础，根据数据统计，各被评估城市均较好地完成了压缩通关时间的任务，但在通关时间公开工作方面，大部分城市存在运用互联网技术定期更新通关时间落实不足的问题，未充分发挥数字经济优势，企业也不能准确预估自己产品的通关时间，造成一定的信息障碍，与促进跨境贸易便利化的工作目标不符。

【良好实践】

通过对本项三级指标的观测，评估小组发现，当前被评估城市均圆满完成国务院《优化口岸营商环境促进跨境贸易便利化工作方案》（国发〔2018〕37 号）关于到 2021 年底，整体通关时间比 2017 年压缩一半的要求，在减少通关时间方面总体上表现良好。以宁波为例，宁波海关为优化营商环境，助推进出口货物快捷通关，推出持续深化跨境贸易便利化的 20 条便利措施。在申报环节，利用“两步申报+提前申报”的通关模式，只要申报 6 位商品编号、商品名称等 9 项要素，货物抵港前就被快速审单放行，“甬 e 通”平台已实现数据自动采集、单证智能生成，报关资料智能识别准确率达 99%，单票报关单的制作时间缩短到 1 分钟；在查验环节，采取“集中审像+智能审图”模式，海关通过收集口岸常见进出口商品图像，依托大数据、云计算和人工智能技术，可对机检图像快速作出查验结论；在物流环节，持续推进进口货物“船边直提”、出口货物“抵港直装”、水水联运中转“离港确认”模式试点工作，提升港口物流运转效能。① 但是，和 2022 年评估结果相似，被评估城

① 《最新数据显示，宁波进出口通关时效领先长三角沿海地区 九成通关时间是如何“挤”掉的?》，中国—中东欧国家海关信息中心，http：//www.cceeccic.org/112278777.html，最后访问日期：2024 年 3 月 1 日。

市中的大部分城市在海关网站未及时公布月度口岸通关时间，只是在年度海关工作总结中通报全年进出口整体通关时间或仅公布口岸通关时限，只有武汉、成都和北京在海关网站定期公开每月的口岸通关时间及关区工作时限。

（三）降低中介服务收费（1分）

【设置依据】

国务院《优化口岸营商环境促进跨境贸易便利化工作方案》要求清理取消不合理的经营服务性收费和中介代理项目收费，降低企业通关成本，减轻企业负担，进一步降低进出口环节费用。

中介服务费用占据企业口岸通关成本的一部分，推进口岸中介服务收费规范化、降低中介服务收费是贯彻落实有关决策部署的重要途径。因此，设置“降低中介服务收费”这一指标是检验各地海关通关便利化水平的应有之义。

【评估方法】

赋分值为1。具体的评估方法为检索被评估城市的政府网站、海关网站，考察是否落实公布口岸收费目录清单、降低中介服务收费等有关工作，同时通过网络公开搜索引擎搜寻有关行动的资料以作辅证。

【评分标准】

本项指标满分为1分。公布口岸收费目录清单，赋0.5分；通过发布法规、政策、办法等官方文件有效规范通关中介市场，赋0.3分；创新精简中介代理收费项目，赋0.2分。

【评估分析】

本项评估中，36个被评估城市的平均得分为0.719分，具体评估结果如下。

（1）得1分的有上海、重庆、宁波、厦门、杭州、武汉、南宁、昆明8个城市，所占比例为22.22%。

（2）得0.8分的有北京、天津、长春、哈尔滨、济南、青岛、西安、广州、石家庄、呼和浩特、合肥、福州、银川13个城市，所占比例为36.11%。

（3）得0.5分的有深圳、沈阳、大连、南京、成都、太原、南昌、郑州、长沙、海口、贵阳、拉萨、兰州、西宁、乌鲁木齐15个城市，所占比例为41.7%。

表4　“降低中介服务收费”得分分布

得分(分)	1	0.8	0.5
城市(个)	8	13	15

得0.8分的城市的问题在于这些城市尽管公布了清理规范口岸中介收费的有关工作方案，要求提高港口和中介企业运行效率，规范中介企业运行，但其工作方案缺乏专门实施细则。得0.5分的城市仅公布口岸收费清单，其他信息公开程度较低，在政府网站未检索到这些城市关于有效降低中介服务收费的政策文件、执法实践及新闻报道。

【良好实践】

通过对本项三级指标的观测，评估小组发现获得满分的城市根据本地具体情况积极推进口岸中介服务收费规范，并采取强有力的措施精简中介代理收费项目、规范中介代理机构行为，推动跨境贸易中介服务向专业化、市场化、透明化方向发展。厦门出台《厦门港口对标先进工作方案》《厦门口岸降本增效工作方案》《厦门市提升跨境贸易便利化实施方案》《厦门口岸提高通关效率工作方案》等系统性工作方案和办法，从提效、降费、促便利三方面持续跟踪落实，推动口岸管理数字化、智慧化、便利化，形成“政府主动降费、市场阳光收费、行业协同规费、信用红利护航、监管创新便利、智慧服务提效”的实践经验。强化政府监管规范市场性收费，率先在国际贸易“单一窗口”上线口岸收费公示模块，发布厦门口岸“全流程阳光服务”收费清单，降低口岸中介服务收费。[①]《湖北省外贸进出口降成本

① 《厦门市推行跨境贸易集成化改革》，福建省发展和改革委员会官网，http：//fgw. fujian. gov. cn/ztzl/fjys/dxjy/202112/t20211230_5804809. htm，最后访问日期：2024年3月1日。

工作方案》（鄂政办函〔2023〕16号）规范报关行业收费，支持湖北省报关协会发挥行业协会作用，制定常规报关费用最高限价并向社会公开。在湖北国际贸易数字化平台上新建报关服务应用，引导湖北报关企业全部入驻平台。加强相关措施宣传推介工作，提升知晓度和普惠性。加强收费引导，鼓励进出口各环节收费主体合理调整收费标准，合力降低进出口通关成本。安徽省出台《安徽省人民政府关于印发安徽省口岸建设发展行动方案（2022—2025年）的通知》（皖政秘〔2022〕211号），要求建立市场监管、发展改革、商务、交通运输等部门参加的收费监督机制，依法查处进出口环节存在的违法违规收费行为，依法调查处理口岸经营活动中的涉嫌垄断行为，加大对进出口中介环节治理力度，降低跨境贸易合规成本。

三 评估结论与建议

本项指标评估总分为3分，被评估的36个城市的平均得分为2.49分，共有17个城市在平均分之上，占到被评估城市总数的47.22%；19个城市在平均分之下，占到被评估城市的52.78%。本项评估中得分最高的为3分，得分最低的为2.1分，体现了一定的区分度。

本项一级指标共包含三项三级指标，赋分均为1分。各三级指标的得分情况如下。

（1）通关模式“两步申报”“两段准入”，平均分为0.95分，得分率为100%。

（2）时间成本，平均分为0.817分，得分率为81.7%。

（3）降低中介服务收费，平均分为0.719分，得分率为71.9%。

其中，平均分最高的为“通关模式‘两步申报’‘两段准入’”，表明被评估城市在通关模式“两步申报”“两段准入”方面落实较好，基本做到了全面且准确，并且按照各地具体情况逐步提高应用效率；得分差距较大的指标为“降低中介服务收费”，得分率为71.9%，较明显地反映了有些地方政府在降低中介服务收费工作上高效有力，而有的地方政府仍然存在重视不足、进展缓慢的问题。

评估小组将根据评估数据及各城市对照情况，对目前各城市推进贸易通关便利化工作取得的成就和存在的问题进行梳理，并给出相应的改进建议。

（一）取得的成就

1. 稳步推进“两步申报”“两段准入”通关模式建设

“两步申报”“两段准入”通关模式是推进高水平开放、服务高质量发展的必然举措，有利于推进跨境贸易全链条全流程便利化水平不断提升，降低企业通关时间和金钱成本，进而实现优化口岸营商环境的目标。2022年以来，各地政府积极响应，根据各地通关实际情况，出台深化跨境贸易便利化的具体措施。海口海关为促进海南自由贸易港外贸保稳提质，在洋浦港深入推进进口货物“船边直提”和出口货物“抵港直装”，稳步推进“两步申报”“两段准入”等海关通关改革，实现海南全岛“两步申报”口岸、商品、业务流程全覆盖，进一步提高通关效率。

2. 压缩整体通关时间成效显著

整体通关时间是评估国际贸易便利化的重要指标，减少通关时间更是我国进一步优化营商环境，促进跨境贸易便利，推动“放管服”改革的重要举措。《2023年政府工作报告》指出，推进通关便利化，进口、出口通关时间分别压减67%和92%，进出口环节合规成本明显下降。关税总水平从9.8%降至7.4%。截至2023年上半年，在一系列贸易便利化举措推动下，我国货物通关效率不断提高。进口商品整体通关时间从2017年的4天左右，压缩到不到一天半；出口货物整体通关时间从2017年的12个小时左右，压缩到约1.2个小时。与此同时，我国关税总水平为7.4%，低于9.8%的入世承诺。①

3. 落实口岸收费目录清单公示工作

为规范我国各口岸经营服务单位收费行为，进一步优化口岸营商环境，

① 《经济大家谈：政策组合拳继续加力 我国外贸稳中提质显韧性》，人民网，http://finance.people.com.cn/n1/2023/0717/c1004-40037561.html，最后访问日期：2024年3月1日。

海关总署督促各地落实口岸收费目录清单公示制度，被评估城市均在国际贸易“单一窗口”及海关网站公布口岸收费目录清单，定期更新收费项目、服务内容、收费标准。此外，各地政府积极响应国家关于口岸通关降费增效的要求，开展规范口岸收费目录清单公示和收费监管的专项活动。首先，各地政府要求各口岸通关中介服务机构对收费目录清单进行动态管理，收费变化情况及时报送政府有关部门，保证信息的同步更新。其次，口岸通关中介服务机构被要求严格遵守相关法律法规和政策，规范自身价格与收费，降低过高收费，取消一切不必要收费，营造规范有序收费环境。

（二）存在的问题

1.“两步申报”“两段准入”信息公开不全面的问题仍然存在

“两步申报”“两段准入”作为促进贸易便利化信息化申报及监管试点，应当首先做好信息公开工作，使通关企业和公众能够通过“单一窗口”、海关网站等多渠道更好地掌握具体流程及实施情况。然而，评估小组发现，一些城市的政府网站和海关网站仅仅向公众汇报了“两步申报”和“两段准入”的工作目标以及取得的成绩，未提供设计方案、工作流程、制度保障以及工作的持续性情况等关键信息。

令人遗憾的是，这一问题在2023年的评估过程中仍未得到解决，各地政府依旧未意识到完善“两步申报”“两段准入”相关信息公示制度的重要性，未能全面考虑信息公开的多方位需求，进而导致相关信息公开的表面化、形式化和不透明。这一问题的延续反映出部分地方政府的信息化思维较弱，公开意识薄弱，经常性忽略“两步申报”“两段准入”工作实施情况的信息公开，限制了公众的知情权和监督权，阻碍了“两步申报”“两段准入”模式的深层次推进。

2.通关时间更新工作城市间差异较大

定期及时更新通关时间是海关部门的职责所在，也是促进贸易便利化、推动外贸经济发展的重点要求。国务院《优化口岸营商环境促进跨境贸易便利化工作方案》要求，各地政府应建立口岸通关时效评估机制，加强对整体通关时间的统计分析，每月通报各省（自治区、直辖市）整体通关时间，开展口岸整体通关时效第三方评估，适时向社会公布评估结果。在评估过程中，评估小组发现各地政府在落实上述国务院有关通报整体通关时间的要求方面存在较大差异。在更新速度方面，表现较好的城市或省份每月或每季度公布口岸通关平均时间；表现较差的城市或省份，更新频率缓慢，甚至是以年为单位。在更新形式方面，表现较好的城市会专门发布上月的口岸平均通关时间，以方便企业预估自身通关所需时间，提高通关效率；而表现较差的城市将通关时间放置在海关年度工作报告中不显眼的部分，不便于公众查询，不利于企业实时掌握通关时间从而合理安排货物出入境。此外，在评估过程中不难发现部分城市的海关网站虽然公布了通关时间，但公布内容十分敷衍，只是以“去年本海关口岸平均通关时间为××小时”一句话简单带过，并没有达到每月通报各省（自治区、直辖市）整体通关时间的要求。

3. 降低中介服务收费实际执行效果亟待加强

在当前整治规范口岸收费的大背景下，通关中介服务领域依然存在不足之处。首先，本次评估发现部分城市仅限于提供口岸收费清单，而未提供必要的政策文件、制度保障，以及专项活动的相关内容，可能导致企业和公众对通关中介服务的理解不足，缺乏全面的政策背景信息。其次，仅有部分城市在优化营商环境文件中提出应重视降低通关中介服务收费并提出具体实施内容及开展相应工作，多数城市的报告内容相对泛泛，缺乏具体的实施细节和行动计划，这种情况可能使政策的执行不够明确，难以实际有效地降低中介服务收费。

（三）改进的建议

1. 持续推广“两步申报”“两段准入”通关模式，进一步提升进出口货物通关效率

针对 2022 年、2023 年均存在的“两步申报”“两段准入”信息公开不全面的问题，地方政府的首要任务应是认识到全面、详细、精准公布“两步申报”“两段准入”具体流程和制度保障的重要性。为满足进出口贸易的

不断增加和以更高水平对外开放推动我国高质量发展的新要求，海关总署陆续颁布《关于全面推广“两步申报”改革的公告》《关于分段实施准入监管加快口岸验放的公告》等一系列文件，以有效降低企业在口岸通关中的经济成本和时间成本以及提高通关效率。其次，地方政府应主动运用数字技术，提高“两步申报”“两段准入”服务精确化、智慧化程度。一方面要充分利用数字技术提升现有通关模式的效率，推进“数字通关”建设，实现政务的标准化、制度化、程序化；另一方面，海关还应加快与民航、港口、铁路等行业机构合作对接，为市场主体提供全程“一站式”通关信息服务。

2. 完善通关公示制度，减少企业整体通关时间和综合费用

控制企业口岸通关经济成本和时间成本是持续提升通关便利化水平的重要体现，各地政府应多措并举减少企业的通关时间和综合费用。第一，在各口岸现场、国际贸易“单一窗口”公布口岸每月整体通关时间、收费清单、服务内容，推动口岸通关信息动态更新，提升口岸通关公示系统的透明度。第二，推进“智慧口岸”建设，提高口岸通关全流程智能化、无纸化水平，各地政府应建设国际贸易“单一窗口”，实现网上办理、数据共享、一单通关，进一步提升跨境贸易便利化服务水平。第三，按照口岸提效降费减证行动计划要求，结合当地技术实力，引入多部门协同机制，勇于创新探索减少通关时间的有效方法。例如，上海市持续深化进口货物“船边直提”和出口货物“抵港直装”作业模式试点。在浦东国际机场探索试点机坪“直装”“直提”模式。① 北京市则拓展近年来港口通关改革做法，推进首都国际机场、大兴国际机场通关便利化，采取阳光价格、阳光服务、阳光效率等方式，有效压缩了企业进出口整体通关时间和综合费用。②

3. 深化通关中介收费改革，降低中介服务收费

2023 年 4 月 27 日，海关总署组织召开 2023 年促进跨境贸易便利化专项

① 《上海口岸 2023 年深化跨境贸易营商环境改革若干措施》（沪商自贸〔2023〕132 号），2023 年 6 月 13 日发布。

② 《我们这五年丨下硬功夫、持续推进 北京营商环境改革再上新台阶》，北京市人民政府官网，https：//www. beijing. gov. cn/ywdt/gzdt/202206/t20220620_2746887. html，最后访问日期：2024 年 3 月 1 日。

行动部署动员会，会议强调要进一步规范和降低进出口环节合规费用，持续落实《清理规范海运口岸收费行动方案》，加强进出口环节收费价格监督检查。各城市应不断巩固清理规范口岸收费成果，不断提高口岸收费的规范化、透明化水平，督促口岸中介单位进一步清理精简收费项目，明确收费名称和服务内容，制定常规报关费用最高限价并向社会公开。各地政府还应结合本地区实际情况，加快出台口岸通关中介领域政策文件，为切实有效降低通关中介收费、规范中介行为提供严密政策保障和制度支持。同时，各地政府应在数字化平台上新建报关服务应用，实现中介服务收费项目、费用和依据的数字化与透明化，最大限度地减少企业通关的中介服务成本。

B.17

公共法律服务资源体系建设

郑雅方　梅珂悦*

摘　要： 公共法律服务资源体系是数字营商环境的重要组成部分，网络化、数字化、智慧化的公共法律服务能够为企业提供智能、高效和有针对性的法律支持，有利于降低企业法律成本。本指标重点考察地方政府的公共法律服务能力与水平。评估结果显示，各地政府积极开展“法治体检”活动，公共法律服务机制数字化和智能化程度不断提升。但尚存市县联动机制不完善、法治体检由政府驱动、未实现以企业需求为中心的服务模式等问题。评估小组建议各地方政府深化法治体检长效机制和“互联网+法治体检”建设，推进法治体检服务长效化、信息化和精准化。

关键词： 公共法律服务　体系建设　法治体检　数字化

公共法律服务资源体系是数字营商环境的重要组成部分，常态化和数字化的公共法律服务资源体系不仅能够有效降低企业的争议解决负担，增强企业竞争力，而且有利于司法机构优化司法流程和提高司法效率，同时还对建立兼顾效率和质量的纠纷解决机制具有重要意义。世界银行 2023 年颁布的评价体系 B-READY 设置的一级指标“争议解决”下的二级指标“争议解决的公共服务”便注重全面评估政府为企业提供的网络化、数字化、智慧

---

* 郑雅方，法学博士，经济学博士后，对外经济贸易大学教授、涉外法治研究院副院长、宪法与行政法学系主任，研究方向为行政法学、行政诉讼法学；梅珂悦，对外经济贸易大学法学院 2021 级硕士研究生，研究方向为行政法学、行政诉讼法学。

化公共法律服务水平。[①] 有鉴于此，本次数字营商环境评估从公共法律服务资源体系建设角度出发，重点考察地方政府的公共法律服务能力与水平。

一　评估指标构成

本次评估的“公共法律服务资源体系建设”一级指标之下设置一项二级指标“公共法律服务能力与水平”，一项三级指标“是否提供法治体检服务”。通过考察分析被评估城市政府法治体检服务贯彻落实情况、便民程度及数字化情况等，从不同角度反映被评估城市法治体检服务数字化、常态化建设情况。

表 1　“公共法律服务资源体系建设”指标构成

一级指标	二级指标	三级指标
公共法律服务资源体系建设（1 分）	公共法律服务能力与水平（1 分）	是否提供法治体检服务（1 分）

二　设置依据、评估标准及评估分析

在本项一级指标评估中，评估团队的材料与数据来源主要为被评估城市的政府网站、法律服务网站、网络搜索引擎三种。通过相关方式未能检索到相关内容的，则视为未落实该项工作或该项服务。

（一）是否提供法治体检服务（1分）

【设置依据】

2018 年 11 月 1 日，习近平总书记在民营企业座谈会上强调，要不断为

① The World Bank, *B-READY Methodology Handbook* (B-READY), pp. 565-642 (2023).

民营经济营造更好的发展环境，帮助民营经济解决发展中的困难，支持民营企业改革发展。最近几年来，受外部环境复杂性影响，市场主体特别是中小微企业经营困难明显增加，且因法治意识淡薄和法治资源欠缺，其生产经营形势不容乐观。设置“是否提供法治体检服务”指标，旨在评估地方政府是否贯彻“以人民为中心”的发展理念、减轻中小微企业的法律负担、持续优化法治化营商环境以及推动中小微企业综合发展。

《司法部、全国工商联关于深入开展民营企业“法治体检”活动的意见》要求，充分发挥律师和商会组织在全面依法治国中的职能作用，组建律师服务团队深入持续开展民营企业“法治体检”公益法律服务活动，帮助民营企业防范法律风险，维护合法权益，加快纠纷解决，健全规章制度，将法律保护关口进一步前移，为民营经济健康发展提供优质法律服务，营造良好法治环境。

【评估方法】

赋分值为 1。具体的评估方法为对被评估城市政府网站、司法局网站、市律协网站进行检索，考察“法治体检”活动开展情况，同时在网络公开搜索引擎搜寻相关新闻报道进行分析。

【评分标准】

本项指标满分为 1 分，评分方向包括法治体检活动开展情况以及常态化和创新水平。组织市工商联、市律协为小微企业提供法治体检服务，赋 0.8 分；推动法治体检活动常态化、互联网+创新，赋 0.2 分。

【评估分析】

关于本项指标，36 个城市均得满分 1 分，较 2022 年的 0.73 分获得了极大提升，明显反映各地方政府在开展法治体检活动上高效有力，切实为企业排忧解难。

【良好实践】

通过对本项三级指标的观测，评估小组发现，当前被评估城市的法治体检服务工作总体上情况良好。获得满分的城市根据各地具体情况，因地制宜创新式地利用数字平台使律所与企业建立合作关系，为市场主体提供精准式法律顾问服务，企业也可以主动寻求律所的“点对点”帮助服务。北京市通州区司法局、区政务服务局联手拓展政务服务平台功能，启动法律服务进政务服务中心合作事项，创新性地建立企业法治体检中心，通过“人工+智能”双服务，最大限度满足企业、群众的法律服务需求。① 大连市则积极打造“法治体检”升级版，深入实施“千名律师助千企”“万所联万会”大连专项行动，创建一站式数字化法治体检平台；建立国际商事调解工作机制，成立大连方元国际商事调解中心；有序推进公司律师制度，助力企业法务建设和合规管理。② 2023 年 5 月，四川省律师协会发布《四川省民营企业法治体检法律服务指引》，指导开展民营企业法治体检工作时的工作方向、工作内容、体检律师要求、体检律师团队组建、被体检企业确定、民营企业法治体检流程，指引律师围绕政策宣讲、法治环境保障、企业治理结构、风险防范与化解等方面开展民营企业法治体检专项活动，帮助民营企业防范经营风险，化解矛盾纠纷。③

三　评估结论与建议

本项评估总分为 1 分。本项一级指标设置了一个三级指标，为“是否提供法治体检服务”，赋分总分为 1 分。各城市均是满分，这表明被评估城市在开展法治体检活动方面高效有力，切实为企业排忧解难。

① 《北京通州“两区”企业法治体检中心启动，提供法律风险提示等服务》，新京报，https：//baijiahao. baidu. com/s？ id＝1771825218213706340&wfr＝spider&for＝pc，最后访问日期：2024 年 3 月 1 日。

② 《为大连高质量发展提供有力法治保障》，半岛晨报，https：//baijiahao. baidu. com/s？ id＝1771810242442407067&wfr＝spider&for＝pc，最后访问日期：2024 年 3 月 1 日。

③ 《四川省民营企业法治体检法律服务指引》，四川省律师协会，https：//mp. weixin. qq. com/s？ __ biz＝MzUyNDI4MzY5NQ＝＝&mid＝2247536916&idx＝3&sn＝663865e8900d0a92b4a92c14bfcc36e8&chksm＝fa2dab54cd5a2242ec2237eafd296ba8aa638713e64fe0245306e252d16f6facd616f0f1caaf&scene＝27，最后访问日期：2024 年 3 月 1 日。

（一）取得的成就

1. 积极开展“法治体检”活动，解决企业法律难题

优化营商环境的本质就在于法治化，司法行政机关对企业开展法治体检，一方面有助于引导企业增强法治意识，在法律框架下规范经营，防范法律风险。另一方面有助于构建和谐的劳动关系，促进员工和企业共同成长。近年来，全国范围内各城市司法局、工商联、律师协会三方充分发挥相关职能，联合组织开展“法治体检”活动，发现、防范、化解企业法律风险点，提升企业预防法律风险的能力，减少民营企业因决策、经营、合规管理过程中遇到的相关问题带来的损失，以支撑和促进民营经济高质量发展。截至 2023 年 8 月，河南省共有 692 个律师服务团、3.5 万名律师深入 2.6 万家民营企业进行“法治体检”，开展法治宣传和法律咨询 12.5 万人次，提供政策宣讲、风险分析等法律服务 11.2 万余次，为民营企业的发展提供优质的法律服务和有力的法律保障。①

2. 公共法律服务机制数字化、智能化程度不断提升

随着科技的飞速进步，各地司法行政机关借助数字信息技术实现“法治体检”的智能化、数字化和信息化，以解决民营企业获取法律服务成本高昂、不够便捷等问题。深圳市司法局推出在线“法治体检”平台——“民营企业法治体检自测系统”，该系统主要由企业诉讼风险分析模块、企业法律风险测评模块、“法治体检”报告模块等组成，可以帮助民营企业发现管理中潜在的风险点，完善治理结构，健全管理制度。自 2019 年上线运营以来，该系统已为 2 万多家企业提供“法治体检”服务。吉林省民营企业法律维权服务和“法治体检”中心使用“企业法治体检自测系统”，推出“智能+人工”综合性服务，帮助民营企业分析法律风险点，持续提升民营企业的风险控制能力。

---

① 《河南 3.5 万名律师深入 2.6 万家民企开展服务：“法治体检”为民企开“良方”》，中国长安网，http：//www.chinapeace.gov.cn/chinapeace/c100052/2023-09/17/content_12683828.shtml，最后访问日期：2024 年 5 月 3 日。

（二）存在的问题

1. 市县联动机制不完善

在评估过程中，评估小组发现部分城市积极开展区县一级的法治体检活动，夯实法治体检基层服务，但缺少市级统一调度的法治体检活动或具有普适性的法治体检综合实施方案，容易造成信息沟通不顺畅、基层资源不足以及各区域存在差距等问题。首先，在法治体检服务平台的构建、运作及管理过程之中，上下级之间的互动存在一定的不畅，相关联动机制尚未有效完善，部门信息交流受阻，这可能影响到法治体检服务的全面性和准确性。其次，由于基层资源不足，各区县独立开展法治体检活动易产生全市各区域法治服务质量存在差距、缺乏充足法律资源应对企业复杂法律服务需求的问题。

2. 法治体检由政府驱动，未实现以企业需求为中心的服务模式

部分城市现阶段的法治体检服务主要以政府主动开展的方式进行，企业缺乏有效主动地获取法治体检服务的机制，无法保证有需求的企业在遇到法律难题时能及时便利地获取相关服务，与以企业需求为中心的活动开展目标相矛盾。政府主导的服务模式往往较为单一，缺乏多样性和灵活性，无法充分满足部分企业个性化的法律需求。此外，政府主导的服务模式可能会造成资源浪费。具言之，政府需要投入大量人力和财力来提供法律服务，但并不是每家企业都需要或希望得到这种服务，这可能导致法律资源的浪费。

（三）改进的建议

1. 深化法治体检有效覆盖，建设法治体检长效机制

地方政府应持续深入开展民营企业“法治体检”活动，建立政府、律所和企业长期沟通机制，确保法治体检常态化、长效化，推动企业实现平稳健康发展。

各地司法行政机关、工商联和律师协会、商会应积极组织引导有需要的民营企业通过“法治体检”方式获取法律帮助和支持，并在公共法律服务

实体、网络、热线等平台开通“法治体检”申请通道或受理窗口，多渠道接受民营企业的“法治体检”申请，了解企业法律难题和诉求，帮助中小微企业降本增效。

2. 深化“互联网+法治体检”建设，提高法治体检智能化水平

现阶段，组织律师成立律师服务团队进入企业提供法治体检服务成为各地政府开展法治体检的主要形式，线下形式有利于更全面地了解企业所面临的法律问题，但也面临效率较低、资源浪费以及企业被动的问题。为解决这些问题，各地政府应依托公共法律服务网上平台开展法治体检服务，使企业能够在线上及时准确地获取法治体检服务，满足企业多样化和便捷获取法律服务的需求，推进法治体检服务智能化、信息化和精准化建设。此外，政府、企业和律所应加强数字化培训与学习，强化网上咨询与服务的意识与技能，利用大数据技术实现法治体检的数据支撑。

B.18
优化监管机制

王敬波　徐博文*

摘　要： 数字经济时代，政府履行市场监管职能必然要求优化监管机制，进行数字化市场监管的改革，其在本质上是强化政府监管部门对多元业态的全流程监管、对多元数据的深度挖掘以及对多元主体的有效协同。优化监管机制是从区域协作与央地协同两个角度，构建市场监管联动执法机制，依靠数字经济立法为监管及数字经济发展提供法治保障。全面考察各地方政府监管机制、执法机制和数字经济地方立法质量，发现仍需强化顶层设计，增强联动执法机制规范性，立足地方特色，提高数字经济立法质量。

关键词： 监管机制　市场监管联动执法　数字经济地方立法

世界银行新评估体系营商环境成熟度评价（Business Ready，B-READY）[①] 将“市场竞争”作为一级指标纳入评价体系，从监管框架、公共服务、实施效率三个维度进行二级指标的设置与考量，全面考察促进市场竞争的规制质量、公共服务促进市场竞争的充分性、促进市场竞争的关键服

* 王敬波，法学博士，二级教授，博士生导师，黑龙江大学校长、党委副书记，研究方向为行政法学、行政诉讼法学；徐博文，对外经济贸易大学法学院 2023 级博士研究生，研究方向为行政法学、行政诉讼法学。

① The Word Bank，*B-READY Methodology Handbook*（B-READY）（2023）.

务效率。其中监管框架考量监管的质量，考察监管的透明度、明确性以及可预测性，重点关注相关政策是否出台以及政策的具体内容，以完善相关法律制度、提升公共服务质量以及提高部门之间的联动合力。每组指标均涵盖政策法规和实施情况两方面，法规内容主要包括优化市场监管和促进市场竞争。对于政府监管而言，数字经济是比市场经济和法治政府更大的杠杆，其给政府监管提出各种新任务和新挑战，无论是监管理念和模式，还是具体监管措施、方式的设计和选择，都亟待研究和探索。同时监管的提升是多方面协同联动的过程，要增强制度实施有效性、提高全流程全链条审慎监管有效性、强化科技赋能监管有效性。本次数字营商环境评估从区域协作和央地协同两个维度，全面考察各地方政府的监管机制、执法机制和数字经济地方立法质量。

一 评估指标构成

本次评估的“优化监管机制”一级指标之下设置两项二级指标，分别为“区域协作”“央地协同”（具体内容见表1）。

数字经济时代，优化政府市场监管职能在本质上是强化政府监管部门对多元业态的全流程监管、对多元数据的深度挖掘以及对多元主体的有效协同。本次评估设立两项三级指标，即“构建市场监管联动执法机制”“数字经济地方立法”，考察分析各地市政府的监管机制数字化建设情况，反映被评估城市市场监管部门对2022年国务院印发的《“十四五”市场监管现代化规划》等相关文件的落实情况。

表1 “优化监管机制”指标构成

一级指标	二级指标	三级指标
优化监管机制(3.5分)	区域协作(1.5分)	构建市场监管联动执法机制(1.5分)
	央地协同(2分)	数字经济地方立法(2分)

二 设置依据、评估标准及评估分析

在该一级指标评估中，评估团队的材料与数据来源主要为被评估城市的市政府网站、市场监管部门网站、信用中国网站、网络搜索引擎四种。通过上述途径未能检索到相关内容的，则视为未落实该项工作或该项服务，各三级指标的设置依据、评估方法及评分标准如下。

（一）构建市场监管联动执法机制（1.5分）

【设置依据】

《优化营商环境条例》第 57 条规定，国家建立健全跨部门、跨区域行政执法联动响应和协作机制，实现违法线索互联、监管标准互通、处理结果互认。国家统筹配置行政执法职能和执法资源，在相关领域推行综合行政执法，整合精简执法队伍，减少执法主体和执法层级，提高基层执法能力。《市场监管总局关于贯彻落实〈优化营商环境条例〉的意见》[①] 强调，要深入推进市场监管综合行政执法改革，全面整合市场监管职能，加强执法队伍建设，规范和提高执法办案水平，建立统一、权威、高效的市场监管综合执法体制。统筹区域间执法协作，明确协查组织、方式和时限，推进行政执法和刑事司法有机衔接。

市场监督行政执法是优化营商环境最有力的抓手。营商环境的核心是法治，在我国行政执法体制改革的背景下，进一步规范行政执法行为、强化市场监督管理显得尤为重要。本项指标重点考察被评估城市市场监管部门在数字经济领域内是否形成联动执法机制，通过统一的行政执法监管平台建立线上协同管理网络，实现纵向间政府市场监管职能和执法力量的有效整合。

---

① 《市场监管总局关于贯彻落实〈优化营商环境条例〉的意见》，国家市场监督管理总局网站，https：//www. samr. gov. cn/zw/zfxxgk/zc/xzgfxwj/art/2020/art_ e6bc66750d774fc8a542dfa60f8df728. html，最后访问日期：2023 年 10 月 24 日。

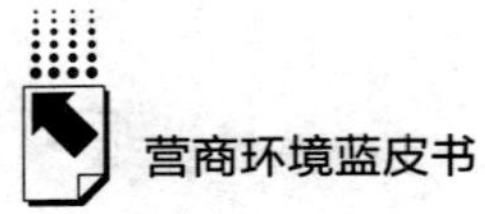

【评估方法】

具体的评估方法为检索被评估城市的政府网站、市场监管部门网站及信用中国网站，就跨部门联合执法情况进行考察，同时通过网络公开搜索引擎搜寻有关资料作辅证。

【评分标准】

本项指标满分为1.5分。在部分领域有相关规定，赋0.7分；构建市场监管领域一体化联动执法机制，赋0.3分；创新区域执法协作模式，赋0.5分。

【评估分析】

在本项评估中，36个被评估城市的平均分为1.261分。得分为1.5分的城市有12个，所占比例为33.33%，这些城市建立了与数字经济发展相匹配的市场监管联动执法机制，如北京、广州等城市确立了全市范围内全系统执法机构调查互助、信息互通、结果互认机制。① 得分为1.2分的城市有17个，所占比例为47.22%，这些城市在有关优化营商环境和推进“放改服”改革工作的政策文件中确立市场监管联动执法机制搭建的工作方向，但缺乏区域协作执法实施细则及统一的信息平台建设等内容。得分为1分的城市有7个，所占比例为19.44%，这些城市只在某一领域如知识产权方面联动执法，未拓展到整个市场监管领域，未能形成全领域全流程的市场监管联动执法机制。

表2　“构建市场监管联动执法机制”得分分布

得分(分)	1.5	1.2	1.0
城市(个)	12	17	7

① 《广州市市场监督管理局关于2021年度法治政府建设情况的报告》，广州市市场监督管理局网站，http://scjgj.gz.gov.cn/ztzl/fzzfjs/content/post_7972231.html，最后访问日期：2023年8月24日。

【良好实践】

2023年8月，《重庆成都都市圈市场监管联动联建重点措施（2023—2027年）》[①] 出台，亮点有以下几个方面：提出市场监管联动联建5年重点措施，注重将国家战略和川渝市场监管全方位全链条合作事项细化为成渝市场监管重点任务和创新举措；协同打造便捷高效的企业开办服务，将“市场准入异地同标”机制从涉企准入拓展到准营、退出全生命周期，推进“一件事”集成“一次办”；共同探索适应新业态新模式发展需要的准入准营标准和照后减证简化审批新途径等；联动联建国家检验检测高技术服务业集聚区、服务西部陆海新通道、生物医药产业创新服务平台；联动联建高效运转协同推进机制，建立政策需求、议定事项、工作成果“三张清单”和联动联建例会制度，创新合作模式，扩大合作成效等。重庆成都都市圈市场监管联动联建促进了成渝地区市场一体化发展、高标准市场体系建设、数字化监管效能跃升、营商环境优化、市场质量安全水平提升、消费环境改善，形成一批标志性合作成果。

长三角地区深化市场监管联动执法。上海、江苏、安徽、浙江市场监管部门在温州共同签署了《长三角地区市场监管网络案件联动执法合作协议》[②]。针对网络违法行为涉及跨省（市）的多个地区、多个违法主体的重大案件，案件主办方通过牵头成立联合办案组、临时指挥部等方式，实现长三角协同查处。对涉及长三角区域具有一定普遍性的典型违法行为，联合开展跨省（市）的专项执法行动，实现生产、流通、仓储服务以及网上网下一体化、全链条打击。长三角各市场监管部门针对网络案件和长三角地区的环境治理市场监管加强了行政执法办案合作，变各自作战为联动作战，推动了长三角地区行政执法一体化进程，但是也存在市场监管范围不够大，只在

---

① 《重庆成都都市圈市场监管联动联建重点措施（2023—2027年）》，成都市人民政府网站，https：//www.chengdu.gov.cn/chengdu/c152802/2023-08/05/content_da8004df0231475a91791cd615e8c4b6.shtml，最后访问日期：2023年9月15日。

② 《长三角深化市场监管联动执法》，上海市市场监督管理局网站，http：//scjgj.sh.gov.cn/603/20201113/2c9bf2f675ac85b00175c10209237028.html，最后访问日期：2023年8月24日。

单一领域推行跨区域跨部门联动执法机制的问题。

市场监管总局相关司局与北京市市场监管局建立健全市场监管综合执法协同联动机制，[①] 同时配套建立联合专案组制度、联商会审制度、重大案件双向沟通制度和跨区域执法支持制度；建立政策指导调研机制，要求强化精准指导与服务、重大课题联合调研、开展委托试点；建立宣传培训合作机制，强调建立人才双向交流机制、打造党建联学共建平台、构建宣传资源共享格局。这是加快建设协同高效的全国市场监管执法指挥调动体系的有益探索，对加强总局与地方局的局地工作联动、强化统一市场监管执法、推动经济社会高质量发展起到显著的示范引领作用。

这些城市在案件查办、案源情报、数据信息、宣传培训等方面深化合作，共建资源，共享成果，提升与数字经济发展相匹配的监管执法能力。通过一体化信息平台实行“线索移送、执法协助、执法联动、执法互认、信息通报”等工作机制，且有组织制度和保障机制。

（二）数字经济地方立法（2分）

【设置依据】

数字经济是基于信息通信技术创新发展的新型经济形态，在重构经济社会发展的同时也推动法律制度的革新，带来数据治理、个人信息保护、网络安全、新技术新业务监管等一系列法律监管问题。党的二十大对加快建设数字中国作出重要部署。2023 年 2 月，中共中央、国务院印发了《数字中国建设整体布局规划》，对中国未来数字建设的发展目标、前景规划和具体方略作出部署，提出到 2025 年，基本形成横向打通、纵向贯通、协调有力的一体化推进格局，数字中国建设取得重要进展。《“十四五”数字经济发展规划》是我国在数字经济领域的首部国家级专项规划，其对数字经济重新作出了全面部署。

---

① 《市场监管总局综合执法实战实训基地在京揭牌》，北京市人民政府网站，http://scjgj.beijing.gov.cn/zwxx/mtjj/202303/t20230309_2932542.html，最后访问日期：2023 年 8 月 24 日。

数字经济立法能够完善数字经济发展的软环境，引导数字经济供给和健康持续发展，以及提供体系化的支持和保障。相关文件出台后我国数字经济立法数量呈现大幅度上升趋势，各地进行相应立法活动，对保障营商环境发展的制度作出具体规定，这些既巩固了经验成果，确保制度的规范性和政策的稳定性，又引领了改革创新，推动制度落地生根和深入发展，使得优化营商环境的立法保障更加完善。本项指标重点考察被评估城市关于数字经济的立法状况，评估各城市是否有数字经济相关立法条例以及相应执行情况，总结我数字经济地方立法存在的具体问题，并尝试找出较为可行的立法完善路径，力求为我国数字经济的地方立法发展以及政策制定提供借鉴和参考。

【评估方法】

具体的评估方法为对被评估城市人大网站、政府网站以及网络进行检索，搜索数字经济地方立法状况，同时在司法局网站搜寻有关立法行动进行辅证，对我国现行有效的数字经济领域的主要地方立法进行梳理、比较和分析。

【评分标准】

本项指标满分为2分，本项指标赋分高的原因在于各地是否通过法治的方式固化数字经济营商环境改革成果，为数字经济营商环境发展提供法治保障是数字经济背景下非常关键的要素。及时公布相关政策的，得0.5分；具有缜密完整、协调和系统的立法计划的，得0.7分；公布相关立法的，得0.8分。

【评估分析】

在本项评估中，36个被评估城市的平均分值为1.847分。重点考察地方立法情况，各城市得分结果如表3所示。

表3 “数字经济地方立法”得分分布

得分(分)	2	1.5
城市(个)	25	11

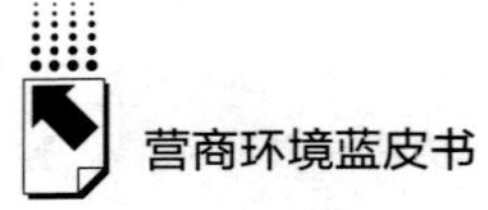

在本指标的评估过程中，评估小组发现同2022年相比已经有越来越多的城市制定或正在制定数字经济促进条例，或就数字经济制定专门的数据条例。得分为2分的城市所占比例为69.44%，包括北京、杭州、南昌、广州、沈阳、南京、杭州、厦门、武汉、济南、石家庄、太原、合肥、郑州、长沙等25个城市，这些城市重视数字经济发展，在国家数字经济规划和产业政策导向下迅速响应国家部署，通过地方立法明确地方政府部门的调控权限，给予相关市场主体以激励支持和法律保障，通过数字经济的地方立法因地制宜地确定本地数字经济发展的战略原则、方向和体制机制。得分为1.5分的城市所占比例为30.56%，包括昆明、兰州、长春、西宁、西安、南宁、拉萨等11个城市。这些城市能够认识到数字经济相关立法能为数字经济发展提供制度供给和法律保障，并且针对本地数字经济发展战略和方向制定相关政策，但这些城市在面对数字经济发展带来的未知挑战和机遇时，或强调数据基础设施建设，或强调数据资源流通交易，未能形成全方面综合系统的数字经济地方立法框架，未进行法律文件的整合和体系化建构与应用。

【良好实践】

《浙江省数字经济促进条例》是全国首部以促进数字经济发展为主题的地方性法规。《浙江省数字经济促进条例》有多处亮点，例如，对数字乡村、数字教育等热点话题做出积极回应。新冠疫情期间在线学习平台和开放课程的广泛使用，大大促进了在线教育的发展，也突显了教育领域数字基础设施建设与需求不相适应的问题。对此，条例增加规定："县级以上人民政府及其教育主管部门应当加强教育领域数字基础设施和数字校园建设，加快数字技术与教育管理、教育教学的深度融合，采取措施支持符合条件的各类主体规范发展在线教育，培育优质数字教育资源。"例如，条例关注"城市大脑"应用推广，促进现代信息技术在城市交通、平安建设、医疗健康、生态环境保护、文化旅游等领域的综合应用。例如，条例策动全省上下和相关政府机构联动和协同，这一制度创新走在了全国前列。条例还将数字经济发展相关指标纳入高质量发展绩效评价体系等做法提炼入法，将治理数字化的好经验总结进去，推动数字技术与政府履职全面深度融合，推进政府数字化转型。[①]

《广州市数字经济促进条例》是国内出台的首部城市数字经济地方性法规。《广州市数字经济促进条例》有多处亮点，例如，聚焦“数字产业化”“产业数字化”两大核心，强化“三大要素”，针对数据资源、现代信息网络、信息通信技术三大要素各设立一章。[②] 例如，推动粤港澳大湾区数字经济协同发展，加强粤港澳大湾区数字经济规则衔接、机制对接，推进数字产业集群协同发展。推进粤港澳超算中心、数据中心、通信网络等数字基础设施互联互通，推动数据跨境安全有序流通。《广州市数字经济促进条例》充分发挥数据作为数字经济发展关键生产要素的驱动作用，充分发挥数字技术创新作为数字经济发展的引擎作用，充分发挥数字基础设施作为数字经济发展主要载体的支撑作用，共同构筑数字经济内生动力。

浙江省和广州市制定的数字经济促进条例对其他省市的数字经济立法产生了示范效果，提供了先进经验，各地区根据自身的经济社会状况和公众的行为习惯确立不低于全国立法最低限度共识的具体规则，有利于权利保护的具体化。

三 评估结论与建议

本项一级指标评估总分为3.5分，得分最高的为3.5分，得分最低的为2.5分，体现了区分度（见图1）。

本项一级指标共包含两项三级指标，其中第一项“构建市场监管联动执法机制”总分为1.5分，第二项“数字经济地方立法”总分为2分。各三级指标的得分情况如下：

（1）构建市场监管联动执法机制，平均分为1.261分，得分率为84.07%；

（2）数字经济地方立法，平均分为1.847分，得分率为92.35%。

---

① 厉敏、黄武：《奋力打造社会主义现代化先行省标志性立法成果——〈浙江省数字经济促进条例〉立法工作实践和思考》，载《政策瞭望》2020年第12期。

② 《广东：数字经济立法先行先试》，载《中国电子报》2021年9月3日，第2版。

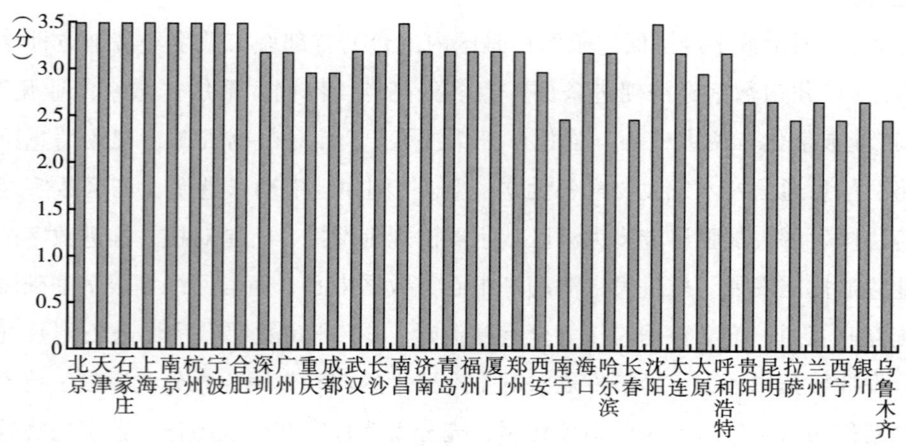

图 1　“优化监管机制”指标各城市得分情况

三级指标中得分率较高的为“数字经济地方立法”，得分率为 92.35%，这表明被评估城市的数字经济地方立法工作已获得初步成效，基本上做到了围绕数字经济工作进行法规制度设计。“构建市场监管联动执法机制”指标的得分差距较大，分差最高可达 0.5 分，较明显地反映了重庆、成都、北京、杭州等城市积极响应法治政府建设，构建高效实时的市场监管联动执法机制，而长春、太原等地仍然存在对市场监管联动执法重视不足、进展缓慢的问题。

（一）取得的成就

1. 基本建成市场监管联动执法机制

在《法治政府建设实施纲要（2021—2025 年）》、《国务院关于加强和规范事中事后监管的指导意见》、《“十四五”市场监管现代化规划》、《国务院关于进一步贯彻实施〈中华人民共和国行政处罚法〉的通知》等文件的指导下，被评估城市积极推动全市或者一定区域建立联动执法机制。各地政府针对知识产权、行政处罚、养老服务、校外辅导、环境治理等领域的监管问题，加快转变传统监管方式，打破条块分割，打通准入、生产、流通、消费等全链条监管环节，建立健全跨部门、跨区域执法联动响应和协作机制，基本实现违法线索互联、监管标准互通、处理结果互认。例如，长三角区域围绕建立区域环境联合执法机制展开了长期探索，建立区域环境合作治理机构、开展区域环境合作活动、统一区域环境执法依据。长三角区域环境治理有现场检查互认机制，执法人员有权实施跨界环境检查，检查过程中制作的现场勘查记录、取得的影像资料和监测数据等相关证据可以作为实施行政处罚的依据，最终依然是由属地的执法队伍做出行政处罚等行政处理。

2. 各地数字经济地方立法工作稳步推进

从总体上看，各地的数字经济立法工作在稳步推进，在数字经济的发展中，数字经济地方立法已成为政府主导下全社会共建数字经济的重要模式。为推动数字经济与实体经济深度融合，推进数据要素依法有序流动，以更好地适应全面深化改革和经济社会发展要求，各地政府在数字技术创新、数字基础设施建设、数字产业化、产业数字化、数据利用和保护、保障和监督等方面纷纷进行了相关立法安排，出台数字经济促进法案。

截至 2023 年 8 月 24 日，省级数字经济促进条例公布了 7 部，公布省份分别是浙江省、广东省、河南省、河北省、江苏省、山西省和北京市。《浙江省数字经济促进条例》是全国首部以促进数字经济发展为主题的地方性法规，《广东省数字经济促进条例》《河南省数字经济促进条例》相继施行。在城市数字经济立法方面，《广州市数字经济促进条例》《南昌市数字经济促进条例》体现各地数字经济发展特点，形成地方差异化规制。也有地方制定了数据条例、公共数据条例、政府数据共享开放条例、政务数据管理与应用办法等，同样包含了上述大数据发展促进型立法的有关内容。

各地现有数字经济促进条例具有共同特征，也具有地方差异性和地方特色。一是普遍重视数字经济发展，因地制宜确定本地数字经济发展战略的原则、方向和体制机制；二是抓住数字基础设施和数据资源两个基本要素，明确其目标要求和重点措施；三是突出数字产业化、产业数字化、治理数字化的发展重点，明确发展目标、任务和要求；四是提出具体的激励政策和治理保障措施，努力营造良好的创新发展环境。[①] 数字经济立法及其他相关法律文件的贯彻实施，将有助于发挥数字技术对经济发展的引领、聚集作用，赋能传统产业转型升级，催生新产业新业态新模式，实现经济发展质量变革、效率变革、动力变革，逐步形成促进数字经济发展的政策合力。

（二）存在的问题

1. 联动区域随意、适用领域不全面、联动机制不健全

关于构建市场监管联动执法体制目前只有原则性和纲领性规定，并没有详细和准确地确定哪些区域应该实施市场监管执法联动响应，充分放权地方政府，由其发挥主观能动性自主协商确定跨区域执法响应机制。实践过程中产生了政府间沟通成本提高、执法联动区域范围过宽或者过窄、执法交流机制不统一等问题。评估过程中发现，一些城市在有关优化营商环境和推进“放改服”改革工作的政策文件中提及建立审批、监管、执法和信用信息的互联互通机制，但只是在文件中确立市场监管联动执法机制搭建的工作方向，缺乏区域协作执法实施细则、具体实践及统一的信息平台建设等内容。一些城市在知识产权、品牌质量监管、养老服务质量等领域要求建立违法线索互联、监管标准互通、处理结果互认等工作机制，但未拓展到整个市场监管领域，仅在特定单一领域推行跨区域跨部门联动执法机制，并没有达到在多领域实行跨区域及跨部门联合执法机制的要求。因此，地方政府应在统筹考虑综合性、专业性以及防范风险的基础上，积极稳妥探索开展更大范围、更多领域的执法信息互联、监管标准互通、处理结果互认。

2. 对构建市场监管联动执法机制各地认识不统一

尽管反复强调要构建市场监管联动执法机制，但是在实践中地方认识存在不统一的情形，各地出台的相关文件中包含了“联防联控”“联动执法”“联合执法”“统一监管执法”“综合执法”“交叉执法”等内涵并不相同的

① 席月民：《我国需要制定统一的〈数字经济促进法〉》，载《法学杂志》2022 年第 5 期。

表述。这说明对于如何构建和完善这一机制，实际上尚无清晰、统一的认识。以上表明，构建市场监管联动执法机制是一个总体的政策性目标，对于在具体操作层面上如何去建构一个规范的、长效的机制，仍然需要国家和地方的积极探索，同时也需要理论研究的支撑。

3. 数字经济立法各地发展不协调

在缺乏统一的数字经济法律的情形下，应当鼓励地方积极开展创新实践，探索制定符合数字经济新模式、新业态及新机制内容的数字经济领域的综合性地方法规。在数字经济地方立法方面，浙江、江苏、北京等多个省份已出台实施省级数字经济促进条例。市一级数字经济立法方面，截至 2023 年 8 月 31 日，《广州市数字经济促进条例》《南昌市数字经济促进条例》等陆续出台。由被测评城市的立法文件分布情况可知，我国华东地区开始数字经济立法的时间较早，这些城市先行先试发挥了引领地方数字经济立法的作用。

石家庄市、武汉市等城市正在制定数字经济促进条例的过程中，已经发布数字经济促进条例草案或者征求意见稿，如《武汉市数字经济促进条例（草案征求意见稿）》。《哈尔滨市支持数字经济加快发展若干政策》仅在数据安全、数字经济发展规划方面颁布针对性政策，缺乏统筹数字经济发展全局的数字经济促进条例。有些城市有关数据或数字经济的立法仍然比较保守和谨慎，创新性制度规则较少。有些城市就数字经济发展全局的部分核心方面进行立法保障，或强调数字基础设施建设，或强调数据资源流通交易。这些城市面对数字经济发展带来的未知挑战和机遇，未能充分进行法律文件的整合和体系化建构与应用，没有形成全方面综合系统的数字经济地方立法框架。

数字经济促进条例对提升数字经济综合治理能力、促进数字经济引领经济创新发展具有重要推动作用，各城市间数字经济立法活动不平衡可能导致数字经济发展的区域不协调，从而影响推动全国数字经济整体繁荣发展的立法需求。

4. 数字经济立法价值取向单一

各地的文件多采用数字经济促进条例的形式，文件中的表述词语多为促进、鼓励、支持、激励等，以上表明数字经济促进条例具有明显的立法促进导向，各地意在通过立法确立的规范化和制度化的措施来促进本地的数字经济发展，注重激励性、保障性手段的引导；在规范内容的表述上，以概括抽象的表达为主，仅有引导性提示，并没有提供详细具体的行为模式指引；从规范的约束对象看，主要对某些特定行政机关课以强制义务，并多数用“应当”一词表达法律的强制态度；在法律责任的设置方面，并未严格对应行政机关的特定义务，仅针对少数违反规定的行为要求承担责令改正、处分或者罚款等法律责任。单一的价值取向忽视了对数字经济发展的全面考察，过于笼统的语言表述不利于具体政策的落实，法律责任的匮乏弱化了法律的刚性。因此，从总体效果来看，目前的促进数字经济发展的立法更多只具有宣示性和政策性的意义。[①] 同时，各地数字经济立法基本围绕数字基础设施、数据要素流通、数字产业化、产业数字化、数字安全、数字立法体系保障等共性方面，条例内容具有相当程度的重置性。[②]

（三）改进的建议

1. 强化顶层设计，增强联动执法机制规范性

从国家层面立法或出台实施办法，就跨区域跨部门联动执法机制如何确立等问题予以规范。一是明确市场监管联动执法机制的区域确定原则、适用范围、沟通交流机制、实施程序、问责体系等。二是明确机制适用领域或者地方摸索适用领域应遵守的基本规定。三是明确各区域、各部门监管责任，防止过度跨区执法、违法跨部门执法等问题，坚决制止地方利益、部门利益凌驾于大局利益之上。

① 刘伟：《政府与平台共治：数字经济统一立法的逻辑展开》，《现代经济探讨》2022 年第 2 期。

② 高富平：《加快数字经济立法：安全与发展并举，鼓励地方创新》，第一财经网站，https：//www. yicai. com/news/101319532. html，最后访问日期：2022 年 7 月 20 日。

在数字化能力建设和数字化服务水平两个重点领域，进一步细化落实举措。加快区域营商环境协同建设，健全完善市场监管跨区域部门协调机制，是全国统一大市场建设的必然要求。地方政府及相关部门应跳出部门、领域局限，围绕重点任务，形成工作合力，建立健全政府主导、市场监管牵头、职能部门协作的市场监管联动执法机制，为联动执法机制的高效灵活应用注入更为强劲的前进动能。同时，要加强市场监督管理平台、数字化执法监督管理平台、行政执法案件办理平台、政法跨部门大数据办案平台一体化建设，强化精细高效的数字治理综合能力，明确建设数字化城市治理平台，推动城市运行数字系统建设。

2. 制定统一的《数字经济促进法》，巩固数字经济营商环境改革成果

2022 年 6 月国务院印发《关于加强数字政府建设的指导意见》，标志着我国数字政府建设的顶层设计进一步完善。2023 年 5 月《中华人民共和国数字经济促进法（专家建议稿）》发布。制定统一的《数字经济促进法》是统筹并理顺中央立法与地方立法关系的需要，这些地方性法规虽然先行先试、各具特色，但均立足于地方经济立法需求，受自身立法基本格局所限，只关注地方政府和地方数字经济发展的区域性问题，难以顾及国家顶层设计与统一制度供给。

制定统一的《数字经济促进法》，可以结合现有先进地方立法经验和各地实际立法需求，这是数字经济多元立法模式的体系化需要，也是数字经济法治发展必然要作出的制度填补回应，不但有利于进一步优化数字经济的法律体系结构，而且有助于增强数字经济法治的整体调节效能。制定统一的《数字经济促进法》可以全方位深入推进数字产业化和产业数字化，加快建设现代化经济体系，推动高质量发展，利用数字技术与实体经济的深度融合，打造具有国际竞争力的数字产业集群，进而实现我国数字经济的长远发展。在现行数字经济地方立法的基础上，制定统一的《数字经济促进法》，通过专门立法可以系统建构数字经济运行模式、激发市场有效需求并促进产业结构变动，使国家数字经济规划目标与调控措施实现有机对接。①

---

① 席月民：《我国需要制定统一的〈数字经济促进法〉》，载《法学杂志》2022 年第 5 期。

3. 各地立足地方特色，提高数字经济立法质量

制定出高质量、符合当地发展特色同时具有可复制性的数字经济地方法规体系，是数字经济地方立法的关键。各城市应当抓住立法质量这个关键，结合数字经济发展切实需求，从立法层面对优化数字经济营商环境过程中亟待解决的问题予以规范，把在数字治理实践中探索出来的有用成果予以上升固化，为数字经济营商环境发展提供法治保障。同时地方政府应根据本地特色，结合各地数字产业发展特性，以灵活的立法形式主动适应改革和经济社会发展需要，确保政府优化改善营商环境的改革行为于法有据。在进行数字经济立法时，各地政府还应对相关政策实施期间所取得的创新经验和面临的复杂问题进行探索总结，秉持开放包容、促进创新的态度，先行先试，为数字经济发展提供法治保障，以充分调动全社会发展数字经济的积极性和能动性。

综上，基于当前中国数字经济立法背景的特殊性和复杂性，加快数字经济立法应遵循以下原则：既要有效规范，又要促进发展；既要进行信息保护，又要推进信息共享；既要重视数字安全，又要有利数据利用；既要包容审慎，又要有效监管；既要强化政府职责，又要发挥自治作用；既要强化监管职能，又要强化公权约束。①

① 江必新：《加快数字经济领域的立法步伐》，《数字法治》2023 年第 1 期。

B.19
数字化监管

陈 悦 徐博文*

摘 要： 数字化监管在提高政府监管有效性与精准性的同时，也能够进一步重塑政府、社会、企业与个人间的关系，集成各方力量解决社会问题。数字化监管具体表现为监管信息取得方面的数据化、电子化；监管信息处理方式的自动化；监管手段的非接触性、非现场性。数字化监管可以显著降低监管机关的人力成本，实现监管效能的提高，但也存在危害数据安全与个人信息的风险。因此，需完善非接触式监管机制顶层设计，打造线上监管专业化队伍，结合数字政府发展加强数据安全的机制探索，细化个人信息保护法的执法工作规范。

关键词： 非接触式监管机制 线上监管能力 企业数据安全 个人信息保护

数字化监管是监管机关在人力执法这一传统监管手段的基础上，结合现代化信息技术形成的新型监管方式，数字化市场监管改革是数字时代政府履行市场监管职能的必然要求。数字化监管在提高政府监管有效性与精准性的同时，也能够进一步重塑政府、社会、企业与个人间的关系，集成各方力量解决社会问题。数字化监管可以显著降低监管机关的人力成本，

---

* 陈悦，法学博士，安徽大学管理学院讲师、专硕导师，研究方向为行政法学、数字政府与数字治理、政府规制；徐博文，对外经济贸易大学法学院2023级博士研究生，研究方向为行政法学、行政诉讼法学。

实现监管效能的提高。非现场化的监管手段一定程度上减少了监管机关与经营者的接触，具有降低执法冲突的效果。数字化的全过程监管也有助于改变消费者相对于经营者的信息不平等地位。但是，数字化监管存在危害数据安全与个人信息的风险。2023 年 3 月，世行正式发布新评估体系营商环境成熟度评价（B-READY），评估体系中没有监测服务供应的可靠性和可持续性以及连接的安全性，指标考察内容包括监管机关、网络服务供应商落实数据安全保护法律责任的情况。《网络安全法》《数据安全法》《个人信息保护法》构成中国网络数据领域的基本法律体系，再加上与《网络安全法》配套的《关键信息基础设施安全保护条例》的出台，全面地从网络方面、数据方面和设施方面保障了数字经济的健康发展。本评估也关注监管中的数字安全问题，与营商环境成熟度评价（B-READY）相关指标具有契合性。

一　评估指标构成

本次评估的“数字化监管”一级指标之下设置两项二级指标，分别为“数字化监管体系建设”和“监管中的数据安全”（具体内容见表 1）。每项二级指标下设两项三级指标，分别考察各城市市场监督管理部门的非接触式监管机制建设、线上监管能力建设情况；以及在数字化监管中，监管机关对企业数据安全和个人信息保护的措施与制度建设。通过四项三级指标反映被评估城市市场监管部门数字化监管建设程度、监管安全情况，以此反映各地对《关于推动平台经济规范健康持续发展的若干意见》、《中共中央关于制定国民经济和社会发展第十四个五年规划和二〇三五年远景目标的建议》、《优化营商环境条例》以及《中共中央、国务院关于构建数据基础制度更好发挥数据要素作用的意见》[①] 等相关文件的落实情况。

① 《健全数据法律制度　促进数字经济发展》，中国人大网，http：//www. npc. gov. cn/npc/c2/c30834/202307/t20230704_430420. html，最后访问日期：2023 年 8 月24 日。

表 1 “数字化监管”指标构成

一级指标	二级指标	三级指标
数字化监管(6 分)	数字化监管体系建设(4 分)	非接触式监管机制建设(2 分)
		线上监管能力建设(2 分)
	监管中的数据安全(2 分)	企业数据安全(1 分)
		个人信息保护(1 分)

二　设置依据、评估标准及评估分析

（一）非接触式监管机制建设（2分）

【设置依据】

2022 年国家发展改革委等部门发布的《关于推动平台经济规范健康持续发展的若干意见》（发改高技〔2021〕1872 号），要求改进监管技术和手段；强化数字化监管支撑，建立违法线索线上发现、流转、调查处理等非接触式监管机制，提升监测预警、线上执法、信息公示等监管能力，支持条件成熟的地区开展数字化监管试点创新。《优化营商环境条例》第 56 条规定，政府及其有关部门应当充分运用互联网、大数据等技术手段，依托国家统一建立的在线监管系统，加强监管信息归集共享和关联整合，推行以远程监管、移动监管、预警防控为特征的非现场监管，提升监管的精准化、智能化水平。本指标重点考察各地的非接触式监管机制建设，考察政府及其有关部门是否能够利用技术手段进行数字化监管以及进行非接触式监管的水平。

【评估方法】

以 2023 年 8 月 31 日为截止日期，通过检索被评估城市的市场监督管理局网站、相关行政服务网站的智慧监管、数字监管信息，以及网络公开搜索引擎的政务新闻，考察非接触式监管机制的建设情况。

【评分标准】

本项指标满分为 2 分。本项指标赋分分值高的原因在于各地政府能否利用互联网、大数据等技术手段建立监管平台并进行智能监管，建立非接触式监管机制，是考察其在数字经济背景下是否进行数字化监管的重要指标。被评估城市已经建立智慧监控监管系统、应用程序、智能系统或类似数字监管设施的，得 2 分；正在搭建相关智慧监管平台基础设施的，得 1 分；未建立类似非接触式监管设施的，不得分。

【评估分析】

对各城市的非接触式监管机制建设情况进行分析比较，得分结果如表 2 所示。

表 2 “非接触式监管机制建设”得分情况

得分(分)	2.0	1.0
城市(个)	35	1

被评估的 36 个城市平均得分为 1.972 分，其中有 35 个城市得分为 2 分。由上述评估数据可知，同 2022 年相比，2023 年被评估的 36 个城市几乎均通过建立智慧监管系统、智能系统或数字监管设施等拥有了非接触式监管系统，或者说至少在某一监管领域建立了非接触式监管系统。仅有一个城市尚未完成相关智慧监管平台的建设，说明此城市政府对数字经济发展中的数字化监管体系建设认识不足，从而导致非接触式监管行动上的落后。

【良好实践】

通过对“非接触式监管机制建设”这项三级指标的观测，评估小组发现各城市构建数字化监管的措施具有多元性。例如，2023 年 5 月，武汉首个网络餐饮“互联网+明厨亮灶”样板街亮相，消费者点餐之前可看后厨状况，点餐之后可看备餐流程，其采集信息的同时，还将同步推送到湖北省智慧食安阳光监管云平台，一旦发现问题，辖区监管人员可及时督促其整改，第一时间消除食品安全隐患。智能识别系统可发现厨师是否佩戴口罩、厨师帽，厨房是否存在鼠患等，一旦发现问题会及时报警。入网餐饮单位后厨加装视频监控设备，与网络餐饮服务第三方平台连接，同步至智慧监管平台，保证真实性。① 非接触性执法方式是指运用视频监控、影像摄录等信息技术手段，固定违法事实证据，以现场可视化为前提，以取证多元化为保障，可在当事人“零口供”情况下完成整个违法行为查处的新模式。武汉市的“互联网+明厨亮灶”是近几年来武汉市场监管部门创新的食品安全监管方式，在校园食堂、社会餐饮、校园集体用餐配送等领域推进建设，将“互联网+明厨亮灶”系统接入外卖平台，可为执法办案提供强有力的技术支撑，同时也让更多网络消费者参与到食品安全治理中来。

（二）线上监管能力建设（2分）

【设置依据】

《“十四五”市场监管现代化规划》是为了建设科学高效的市场监管体系，全面提高市场综合监管效能，持续优化营商环境，根据《中华人民共和国国民经济和社会发展第十四个五年规划和二〇三五年远景目标纲要》编制的规划，对推进我国市场监管现代化作出全面部署。为推动建立适应数字经济发展规律的监管模式，促进交易市场健康有序发展，构建线上线下一体化监管新格局，完善线上市场监管部门协作机制，推动综合监管部门和行业管理部门信息共享是非常重要的。线上监管能力是由执法人员运用数字化监管系统的方式、方法和效果所体现的，各地监管部门对执法人员使用数字化监管系统的培训情况、执法人员的应用情况是本指标评估线上监管能力的关键点。

【评估方法】

具体的评估方法为检索被评估城市市场监管部门网站、相关政务服务网站和主流搜索引擎，搜索“数字监管”“线上监管”“智慧监管”系统的应

① 《武汉首个网络餐饮“互联网+明厨亮灶”样板街亮相》，武汉市人民政府，2023 年 5 月 18 日发布，https：//www. wuhan. gov. cn/sy/whyw/202305/t20230518_2202086. shtml，最后访问日期：2023 年 8 月 24 日。

用情况和执法人员培训情况的政务信息、新闻报道。时间截止到2023年8月31日。

【评分标准】

本项指标满分为2分，本项指标赋分分值高的原因在于各地政府是否进行线上监管、是否构建线上线下一体化监管新格局，是考察其在数字经济背景下数字化监管能力的重要指标。被评估城市的监管部门开展涉及智慧监管、数字监管、线上监管系统的培训、应用和监管活动的，记2分；未有相关监管系统培训、应用的，不得分。

【评估分析】

在本项评估中，36个城市均得满分。同2022年相比，2023年被评估的36个城市均积极开展线上监管能力建设，典型做法有以下两类：以郑州、武汉为代表，由第三方技术公司协助线上监管，推动监管数字化转型；以上海、深圳为代表，通过监管部门内部培训或成立专门办公室，提高执法人员的线上监管能力。

表3 “线上监管能力建设”得分情况

得分(分)	2.0
城市(个)	36

【良好实践】

安徽省市场监管局出台《关于建立健全线上线下一体化监管机制的意见》，开发安徽网监在线，进一步适应线上监管应用场景，建成应用功能健全、监管领域齐全、四级贯通的数字化监管平台，赋能各业务部门开展线上监测，精准识别各类违法行为。[①]“合肥市场监管数据中心”依托合肥市企业法人基础数据库，对接省市场监管局、相关市直部门业务系统数据，涵盖注

① 《安徽省市场监管局出台意见建立健全线上线下一体化监管机制》，国家市场监督管理总局网站，https://www.samr.gov.cn/wljys/gdjl/art/2023/art_7b25023cf94342e9aeb9d96cf68e34ef.html，最后访问日期：2023年8月24日。

册登记、网络交易、企业年报、信用监管、重点行业、抽查检查、新兴行业等若干主题的数据模块。该数据中心推动了数据汇聚融合，消除信息烟囱，打通各层级、各部门数据壁垒，解决数据分散、数据孤岛、数据低质问题，为市场监管业务数据应用提供了有力支撑，也为政府部门决策提供数据支持和参考。①

郑州市依托第三方技术公司的协助提高线上监管能力。该市市场监督管理局牵手阿里巴巴集团推动市场监管向数字化转型，充分发挥移动互联网、云计算、大数据等前沿技术在预防、打击网络交易和服务等领域违法行为方面的作用，在共享主体信息数据、共建消费维权通道、共推创新发展举措、共造市场监管数字化转型、共创行业标杆典范、共营良好发展环境等7个领域开展深度合作。②

（三）企业数据安全（1分）

【设置依据】

国家发展改革委等部门《关于推动平台经济规范健康持续发展的若干意见》提出要完善数据安全法；细化平台企业数据处理规则；推动平台企业深入落实网络安全等级保护制度，探索开展数据安全风险态势监测通报，建立应急处置机制等发展意见。《数据安全法》专章确立了数据安全制度，并集中规定了市场主体的数据安全保护义务，通过该制度，《数据安全法》与《网络安全法》等形成通畅互动，建立健全数据安全治理体系，依法实施数据分类分级保护，把安全贯穿于数据治理全过程，推动落实政府部门与企业、个人的数据安全保护责任，牢牢守住数字经济发展的安全底线。本项指标旨在考察被评估城市在涉及企业监管执法的过程中对企业数据信息的保

---

① 《“合肥市场监管数据中心”上线试运行》，合肥市市场监督管理局官网，https：//amr. hefei. gov. cn/xwzx/14879705. html，最后访问日期：2023 年 8 月 24 日。

② 《郑州市市场监督管理局牵手阿里巴巴集团 推动市场监管向数字化转型》，载《河南日报网》，https：//www. henandaily. cn/content/2021/1108/331253. html，最后访问日期：2023 年 8 月 4 日。

护情况、政策规则制定情况，以反映各地对企业数据安全的保护水平。

【评估方法】

通过检索被评估城市市场监管部门网站、市级政府网站和搜索引擎中的政策文件、执法动态、新闻报道，综合考察各地对企业数据安全的保护情况。时间截止到 2023 年 8 月 31 日。

【评分标准】

本项指标满分为 1 分。被评估城市已制定涉及保护企业数据安全的政策文件、规范性文件，搭建数据基础设施平台的，得 1 分；正在开展前述工作的，得 0.5 分；未有相关措施的，不得分。

【评估分析】

在本项评估中，36 个城市的得分平均值约为 0.597 分，得分结果如表 4 所示。

表 4　“企业数据安全”得分情况

得分(分)	1.0	0.5	0
城市(个)	15	13	8

在本次评估中，我们发现各地监管机关在企业数据安全方面的落实情况差距较大。少部分数字经济较为发达的城市走在了数据安全规范制定的前列。总体上看，各地还需进一步探索数据规范，并借鉴先进城市之经验。得 1 分的城市有 15 个，包括北京、上海、杭州等，这些城市有的（如北京）建立了企业信用信息网，整合企业信息，提供企业信息数据查询与安全保护服务；有的制定了地方性法规，如杭州出台《杭州城市大脑赋能城市治理促进条例》，为企业数据安全提供制度保障。有的（如上海市）对企业数据管理能力成熟度评估模型（DCMM）贯标评估工作和政企公共数据开放融合分别进行了宣贯和培训。得分为 0 的城市有 8 个，这些城市政府履行数据安全保障义务不足，尚未开展市场监管中的企业数据安全管理活动，也缺乏企业数据安全制度保障。

【良好实践】

深圳市工业和信息化局遴选了15家优质工业企业，将在这15家企业重点推进四项试点内容。一是落实工业领域数据安全管理。构建深圳市工业领域数据安全管理组织结构，推动试点企业开展数据分类分级，制定重要数据清单，落实数据分类分级清单、风险信息报送与共享通报等数据安全管理机制。二是开展工业领域数据安全防护。建立健全工业领域数据安全防护标准体系，夯实企业侧数据安全管理制度建设，推动试点企业联合安全企业、支撑单位制订数据安全防护方案。三是推动工业领域数据安全评估。构建数据安全评估架构，推动试点企业进行数据安全自评估，及时整改相关安全问题，并将评估结果及时报送主管部门。四是工业领域数据安全产品应用推广。组织工业领域数据安全产品、技术、服务宣贯培训，并在试点企业应用的数据安全产品解决方案中遴选一批优秀产品解决方案和应用案例进行宣传推广。①

《上海市数据条例》第16条第2款对行政机关收集、使用、存储涉及商业秘密、商务信息的数据作出程序、条件、职权范围等方面的规定。②《数据管理能力成熟度评估模型》（DCMM模型）是我国首个数据管理领域国家标准，包含数据战略、数据治理、数据架构、数据标准、数据质量、数据安全、数据应用、数据生存周期等八大能力域，共有28个能力项、445项指标和5个成熟度等级。③ 上海市对企业数据管理能力成熟度评估模

---

① 《国家试点！深圳发力工业领域数据安全管理》，深圳市人民政府官网，http://www.sz.gov.cn/cn/xxgk/zfxxgj/bmdt/content/post_9599329.html，最后访问日期：2023年8月20日。

② 《上海市数据条例》第16条：市、区人民政府及其有关部门可以依法要求相关自然人、法人和非法人组织提供突发事件处置工作所必需的数据。要求自然人、法人和非法人组织提供数据的，应当在其履行法定职责的范围内依照法定的条件和程序进行，并明确数据使用的目的、范围、方式、期限。收集的数据不得用于与突发事件处置工作无关的事项。对在履行职责中知悉的个人隐私、个人信息、商业秘密、保密商务信息等应当依法予以保密，不得泄露或者非法向他人提供。

③ 《普陀区数字化转型专项培训会暨企业数据管理与应用培训会顺利召开》，上海市人民政府官网，https://www.shanghai.gov.cn/nw15343/20220816/b848bb214b374eee8d9c26f71b24054c.html，最后访问日期：2023年8月24日。

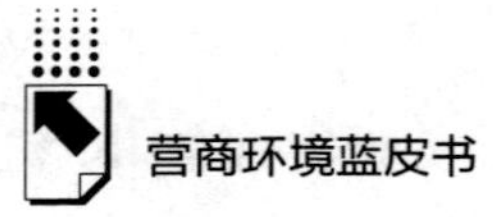

型（DCMM）贯标评估工作和政企公共数据开放融合分别进行宣贯和培训，保护在履行职责中知悉的个人隐私、个人信息、商业秘密、保密商务信息等。

这些城市的政府制定并公开了具有指导性和操作性的有关政府数据共享开放的标准规范，建立数据安全分类保护制度、数据安全风险应对机制和针对企业数据合规安全的监管机制。

（四）个人信息保护（1分）

【设置依据】

进入数字经济时代，技术日新月异，万物互联、人机交互使个人信息保护面临前所未有的挑战。随着数字经济与传统行业的进一步融合，个人衣食住行等各种活动以数据的形式被广泛记录和存储，个人信息保护成为各国立法高度关注的重点内容，通过保护个人信息和隐私建立消费者信任，在数字经济的法律政策制定讨论中变得愈发重要。一方面在市场经济活动中涉及的个人信息利用更加广泛，个人信息越来越多地被各种市场主体运用于自动化决策和商业活动；另一方面个人信息的利用也广泛出现在行政监管执法领域。2021 年《个人信息保护法》出台，为个人信息保护提供了稳定的机制框架，个人信息保护也拓展为优化营商环境的重要内容。2022 年国家发展改革委等部门《关于推动平台经济规范健康持续发展的若干意见》要求监管机关切实贯彻收集、使用个人信息的合法、正当、必要原则，从严管控非必要采集数据行为，依法依规打击黑市数据交易、大数据杀熟等数据滥用行为。本项指标重点考察被评估城市是否有个人信息保护的完备制度和保障措施，以及市场监管部门在执法活动中是否依法调取、使用个人信息，保护数据安全。

【评估方法】

评估方法主要是通过检索被评估城市市场监管部门网站、市级政府网站和搜索引擎中的政策文件、执法动态，进行综合判断。时间截止到 2023 年 8 月 31 日。

【评分标准】

本项指标满分为 1 分。被评估城市仅以各类形式开展个人信息保护执法活动的，得 0.5 分；已建立本地区涉及个人信息保护的执法规范的，得 1 分；前两项皆有的，也得 1 分。

【评估分析】

本项评估中，36 个城市的平均分约为 0.556 分。本项评估侧重考察两方面内容：一是地方监管部门对个人信息保护采取的制度措施；二是各地对经营者损害个人信息权利的执法活动。根据评分标准对各城市进行赋分，得分结果如表 5 所示。

表 5　“个人信息保护”得分情况

得分(分)	1.0	0.5	0
城市(个)	8	24	4

在本指标的评估过程中，评估小组发现同 2022 年相比已经有越来越多的城市注意到监管执法过程中的个人信息安全保护，制定了涉及个人信息保护的地方性法规，或就个人信息处理制定专门的行政规范性文件。得分为 1 分的城市有 8 个，包括北京、天津、上海、深圳、重庆、厦门、杭州、呼和浩特，这些城市除开展个人信息保护的执法活动外，还制定了本地区的法规或政策，细化了《个人信息保护法》的有关规定。得分为 0.5 分的城市有 24 个，包括宁波、南京、济南等城市，这些城市近年频繁开展打击侵犯个人信息行为的专项执法活动，或通过发布消费提示、警示等方式提醒消费者注意个人信息保护问题。得分为 0 的城市有 4 个，在评估期间未检索到这些城市的有关执法活动信息或法规政策文件。

【良好实践】

如武汉市制定《武汉市公共安全视频图像信息系统管理办法》，出于维护信息安全与保护个人隐私的现实需要，该办法设专章对个人信息保护相关内容进行了规范：一是明确禁止在涉及个人隐私的区域建设、安装公共视频系统；二是对不得改变个人信息的调取用途提出了要求；三是对部分具体侵害行为设定了禁止性规定；四是对将人像、人体及机动车号牌等敏感视频图像信息用于公共传播时应当采取保护性措施进行了具体规定。[①] 上海市制定地方性法规，为个人信息保护提供具体的制度保障。《上海市数据条例》第16条对要求自然人、法人和非法人组织提供数据的行政机关作出要求，包括行政机关的职权要件、程序要件等；收集数据必须明确使用目的、范围、方式、期限；在数据处理方面，收集的数据不得用于与突发事件处置工作无关的事项。最关键的是该条款明确了对个人信息和企业数据的保护要求，即对在履行职责中知悉的个人隐私、个人信息、商业秘密、保密商务信息等应当依法予以保密，不得泄露或者非法向他人提供。

三　评估结论与建议

本项评估总分为6分，被评估的36个城市平均得分为5.125分，共有14个城市在平均分之上，占到被评估城市总数的38.89%；22个城市在平均分之下，占到被评估城市的61.11%。本项评估中得分最高的为满分6分，得分最低的为4分，体现了较大的区分度（见图1）。

本项一级指标共包含四项三级指标，前两项三级指标总分均为2分，其余两项总分均为1分。各三级指标的得分情况如下：

（1）非接触式监管机制建设，平均分为1.972分，得分率为98.6%；

（2）线上监管能力建设，平均分为2分，得分率为100%；

（3）企业数据安全，平均分为0.597，得分率为59.7%；

（4）个人信息保护，平均分为0.556分，得分率为55.6%。

在所有三级指标中得分率最高的指标是“线上监管能力建设”，得分率为100%，这表明目前被评估城市监管部门的线上监管能力建设卓有成效，

① 《〈武汉市公共安全视频图像信息系统管理办法〉解读》，武汉市人民政府官网，https://www.wuhan.gov.cn/zwgk/xxgk/zcjd/mtzj/202301/t20230117_2134697.shtml，最后访问日期：2023年8月24日。

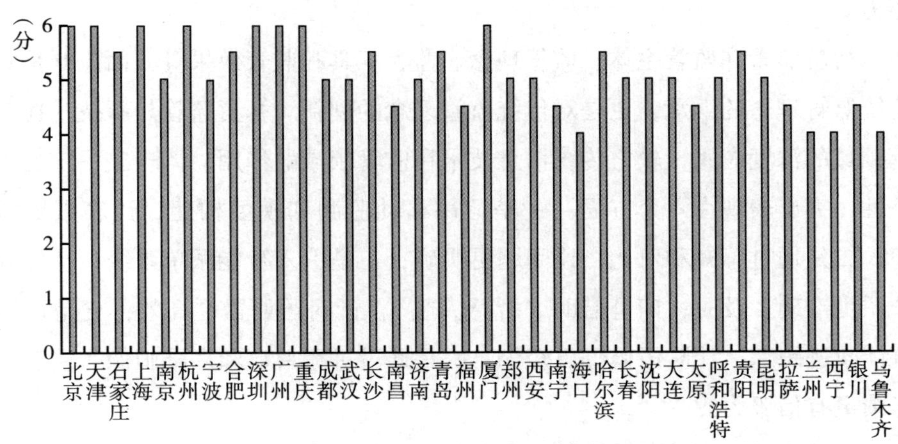

图 1 “数字化监管”各城市得分情况

在执法活动中广泛使用线上监管措施；得分率比较低的指标为“企业数据安全”和“个人信息保护”，各个城市差距较大，较为明显地反映出各城市在企业数据安全保护和个人信息保护方面水平的差异性，有些地方政府在企业数据安全保护和个人信息保护制度建设上遥遥领先，而有的城市还存在保护欠缺的问题。

（一）取得的成就

1. 基本建立高效便捷的非接触式监管系统

“智慧监管”系统是各城市用以实现非接触式监管的主要方式，通过应用互联网、大数据和云计算等技术，提高监管执法水平和执法能力，加强执法管理规范化，提高执法效率。上海、杭州等东部沿海城市的区级市场监管部门已将“互联网+监管”融入日常监管中，并逐步向智慧监管迈进。各地智慧监管应用领域集中在食品、药品的质量监管以及特种设备监管。网络餐饮实行“互联网+明厨亮灶”，应用智慧监管系统，使监管部门通过视频得以对市场主体进行全方位在线监管，实现对市场经营者监督检测、问题溯源分析、数据挖掘、证据获取和风险评估，提高了监管部门的风险预测与应对能力。

智慧监管在监管主体、监管理念、监管工具和监管效果等方面，既是对传统监管理念的继承，更是对传统监管理念的创新。智慧监管是新技术在监管领域的深度应用，较之传统信息技术在监管领域的作用，体现出一定的先进性，突出表现在六个方面：一是运用移动监测和模型构建，让底数更清楚；二是通过感知和对比，让问题更明确；三是引入智能派单系统，让任务分派更准确、及时；四是借助“智慧大脑”，让问题处置更高效；五是运用智能轨迹跟踪，让队伍监督更轻松；六是通过过程留痕和多维画像，让工作考绩更有信服力。①

2. 线上监管能力培育卓有成效

被评估城市监管部门在执法活动中广泛采取线上监管措施，积极开展线上监管能力培训，提高人员的监管执法水平。有的城市专门开展培训会，通过学习交流提高执法人员线上监管能力。如长春市市场监管局通过集中培训、成立编写专班、建立工作微信群等方式对“互联网+监管”系统的监管事项目录清单及检查实施清单进行了梳理，将“互联网+监管”系统的检查实施清单与政府各部门权责清单中的行政检查事项有机结合，实现线上监管与传统监管方式常态化综合运用。石家庄市胜北市场监管所积极探索“互联网+”智慧监管，设立了线上监管执法指挥部，实行远程控制、同步取证、视频校验、在线“云调解”、“未诉先管”等模式，把“为群众办实事”贯穿于市场监管全过程。2023 年以来，胜北市场监管所共实施远程执法 75 次，在线调解消费纠纷 19 次，“未诉先管”32 次，实现了监管数据动态化、监管方式多样化、监管手段智慧化。

3. 部分经济发达地区率先探索企业数据安全保护措施

一是通过地方性法规或规范性文件落实企业数据安全保护。例如 2021 年广州国资委发布《广州市国资委监管企业数据安全合规管理指南》（穗国

---

① 叶岚、王有强：《基层智慧监管的政策过程与创新机制——以东部沿海城市区级市场监管部门为例》，《中国行政管理》2019 年第 8 期。

资法〔2021〕13 号），其中设有国资企业、监管企业数据安全保护措施规定，该指南也是地方国资监管机构首部针对数据安全合规专门领域的指导文件。① 同年，杭州出台地方性法规《杭州城市大脑赋能城市治理促进条例》，规定了公共管理和服务机构、企业的开展数据收集管理的原则，强调数据安全的保护义务，从地方性法规层面保护企业数据安全。上海则是对《数据安全法》作细化，制定《上海市数据条例》，对企业数据安全的保护作出规定。二是通过建立企业数据信息平台落实数据安全保护。如北京建立了北京市企业信用信息网，整合企业信息，提供企业信息数据查询与安全保护服务。

4. 个人信息保护实现执法主动化、措施多样化发展

被评估城市有关部门都积极开展个人信息保护执法活动，有的城市是将个人信息保护作为常态执法要点，有的城市则是结合特定市场状态开展专项执法活动，执法效果明显。如上海市开展消费领域个人信息权益保护专项执法行动，针对八大消费场景，重点整治八类问题，包括没有隐私政策，或者隐私政策中无收集使用个人信息的规则，或者没有通过明显方式提示用户阅读隐私政策等收集使用规则；没有逐一列出或者通过其他方法明示收集使用个人信息的目的、方式和范围；未经用户同意、默认用户同意强制收集个人信息，或者诱导用户提供个人信息等。此外，也有城市在监管执法中采取约谈、通报等柔性方式，对侵害个人信息的违规主体采取下架网络产品的措施，执法措施具有多元化表现。一些城市监管部门还针对执法中个人信息保护制定工作指引或规范，如上海等城市制定地方数据安全规范，通过细化《个人信息保护法》实现个人信息的地区化专门化的制度保护。武汉市制定《武汉市公共安全视频图像信息系统管理办法》，设专章对个人信息保护相关内容进行了规范。

---

① 《关于印发〈广州市国资委监管企业数据安全合规管理指南（试行 2021 年版）〉的通知》，广州市人民政府国有资产监督管理委员会网站，http：//gzw. gz. gov. cn/gk/zcfg/zcfgwj/content/post_7977166. html，最后访问日期：2022 年 5 月 25 日。

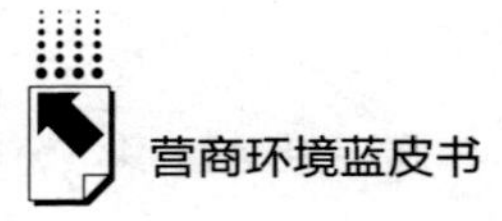

（二）存在的问题

1. 非接触式监管系统的部门及区域协作水平有待提高

"非接触式"执法强调取证的多元化，这就决定了"非接触式"执法不能仅仅依靠某一部门来实施，需要多部门共同协作来完成。然而非接触式监管系统存在部门信息壁垒。首先，信息共享缺乏权限，还没有建立起一个正式的数据共享平台，存在数据共享不完整、不彻底的状况。其次，证据移交格式各部门要求不统一，有些部门在向其他部门移交案件时，会出现移交的材料和要求不一致、材料移交后就撒手不管的问题，导致证据不足、后期现场取证困难，无法定案。再次，市场监管各领域的信息数据管理相对独立，例如食品和药品的数据管理区隔，尚未形成统一整合的标准，因此出现跨监管领域信息共享难、利用率低等问题。最后，在数据共享方面各部门之间的沟通交流不够，导致监管存在欠缺，最终难以发挥智慧监管系统的作用。

2. 非接触式监管系统综合运用水平及执法人员执法水平有待提高

"非接触式"执法要求不仅要具备较高的法律素养，而且要转变执法理念，城市管理综合执法队伍如何熟练有效地运用"非接触式"执法新模式，是一种挑战。诸如，智慧监管这种依靠互联网技术的非接触式监管模式对基层执法人员的信息化水平和专业技术提出更高要求，当前智慧监管系统还难以全面适应基层监管工作的实际需求。电子数据可以作为行政处罚的依据，根据《中华人民共和国行政诉讼法》第 33 条规定，证据包括电子数据。"非接触式"执法的特点之一是零口供，将监控视频、电子录音等作为处罚依据是开展"非接触式"执法的关键，执法人员应当善于运用各种手段实现多元化取证，保证违法案件证据充足、程序完整。在评估中还发现，非接触式监管系统的使用需要执法人员人工输入数据，还没有简便高效的手段直接完成数据录入，这存在增加基层监管人员的工作负担、造成对数据系统的排斥等现实问题。

3. 总体上看企业数据安全相关制度供给不足

除几个经济发展水平较高的城市和互联网、信息技术产业发达的城市率先开展了企业数据安全制度探索和实践探索外，绝大部分城市在企业数据安全的保障措施方面发展缓慢。企业数据安全指标包含两个面向：在企业层面，企业应就数据安全建立安全管理措施，包括数据收集、使用、存储过程的合规性，以及对敏感数据的分级分类保护；在监管层面，强调监管机关在进行企业数据安全执法过程中具有安全风险评估与监测、安全应急处理机制，此外监管机关在执法中获取企业数据后也要有相应的安全处理机制。评估小组发现，目前大多数城市的企业数据安全尚缺乏强有力的保障。一方面缺乏具体的行政管理实践方式，包括监管机关与企业在数据合规方面的沟通机制、主管部门对企业数据信息的标准处理和保存方式。另一方面缺乏相应的制度保障，这体现在对应指标得分较低。我国大数据应用技术已实现全球领先，也经受了市场的考验，数据应用在我国属于技术先于制度的状态，立法相对滞后。此外，有关数据的法律定位在我国学界还存在争议，一定程度上影响了监管机关对数据安全执法的把握以及企业对数据保护的行为预期。《数据安全法》2021 年 9 月 1 日落地实施，为我国数据安全初步提供了法律框架，未来还需各地监管部门和市场经营者共同探索具体的数据安全保护措施。

4. 个人信息保护风险管理制度缺乏系统建构

《个人信息保护法》为有关部门履行个人信息保护职责提供了较为宏观的法律依据，在评估中发现，要真正落实政府在个人信息保护方面的监管职能，各地政府仍需进一步明晰组织保障、运行机制以及监管模式。第一，个人信息的安全风险存在于收集、储存、使用、公开、销毁的整个“生命周期”，政府对个人信息保护的监管应当贯穿个人信息处理的全过程，实现事前、事中与事后的全流程持续监管。目前，地方政府的保护政策和过低的处罚标准使现有的事后监管难以对大数据服务形成有效的约束。第二，未在政务数据安全治理体系中融入个人信息合规管理，未将个人信息纳入数据分级分类制度，未在数据安全审计中纳入个人信息保护指标等，未结合个人信息保护特殊性健全专门的个人信息保护合规管理机制，例如个人信息保护投诉举报机制、个人信息权利响应机制、个人信息风险交流机制和个人信息跨境

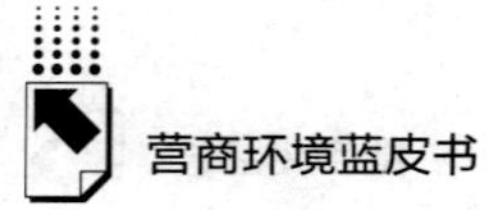

管理机制等。[①] 第三，个人信息保护涉及个人、企业、政府等多个主体，单纯依靠政府监管部门容易导致监管力量不足，难以实现全方位、多角度的有效监管。从当前实践来看，各方主体作用没有充分发挥，未能形成个人信息保护的合力，各地政府监管部门应积极引导、调动社会各方力量，完善多元主体参与机制，实现政府主导型监管模式和引导型监管模式的有效结合。[②]

（三）改进的建议

1. 完善非接触式监管机制顶层设计，打造线上监管专业化队伍

首先，解决信息整合共享问题。加快技术研究，解决部门监管系统之间数据自动对接问题；研究执法数据应用标准和管理标准，实现执法信息的标准化与规范化，推动建立跨部门、跨层级、内外联动的信息共享机制。此举不但可以为开展“非接触式”执法提供支持，还可以助力行政体制改革。信息共享平台的建设可以大大节约综合执法局与公安、交通、法院等部门之间调取资料的时间，简化流程。

其次，强化数据的综合运用，完善信息共享的法规保障。开展事前评估识别，对基础数据、舆情数据、投诉数据、巡查数据、诉讼数据、行政处罚数据等海量信息进行筛查、过滤、分类、关联，精确预判形势。要打破部门壁垒，打通数据共享渠道。为了更好地实现资源共享，法律法规应详细地规定资源共享和使用的具体程序，以及各职能部门违反规定不进行信息共享的责任追究方式，要统一各部门向综合执法局移交案件的格式，并加大案件移交后移交单位对案件后续调查的支持力度，避免出现案件移交之后就撇清关系、不再负责的情况。

再次，以线上与线下监管相互“咬合”的方式协同推进市场监管效能提升。处理好线上监管与线下监管的关系以提升基层市场监管综合效能，既不是简单将线下监管任务、流程和结果转移到线上，也不是以电子化、信息

---

① 刘绍宇：《数字政府建设中个人信息保护的风险规制路径》，《财经法学》2023 年第 2 期。

② 徐晓日、刘丹琳：《个人信息保护中的政府监管：制度安排、执行困境与整体优化》，《长白学刊》2023 年第 4 期。

化、数字化、自动化和智能化的线上活动来取代线下监管，必须强调线上监管与线下监管的“双轮驱动”、有机统一和同步推进。夯实线下监管是保障线上监管有序推进的基础和前提，线上监管的不断升级有助于形成对线下监管的持续反哺。①

最后，建立专业化执法队伍，加强人才培训，提升基层监管执法人员的监管业务知识和信息系统操作水平，提高利用智慧监管系统的动力和积极性，强化运用互联网、信息技术、网格化管理的执法思维和提升熟练运用各类软件、程序的能力。

2. 结合数字政府发展加强数据安全保护的机制探索

从宏观角度看，各城市应抓住数字经济发展的时机，结合数字政府发展加强数据安全顶层筹划，深入推进对数据安全的认识，研究规划政务数据全生命周期安全治理的远景、目标、领域、指导原则等，与领先互联网企业合作探索合理的数据安全措施，制定数据安全标准，为各单位数据安全建设提供统一指引。

从具体方面看，各地立法机关和政府部门应细化数据安全法律规范，结合本地产业实践和国家数据安全导向，探索符合本地发展特色的数据安全制度，制定有利于促进和规范政府数据安全开放共享的法规规章，对数据要求、全生命周期安全管理、保障机制等做出明确的规定，让执法部门有法可依、企业依规经营。

监管部门应制定并公开具有指导性和操作性的有关政府数据开放共享的标准规范，建立数据安全分类保护制度、数据安全风险应对机制和针对企业数据合规安全的监管机制，针对数据与平台建设做出明确要求。培育数据安全领军企业和数字化安全人才队伍。企业方面，应满足数据处理活动基本的合规要求，建立企业自身的数据安全管理制度，建设相应的数据安全基础设施，对数据安全分类分级保护。突破关键核心技术，

---

① 叶岚、王有强：《基层智慧监管的政策过程与创新机制——以东部沿海城市区级市场监管部门为例》，载《中国行政管理》2019 年第 8 期。

自主创新突破数据确权、数据公平交易、数字信任体系等技术，促进产学研深度融合。

3. 基于大数据流通下的个人信息保护理念，细化个人信息保护法的执法工作规范

《全国人民代表大会常务委员会关于加强网络信息保护的决定》《网络安全法》《电子商务法》《民法典》等多部法律的若干条文规定了个人信息保护，《个人信息保护法》有助于在个人信息保护方面形成更加完备的法律规范体系，为保护个人信息权益、规范个人信息处理活动、促进个人信息合理利用等提供更加坚实的法治保障。《个人信息保护法》的条款规定都比较原则，对于一些问题还没有提出最终的解决方案，需要根据实践发展情况，适时制定新的司法解释、行政法规、部门规章、地方性法规等，不断推进《个人信息保护法》的实施。因此，各地方政府应当结合本区域实践，细化个人信息保护法规定，制定适应本地区的法规文件，实现个人信息保护的制度性保障。

同时，大数据时代社会经济发展离不开个人信息的收集、处理活动。在新的情境下，个人信息成为一种生产要素资源，除了个人信息处理者的积极追求外，商业模式的创新、信息主体的生活改善、国家经济的发展都离不开个人信息的大数据处理。相比只关注信息主体隐私权的传统立法模式，我国立法者应该转变立法理念，更多地关注到大数据时代个人信息处理者和大数据经济发展的利益诉求，基于大数据流通的个人信息保护才是时代的发展趋向，在确保个人信息被有效利用的前提下对信息主体的权利进行保护，以二者的有机统一为核心立法目标。立法机关需要通过多元的规则构造构建我国的个人信息法律保护体系，建议各地方针对大数据环境下个人信息流转的特点做出相应调整，及时提高立法的针对性。

此外，监管机关内部需要完善执法程序，例如执法过程中的个人信息处理方式，执法信息公开时应考量的个人信息利益等。使用智慧监管、数字化系统时确保对相对人的权益保障，制定保护标准。

B.20 包容审慎监管

陈 悦 董媛媛*

摘 要： 包容审慎监管是数字经济监管的主要原则，关键在于把握创新与监管两者间的平衡，形成包容创新、审慎监管的社会共治管理格局。“包容审慎监管”一级指标之下设置两项二级指标，分别为“创新监管机制”“柔性执法方式运用”。二级指标“创新监管机制”下设两项三级指标，分别为“是否具有容错举措”“是否具有多元化监管机制”；二级指标“柔性执法方式运用”下设“是否有可替代性柔性执法机制”一项三级指标。经评估，当前各被评估城市基本完成市场监管领域容错举措的设置工作；大多数城市已创新多元化监管机制和建立可替代性的柔性执法机制。但是仍存在以下问题：免罚清单等容错机制存在诸多法律风险；多元化监管机制有待进一步完善；柔性执法措施尚缺乏制度依据。未来应当在行政法体系中明确免罚清单等容错机制的定位，注意对免罚清单等裁量规范的合法审查；系统完善多元化监管机制；为柔性执法提供制度支撑，提高执法水平。

关键词： 包容审慎监管 创新监管机制 柔性执法方式 容错机制

* 陈悦，法学博士，安徽大学管理学院讲师、专硕导师，研究方向为行政法学、数字政府与数字治理、政府规制；董媛媛，对外经济贸易大学法学院 2022 级博士研究生，研究方向为行政法学、行政诉讼法学。

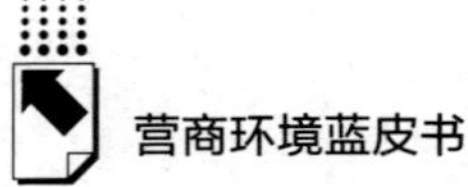

2020年1月1日起正式施行的《优化营商环境条例》第55条明确规定："政府及其有关部门应当按照鼓励创新的原则，对新技术、新产业、新业态、新模式等实行包容审慎监管。"2021年1月中共中央印发的《法治中国建设规划（2020—2025年）》和2021年3月十三届全国人大四次会议表决通过的《中华人民共和国国民经济和社会发展第十四个五年规划和2035年远景目标纲要》，均明确要求对新产业新业态实行包容审慎监管。传统监管方式主要是审慎监管，包括确保企业个体稳健经营的微观审慎层面监管、维护行业环境安全稳定的宏观审慎层面监管。但针对新技术、新产业、新业态、新模式这类风险和效益尚未明了的新生事物，单方面强调稳定与秩序的审慎监管显得力不从心，过度的监管则有可能抑制企业创新发展。① 近年来，平台经济、数字经济等新业态不断涌现并蓬勃发展，应对这些新经济模式的包容审慎监管之提法也应运而生。所谓"包容"是对那些未知大于已知的新业态采取包容态度，政府意在鼓励创新，驻守观望，给予市场企业一个宽松的监管环境；所谓"审慎"是坚守法律底线，对危害市场秩序的违法行为严厉打击。② 包容审慎监管原则是中国政府针对新业态监管的公共政策，也是一项崛起中的行政法原则。从当前治理话语分析，包容审慎监管原则的内涵分为"包容创新"、"审慎监管"和"有效监管"三个方面。包容审慎监管是对传统监管模式的改造，是在发展中规范、在规范中发展，寻求效率与安全的动态平衡③。数字经济营商环境中，"包容审慎"监管的关键在于把握"创新"与"监管"两者间的平衡，形成包容创新、审慎监管的社会共治管理格局。本次评估通过考察各地包容审慎监管方式的实施情况反映营商环境的优化水平。

---

① 参见刘太刚《从审慎监管到包容审慎监管的学理探析——基于需求溢出理论视角下的风险治理与监管》，《理论探索》2019年第2期，第57页。

② 《李克强详解为何对新业态实施"包容审慎"监管?》，中国政府网，http：//www. gov. cn/guowuyuan/2018-09/12/content_5321209. htm，最后访问日期：2023年6月12日。

③ 参见刘权《数字经济视域下包容审慎监管的法治逻辑》，《法学研究》2022年第4期，第37页。

一　评估指标构成

"包容审慎监管"一级指标之下设置两项二级指标，分别为"创新监管机制""柔性执法方式运用"（见表1）。

"创新监管机制"二级指标下设两项三级指标，"柔性执法方式运用"二级指标下设一项三级指标，通过考察各城市是否具有容错举措、是否具有多元化监管机制、是否有可替代性柔性执法机制，反映被评估城市市场监管部门对《国务院办公厅关于促进平台经济规范健康发展的指导意见》《中共中央　国务院关于新时代加快完善社会主义市场经济体制的意见》《优化营商环境条例》等相关文件提出的包容审慎监管措施的落实情况。

表1　"包容审慎监管"指标构成

一级指标	二级指标	三级指标
包容审慎监管(6分)	创新监管机制(4分)	是否具有容错举措(2分)
		是否具有多元化监管机制(2分)
	柔性执法方式运用(2分)	是否有可替代性柔性执法机制(2分)

二　设置依据、评估标准及评估分析

本部分从三级指标角度，逐项说明该指标设置的具体依据、实施中的评估方法和评分标准，并基于评估情况分析评估结果。

（一）是否具有容错举措（2分）

【设置依据】

包容审慎监管是在营造良好数字经济营商环境过程中对监管提出的新要求。2019年《国务院办公厅关于促进平台经济规范健康发展的指导意见》

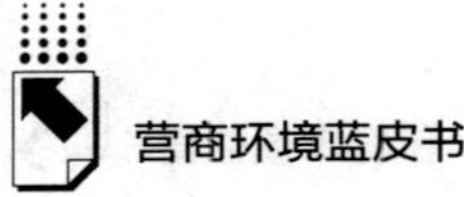

提出创新监管理念和方式，实行包容审慎监管。对于新业态的较好发展势头，应结合实际情况分类适用监管模式；对于具有发展潜力但“一时看不准”的，设置一定观察期，防止一刀切监管。这要求监管机关创新对新业态的包容措施。《优化营商环境条例》第55条规定：“政府及其有关部门应当按照鼓励创新的原则，对新技术、新产业、新业态、新模式等实行包容审慎监管，针对其性质、特点分类制定和实行相应的监管规则和标准，留足发展空间，同时确保质量和安全，不得简单化予以禁止或者不予监管。”2021年1月，中共中央印发《法治中国建设规划（2020—2025年）》，要求探索“包容审慎监管等新型监管方式”。“是否具有容错举措”旨在鼓励各区域先行先试、创新制度，充分激发各类市场主体的活力，推动市场监管现代化。

【评估方法】

考察被评估城市对数字经济、互联网平台经济等新业态的容错方式和方法。通过检索被评估城市市场监督管理局网站和政府网站上的政务信息、法规、政策等，辅以官方媒体新闻报道，进行综合判断。时间截止到2023年8月17日。

【评分标准】

本项指标满分为2分。可以检索到有针对新业态、新经济产业的容错举措，但该措施仅以清单式政策文件形式体现的，得1分；如通过免罚、从轻或减轻处罚等清单式文件形式容错的，得1分；容错措施有针对创新业态的，如税费展期、设置观察期等，再加1分，共计2分。检索不到容错举措的，不得分。

【评估分析】

本项指标平均得分为1.944分，较2022年高出0.777分。具体评估得分统计如表2所示。

表2　“是否具有容错举措”得分情况

得分(分)	2.0	1.0	0
城市(个)	34	2	0

其中得2分的，包括北京、天津、上海、南京等34个城市，较2022年新增18个城市①。这些城市综合运用诸如清单容错、放宽市场准入、简化审批流程、设置包容期或观察期等方式灵活监管。

得1分的城市为郑州和沈阳，这两个城市制定免予处罚、从轻处罚、减轻处罚或专门的包容审慎清单，采用“清单式”的容错方式，但还缺乏针对新业态创新的容错举措。

【良好实践】

通过对本项指标涉及内容的检索，评估小组发现从总体上看各地对创新容错的实践基本达成共识，多数城市相继开展了相应的创新容错探索，通过创新监管手段，鼓励新经济及新业态的发展。其中包括设置“包容期”“预警观察期”等新型监管模式，或制定有关规范性文件，为创新容错提供体制保障。

例如，南京市市场监管局于2022年11月出台《关于对数字经济等新技术新产业新业态新模式实行包容审慎监管的实施意见》，明确对新经济领域市场主体，给予合理的“预警观察期”，在“预警观察期”内实行“无事不扰”。即对于新经济领域企业初创时期的、无意间发生的、非恶意为之的等一般违法行为，只要不触碰底线，可以给予合理的“预警观察期”，为企业创造自由、宽松的发展环境。② 兰州新区对新设立的新业态、新模式、新产业企业给予2年包容期，包容期内通过行政指导等柔性监管方式，引导和督促企业依法经营。建立“容错”机制，对法律政策界限不清、没有造成严重社会不良后果的行为，采取约谈告诫等措施指导企业合法合规经营。针对新业态、新模式、新产业企业建立新兴产业企业目录，实行点对点业务跟踪指导，定期开展法律法规宣传，增强企业依法经营意识；对适用首违免罚制

---

① 新增18个城市分别为：石家庄、上海、南京、宁波、成都、武汉、长沙、南昌、青岛、福州、海口、哈尔滨、长春、太原、呼和浩特、拉萨、西宁、乌鲁木齐。

② 《我市出台包容审慎监管十项举措促进数字经济发展 无事不扰！给予市场主体“预警观察期”》，南京市人民政府网站，https：//www.nanjing.gov.cn/zgnjsjb/jrtt/202211/t20221114_3751825.html，最后访问日期：2023年8月20日。

度处理的问题全程跟踪。[①] 杭州市健全容错发展机制，创新运用合规指南、行政指导等预防提醒措施，引导平台经营者依法竞争、合规经营。[②] 广州市2023年力求打造网络市场监管与服务的“广州模式”，对新经济形态实施包容审慎触发式监管，探索和加强新经济领域企业“包容期”管理，设置“审慎监管企业”标签，建立互联网平台企业白名单管理制度，探索建立新业态企业容错机制。[③]《2021年南宁市优化营商环境市场监管能力指标实施方案》中，包含研究制定针对在线新经济以及新产业、新业态的包容审慎监管制度，开展重点领域专项整治行动，探索“包容期”“沙盒监管”“触发式监管”等新监管模式。[④] 2019年7月30日发布的上海市人民政府《关于促进上海创业投资持续健康高质量发展的若干意见》，提出落实创新容错机制，对改革创新与科技投资未能实现预期目标，但符合政策规定并勤勉尽责未谋私利的，不做负面评价，并依法免除相关责任。[⑤]

（二）是否具有多元化监管机制（2分）

【设置依据】

多元化监管机制是指为推动数字经济领域新产业、新业态的创新发展，综合采取阶梯式监管、内部举报人制度、市场监管新闻传播和交流协作机制、非接触式监管等监管方式，构建多元监管机制，完善数字经济治

---

① 《新区17条举措扶持新兴产业发展 这些举措突出“放宽”“包容”“底线”特色》，兰州新区管理委员会网站，http://www.lzxq.gov.cn/system/2019/07/23/030004071.shtml，最后访问日期：2023年8月20日。

② 《2023年杭州市政府工作报告》，杭州市人民政府网站，https://www.hangzhou.gov.cn/art/2023/3/1/art_1229063401_4144223.html，最后访问日期：2023年8月20日。

③ 《广州市全力创建“全国网络市场监管与服务示范区”》，澎湃新闻，https://www.thepaper.cn/newsDetail_forward_21560966，最后访问日期：2023年8月20日。

④ 《2021年南宁市优化营商环境市场监管能力指标实施方案》，南宁市市场监督管理局网站，http://scjgj.nanning.gov.cn/xxgk/tzgg_6596/t4937992.html，最后访问日期：2023年8月20日。

⑤ 《上海市人民政府关于促进上海创业投资持续健康高质量发展的若干意见》，上海市人民政府网站，https://www.shanghai.gov.cn/nw12344/20200813/0001-12344_61300.html，最后访问日期：2023年8月20日。

理体系。2021 年 12 月 14 日《国务院关于印发〈“十四五”市场监管现代化规划〉的通知》（国发〔2021〕30 号），明确要求完善基础制度，健全体制机制，创新监管工具，加强科技支撑，统筹运用市场、法律、技术、标准、信用、行政等多种手段，提升市场综合监管能力，提高市场监管现代化水平；创新丰富市场监管工具，完善阶梯式监管工具，完善市场化社会化多元监管工具。由此可见，多元化监管机制是衡量城市市场监管现代化水平的重要指标。将是否具有多元化监管机制作为市场监管的核心指标之一，有利于系统发挥主观能动性，完善多元集成的协同共治体系。

【评估方法】

以 2023 年 8 月 17 日为截止时间，通过检索被评估城市市场监督管理局网站和政府网站上的政务信息和法规、政策等文件，辅以官方媒体新闻报道，进行综合判断，考察被评估城市是否设置多元化监管机制，鼓励创新、保护创新、包容创新。

【评分标准】

本项指标满分为 2 分。可以检索到明确为数字经济领域新产业、新业态构建多元化监管机制的，包括阶梯式监管、内部举报人制度、市场监管新闻传播和交流协作机制等内容，得 2 分；仅笼统规定“推动形成多元化协同监管机制”，未创制与数字经济相关的多元化监管工具的，得 1 分；未建立多元化协同监管机制的，不得分。

【评估分析】

该项指标平均得分为 1.861 分，具体得分情况如表 3 所示。

表 3　“是否具有多元化监管机制”得分情况

得分(分)	2.0	1.0	0
城市(个)	32	3	1

其中得 2 分的，包括北京、天津、石家庄、上海等 32 个城市。这些城市通过构建政府监管、企业自治、行业自律、市场监督“四位一体”的新

治理机制，探索沙盒监管、非接触式监管等新型监管方式，健全“吹哨人”、消费者投诉举报等制度，建立营商环境义务监督员机制等，创新包容审慎监管，优化数字经济营商环境。

得 1 分的为太原、拉萨、兰州三个城市。其中太原、兰州两个城市仅查询到省一级关于多元化监管机制建立的文件和举措，未查询到市一级相关信息，因此得 1 分；拉萨仅笼统规定“推动形成多元化协同监管机制”，未明确创新与数字经济相关的多元化监管工具，因此得 1 分。

得 0 分的是乌鲁木齐，原因是尚未查到该城市与多元化监管机制相关的文件和举措。

【良好实践】

2022 年 1 月 5 日，重庆市人民政府印发《重庆市市场监管现代化“十四五”规划（2021—2025 年）》，明确规定完善市场主体首负责任制、建立健全政府统筹和协调市场监管工作机制，建立市场监管部门与行业组织的交流咨询机制，建立内部举报人等制度，发挥社会监督员、志愿者的社会监督作用。针对新产业、新业态，通过差异化监管等方式强化平台经济监管。① 2022 年 5 月，沈阳市市场监督管理局印发《沈阳市“十四五”市场监管规划》，明确规定分类制定包容审慎监管的具体措施办法，探索创新与线上服务、产业数字化、平台经济、共享经济等新经济相适应的监管模式，探索实施触发式监管、“沙盒监管”、敏捷治理等新型监管机制手段；遵循经济规律，运用市场机制推动主体责任和监督责任落实，创新社会监督引导方式，落实内部举报人奖励政策；建立完善市场监管领域新闻传播和交流协作机制。②

① 《重庆市人民政府关于印发重庆市市场监管现代化“十四五”规划（2021—2025 年）的通知》，重庆市人民政府网站，https：//www. cq. gov. cn/zwgk/zfxxgkml/szfwj/qtgw/202201/t20220113_10301499. html，最后访问日期：2023 年 8 月 20 日。

② 《关于印发〈沈阳市“十四五”市场监管规划〉的通知》，沈阳市市场监督管理局网站，http：//scj. shenyang. gov. cn/zwgk/fdzdgknr/bmwj/202211/t20221103_4326684. html，最后访问日期：2023 年 8 月 20 日。

（三）是否有可替代性柔性执法机制（2分）

【设置依据】

《优化营商环境条例》规定了对新业态采取包容审慎监管指导，同时要求推广非强制性执法手段，尽量避免对新业态市场主体经营活动的干预。这要求地方市场监管部门在针对新业态的监管中应更注重使用柔性执法措施。本项指标重点考察被评估城市市场监管部门在数字经济领域内是否采用柔性执法手段，以及是否形成较为明显的替代传统监管手段的柔性执法机制。

【评估方法】

通过检索被评估城市市场监督管理局网站和政府网站上的政务信息和法规、政策等文件，辅以官方媒体新闻报道，进行综合判断。以 2023 年 8 月 17 日为截止时间。

【评分标准】

本项指标满分为 2 分。设有可替代性柔性执法机制的，也即通过规范性文件确立柔性执法措施或针对新业态执法形成惯常柔性执法实践，针对新业态采取行政指导、行政约谈、行政建议、行政提示、行政告诫、行政公示等柔性执法方式，或将包括但不限于前述的执法方式纳入规范性文件形成执法指引的，得 2 分；仅通过免罚清单进行柔性执法的，得 1 分；在新业态领域内无柔性执法措施的，不得分。

【评估分析】

该项指标平均得分为 1. 917 分，较 2022 年高出 0. 778 分，具体得分情况如表 4 所示。

表 4　“是否有可替代性柔性执法机制”得分情况

得分(分)	2. 0	1. 0	0
城市(个)	33	3	0

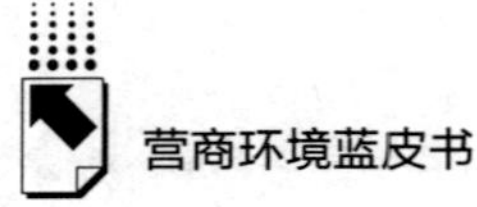

其中得 2 分的包括北京、天津、上海、南京等 33 个城市，较 2022 年新增 19 个城市[①]。这些城市多以规范性文件落实柔性执法机制。

得 1 分的城市为郑州、南宁、拉萨，这三个城市在市场监管执法中也有使用柔性执法方式，但缺乏制度保障和面向新业态经济的针对性。

【良好实践】

《石家庄市市场监管“十四五”专项规划》明确规定对新设立的新产业、新业态、新模式市场主体给予 1~2 年包容期，通过行政指导等柔性监管方式，在确保质量和安全的前提下为企业留足发展空间。鼓励各县市结合当地实际情况，探索制定支持新经济健康发展的包容审慎监管措施、建立包容审慎监管执法机制，充分运用政策辅导、行政建议、警示告诫、规劝提醒、走访约谈等方式，减少对市场主体正常生产经营活动的干预。[②]《厦门市推行包容审慎监管执法若干规定》（厦府办规〔2021〕11 号）第 15 条要求推广运用行政指导、行政奖励、行政和解等柔性执法手段，综合运用指导、建议、提醒、劝告等方式开展行政执法，提升执法认可度和满意度，提高执法公信力和执行力。[③] 深圳市在《深圳市市场监督管理局关于印发促进新兴产业发展实施包容审慎监管的指导意见的通知》（深市监〔2021〕634 号）中，规定实行“包容期”管理。给予新兴产业企业 1~2 年的成长“包容期”。在“包容期”内，试行柔性监管方式，以行政指导和服务为重点，通过宣传引导、合规承诺、行政提示、行政约谈、行政告诫等柔性监管方式，积极引导和督促企业守法诚信经营。[④] 2022 年 12 月，杭州市委十三届

① 新增的 19 个城市分别为北京、天津、石家庄、上海、南京、宁波、成都、长沙、青岛、海口、哈尔滨、长春、沈阳、大连、太原、贵阳、昆明、西宁、乌鲁木齐。

② 《石家庄市市场监管“十四五”专项规划》，http：//scjg. sjz. gov. cn/col/1585725366690/2023/06/07/1686106213353. html，中国政府网，最后访问日期：2023 年 8 月 20 日。

③ 《厦门市人民政府办公厅关于印发〈厦门市推行包容审慎监管执法若干规定〉的通知》，厦门市人民政府网站，https：//www. xm. gov. cn/gazette/85160024，最后访问日期：2023 年 8 月 20 日。

④ 《深圳市市场监督管理局关于印发促进新兴产业发展实施包容审慎监管的指导意见的通知》，深圳市市场监督管理局网站，https：//amr. sz. gov. cn/xxgk/qt/tzgg/content/post_9545003. html，最后访问日期：2023 年 8 月 20 日。

三次全体（扩大）会议暨市委经济工作会议明确要求完善创新容错发展机制，创新运用合规指南、行政指导、行业公约、公开承诺、约谈告诫等预防提醒机制，引导平台经营者依法竞争、合规经营。① 2022 年 6 月 7 日，宁波市奉化区市场监督管理局印发《宁波市奉化区市场监管领域轻微违法行为包容审慎监管规定》，第 5 条明确规定对新兴产业相关市场主体实施两年的“包容期”监管，在“包容期”内，除投诉举报、转办交办、专项整治、专项检查等情况外，原则上不进入市场主体进行检查；优化事前事中事后柔性监管，做到综合施策；厘清柔性执法与刚性执法边界，构建“事前主动提醒、事中无事不扰、事后免罚轻罚”的柔性监管体系；针对在检查过程中发现的问题，综合运用行政指导，以政策辅导、行政建议、规劝提醒、说服教育、警示告知等柔性方式，推动“综合查一次”为“综合帮一次”，变“事后处罚”为“事先帮扶”，教育、引导和促进行政相对人依法依规开展生产经营活动。②

三　评估结论与建议

本项一级指标评估总分为 6 分，被评估的 36 个城市平均得分为 5.722 分，共有 29 个城市得分在平均分之上，占到被评估城市总数的 80.56%；7 个城市得分在平均分之下，占到被评估城市的 19.44%。本项评估中得分最高的为满分 6 分，得分最低的为 4 分，体现了一定的区分度。得到满分的城市为北京、天津、石家庄、上海等 29 个城市。各城市得分情况分布如图 1 所示。

本项一级指标共包含三项三级指标，总分均为 2 分。各三级指标的得分

---

① 《杭州将推平台经济专项政策包 完善合规经营 创新容错机制》，杭州网，https://hznews.hangzhou.com.cn/chengshi/content/2022-12/26/content_8434387.htm，最后访问日期：2023 年 8 月 20 日。

② 《宁波市奉化区市场监督管理局印发〈宁波市奉化区市场监管领域轻微违法行为包容审慎监管规定〉的通知》，宁波市奉化区市场监督管理局网站，www.fh.gov.cn/art/2022/6/7/art_1229559487_1743159.html，最后访问日期：2023 年 8 月 20 日。

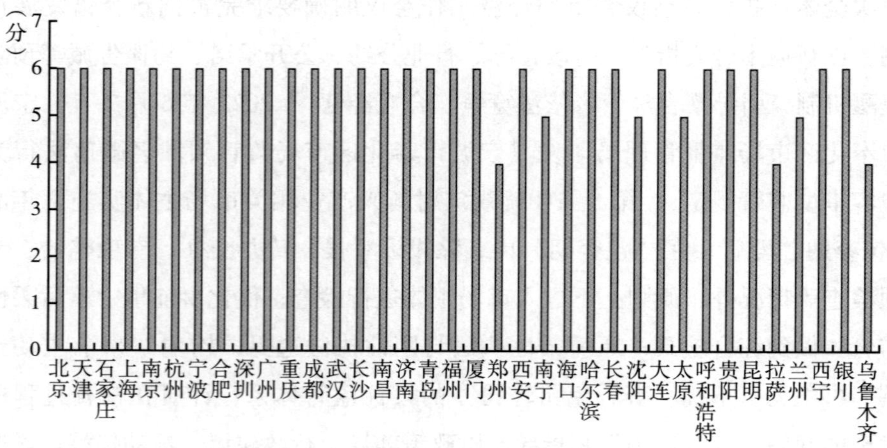

图1　“包容审慎监管”各城市得分情况

情况如下：

（1）是否具有容错举措，平均分为1.944分，得分率为97.2%。

（2）是否具有多元化监管机制，平均分为1.861分，得分率为93.1%。

（3）是否有可替代性柔性执法机制，平均分为1.917分，得分率为95.9%。

其中，得分率最高的指标是“是否具有容错举措”，目前被评估城市监管部门大多设置了市级层次针对数字经济相关新产业、新业态的容错举措。虽然在市场监管方面，这三项三级指标得分率之间的差距较小，但是具体来看，各城市在包容审慎监管措施的实践上存在一定的差异性。

（一）取得的成就

1. 基本完成市场监管领域容错举措的设置工作

市场容错举措是包容审慎监管的具体要求。面对新经济、新业态，包容监管强调为新业态发展创造宽松的创新环境，审慎监管保障了新业态不会突破底线。传统的执法方式可能过于严苛，创新容错举措则显得尤为重要。在评估中发现一些城市对容错方式的创新走在前列，例如长沙对新技术、新产业、新业态、新模式推行包容审慎监管，建立市场监督管理“尽职照单免责、失职照单问责”机制，试行“沙盒监管”“触发式监管”机制，支持各类市场主体健康发展。西安建立容错、纠错机制，合理设置“包容期”，通过预警提示、行政指导、行政告诫等柔性监管方式，引导和督促“四新经济”市场主体依法经营。同时其探索设置风险规模可控的“安全空间”，将守法诚信经营的网络交易领域“四新经济”市场主体纳入其中并实施“沙盒监管”。呼和浩特在全市市场监管领域建立包容审慎监管机制，除法律明确禁止或涉及危害公共安全和人民群众生命健康等情形外，重点对纳入“沙盒监管”对象库的“三新经济”市场主体给予一至两年的包容期，在包容期内采取建议、提醒等方式，开展提示性监管、警示性监管和关怀式监管，引导和督促市场主体合法经营，预防和避免违法行为发生。

2. 大多数城市已创新多元化监管机制

创新多元化监管机制作为包容审慎监管的重要内容之一，在新经济新业态发展的过程中能够充分调动社会各界力量，推动形成新兴产业多元监管格局，为新经济新业态创造多元、良好的创新环境。经评估发现，目前大多数城市已创新多元化监管机制。例如，济南建立“吹哨人”、内部举报人等制度，对举报严重违法违规行为和重大风险隐患的人员予以奖励和保护，引导更多社会力量参与市场秩序治理，加快构建市场自律、政府监管、社会监督互为支撑的社会共治格局。贵阳有效发挥社会协管员的监督作用，营造全民参与市场监管的良好氛围。杭州创新数字经济监管机制，贯彻落实《浙江省数字经济促进条例》等法律法规，建立市场化、法治化、数字化的协同创新监管机制，深化信用监管、“互联网+监管”等新模式应用，探索“沙盒监管”措施。同时，其健全平台经济治理体系，制定实施平台企业竞争合规指引，强化平台企业合规经营，推动行业自律，探索政企信息交互共治机制，完善守信联合激励和失信联合惩戒机制，形成政府监管、企业自治、行业自律、市场监督“四位一体”的新治理机制。

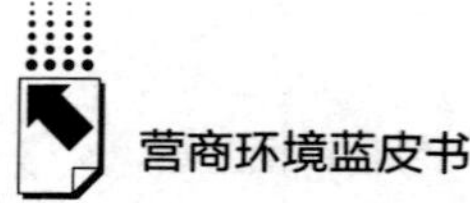

3. 大多数城市已经建立可替代性的柔性执法机制

柔性执法机制作为包容审慎监管的重要监管机制之一，是在确保质量与安全的前提下为企业留足发展空间的一项制度设计。加强和规范事中事后监管，不应当简单化予以禁止或不予监管，应当结合各区域实际情况，探索制定支持数字经济健康发展的包容审慎监管措施。柔性执法机制的建立是坚持处罚与教育相结合这一行政处罚法原则的体现。当前，多个被评估城市监管部门采取了说服教育、劝导示范、行政指导、行政奖励等非强制性执法手段和人性化执法方式。例如，杭州创新运用合规指南、行政指导、行业公约、公开承诺、约谈告诫等预防提醒机制，引导平台经营者依法竞争、合规经营。成都将预警提示作为一般执法行为的前置程序，运用粉、黄、白“三单”工作法，实施指导帮助、教育提醒、处罚告知，坚持少用、慎用行政处罚措施，最大限度减少执法对立，给予市场主体自我纠错的时间空间。在开展柔性执法方面，创新说服教育、劝导示范、行政指导、行政约谈等12种方式，努力做到宽严相济、法理相融。

（二）存在的问题

1. 免罚清单等容错机制存在诸多法律风险

免罚清单作为行政法治实践的创新举措，在营造宽松良好的数字经济环境、促进监管领域良好互动、提升执法效能等方面均产生了较好的实际效果①。但是，通过评估和法理分析，发现免罚清单等容错机制仍存在诸多法律风险。一方面，免罚清单在制定过程中可能没有严格依据《行政处罚法》的规定，对免罚事项进行创设从而规避行政处罚，限缩了处罚种类，同《行政处罚法》存在某种程度的不契合。另一方面，免罚清单的运用可能限缩执法人员的行政处罚自由裁量权，一味减轻或免除处罚可能面临平等原则的挑战，有纵容市场主体违法的可能。

2. 多元化监管机制有待进一步完善

当前，虽然诸多被评估城市已构建多元化监管机制，但是关于各项多元

① 张淑芳：《免罚清单的实证与法理》，《中国法学》2022年第2期，第243页。

化监管方式的理论依据和具体实施，有待进一步细化和完善。例如，多元化监管机制的范畴是什么，如何具体落实政企协商制度和网络交易联络员制度，如何提升新经济新业态行业资质水平。

3. 柔性执法措施尚缺乏制度依据

首先，目前柔性执法这一概念在行政实践中还属于一种行政理念，尽管法律法规中规定了具有柔性执法外观的执法手段，但并没有就“柔性执法”这类行为作出专门的制度规定，没有有效的指导文件和实施程序。其次，柔性执法在价值取向上存在混乱，执法本应强调法治的权威与严格，而“柔性”则带有人本色彩，强调人情，两者交织很容易使基层执法者和相对人混淆法治和情理的价值，一方面对执法者造成适用执法手段的困扰，另一方面不合理的理念宣传会给相对人带来可以免责的错觉和期待。

（三）改进的建议

1. 在行政法体系中明确免罚清单等容错机制的定位，注意对免罚清单等裁量规范的合法性审查

一方面，应当明确免罚清单等容错机制的法律定位，令其同《行政处罚法》契合。另一方面，对数字经济不同领域的免罚清单，应当分类制定和完善。例如，涉及食品药品等领域的事项，应当附条件免罚。同时，在制定免罚清单后，应当定时开展合法性审查。

2. 系统完善多元化监管机制

一是进一步界定多元化监管机制内涵，明确多元化监管机制的范畴。合理界定多元化监管机制的范畴是推动创新监管方式的前提条件，具有确保创新监管方式的有效性和针对性之意义。二是完善市场创新多元化监管机制的法治基础，规范的法律文件有助于增强多元化监管机制的法律效力，为市场经营者提供合理的行为预期，也有助于全面推广多元化监管方式和指导监管机关创新更多的多元化监管机制。

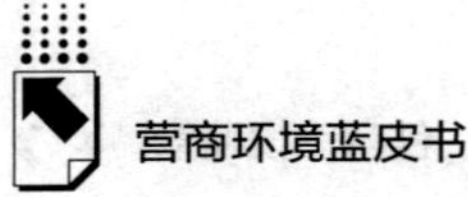

3. 为柔性执法提供制度支撑，提高执法水平

制定实施指导柔性执法的文件，进一步明确柔性执法手段的实施程序和执法人员职责，制定工作流程，强化对柔性执法的工作监督，关注相对人的配合度及其依法经营行为的改善。采取多元措施，指导、监督基层执法单位和执法人员严格依法行政、依法裁量，如组织执法人员培训，解读各种柔性执法手段的内容和实施要求。

B.21
信用监管

王敬波　董媛媛*

摘　要： 信用监管是将诚实信用的道德价值与法律原则相结合，将诚信价值制度化、法律化的新型治理手段。“信用监管”一级指标之下设置三项二级指标，分别为“信用修复”“信用奖惩”“信用惩戒救济机制”。二级指标“信用修复”下设“是否制定信用修复流程指引”一项三级指标；“信用奖惩”下设“是否设立合理的信用奖惩机制”一项三级指标；“信用惩戒救济机制”下设“是否设置信用惩戒救济机制”一项三级指标。经评估，当前各被评估城市均制定了信用修复流程指引，设立了形式较为统一的信用奖惩机制，基本建立了信用惩戒救济机制。但是仍存在以下问题：信用修复缺乏有效激励机制；信用惩戒机制的立法规范缺失与信用惩戒的泛化滥用；信用惩戒救济机制中救济渠道狭窄、信用救济立法规范不明确。未来，应当健全信用修复正向激励机制，宣传信用修复制度；探索信用惩戒机制立法；在立法、执法和司法层面构建信用惩戒救济机制。

关键词： 信用监管　信用修复　信用奖惩　信用惩戒救济机制

诚实信用在我国既是传统的道德信条，也是中国特色社会主义核心价值观之一。诚信的价值观也在中国特色社会主义法律体系中有重要体现，如《民

---

* 王敬波，法学博士，二级教授，博士生导师，黑龙江大学校长、党委副书记，研究方向为行政法学、行政诉讼法学；董媛媛，对外经济贸易大学法学院2023级博士研究生，研究方向为行政法学、行政诉讼法学。

法典》就将诚实信用原则上升为普遍遵循的法律原则。信用监管作为在传统监管方式不能发挥作用的情形下所采用的一种新型的监管方式，是将诚实信用的道德价值与法律原则相结合，将诚信价值制度化、法律化的新型治理手段。具体来说，信用监管是以市场主体的信用信息为基础，根据信用画像分配监管资源和开展监管活动，并对市场主体的失信或守信行为给予制裁或激励的监管模式。[①] 市场经济的活力与秩序有赖于信用体系建设，信用监管以诚信为价值理念，更符合市场经济的内在规律；信用监管强调具有差异化的精准监管，可以对守信的市场主体给予各方面的便利，激发市场活力。因此作为创新市场监管机制的重要内容，信用监管对营商环境优化具有重大促进作用。本次评估将信用监管作为一级指标，突出了信用监管之于营商环境优化的重要意义，通过考察各城市具体制度的建设情况，评估其信用监管能力的水平。

一　评估指标构成

本次评估的“信用监管”一级指标之下设置三项二级指标，分别为“信用修复”、“信用奖惩”和“信用惩戒救济机制”（见表1）。

每项二级指标下各设一项三级指标，通过考察被评估城市信用修复流程指引制定情况、信用奖惩机制设置情况、信用惩戒救济机制设置情况，反映被评估城市的信用监管发展情况。

表1　“信用监管”指标构成

一级指标	二级指标	三级指标
信用监管(3分)	信用修复(1分)	是否制定信用修复流程指引(1分)
	信用奖惩(1分)	是否设置合理的信用奖惩机制(1分)
	信用惩戒救济机制(1分)	是否设置信用惩戒救济机制(1分)

① 孔祥稳：《作为新型监管机制的信用监管：效能提升与合法性控制》，《中共中央党校（国家行政学院）学报》2022年第1期，第143页。

二 设置依据、评估标准及评估分析

本部分从三级指标角度，逐项说明该指标设置的具体依据、实施中的评估方法和评分标准，并基于评估情况分析评估结果。

（一）是否制定信用修复流程指引（1分）

【设置依据】

2019 年印发的《国务院办公厅关于加快推进社会信用体系建设构建以信用为基础的新型监管机制的指导意见》（国办发〔2019〕35 号）强调探索建立信用修复机制，失信市场主体在规定期限内纠正失信行为、消除不良影响的，可通过灵活多样的方式开展信用修复。责任部门也应为失信市场主体提供高效便捷的信用修复服务，明确易查的信用修复流程指引是有效引导市场主体进行信用修复的措施之一。

【评估方法】

通过检索被评估城市的市场监管局网站、政府网站和城市信用网站，考察其是否制定信用修复相关流程指引。

【评分标准】

本项指标满分为 1 分。本项指标评估包括两个层面的内容，分别是信用修复流程指引的设定和该流程指引的易获得性。信用修复流程指引已制定并易查询到的，得 1 分；设置有关流程指引但不易查询到的，得 0.5 分；未设置有关指引的，不得分。

【评估分析】

从评估结果看，包括在 2022 年得 0.5 分的贵阳在内的所有被评估城市，均制定了信用修复流程指引，而且均通过信用中国网站设置了便捷查询信用修复流程指引的模块。

表 2 “是否制定信用修复流程指引”得分分布

得分(分)	1.0	0.5	0
城市(个)	36	0	0

【良好实践】

各被评估城市的信用中国网站基本可查到信用修复流程指引，例如信用中国（浙江杭州）设有信用服务专栏，其中有信用修复流程办事指南。一些城市的市场监督管理局网站也可直接查询涉及行政处罚的信用修复流程指引，例如成都市市场监督管理局的门户网站可直接检索《成都市市场监督管理局行政处罚信息信用修复办理指引》，广州市市场监督管理局门户网站也可检索到《办理市场监管部门行政处罚信息信用修复指引》。

（二）是否设置合理的信用奖惩机制（1分）

【设置依据】

2016 年出台的《国务院关于建立完善守信联合激励和失信联合惩戒制度加快推进社会诚信建设的指导意见》（国发〔2016〕33 号）提出，要健全褒扬和激励诚信行为机制、构建包括规范信用红黑名单制度等在内的守信联合激励和失信联合惩戒协同机制。2019 年印发的《国务院办公厅关于加快推进社会信用体系建设构建以信用为基础的新型监管机制的指导意见》（国办发〔2019〕35 号）强调深入开展失信联合惩戒，加快构建跨地区、跨行业、跨领域的失信联合惩戒机制，从根本上解决失信行为反复出现、易地出现的问题，依法依规建立联合惩戒措施清单，动态更新并向社会公开，形成行政性、市场性和行业性等惩戒措施多管齐下，社会力量广泛参与的失信联合惩戒大格局。

【评估方法】

通过检索被评估城市的市场监管局网站、政府网站和城市信用网站，考察其信用奖惩机制建设情况。

【评分标准】

本项指标满分为 1 分。设立诸如红黑名单、联合惩戒备忘录、案例查询的信用奖惩机制的，得 1 分；未设立的，不得分。

【评估分析】

包括在 2022 年得分为 0 分的拉萨在内的 36 个城市，均设立了包括联合惩戒备忘录、红黑名单、惩戒案例展示等措施在内的信用奖惩机制，且均可便捷查询。

表 3 “是否设置合理的信用奖惩机制”得分分布

得分(分)	1.0	0.5	0
城市(个)	36	0	0

【良好实践】

在本次评估中，我们发现各被评估城市均已建立了形式和目标较为统一的信用奖惩机制，2019 年广州市人民政府制定《广州市建立完善守信联合激励和失信联合惩戒机制实施方案》，明确了信用惩戒的对象、认定依据来源、认定程序和信用惩戒名单内容格式。该方案分别规定了联合奖惩红黑名单的认定程序，其中包括告知和公示程序，为实施信用惩戒的相关部门提供工作指引。[①] 广州市在落实该方案的过程中，规范信用联合奖惩工作，防止失信惩戒泛化滥用；开发联合奖惩应用系统，推动“信用奖惩、一键搞定”模式应用，实现信用主体信息自动匹配红黑名单及奖惩措施，在公共资源交易、财政资金使用、土地交易等行政领域，对失信惩戒对象予以限制。[②] 郑州市在《郑州市加快推进社会信用体系建设构建以信

① 《广州市人民政府关于印发广州市建立完善守信联合激励和失信联合惩戒机制实施方案的通知》，广州市人民政府网，https：//www.gz.gov.cn/zwgk/fggw/szfwj/content/post_4757739.html，最后访问日期：2023 年 8 月 20 日。

② 《失信惩戒和信用修复齐头并进 广州营造一流营商环境》，信用中国（天津-河东），https：//credit.fgw.tjhd.gov.cn/detail.do？contentId = 85c438b05f2f4ec89ac409e3b161d0f1&channelId=60a1ca1108aa43af9d48c526404268db，最后访问日期：2023 年 8 月 20 日。

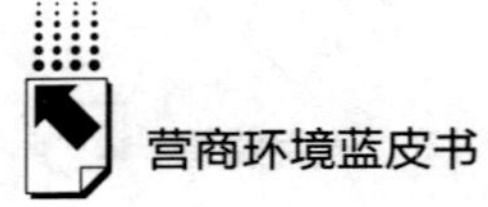

用为基础的新型监管机制实施方案》中计划，将联合奖惩系统嵌入相关部门业务系统，完善失信联合惩戒机制，重点实施惩戒力度大、监管效果好的失信惩戒措施，包括依法依规限制失信联合惩戒对象发行股票、招标投标、申请财政性资金项目、享受税收优惠等行政性惩戒措施，限制获得授信、乘坐飞机、乘坐高等级列车和席次等市场性惩戒措施，以及通报批评、公开谴责等行业性惩戒措施。[①]

（三）是否设置信用惩戒救济机制（1分）

【设置依据】

《国务院办公厅关于加快推进社会信用体系建设构建以信用为基础的新型监管机制的指导意见》强调加大信用信息安全和市场主体权益保护力度，建立健全信用信息异议投诉制度。错误认定的失信信息会极大损害市场主体的合法权益，存在瑕疵的失信联合惩戒不利于惩戒机制的有效运行，因此应为市场主体设置合理的救济机制，而简便、快捷的异议提出渠道是救济机制的初步要求。

【评估方法】

检索被评估城市的市场监管局网站、政府网站和城市信用网站，考察其设置信用异议申请渠道的情况。

【评分标准】

本项指标满分为 1 分。涉及信用惩戒异议申诉或救济的政策文件可查的，得 1 分；不易查询的，得 0.5 分；未设置的，不得分。

【评估分析】

本项主要观测各城市提供信用异议反馈渠道的情况。被评估的 36 个城市中，得到满分的共有 35 个城市，相较于 2022 年新增北京、郑州两个城市。这 35 个城市均在信用网站设置了信用异议申诉窗口，符合信用惩戒救

① 《郑州市人民政府关于印发郑州市加快推进社会信用体系建设构建以信用为基础的新型监管机制实施方案的通知》，河南省规章规范性文件数据库，http：//wjbb. sft. henan. gov. cn/upload/HNAC/2020/05/22/20200522165156111. pdf，最后访问日期：2023 年 8 月 20 日。

济机制初步建设的要求。得分为 0.5 分的仅沈阳一城，原因是未查到沈阳市层面的信用惩戒救济途径，但可通过信用中国（辽宁）提起信用异议申诉。

表 4 "是否设置信用惩戒救济机制"得分分布

得分(分)	1.0	0.5	0
城市(个)	35	1	0

【良好实践】

各城市信用网站基本可查到信用修复和信用异议申诉渠道，区分度较低。

三 评估结论与建议

本项指标评估总分为 3 分，被评估的 36 个城市平均得分为 2.99 分，共有 35 个城市得分在平均分之上，占到被评估城市总数的 97.22%；仅有 1 个城市在平均分之下，占到被评估城市的 2.78%。本项评估中得分最高的为满分 3 分，得分最低的为 2.5 分，整体区分度不大（如图 1 所示）。

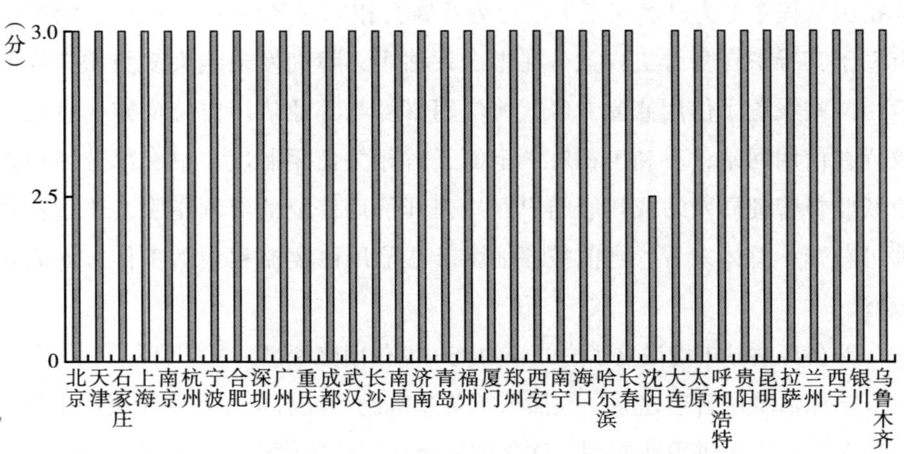

图 1 "信用监管"各城市得分情况

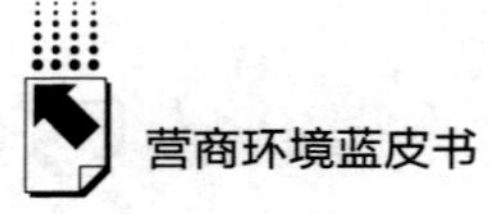

本项一级指标共包含三项三级指标，各三级指标的得分情况如下：

（1）是否制定信用修复流程指引，平均分为 1 分，得分率为 100%；

（2）是否设立合理的信用奖惩机制，平均分为 1 分，得分率为 100%；

（3）是否设置信用惩戒救济机制，平均分为 0.986 分，得分率为 98.61%。

其中，除“是否设置信用惩戒救济机制”的得分率为 98.61%，其余的两项指标得分率均为 100%，目前被评估城市均已制定用以指引信用修复的清单、指南，以及均已设置合理的信用奖惩机制。各城市在信用监管制度初步建设上情况良好。

（一）取得的成就

1. 各评估城市均制定了信用修复流程指引

《法治社会建设实施纲要（2020—2025 年）》强调，信用建设是国家治理体系和治理能力现代化的重要一环，实施纲要部署了建立信用修复机制和异议制度、鼓励和引导失信主体主动纠正违法失信行为等有关诚信建设长效机制的任务。信用修复和信用惩戒异议申诉均为信用监管中的重要救济制度，信用修复为失信主体提供了脱离信用惩戒影响的退出程序。信用修复流程指引从程序上为已经纠正失信行为并履行相应义务的失信主体提供便利，有助于其维护自身合法权益。在本次评估中，我们发现绝大多数城市在其信用网站设置了信用修复专区，将信用修复与其他信用监管措施信息统一放置在信用网站，有利于相对人全面了解相关信用制度。也有部分城市在市场监督管理局网站或政府门户网站公开信用修复的流程指引，通过检索即可获知。总体来看，当前被评估城市在信用修复流程指引工作方面表现较好。

2. 各评估城市均设立了形式较为统一的信用奖惩机制

被评估城市普遍建立了红黑名单奖惩机制。红名单之激励作用在于为诚信相对人优先提供服务便利，优化诚信企业行政监管安排，降低市场交易成本，面向社会展示诚信的市场主体；对黑名单主体实施的惩戒措施集中于市场性、行业性、社会性约束和惩戒。此外，一些被评估城市还设置了失信联合惩戒备忘录、守信激励、失信案例查询等措施，各地奖惩机制设置具有较高相似性，有利于推进跨区域、跨领域联合惩戒，形成广泛的制度性威慑和褒扬诚信、惩戒失信的良好氛围。根据评估内容来看，基本实现了“一处失信、处处受限”的效果。

3. 信用惩戒救济机制已基本建立

信用异议申诉是相对人对信用惩戒信息提出否定或不同意见的渠道。信用修复是当相对人的失信行为被改正消除，或错误的信用惩戒被纠正，从而恢复相对人信用评价的制度安排。两者同属信用惩戒救济机制之内容。本次评估发现，被评估城市通过在信用网站设立信用异议申诉渠道、制定信用修复流程指引，在信用惩戒方面为相对人寻求救济提供了初步方式。

（二）存在的问题

1. 信用修复缺乏有效激励机制

评估组发现，虽然各地基本都在相应信用网站设置信用修复专区，或是在市场监督管理局网站可检索到信用修复指引文件。但在实践中，关于信用修复实施效果的信息难以查知。一方面，部分失信人信用修复意识不足，欠缺风险意识，或不了解具体修复流程，在被纳入失信名单后不知道也不积极主动采取措施修复信用。甚至存在失信人完全不知道征信这一制度的现象。另一方面，尽管信用修复的流程一般在各城市信用网站可查询，但对于部分失信人而言获取门槛较高，进而阻碍了信用修复机制作用的发挥。另外，目前失信惩戒的行为性质归属尚存争议，但其表现出的行政处罚特征难以让一般人明辨，阻碍了寻求信用修复的启动。总结来看，前述问题都指向了信用修复缺乏有效的正向激励机制，失信人本就不了解信用之于信用社会的重要性，信用意识不强，在进行涉法行为时没有诚实信用的观念作为支撑。

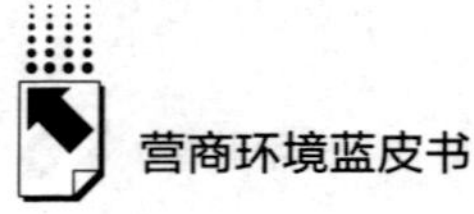

2. 信用惩戒机制的立法规范缺失与信用惩戒的泛化滥用

信用奖惩的核心，是通过对相对人的权利义务影响，来纠正失信行为并维护良好诚信的市场秩序。根据依法行政原则，监管机关应根据法律法规的规定行使权力。目前诸如惩戒备忘录、红黑名单等措施还仅仅是行政机关的行政手段，缺乏法律法规的明确规定。信用惩戒规范文本集中在部门规章、地方性法规和规范性文件中，立法位阶较低，信用惩戒措施缺乏基本法律的规范。此外，有学者发现，不论是国家部委发布的规范性文件还是各地的地方性法规或规章，信用惩戒机制仅仅设定了惩戒的措施，相应的程序规范却没有设置。①

信用惩戒的具体表现有：第一，对相对人（一般是市场经营主体）的经营活动、参与招投标设置更高的合规门槛，或是限制政策性资金扶持等的申请机会；第二，对失信人进行一定程度上的惩罚，突出表现为将失信人列入黑名单。然而信用惩戒行为的法律性质尚存争议，在此情况下，立法规范的缺失将导致信用惩戒的滥用，结果是违法限制或剥夺相对人的合法权益。

3. 信用惩戒救济机制存在的问题

第一，救济渠道狭窄。从司法救济层面看，由于失信惩戒跨越社会行业领域，执行惩戒的主体包括行政机关、企事业单位和社会组织，具有多主体的特征；惩戒措施的类型和环节也众多，因此具有多行为的特征。在行政诉讼中，前述两个特征导致救济渠道并不通畅，一方面相对人无法起诉，主要原因有惩戒措施难以认定为行政行为、实施惩戒的非行政机关主体难以被认为是适格被告；另一方面，即使没有前两个障碍，因惩戒措施的多环节、多行为特征，相对人也难以确定起诉哪一个问题，因而难以起诉。②因此，相对人通过法定渠道救济还存在困难。从信用监管主体与相对人之间的争议方面看。信用惩戒救济是一整套程序流程。除了传统的行政

① 卢护锋：《失信惩戒措施设定与实施的理论图景》，《学术研究》2019 年第 12 期。

② 参见彭錞《失信联合惩戒行政诉讼救济困境及出路》，《东方法学》2021 年第 3 期。

诉讼，还包括信用惩戒告知、异议申诉、失信影响消除后的信用修复、行政机关的自行纠错等在相对人与监管机关之间的争议处理机制。目前存在一些承担信用惩戒救济功能的制度安排，如信用修复的流程指引和信用异议申诉，但运行情况和效果尚未明确，行政机关内部统一有效的救济机制尚未建立。

第二，信用救济立法规范不明确。信用惩戒的立法文件散见各省市地方性法规，在规范上缺乏明确的救济制度规定。如《上海市社会信用条例》第25条规定，行政机关公布失信名单应同时公开救济途径，信息主体有权申请救济。[①]《浙江省公共信用信息管理条例》第28条也有类似表述。[②] 涉及信用管理的地方性法规虽提及行政机关的救济告知义务与行为人的救济权利，但在立法文本中既没有规定具体的救济类型或方式，也没有程序规定。有学者认为这种模糊的救济规范“只是执法者依据实际情况的一种随机表达”。[③]

（三）改进的建议

1. 健全信用修复正向激励机制，宣传信用修复制度

涉及信用监管的行政机关应完善有利于引导失信被执行人主动纠正失信行为、提高被执行人履行能力的信用修复激励制度。目前信用奖惩措施起到

---

① 《上海市社会信用条例》第25条：行政机关根据信息主体严重失信行为的情况，可以建立严重失信主体名单。信息主体有以下行为之一的，应当将其列入严重失信主体名单：（一）严重损害自然人身体健康和生命安全的行为；（二）严重破坏市场公平竞争秩序和社会正常秩序的行为；（三）有履行能力但拒不履行、逃避执行法定义务，情节严重的行为；（四）拒不履行国防义务，危害国防利益，破坏国防设施的行为。行政机关公布严重失信主体名单的，应当同时公开名单的列入、移出条件和救济途径。信息主体对行政机关将其列入严重失信主体名单有权申请救济。

② 《浙江省公共信用信息管理条例》第28条：国家机关依照本条例规定将信息主体列入严重失信名单前，应当告知信息主体列入严重失信名单的理由和依据；决定对列入严重失信名单的信息主体采取惩戒措施的，应当告知理由、依据和救济途径以及解除惩戒措施的条件。信息主体有权进行陈述和申辩。国家机关对信息主体采取的惩戒措施，应当与信息主体违法行为的性质、情节和社会危害程度相适应。国家机关应当将列入严重失信名单后的相应惩戒措施向社会公布。未经公布的惩戒措施不得采取。

③ 卢护锋：《失信惩戒措施设定与实施的理论图景》，《学术研究》2019年第12期。

了一定的正向激励作用，通过诸如税费优惠，放宽参与政府招标、采购的资格门槛等措施从市场主体经营行为的前端予以激励。但在监管机关的事中监管过程中也应通过信用奖惩、信用宣传等措施激励市场主体或相对人保持诚实信用。在作出行政处罚等惩戒措施的事后监管中，主管机关应积极引导鼓励失信人履行义务、纠正失信行为，在作出信用惩戒的同时应做到告知信用修复的办法和流程或查询办法，这有利于通过信用修复制度的运行，恢复诚信良好的市场秩序进而优化营商环境。

2. 探索信用惩戒机制立法

第一，首先应明确信用惩戒措施的行为性质与法律定位，其次协调信用惩戒与行政许可、行政处罚等的具体规范的关系，从而推进信用惩戒基本法律的创设精细化。第二，为信用惩戒机制设置具有特色的程序保障。包括以下要求：对相对人的解释说明，信用监管作为一种新型监管方式，监管机关应说明信用监管的特点和方式，相对人的何种行为事项被纳入信用惩戒范围，可能造成的影响，以保障相对人的知情权；实行惩戒措施前的告知程序，包括告知内容、期限、理由、救济方法和纠正方法，同时确保相对人的陈述、申辩权利；因相对人异议而暂停执行，与其他处罚手段相比，信用惩戒具有社会弥散的效果，相对人若对惩戒措施提出异议申诉，监管机关应暂停执行以免造成不必要的损害。[①] 第三，依据合理行政、比例原则强化对信用惩戒措施的约束，防止信用惩戒的泛化滥用。

3. 在立法、执法和司法层面构建信用惩戒救济机制

通过立法设置失信惩戒的救济规则。相关法规均须针对错误惩戒的救济方式、时限和内容等作出明确一致的规定，以此确保法律规范的合理衔接。构建信用恢复处置机制，需要设置统一的信用恢复管理机构和修复标准，以实现多领域、多部门、多地域的失信记录在恢复层面的高效处理。但在失信惩戒措施的行为定位尚不明朗的情况下，行政诉讼和行政复议等传统行政救济手段难以有效发挥保障相对人权益、控制行政权力的作用。因此，在司法

① 参见袁文瀚《信用监管的行政法解读》，《行政法学研究》2019 年第 1 期。

救济方面，应明确并区分信用惩戒的行为性质，将属于行政行为的惩戒措施纳入行政救济程序合法性与合理性审查的范畴。而在传统救济手段还未构建清晰的情况下，监管主体应发挥主观能动性，建立信用监管执法者与相对人之间的内部解决机制。这包括监管主体在决定惩戒前的告知解释程序、错误惩戒的异议申诉、信用修复与信用更正和监管主体自行纠错的全链条救济机制。

附　录　2022年和2023年数字经济营商环境评估指标对比

<table>
<tr><th rowspan="2"></th><th colspan="3">2023 年</th><th colspan="3">2022 年</th></tr>
<tr><th>一级指标</th><th>二级指标</th><th>三级指标</th><th>一级指标</th><th>二级指标</th><th>三级指标</th></tr>
<tr><td rowspan="13">市场主体保护</td><td rowspan="4">市场准入</td><td rowspan="2">准入法规质量</td><td>风险管理</td><td rowspan="4">经营自主权</td><td rowspan="4">政府不当干预</td><td rowspan="2">对企业日常经营干预</td></tr>
<tr><td>准入法规限制</td></tr>
<tr><td>市场准入在线服务</td><td>在线公共服务与信息透明度</td><td rowspan="2">对企业日常经营干预</td></tr>
<tr><td>市场准入效率</td><td>准入时间及成本</td></tr>
<tr><td rowspan="9">经营场所</td><td rowspan="7">经营场所获取的数字化服务</td><td rowspan="7">房地产服务的数字公共服务水平</td><td rowspan="9">生产要素与公共服务资源</td><td rowspan="5">资源能源</td><td>用电保障及成本</td></tr>
<tr><td>用水保障及成本</td></tr>
<tr><td>用气保障及成本</td></tr>
<tr><td>用地保障及成本</td></tr>
<tr><td>通信保障及成本</td></tr>
<tr><td rowspan="2">数据要素</td><td>数据交易</td></tr>
<tr><td>政府数据开放</td></tr>
<tr><td rowspan="2">经营场所获取效率</td><td rowspan="2">获取建筑、占有、环境许可证所需时间</td><td rowspan="2">物流运输</td><td>数据交易</td></tr>
<tr><td>政府数据开放</td></tr>
</table>

续表

	2023 年			2022 年		
	一级指标	二级指标	三级指标	一级指标	二级指标	三级指标
市场主体保护	公共服务资源获取	公共资源获取（资源能源）	用水获取成本及保障	人力资源市场	全民数字素养培训	一般公众培训
			用电获取成本及保障			
			用气获取成本及保障		不当人才限制	户籍限制
		数字基础设施获取	通信保障及成本			
		数据基本要素获取	数据交易		劳动者保护	公共就业服务数字化水平
			数据确权			
			政府数据开放			劳动力权利保障
			数据开发利用			
	劳动力市场	劳动力法规质量	新就业形态劳动者劳动权益保障	招投标与政府采购的数字化管理	电子交易及服务平台搭建	全流程电子化
			公平就业			
		劳动力保护公共服务	灵活就业人员企业职工基本养老保险/企业职工基本医疗保险		交易过程公开透明	公开透明度
			职业伤害保障		统一标准	公正监管
			社会服务与人文关怀			法规执行规范性
			新就业形态人员职业技能提升和培训			
			公共就业服务数字化水平		监管能力	智能监管
		效率	劳动争议案件的解决效率			
	政府采购	政府采购法规质量及可预期性	准入与竞争	科技创新与知识产权保护	知识产权保护	商标注册便利化及专利申请便利化
			公开透明度			知识产权线上维权援助服务
			程序公正			多元纠纷解决

续表

	2023 年			2022 年		
	一级指标	二级指标	三级指标	一级指标	二级指标	三级指标
市场主体保护	政府采购	电子采购服务	电子采购门户网站的开放性和互动性	科技创新与知识产权保护	科技创新	城市科技创新发展水平
						科技创新政策
	科技创新与知识产权保护	招投标效率	时间及成本	所有制平等保护		审查机制
						成果转化
		知识产权保护	商标注册便利化及专利申请便利化		扶持中小企业	对中小企业、小微企业的扶植政策
			知识产权线上维权援助服务			
			多元纠纷解决		保护外商投资	外商投资企业投诉
		科技创新保护	科技创新政策		维权投诉举报高效便捷	是否提供维权投诉服务
			审查机制			维权投诉渠道畅通、有效回应
市场环境	减税降费	减税	减税全面惠及市场主体	市场准入机制	登记	登记业务规范不得随意设限
		涉企收费	运营环节中的不当收费		市场准入	精简程序
			是否推广以金融机构保函替代现金缴纳涉企保证金	税收政策及实施	减税降费全面惠及市场主体	减税降费政策落实
						精简办税、全面实行网上办税
	金融服务	融资规制框架质量	商业借贷、交易保护、电子支付、绿色金融的规制框架	涉企收费合理	涉企收费清单	运营环节中的不当收费（隐形收费、垄断收费）
		融资成本	企业融资可获得性、多样性、便捷性			
		金融公共服务水平	信用登记部门运行机制			
			抵押登记运行机制			
			绿色金融发展水平		推广金融机构保函	是否推广以金融机构保函替代现金缴纳涉企保证金
			风险管理机制与水平			

续表

	2023年			2022年		
	一级指标	二级指标	三级指标	一级指标	二级指标	三级指标
市场环境	金融服务	金融公共服务水平	金融监管披露制度			
		金融监管良好实践	商业信贷及电子支付的良好实践			
	数字竞争与保护	数字消费保护	消费者权益保护	企业融资	融资成本	企业融资可获得性、多样性、便捷性
			平台企业责任			
			商户权利与责任			
		数字竞争规制	反垄断政策指引		融资服务	完善对金融机构监管考核和激励机制
			反垄断合规培训			
			反垄断执法实践			规范金融机构收费行为
	政府诚信	招商引资	优惠政策公开度	政府诚信	招商引资	优惠政策公开度
			优惠政策申报便利度			优惠政策申报便利度
		政府合同	政府合同违约涉诉案件		政府合同	政府合同违约涉诉案件
			政府失信追责机制			政府失信责任追究机制
	企业退出及政府相关服务	优化注销办理流程	网上办理、自助办理	企业退出及政府相关服务	优化注销办理流程	网上自助办理
						缩短公告时限
		提高破产案件处置效率	府院联动工作机制		提高破产案件处置效率	府院联动工作机制
政务服务	一网通办及一网统管能力建设	办理程序标准化	当场办结	权力清单	行政权力清单	统一编制审批事项清单
			集中办理、就近办理、网上办理			公共服务清单
			重点项目帮办代办			

续表

	2023年			2022年		
	一级指标	二级指标	三级指标	一级指标	二级指标	三级指标
政务服务	一网通办及一网统管能力建设	一网统管能力建设	数据库建设	一网通办及一网统管能力建设	办理程序标准化	当场办结
						集中办理 就近办理 网上办理
						重点项目帮办代办
					智慧办理	网上办理能力
			数据共享与业务协同工作机制		一网统管能力建设	数据库建设
						数据共享与业务协同工作机制
	政策咨询与反馈机制	制定政策意见听取	沟通渠道建设	政策咨询与反馈机制	制定政策意见听取	沟通渠道建设
		涉企政策公开与解读	形式多样、可视化		涉企政策公开与解读	形式多样、可视化
		在线咨询与反馈	及时性、有效性		在线咨询与反馈	及时性、有效性
	中介服务	中介服务独立性与中介服务反馈机制	有关政府是否给企业推荐或者指定中介服务机构、中介机构与政府机关脱钩	中介服务	中介服务独立性与中介服务反馈机制	有关政府是否给企业推荐或者指定中介服务机构、中介机构与政府机关脱钩
		流程规范公开	中介服务流程规范			
			中介服务流程公开			
		中介服务费用	不能转嫁给市场主体		流程规范公开	中介服务流程规范
	贸易通关便利化	通关程序	通关模式“两步申报”“两段准入”			中介服务流程公开
					中介服务费用	不能转嫁给市场主体
				证明清单	依法设定证明清单	是否清理无法律依据的证明事项
		通关成本	时间成本	贸易通关便利	通关程序	国际贸易“单一窗口”办理
			降低中介服务收费			通关模式“两步申报”“两段准入”

续表

	2023 年			2022 年		
	一级指标	二级指标	三级指标	一级指标	二级指标	三级指标
政务服务	公共法律服务资源体系建设	公共法律服务能力与水平	是否提供法治体检服务	贸易通关便利	通关成本	时间成本
						降低中介服务收费
				公共法律服务资源体系建设	公共法律服务能力与水平	律师、公证、司法鉴定、调解、仲裁等公共法律服务资源整合能力
						是否提供法治体检服务
市场监管	优化监管机制	区域协作	构建市场监管联动执法机制	优化监管体制	区域协作	构建市场监管联动执法机制
					央地协同	地方是否及时立改废释纂
		央地协同	数字经济地方立法	规范执法活动	执法活动网上留痕	行政许可/处罚双公示
					非强制性执法	推广运用说服教育、劝导示范
					联合检查	双随机一公开监管联席会议制度
	数字化监管	数字化监管体系建设	非接触式监管机制建设	数字化监管	数字化监管体系建设	非接触式监管机制建设
			线上监管能力建设			线上监管能力建设
		监管中的数据安全	企业数据安全		监管中的数据安全	企业数据安全
			个人信息保护			个人信息保护
	包容审慎监管	创新监管机制	是否具有容错举措	包容审慎监管	免罚清单	是否建立市场监管系统免罚清单
			是否具有多元化监管机制		创新容错机制	是否具有创新容错举措
		柔性执法方式运用	是否有可替代性柔性执法机制		柔性执法方式应用	是否有可替代性柔性执法机制
	信用监管	信用修复	是否制定信用修复流程指引	信用监管	信用修复	是否制定信用修复流程指引
		信用奖惩	是否设置合理的信用奖惩机制		信用奖惩	是否设立合理的信用奖惩机制
		信用惩戒救济机制	是否设置信用惩戒救济机制		信用惩戒救济机制	是否设置信用惩戒救济机制

Abstract

"ANNUAL ASSESMENT REPORT ON CHINA'S DIGITAL ECONOMY BUSINESS ENVIRONMENT (2023)" consists of a general report, sub-reports and special reports. It strives to comprehensively display the current status of my country's digital economy business environment in 2023 and analyze the specific issues that have emerged in the development process of my country's digital economy business environment. Analyze and respond, summarize and refine local advanced experience, and provide support for further optimization of my country's digital economy business environment.

The general report of this book evaluates the digital economy business environment of 36 cities in my country in 2023 and finds that the digital economy business environment of the assessed cities has made certain progress compared with 2022, but there is still a phenomenon of uneven regional development to a certain extent. In the dimension of protection of market entities, companies generally report a strong sense of gain from government-enterprise interactions. It is more convenient and intelligent for enterprises to apply for intellectual property protection online. Governments across the country have been carrying out digital government construction and conducting reform experiments based on the characteristics of the digital economy business environment to protect the advancement and sustainability of digital economy market entities. All cities evaluated have started the construction of digital government services, and the level of digital government services in some cities has risen sharply, showing the characteristics of refinement and intelligence. In the field of market supervision, the linkage mechanism has been basically established, and the construction of digital supervision has achieved remarkable results.

The special report in this book focuses on the specific performance of the assessed cities in the four dimensions of market entity protection, market environment, government services, and market supervision. It uses empirical analysis, empirical research and other methods to analyze the problems, and proposes corresponding optimization of digital economy business. Environmental recommendations. The special report conducts empirical research on issues such as the labor market, government integrity, digital competition and protection, combined with questionnaire collection and judicial big data. On the basis of discovering the constraints affecting the sustainable and healthy development of my country's digital economy, it further analyzes the gaps and gaps in the construction of the rule of law and Reasons for the lack of corresponding supporting mechanisms and ways to improve them. Useful explorations have been made in improving the quality of local digital economy business environment legislation, improving the local digital economy business environment government service mechanism, and promoting the further optimization of the local digital economy business environment.

Keywords: Digital Economy; Business Environment Assessment; Optimization of Business Environment

Contents

Ⅰ General Report

Abstract: The digital economy business environment assessment conducted a comprehensive analysis of the construction of the national digital economy business environment in 2023. The results show that at present, the overall construction level of legal protection measures for China's digital economy is good, but it is still in the initial stage, and there are regional development imbalances. The new digital governance meets the requirements of an international business environment and opens up a new pattern of digital government enterprise linkage. The precise and intelligent development of government services in the digital economy has promoted the construction of legal protection for the digital economy. The market supervision and law enforcement mechanism has been basically established, and the construction of digital supervision capabilities has achieved significant results. However, it should also be noted that the space for market-oriented allocation of digital basic elements needs to be improved, the development of diversified dispute resolution mechanisms for intellectual property rights is uneven, the risk control management methods for digital development in the financial industry urgently need to be transformed, and the operability of digital construction of government service platforms needs to be strengthened. To this end, it is necessary to further promote the top-level design of the digital economy and improve the configuration of the digital market; Strengthen the empowerment of digital transformation and innovate diversified regulatory methods; Carry out multidimensional policy promotion to promote transparency and openness of government information; Enhance the awareness of government service responsibility and accelerate the construction of a digital rule of law government.

Keywords: Digital Economy; Business Environment; Law-based Government

Ⅱ Special Report

Abstract: Whether the market access mechanism is reasonable or not has an important impact on economic development, and the degree of tightness of the system is directly related to the cost and difficulty of undertakings to enter the market. Based on the new evaluation points in the B-READY, this chapter evaluates the government's service level in market access services from three aspects: quality of market access rules, online market access services, and market access efficiency. After evaluation, negative list system for market access, credit commitment system, environmental licensing regulations and other systems have been further optimized, and specific policies have been introduced in response to the hidden barriers in the market found in the evaluation last year. In general, China's market access mechanism has been further improved, and the business environment has been further optimized.

Keywords: Quality of Market Access Rules; Online Market Access Services; Market Access Efficiency

B.3 Evaluation Report on the Efficiency of Access to Business Premises and the Level of Digitization

Zheng Yafang, *Zhu Junxuan* / 042

Abstract: The acquisition of business premises is closely related to business development. The indicators assessed in this report mainly measure the level of digital real estate public services and the efficiency of business premises acquisition in the era of digital economy, including the construction of real estate transaction service platforms, the advancement of full-process online operation and the timeframe for land use approval and closing. According to the assessment results, the assessed cities have all continued to improve the level of digital public services for real estate services and actively improved the efficiency of land use pre-trial. However, there are still problems such as varying coverage of real estate public service matters, completeness of service methods, significant differences in the level of facilitation and integration of government service matters; imprecise content, incomplete platform functions, infrequent interactions and exchanges with users, and inadequate publicity and promotion. It is recommended that the platform be constructed and optimized in terms of improving user satisfaction and platform awareness, sounding the regulatory mechanism and guaranteeing the safe and stable operation of the platform.

Keywords: Business Premises; Digital Real Estate; Land Use Approval

B.4 Supply Capacity of Municipal Utility Service Resources

Wu Kejuan, *Li Bingyi* / 052

Abstract: In 2023, the assessed cities improved the supply capacity of municipal utility service resources and upgraded the service level of urban utility infrastructure. Efforts were made to access and regulate water, electricity, gas, and communication facilities, and the service of obtaining digital basic elements has been improved, resulting in good outcomes. Compared to the 2022 assessment results, the online processing and utility services for water, electricity, gas, and internet have been further optimized. The access time frame and approval process have been streamlined, and the transparency of fees has been improved. The processes of "do it first and after supplementing material" "one-stop service model", and "full online handling" have also been improved. In 2023, the assessed cities improved access to utility services by empowering data, promoting digital interconnection, creating a special zone for online reporting, and installing water, electricity, and gas networks. They also achieved one-stop handling, reliability, sustainability, and digitization of public services. Part of the assessed cities continue to promote the service improvement of data trading, data rights confirmation and open data, while taking data and information protection into account , so as to achieve the overall consideration of data security and digital economy development.

Keywords: Utility Service; Digitization; Cooperative Installation; Data Development and Utilization; Data Resources Protection

Abstract: The implementation of the government procurement system helps to maintain the market order of fair competition, protect the legitimate rights and interests of the parties involved in government procurement, promote the healthy development of small and medium-sized enterprises (SMEs), and create a favorable business environment. 2023, the assessed cities basically established the system of disclosure of government procurement intentions, the protection mechanism for SMEs was initially established, the e-portals for government procurement were all set up, and the transparency and convenience of government procurement disclosure were further improved. However, the problems of insufficient timely follow-up of SME protection policies and the full popularization of the whole-process information disclosure mechanism still exist. It is recommended to promote innovative measures to facilitate the implementation of the SME protection mechanism, improve the information disclosure system and accelerate the implementation of the whole process of information disclosure in government procurement, further improve the service level of government procurement, and promote the continuous optimization of the business environment.

Keywords: The Quality of Labor Regulations; Labor Protection; Public Services Efficiency

B.6 Bidding for Public Contracts

Zheng Yafang, *Zhu Junxuan* / 121

Abstract: The implementation of the Bidding for Public Contracts System helps to maintain a fair and competitive market order, protect the legitimate rights and interests of parties involved in bidding for public contracts, promote the healthy development of small and medium-sized enterprises, and create a favorable business environment. This chapter of the indicator assessment mainly measures the quality of bidding for public contracts regulations in terms of access and competition, public transparency, procedural fairness, etc., the level of e-procurement portal construction, and the bidding time and cost, including the establishment of the credit commitment system, the promotion of full-process information disclosure, the openness and interactivity of the e-procurement portal, etc., and summarizes the achievements made and the problems that still remain in the light of the results of the assessment, and summarizes the achievements and remaining problems on the evaluation results, putting forward development suggestions.

Keywords: Bidding for Public Contracts; Access And Competition; Transparency; E-procurement Platform

Abstract: Innovation is the first power to lead development, the protection of intellectual property is to protect innovation, and the importance of intellectual property protection and scientific and technological innovation in the construction of business environment is assessed both in the measurement of the perception of undertakings and in the measurement of scientific and technological innovation related policies and services provided by the government. At present, the policies and review mechanisms of science and technology innovation around the world are basically recognized by undertakings, the relevant laws and regulations have been improved, and the public services of intellectual property information are systematized, integrated and much more accurate than ever before. However, there are still problems such as the lack of systematization and completeness of the science and technology innovation policy framework, and the uneven development of the multiple dispute resolution mechanism for intellectual property. It is necessary to further improve the science and technology innovation policy system, promote the synergistic implementation of science and technology innovation policies, develop the administrative adjudication of intellectual property, and build a diversified dispute resolution mechanism.

Keywords: Multiple Dispute Resolution; Science and Technology Innovation Policy; Intellectual Property Protection; Review Mechanism; Trademark Registration; Patent Application

Abstract: "For the digital economy, which is still undergoing continuous renewal and development, preferential tax policies can help SMEs gain a firm foothold in technological innovation and operational model innovation. On the whole, the assessed cities performed well under this indicator and showed improvement over the previous assessment cycle. Tax reductions have increased, preferential policies have been put into practice, enterprises have a stronger sense of burden reduction, and many cities have shown innovation in digitization to improve the convenience of tax handling. However, attention should still be paid to the challenges posed by the new economy and new businesses to tax collection and management, and should be accommodating and prudent while avoiding loss of tax sources and cracking down on illegal behavior. Administrative charges are open and transparent, and special actions have been carried out to address the problem of irregular charges. But normalized supervision needs to be strengthened. On the basis of promoting letter of guarantee and electronic letter of guarantee as security deposits, cities with outstanding performance have further proposed to eliminate the deposit for government procurement projects and implemented letter of credit guarantee, actively responding to national initiatives."

Keyword: Tax and Fee Reduction; Convenience of Tax Handling; Deposits; "Letter of Guarantee"

Abstract: From the perspective of a business environment, financial services play a crucial role in influencing the quality thereof, primarily because they facilitate the free flow of capital in the market. Financial services span across various dimensions including investment, loans, taxation, accounting, insurance, and banking, covering the entire lifecycle of a business from inception to closure. The impact of the digital economy further introduces additional variables for assessing the development level of financial services, such as green finance and electronic payments. Drawing inspiration from the design of the "financial services" indicator in the World Bank's Doing Business assessment, this section consistently integrates regulatory framework quality, public service level, best practices, and their efficiency as the underlying logic. Moreover, it incorporates highlighted indicators designed based on the characteristics of the digital economy. Through a comprehensive evaluation of eight indicators, this section will further summarize the gains and losses in the development level of financial services in China during the previous assessment cycle.

Keyword: Financial Service; Green Finance; Enterprise Financing

Abstract: "The digital economy is continuously emerging new business forms and models. A good business environment is needed to guide and regulate new types of business behavior, form a fair market competition order and regulate the development of the digital economy. Optimizing the digital competitive environment and strengthening the protection of digital consumption are conducive to strengthening anti-monopoly, while respecting and protecting the development of new business forms such as the platform economy. The assessed cities have innovated supervision and enforcement methods in the face of the development of the new economy to press the responsibilities of platforms and merchants. However, new consumption infringement issues should receive more attention to better protect consumer rights and interests. Despite the overall good performance of the assessed cities in terms of anti-monopoly work, there are some gaps in the antitrust compliance work for platform companies. The effectiveness of the anti-monopoly compliance guidelines for platform companies depends on more extensive and in-depth publicity and training, as well as innovative regulatory approaches to better prevent and address the risks of platform monopolization."

Keyword: Digital competition; Digital consumption protection; "Anti-monopoly"

B.11 Government Integrity *Wang Chunlei*, *Zhang Xurui* / 230

Abstract: Government integrity plays a pivotal role in assessing and evaluating the relationship between the government and market entities. As a crucial component of the national credit system construction, government integrity not only reflects the level of the country's credit system but also directly manifests the trust of market entities in the government. This assessment sets two secondary indicators and four tertiary indicators under the primary indicator of "government integrity" to examine the interaction between the government and market entities, aiming to more accurately depict the government's credit status. While the publicity of investment promotion policies has shown positive effects, the standardization and universality of preferential policies still require enhancement, and the mechanism for holding the government accountable for contract breaches needs further improvement. Therefore, to elevate the government's integrity level, it is essential to intensify efforts in constructing a comprehensive list of preferential policies and to strengthen the mechanism for holding the government accountable for contract breaches, thereby providing a more stable and predictable business environment for market entities.

Keywords: Government Integrity; Market Entities; Investment Promotion; Government Contract; Business Environment

B.12 Business Exits and Govenment-related Service

Wang Jingbo, *Zhang Xurui* / 250

Abstract: The mechanism for business exits stands as a crucial element in igniting market vitality. Enhancing the exit mechanisms for market entities, reducing exit costs, holds significant importance in boosting market competitiveness and fostering the dynamism of market entities. This assessment under the primary indicator of "Business Exits and Government-Related Services" incorporates two secondary indicators and two tertiary indicators, reflecting, from different perspectives, the level of government-provided business exit services in the assessed cities during this evaluation period. Despite comprehensive development in the streamlined exit mechanisms, there remains a need to intensify efforts in constructing bankruptcy resolution mechanisms for business exits, and further regulation of the "exit timeframe" flexibility. It is recommended to strengthen intergovernmental collaboration, establish municipal-level bankruptcy case disposal mechanisms, refine regulations to shorten exit timeframes, and promote information disclosure, thereby enhancing the efficiency and transparency of business exits.

Keywords: Business Exits and Government-related Services; Online Processing; Self-service Processing; Intergovernmental Collaboration

Abstract: The construction of the "one-website processing," and the capacity-building of the "One Network to Supervise" play a crucial role in promoting administrative efficiency and improving service quality. This chapter evaluates the achievements and challenges in these areas, examining whether governments at all levels have effectively implemented the "One Network to Handle" plan and the progress of their capacity-building in the "One Network to Supervise." Key evaluation criteria include the integration of services into a unified online platform, the accessibility and user-friendliness of the platform, and the degree of integration of regulatory functions through the "One Network to Supervise." The results of the evaluation show positive progress in many regions, with governments at all levels actively promoting the integration of various services into a single online platform. This integration aims to streamline processes, reduce redundancy, and enhance the convenience for citizens and businesses. However, there are still some challenges, such as the insufficient simplification of approval processes, uneven regional development, and deficiencies in technology and security measures. To further strengthen these initiatives, the evaluation team recommends that governments at all levels focus on comprehensive service integration, user-centric design principles, and robust cybersecurity measures. Additionally, efforts should be made to continuously update and adjust to ensure the long-term sustainability and effectiveness of "One Network to Handle" and "One Network to Supervise."

Keywords: One-website Processing; The Capacity-building of The One Network to Supervise; Digital Government

B.14 Policy Consultation and Feedback Mechanism

Man Yishan, *Zhu Zilu* / 282

Abstract: Policy consultation and feedback mechanisms play a crucial role in administrative management, and assessing the government's role in this process is essential for constructing a more just and efficient governance system. This assessment focuses on various aspects of policy consultation and feedback mechanisms, including the development of communication channels, the diversity and visualization of feedback forms, and the timeliness and effectiveness of government responses. The results of the assessment indicate that local governments have made significant progress in advancing reforms of policy consultation and feedback mechanisms, actively promoting the construction of digital government service platforms, and facilitating the optimization of policy formulation and implementation processes. However, there are some issues, such as some local governments formalizing the governance structure and system when guiding corporate behavior, resulting in inadequate resolution of corporate issues. Local governments should prioritize improving the transparency of consultation agency information, enhancing feedback mechanisms, diversifying ways in which the government responds to consultation results, to further enhance governance efficiency, promote social participation, and seamlessly integrate digital governance.

Keywords: Policy Consultation; Feedback Mechanism; Communication Channel; Disclosure of Government Information

Abstract: A vital component of administrative approval implementation is the standardization of administrative approval intermediary services. Facilitating the development of the digital economy requires establishing a fair and efficient administrative approval environment. Therefore, this chapter's assessment focuses on the government's influence in the process of administrative approval intermediary services, encompassing aspects like whether the government designates intermediary service agencies, the transparency of intermediary service processes, and the potential covert collection of intermediary fees. The assessment results indicate that local governments have made remarkable achievements in continuously deepening the reform of administrative approval intermediary services. They are actively constructing digital administrative approval intermediary service platforms and promoting the cleanup and standardization of intermediary service matters. However, there are still issues such as the need for improvement in the openness of the intermediary service agency's service element disclosure mechanism, the low effectiveness of the intermediary service transaction evaluation mechanism, and the overly simplistic regulatory measures in administrative approval matters involving intermediary services. The assessment team suggests that local governments should focus on improving the disclosure of service element information for intermediary service agencies, enhancing the regulatory mechanisms for intermediary service agencies, and optimizing the transaction evaluation mechanisms for intermediary services to enhance the business environment for the digital economy.

Keywords: Administrative Examination and Approval; Intermediary Service; Business Environment; "Internet +"

B.16 Trade Customs Clearance Facilitation

Lin Meng, *Mei Keyue* / 314

Abstract: The emergence of digital technology has not just altered the manner in which trade clearance is conducted; it has also established a more open, efficient, and innovative environment for global trade. Constructing a business environment suitable for the digital economy requires more intelligent, convenient, and efficient trade clearance models to drive the development of global trade. The assessment involves trade clearance models, clearance times, and intermediary fees. The evaluation results indicate that various local governments have been steadily advancing the "two-step declaration" and "two-stage admission" clearance models, reducing overall clearance times, and implementing significant achievements such as the public disclosure of port fee catalog lists. However, there are still issues such as incomplete public disclosure of information related to the "two-step declaration" and "two-stage admission," significant differences in updating clearance times between cities, and the urgent need to strengthen the actual implementation of reducing intermediary service fees. The assessment team suggests that local governments should continue to promote the "two-step declaration" and "two-stage admission" process models, improve the clearance publicity system, and deepen reforms in clearance intermediary fees.

Keywords: Cross-Border Trade; Customs Clearance Facilitation; Customs Clearance Mode; Customs Clearance Costs

B . 17 Construction of Public Legal Service Resource System

Zheng Yafang, Mei Keyue / 328

Abstract: The public legal resource system is a crucial element of the digital business environment. Networked, digitized, and intelligent public legal services can offer businesses intelligent, efficient, and targeted legal support, thereby reducing legal costs for enterprises. This indicator focuses on the local government's capacity and level of public legal services. The assessment results reveal that local governments are actively conducting "rule-of-law checkups," and there is a continuous improvement in the digitization and intelligence of public legal service mechanisms. However, challenges remain, including the incomplete city-county collaboration mechanism, government-driven rule-of-law checkups, and the failure to achieve a service model centered around the needs of enterprises. The evaluation team recommends that local governments should deepen the long-term mechanisms of rule-of-law checkups and the construction of "Internet + rule-of-law checkups," advancing the long-term, informational, and precision development of rule-of-law checkup services.

Keywords: Public Legal Service; Construction of System; Rule-of-law Checkups; Digitalization

B . 18 Optimizing the Regulatory Mechanism

Wang Jingbo, Xu Bowen / 335

Abstract: The government's performance of market supervision in the era of digital economy inevitably requires the reform of digital market supervision, which is essentially to strengthen the whole process of supervision of government regulators for diversified industries, the depth of mining of diversified data, and the effective coordination of diversified subjects. Optimizing the regulatory mechanism is to build a joint enforcement mechanism for market supervision from the

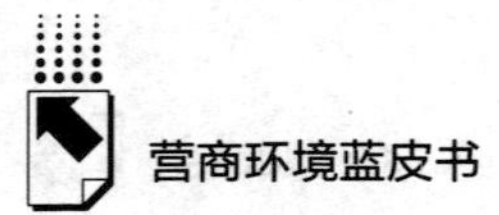

perspectives of regional collaboration and central-local coordination, and to rely on digital economy legislation to provide rule of law safeguards for regulation and digital economy development. After comprehensively examining the regulatory mechanism, law enforcement mechanism and the quality of local legislation on digital economy, it is found that there is still a need to strengthen the top-level design, enhance the normativity of the joint law enforcement mechanism, and improve the quality of legislation on digital economy based on the local characteristics of each region.

Keywords: Regulatory Mechanism; Market Supervision and Joint Law Enforcement; Local Legislation on Digital Economy

B.19 Digital Regulation *Chen Yue, Xu Bowen* / 351

Abstract: While improving the effectiveness and accuracy of government regulation, digital regulation can further reshape the relationship between government, society, enterprises and individuals, and integrate the strength of all parties to solve social problems. Digital regulation is specifically manifested in the dataization and electronicization of regulatory information acquisition; automation of regulatory information processing; and non-contact and off-site regulatory means. Digital regulation can significantly reduce the labor cost of regulatory authorities and realize the improvement of regulatory efficiency, but there is also the risk of jeopardizing data security and personal information. Therefore, it is necessary to improve the top-level design of the non-contact regulatory mechanism, create a professional team for online regulation, strengthen the exploration of data security mechanisms in combination with the development of digital government, and refine the enforcement of the Personal Information Protection Law.

Keywords: Non-Contact Regulatory Mechanism; Online Regulatory Capacity; Enterprise Data Security; Personal Information Protection

B.20 Inclusive and Prudent Regulation

Abstract: Inclusive and prudent regulation is the main principle of digital economy regulation, and the key lies in grasping the balance between innovation and regulation, and forming a social co-governance management pattern of inclusive innovation and prudent regulation. Under the primary indicator of "inclusive and prudent regulation", there are two secondary indicators, namely "innovative regulatory mechanism" and "application of flexible enforcement methods". Under the secondary indicator "innovative regulatory mechanism", two tertiary indicators are set up, namely "whether there is a fault-tolerant initiative" and "whether there is a diversified regulatory mechanism"; and the secondary indicator The second level indicator, "Use of flexible enforcement methods", has a third level indicator, "Availability of alternative flexible enforcement mechanisms". Upon assessment, the assessed cities have basically completed the work of setting up fault-tolerant initiatives in the field of market supervision; most of them have already innovated diversified supervision mechanisms and established alternative flexible enforcement mechanisms. However, the following problems still exist: fault-tolerance mechanisms such as penalty-free lists have many legal risks; diversified regulatory mechanisms need to be further improved; and flexible law enforcement measures still lack an institutional basis. In the future, the positioning of fault-tolerant mechanisms such as the penalty-free list should be clarified in the administrative law system, attention should be paid to the legal review of discretionary norms such as the penalty-free list; the diversified regulatory mechanism should be systematically perfected; and the institutional support should be provided for flexible law enforcement to improve the level of law enforcement.

Keywords: Inclusive and Prudent Regulation; Innovative Regulatory Mechanism; Flexible Enforcement Method; Fault-tolerant Mechanism

B.21 Credit Supervision *Wang Jingbo*, *Dong Yuanyuan* / 387

Abstract: Credit supervision is a new type of governance means that combines the moral value of honesty and trust with legal principles, and institutionalizes and legalizes the value of honesty. Three secondary indicators are set up under the first-level indicator of "credit regulation", which are "credit repair", "credit rewards and punishments" and "credit disciplinary relief mechanism". Under the second-level indicator "credit repair", there is a third-level indicator "whether to set up guidelines for the credit repair process"; under the second-level indicator "credit rewards and punishments", there is a third-level indicator "whether to set up a reasonable credit reward and punishment mechanism". Under "Credit rewards and punishments", there is a tertiary indicator of "whether a reasonable credit reward and punishment mechanism is set up"; and under "Credit punishment and relief mechanism", there is a tertiary indicator of "whether a credit punishment and relief mechanism is set up". After evaluation, all cities have formulated guidelines for the credit repair process, set up a relatively uniform credit reward and punishment mechanism, and basically established a credit discipline and relief mechanism. However, the following problems still exist: the lack of effective incentives for credit repair; the absence of legislative norms for credit disciplinary mechanisms and the generalization and abuse of credit disciplinary mechanisms; the narrow channels of relief in credit disciplinary relief mechanisms, and unclear legislative norms for credit relief. In the future, the positive incentive mechanism for credit repair should be improved and the credit repair system should be publicized; the legislation of credit disciplinary mechanism should be explored; and the relief mechanism for credit discipline should be constructed at the legislative, law enforcement and judicial levels.

Keywords: Credit Supervision; Credit Repair; Credit Rewards And Punishments; Credit Disciplinary Relief Mechanism

皮书

智库成果出版与传播平台

皮书定义

皮书是对中国与世界发展状况和热点问题进行年度监测，以专业的角度、专家的视野和实证研究方法，针对某一领域或区域现状与发展态势展开分析和预测，具备前沿性、原创性、实证性、连续性、时效性等特点的公开出版物，由一系列权威研究报告组成。

皮书作者

皮书系列报告作者以国内外一流研究机构、知名高校等重点智库的研究人员为主，多为相关领域一流专家学者，他们的观点代表了当下学界对中国与世界的现实和未来最高水平的解读与分析。

皮书荣誉

皮书作为中国社会科学院基础理论研究与应用对策研究融合发展的代表性成果，不仅是哲学社会科学工作者服务中国特色社会主义现代化建设的重要成果，更是助力中国特色新型智库建设、构建中国特色哲学社会科学“三大体系”的重要平台。皮书系列先后被列入“十二五”“十三五”“十四五”时期国家重点出版物出版专项规划项目；自 2013 年起，重点皮书被列入中国社会科学院国家哲学社会科学创新工程项目。

皮书网

（网址：www.pishu.cn）

发布皮书研创资讯，传播皮书精彩内容
引领皮书出版潮流，打造皮书服务平台

栏目设置

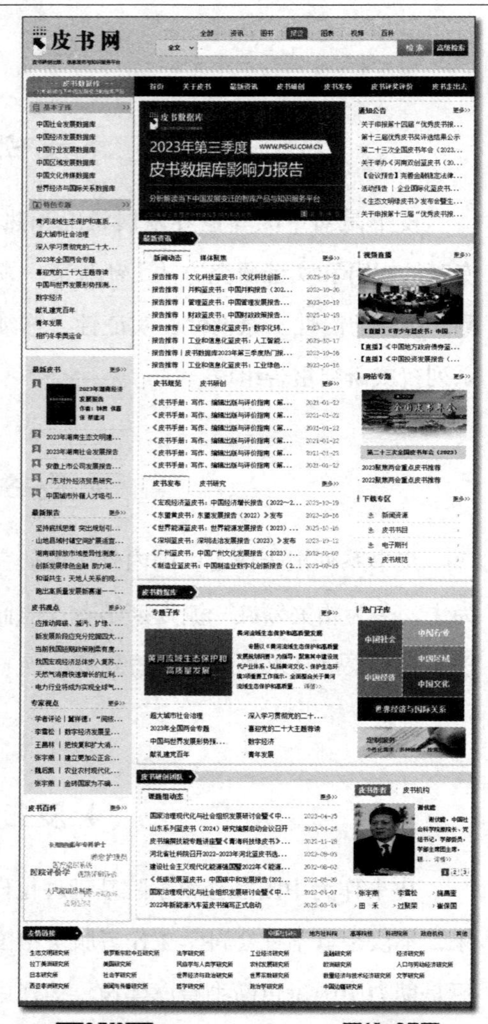

◆ **关于皮书**

何谓皮书、皮书分类、皮书大事记、
皮书荣誉、皮书出版第一人、皮书编辑部

◆ **最新资讯**

通知公告、新闻动态、媒体聚焦、
网站专题、视频直播、下载专区

◆ **皮书研创**

皮书规范、皮书出版、
皮书研究、研创团队

◆ **皮书评奖评价**

指标体系、皮书评价、皮书评奖

所获荣誉

◆ 2008 年、2011 年、2014 年，皮书网均在全国新闻出版业网站荣誉评选中获得“最具商业价值网站”称号；

◆ 2012 年，获得“出版业网站百强”称号。

网库合一

2014年，皮书网与皮书数据库端口合一，实现资源共享，搭建智库成果融合创新平台。

皮书网

“皮书说”
微信公众号

权威报告·连续出版·独家资源

皮书数据库

ANNUAL REPORT(YEARBOOK) DATABASE

分析解读当下中国发展变迁的高端智库平台

所获荣誉

- 2022年，入选技术赋能“新闻+”推荐案例
- 2020年，入选全国新闻出版深度融合发展创新案例
- 2019年，入选国家新闻出版署数字出版精品遴选推荐计划
- 2016年，入选“十三五”国家重点电子出版物出版规划骨干工程
- 2013年，荣获“中国出版政府奖·网络出版物奖”提名奖

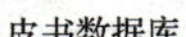

皮书数据库

“社科数托邦”
微信公众号

成为用户

登录网址www.pishu.com.cn访问皮书数据库网站或下载皮书数据库APP，通过手机号码验证或邮箱验证即可成为皮书数据库用户。

用户福利

- 已注册用户购书后可免费获赠100元皮书数据库充值卡。刮开充值卡涂层获取充值密码，登录并进入“会员中心”—“在线充值”—“充值卡充值”，充值成功即可购买和查看数据库内容。
- 用户福利最终解释权归社会科学文献出版社所有。

数据库服务热线：010-59367265
数据库服务QQ：2475522410
数据库服务邮箱：database@ssap.cn
图书销售热线：010-59367070/7028
图书服务QQ：1265056568
图书服务邮箱：duzhe@ssap.cn

社会科学文献出版社 SOCIAL SCIENCES ACADEMIC PRESS (CHINA) 皮书系列
卡号：296459881361
密码：

S 基本子库
UB DATABASE

中国社会发展数据库（下设 12 个专题子库）

紧扣人口、政治、外交、法律、教育、医疗卫生、资源环境等 12 个社会发展领域的前沿和热点，全面整合专业著作、智库报告、学术资讯、调研数据等类型资源，帮助用户追踪中国社会发展动态、研究社会发展战略与政策、了解社会热点问题、分析社会发展趋势。

中国经济发展数据库（下设 12 专题子库）

内容涵盖宏观经济、产业经济、工业经济、农业经济、财政金融、房地产经济、城市经济、商业贸易等12个重点经济领域，为把握经济运行态势、洞察经济发展规律、研判经济发展趋势、进行经济调控决策提供参考和依据。

中国行业发展数据库（下设 17 个专题子库）

以中国国民经济行业分类为依据，覆盖金融业、旅游业、交通运输业、能源矿产业、制造业等 100 多个行业，跟踪分析国民经济相关行业市场运行状况和政策导向，汇集行业发展前沿资讯，为投资、从业及各种经济决策提供理论支撑和实践指导。

中国区域发展数据库（下设 4 个专题子库）

对中国特定区域内的经济、社会、文化等领域现状与发展情况进行深度分析和预测，涉及省级行政区、城市群、城市、农村等不同维度，研究层级至县及县以下行政区，为学者研究地方经济社会宏观态势、经验模式、发展案例提供支撑，为地方政府决策提供参考。

中国文化传媒数据库（下设 18 个专题子库）

内容覆盖文化产业、新闻传播、电影娱乐、文学艺术、群众文化、图书情报等 18 个重点研究领域，聚焦文化传媒领域发展前沿、热点话题、行业实践，服务用户的教学科研、文化投资、企业规划等需要。

世界经济与国际关系数据库（下设 6 个专题子库）

整合世界经济、国际政治、世界文化与科技、全球性问题、国际组织与国际法、区域研究 6 大领域研究成果，对世界经济形势、国际形势进行连续性深度分析，对年度热点问题进行专题解读，为研判全球发展趋势提供事实和数据支持。